MEMY BEVILACQUA

GRAMMATICA FRANCESE

Manuale di morfologia e sintassi con esercizi

EDITORE ULRICO HOEPLI MILANO

via Hoepli 5, 20121 Milano (Italy)
tel. +39 02 864871 – fax +39 02 8052886
e-mail hoepli@hoepli.it

www.hoepli.it

ISBN 978-88-203-5180-9

Ristampa:

4 3 2017 2018

Realizzazione editoriale: Thèsis S.r.l., Firenze-Milano

Copertina: mncg S.r.l., Milano

Stampa: LegoDigit S.r.l., Lavis (TN)

Printed in Italy

Indice

Prefazione

La grammaire étant l'art de lever les difficultés d'une langue,
il ne faut pas que le levier soit plus lourd que le fardeau.
Et encore: *Tout ce qui n'est pas clair, n'est pas français.*

Rivarol, Fragments et pensées littéraires

Con questa grammatica ho cercato di tener conto di tutte le principali difficoltà che è possibile incontrare nello studio della lingua francese, la cui buona conoscenza, al pari di quella di altre lingue, può essere utile nel mondo del lavoro dell'Europa Unita e non solo.

Le regole, per la cui compilazione ho consultato i migliori grammatici della lingua francese, sono supportate da numerosi esempi.

Tengo a sottolineare che quest'opera non è un testo da imparare a memoria dalla prima all'ultima regola. È una grammatica che può aiutare nella comprensione delle regole principali e nella consultazione delle stesse, anche isolatamente e in caso di dubbio; una guida pratica, agile e sicura, da tenere a portata di mano, accanto al dizionario.

Spero di essere riuscita in questo mio lavoro, ma, poiché non pretendo di avere composto un'opera perfetta, sarò grata a tutti coloro che, colleghi o studenti, volessero segnalarmi il loro parere, qualche errore o imperfezione o semplicemente darmi dei consigli utili di cui chiaramente terrei conto in una eventuale nuova edizione.

Dedico l'opera ai miei figli che mi hanno incoraggiata e sostenuta in questo mio lavoro.

MEMY BEVILACQUA

1 Nozioni di fonetica

1.1 Quadro dei simboli usati per la trascrizione fonetica

Vocali

[a] *ami, allé, arbre.*
[ɑ] *bas, lassé, âne, pâle.*
[ə] *me, le, demande.*
[e] *blé, écolier, nez, pied, chanter.*
[ɛ] *mère, fête, serviette, peste, lait, reine, cadet.*
[i] *il, livre, Lily, stylo.*
[ɔ] *homme, sommet, code.*
[o] *rose, hôtel, autre, cadeau.*
[u] *ou, où, oublier, genou, roue.*
[y] *du, dû, mur, rue.*
[ø] *deux, peu, baigneuse, nœud.*
[œ] *auteur, fleur, heure, heureuse.*

Vocali nasali

[ɑ̃] *lampe, balance, temps, dent.*
[ɛ̃] *impasse, lin, thym, syndicat, faim, ceinture.*
[ɔ̃] *nombre, bon, oncle.*
[œ̃] *humble, parfum, chacun, un, lundi.*

Semivocali

[j] *piano, cahier, hier, yeux, payé, royal, fille, billard, travail, soleil, feuille, houille.*
[ɥ] *huit, juin, juillet, ruisseau, duodénal.*
[w] *soir, loyal, ouest, louange, loueur, oui, Louis.*

Consonanti

[b] *bras, bobine, abbé.*
[d] *demain, adresse, addition.*
[f] *famille, affaire, photo.*
[ʒ] *page*, géographie, *je juge.*
[g] *gare, garçon, gober, figure, goudron, glacial, bague, guérir.*
[gn] *diagnose* (g-n), *gnome* (g-n).
[ɲ] *agneau, cygne, peigne.*

[gz] *examen, exil, Xavier, Xantippe.*
[k] *avec, cabane, compter, coûter, clair, chronomètre, musique, qualité.*
[ks] *luxe, rixe, accès, accident.*
[l] *livre, malheur, ville.*
[m] *camarade, mère, pomme.*
[n] *navire, canne, connaître.*
[p] *papier, appeler, septembre.*
[R] *rare, arrêt, jour.*
[s] *son, rossignol, ceci, cygne, façade, garçon, scène, science, patience, nation, dix, soixante.*
[ʃ] *achat, cheval, chiffre, chose, chute, schéma, schisme.*
[t] *titre, théâtre, attendre.*
[v] *vacance, voir, wagon, Walter.*
[z] *rose, maison, zéro, azur, deuxième* e nel legamento: *les (z) amis.*

1.2 Vocali

La vocale *e*

[ə] (*e* muta o sorda) finale di parola o di sillaba: *de, le, me, ce, ve-nir, sa-me-di, me-nu, bre-bis, ra-pi-de, de-main, pe-ti-te.*

[ɛ] (**e** aperta)
- **è** finale di sillaba (ma non di parola): *mè-re, co-mè-te, mè-tre, fiè-vre, frè-re.*
- **ê** (il suono è leggermente prolungato): *fête, bête, tête, fenêtre, rêve, prêt.*
- ***ai*** (interno della parola), ***aî, ais, ei***: *domaine, taie, traître, tu avais, reine.*
- **e** + consonante articolata: *esclave, fraternel, peste, perte, miel, effacer.*
  Ma *dessous* [dəssu], *dessus* [dəssy], *ressource* [Rəsurs] e tutte le parole che cominciano con *ress* eccetto *ressusciter, ressuyer.*
- ***et*** finale: *concret, muet, cadet, filet.*

[e] (**e** chiusa)
- ***é*** finale di sillaba o di parola: *sé-vé-ri-té, blé, vé-ri-té, clé, é-cho, é-pi, é-co-le.*
- ***ed, er, ez*** finali: *pied, pieds, parler, arriver, écolier, nez, portez.*
- ***es*** dei monosillabi: *les, mes, des, ces, tes, ses.*

Nota
- ***er*** finale si legge [ɛR] nei monosillabi: *fer, mer, fier, hier, ver, vers* e nelle parole: *enfer, hiver, cancer, amer.*
- ***et*** congiunzione si pronuncia *e* chiusa [e].
- ***est*** verbo si pronuncia *e* aperta [ɛ].

Le vocali *i -y*

[i] *i, î, y, hi, hy*: *il, île, type, hirondelle, hydrogène.*

Nota *y* iniziale, seguita da una vocale, è considerata una semiconsonante: *yacht, yatagan, yole.*

La vocale *o*

[o] (*o* chiusa)
- finale di parola: *piano, kilo, photo.*
- seguita da una consonante muta: *galop, sot, propos.*
- *ô*: *apôtre, aumône.*

- *ose* finale di parola: *dose*, *close*.
- il gruppo *au*, *eau*: *aube*, *pauvre*, *eau*, *beau*, *faux*, *saut*, *rideaux*, *veaux*.

[ɔ] (**o** aperta) quando è seguita da una consonante articolata: *alors*, *code*, *pomme*, *sotte*.

La vocale *u*

[u] (***u*** italiana): *sou*, *mou*, *loup*, *cou*, *poule*, *foule*, *ou*, *où*, *roux*, *cour*.
[y] (***u*** francese): *mur*, *mûr*, *du*, *dû*, *il fut*, *tu*, *il eut*, *nous eûmes*, *dur*, *mutuel*, *nu*, *murmure*, *vertu*, *gageure*, *vergeure*.

Il gruppo *ai-ei*

[ɛ] (***e*** aperta): *aigle*, *aile*, *peigne*, *reine*, *Seine*.
[e] (***e*** chiusa) *ai* finale di parola: *je parlai*, *je ferai*, *gai*, *j'ai* e anche: *gaîté*, *gaiment*, *gaie*, *je sais*, *tu sais*, *il sait*.

Nota Nei verbi all'imperfetto indicativo e al condizionale, *ais* si pronuncia *e* aperta [ɛ]: *je parlais*, *tu irais*, *il chantait*, *il ferait*.

Il gruppo *ay-ey*

[ej]: *pays*, *essayer* [eje], *grasseyer* [eje].
[ɛj]: *crayon*, *payant*.

Nota
- ***ay*** si pronuncia [aj] in: *Bayard*, *Bayonne*, *Lafayette*, *mayonnaise*, *Mayence*, *Maracaybo*, *bayadère*.
- ***ay*** si pronuncia [e] in: *Bombay*, *Épernay*, *Ch. Corday*, *Du Bellay*, *La Haye*, *Paraguay*.
- ***ay*** si pronuncia [ɛ] in: *Bayle*.

Il gruppo *oi-oy*

[wa] *oi*: *loi*, *soi*, *trois*, *froid*, *bois*, *boîte*, *mois*, *poire*.
[waj] *oy*: *loyal*, *royal*.

Il gruppo *eu*

[ø] (***eu*** chiusa) *eu* finale o seguita da consonante non articolata: *Dieu*, *peu*, *deux*, *nœud*, *heureux*, *creuse*.
[œ] (***eu*** aperta) *eu* seguita da una consonante articolata: *bœuf*, *œuf*, *docteur*, *cœur*, *fleur*, *heure*, *auteur*, *feuille*, *heureuse*.

Nota Il gruppo ***eu*** si pronuncia [y] ncl verbo *avere*. Passato remoto: *j'eus*, *ils eurent*; participio passato: *eu*, *j'ai eu*; imperfetto congiuntivo: *que j'eusse*, *que vous eussiez*.

1.3 Semivocali

Le semivocali sono tre suoni che appartengono sia alla vocale che alla consonante.
Sono simili al suono della ***i*** [j]: *yeux*, di *ou* [w]: *oui*, di *u* [ɥ]: *lui*.

1.4 Vocali nasali

La vocale nasale è la sillaba formata da una vocale seguita da *m* o da *n*.
In francese vi sono quattro nasali:

[ɑ̃] *am*, *an*, *em*, *en*: *campagne*, *maman*, *tempête*, *prendre*.
[ɛ̃] *im*, *in*, *ym*, *yn*, *aim*, *ain*, *ein*: *important*, *jardin*, *thym*, *syndicat*, *sain*, *plein*.
[ɔ̃] *om*, *on*: *complet*, *mondial*.
[œ̃] *um*, *un*: *humble*, *lundi*.

Nota

- ***oin*** si pronuncia [wɛ̃]: *loin, soin, témoin.*
- ***éen*** finale si legge [eɛ̃]: *européen, méditerranéen.*
- ***ien*** finale si legge [iɛ̃], *ien* in: *bien, combien, le sien*..., nei verbi *venir, tenir* e loro composti: *je viens, tu tiens, il tiendra, il reviendrait, vous tiendrez...*

  Ma in *client, orient* si legge [ɑ̃].
- ***um*** finale (eccetto in *parfum* [œ̃]) nelle parole di origine latina francesizzate si pronuncia [ɔ]: *album, géranium, maximum, minimum.*

  Le consonanti finali che seguono una vocale nasale non si pronunciano: *plom**b**, prom**pt**, san**g**. Distinct* si legge [**distɛ̃kt**].
- ***em*** si legge [ɛm] non nasale in *Bethléem, septemvir.*
- ***en*** si legge [ɛ̃] in: *agenda, appendice, Bengale, benjamin, benzine, chrétienté, compendium, effendi, hendécagone, hendécasyllabe, Marengo, mémento, mentor, Pensylvanie, pentagone, Spencer.*

1.4.1 Casi particolari

Non si nasalizzano le vocali separate di *m* o di *n*: *u-ne, a-mi, rei-ne.*
Ma si pronuncia [ɑ̃] in ***en**hardir, **en**ivrer, **en**orgueillir.*
Le doppie *mm, nn* **non** sono nasali: *dilemme, immobile, étrenne, Vienne, ennemi, Corinne.*

Nota

Si pronuncia [a] non nasale in: *femme, femmelette, solennel* e in tutti gli avverbi in -***emment***: *intelligemment, prudemment.*

Si pronuncia [ɑ̃] in: *ennui, ennoblir* e nelle parole che cominciano con ***emm*** o ***remm***: *emmener, remmener, emmailler, remmailler.*

I gruppi *amn, emn, omn, hymn* **non** sono nasalizzati: *am-nésie, Agamem-non, om-nibus, hym-ne.*

1.5 Suoni liquidi (*mouillés*)

[**ij**] *ill*: *billard, famille, fille, sillon.*
[**aj**] *ail, aille*: *bataille, corail, travail.*
[**ɛj**] *eil, eille*: *meilleure, oreille, soleil.*
[**œj**] *euil, ueil*: *cueillir, feuille, œillet, seuil.*
[**uy**] *ouil*: *bouillon, houille, fenouil.*

Nota

Non si ha il suono *mouillé* in: *distiller, illusion, mille, mil, million, milliard, illustre, ville, villa.*
Eccezioni: *anguille* [ij], *Antilles, apostille, brillant, briller, camomille, gorille, grillon, scintillant, scintiller, trille, triller.*

1.6 Consonanti

C

[**k**]

- *ca, co, cu*: *cabane, commode, cure.*
- *c* finale: *avec, duc, grec.*

Nota

Preceduta dalla consonante *n* la ***c*** finale è muta: *banc, franc, blanc.*

[s]

- *ce*, *ci*, *cy*: *ceci*, *cela*, *ciel*, *racine*, *cyprès*, *cygne*.
- *ça*, *ço*, *çu*: *façade*, *maçon*, *reçu*.

Ch, sch

[ʃ] davanti a tutte le vocali: *acheter*, *chasse*, *chaîne*, *chien*, *chose*, *chute*, *schéma*, *schisme*.
[**k**] *ch* finale o se precede una consonante: *Christ*, *chrysanthème*. *Munich*.

G

[g]

- *ga*, *go*, *gu*: *gâteau*, *garder*, *gorge*, *gondole*, *gouffre*, *Gustave*.
- *gue* [**gə**], *gué* [**ge**], *guè* – *guê* [**gɛ**], *gueu* [**gœ**], *gui* [gi], *guo* [**gɔ**]: *bague*, *guérir*, *guère*, *guêpe*, *gueule*, *guitare*, *nous prodiguons*.
- *g* finale: *grog*, *zigzag*.

[ʒ]

- *ge*, *gé*, *gè*, *gê*, *gi*, *gy*: *sage*, *génie*, *il gèle*, *gêne*, *girafe*, *gymnase*.
- *gea*, *geo*, *géa*, *géo*, *geu*: *il mangea*, *bourgeon*, *géant*, *bourgeois*, *géographie*, *gageure*.

Nota Preceduta dalla consonante ***n***, la *g* finale è muta: *sang*, *long*.
Le consonanti ***c*** e ***g*** conservano il suono duro [**k**] e [**g**] davanti al suono [**ɛ**] di *caisse*, *gain* ecc.

H

- *h* **aspirata** non ammette né l'apostrofo né il legamento: *le héros*, *la harpe*, *le hibou*, *la honte*, *les héros*, *les harpes*.
- *h* **muta** ammette l'apostrofo e il legamento: *l'homme*, *l'histoire*, *les hommes*, *les histoires*.

Q

[**k**] *qua*, *que*, *qué*, *qui*, *quo*, [**ka**], [**kə**] [**ke**], [**ki**], [**kɔ**]: *qualité*, *querelle*, *quérir*, *tranquille*, *quotidien*.

S

[**z**]

- *s* intervocale: *ro**s**e*, *mai**s**on*, *cho**s**e*.
- nel legamento: *le**s** hommers*, *le**s** affaires*, *de**s** idées*, *ce**s** éléments*.
- nelle parole che cominciano con *trans* + vocale: ***trans**ition*, ***trans**atlantique*, ***trans**itif*, ***trans**action*.
- nelle parole: *Al**s**ace*, *bal**s**amine*, *gentil**s**hommes*.

[s]

- *s* iniziale: *sel*, *savoir*.
- *s* doppia: *assez*, *boisson*.
- nelle parole composte: *parasol*, *vraisemblance*.
- *sce*, *sci*, *scy*: *ascenseur*, *conscience*, *disciple*, *scène*, *scythe*.

W

[**v**] nelle parole di origine tedesca: *Wagner*, *Wagram*.
[**w**] nelle parole di origine inglese: *Washington*, *Wilson*.

X

[**ks**]

- davanti a una consonante: *exprimer*, *mixture*, *textuel*.

- nelle parole: *axe*, *fixer*, *luxe*, *luxure* (nelle corrispondenti parole italiane vi sono due *s*: *asso*, *fissare*, *lusso*, *lussuria*).
- *x* finale: *Aix*, *Aiax*, *Astyanax*, *Béatrix*, *borax*, *contumax*, *index*, *larynx*, *phénix*, *sphynx*, *thorax*, *Vercingétorix*.

[s] *s* aspra in *Auxerre*, *Bruxelles*, *coccix*, *six*, *dix*, *soixante*, *soixantaine*.

[gz]
- *x* iniziale: *Xantippe*, *Xavier*, *Xénofon*.
- *x* intervocale: *examen*, *exemple*, *exigu*.

[z] in: *deuxième*, *dixième*, *dix-neuf*, *dix-neuvième*.

Z
[z] *zèle*, *zizanie*, *zoologie*, *gaz*, *Fez*.

1.6.1 Consonanti finali mute

Le consonanti finali (anche raggruppate) *d*, *p*, *s*, *t*, *x*, *z* sono, in genere, mute: *tard*, *drap*, *draps*, *avis*, *soldat*, *soldats*, *prix*, *nez*, *temps*, *champs*.

1.7 Pronuncia irregolare

1.7.1 Vocali

A non si legge in *août*, *curaçao*, *Saône*, *toast*.

E [ɛ] in *bonn**e**terie*, *pap**e**terie*, *parqu**e**terie*. Non si legge in *Caen*, *Madame de Staël*.

O non si legge in *faon* (e derivati), *Laon*, *paon* (e derivati).

Ae [e] in *caecum*, *et caetera*, *Laetitia*, *Scaevola*.

Ai [ə] in *bienf**ai**sance*, *bienf**ai**sant*, *f**ai**sable*, *f**ai**seur*, *malf**ai**sant*, *f**ai**sant*, *nous f**ai**sons*, *je f**ai**sais* (tutto l'imperfetto indicativo) e nei composti del verbo *f**ai**re*: *contrefaire*, *refaire*, *satisfaire*.

Au [ɔ] in *centaure*, *Laure*, *maure*, *Paul*, *saur*.

Œ [e] in *fœtus* e in tutte le parole che cominciano con *œ* seguita da una consonante: œdème, œcuménique.

[wa] in *moelleux* si dice [mwal] o [mwɛl]: *poêle*, *poêlier*.

Oi [ɔ] in *encoignure*, *oignon*.

Oy [wa] in *Fontenoy*, *Godefroy* (*de Bouillon*), *Troyes*.

1.7.2 Consonanti

B finale non si legge in *aplomb*, *Christophe Colomb*, *Doubs* e nei nomi *Fabvier* e *Lefebvre*.

C
- finale non si legge in *ajonc*, *banc*, *blanc*, *broc*, *caoutchouc*, *clerc*, *escroc*, *estomac*, *flanc*, *franc*, *jonc*, *marc* (si legge in *Marc*, nome proprio), *porc*, *tabac*, *tronc* e nelle parole *antarctique*, *arctique*, *instinct*, *respect*, *succinct*.
- finale si legge in *busc*, *fisc*, *musc*, *zinc*. Si legge ***g*** gutturale in *second*.

Ch [k] in *anachorète*, *Antiochus*, *archaïsme*, *archéologie*, *archétype*, *Bacchus*, *Bacchanal*, *brachycéphale*, *Brunelleschi*, *catéchumène*, *Chaldée*, *Chanaan*, *chaos*, *china*, *chiromancie*, *chœur*, *choléra*, *choral*, *choréographe*, *choriste*, *chorus*, *ecchymose*, *écho*, *Eucharistie*, *Ischia*, *lichen*, *Machiavel*, *malachite*, *Melchior*, *Melchisédech*, *Michel-Ange*, *Nabuchodonosor*, *orchestre*, *psychiatre*, *psychologie*, *Zacharie*.

D finale si legge nei nomi *Alfred*, *Conrad*, (George) *Sand* e nei nomi geografici che terminano in *land*: *Falkland*, *Groenland*.

F
- finale non si legge in *bœufs*, *chef-d'œuvre*, *clef*, *nerfs*, *œufs*.
- facoltativo in *cerf* e *nerf*.
- finale si legge in *bœuf*, *œuf* (singolari) e in *chef-lieu*.

G non si legge in *doigt*, *Longchamps*, *longtemps*, *sangsue*, *vingt*, *quatre-vingts* (e derivati), *joug*, *orang-outan* o *orang-outang*.

Gn [g-n] in *diagnose*, *gnome*, *gnostique*, *magnificat*, *récognitif*, *récognition*, *stagnation*.

Gui [gɥi] in *aiguille*, *ambiguïté*, *linguiste*, *linguistique*.

L non si legge in *aulx* [o], *coutil*, *fils* [fis], *fournil*, *fusil*, *gentil*, *gentilshommes*, *nombril*, *outil*, *persil*, *pouls*, *soûl*, *sourcil* e in *Arnauld*, *La Rochefoucauld*, *Quinault*.

M non si legge in *automne*, *condamnable*, *condamner*, *damnation*, *damner*.

P
- non si legge in *baptême*, *compte*, *sept*, *septième*.
- si pronuncia in *se**p**tembre* e quando è seguito dalla sillaba *tion*: *descri**p**tion*, *ado**p**tion*.
- si legge in *cap*, *cep*.

Q finale si legge in *coq*, *cinq*, *cinq mars*, *cinq mai*, *cinq juin* (seguito da un nome di mese), *cinq sur cinq*, *cinq pour cent*.

Qua [kwa] in *adéquat*, *aquarelle*, *aquarium*, *aquatique*, *équateur*, *équation*, *quadragénaire* (e in tutte le parole che cominciano con *quadr*, eccetto *quadrille*), *quaterne*, *quartetto*, *quinquagésime*, *squale*, *sine qua non*.

Qui [kɥj] in *équilatéral*, *équilatère*, *Quirinal*, *équité*.

R non si legge in *monsieur*, *messieurs*.

er, ers [ɛr]
- nei monosillabi *fer*, *mer*, *ver*, *vers*.
- nelle parole *amer*, *concert*, *cuiller*, *divers*, *enfer*, *envers*, *éther*, *hier*, *hiver*, *outremer*, *pater*, *pervers*, *revers*, *revolver*, *tiers*, *univers*.
- nei nomi stranieri *Anvers*, *Brenner*, *Esther*, *Jupiter*, *Lucifer*, *Necher*, *Omer*.

Nota ***er*** [e] in *Alger*, *Angers*, *Augier* (scrittore francese), *Béranger* (poeta francese), *Roger*, *Tanger*.

S finale si legge in *agnus*, *albatros*, *aloès*, *amarillis*, *ananas*, *angélus*, *as*, *atlas*, *biceps*, *bis*, *bus*, *cactus*, *diésis*, *ès*, *exprès*, *express*, *fils*, *gratis*, *hélas*, *hiatus*, *iris*, *lis*, *maïs*, *mars*, *métis*, *mœurs* – più spesso [mœuʀ], *oasis*, *ours*, *pancréas*, *pataquès*, *prospectus*, *radius*, *rébus*, *relaps*, *rhinocéros*, *sens*, *tournevis*, *tous* (pronome), *us*, *virus*, *vis* e nei nomi *Arras*, *Madras*, *Médicis*, *Reims*, *Rubens*, *Tunis*.

Nota
s finale di *plus* si legge nelle espressioni *je dis plus*, *il y a plus*, *deux plus trois*, *une table plus une* e in *plus-que parfait*.

T-Th

- ***t*** finale si legge in *abject*, *abrupt*, *Brest*, *brut*, *Bucarest*, *Christ*, *chut*, *cobalt*, *compact*, *concept*, *contact*, *correct*, *déficit*, *direct*, *dot*, *échec et mat*, *Elisabeth*, *Ernest*, *fat*, *granit*, *huit*, *sept*, *incorrect*, *indirect*, *infect*, *intact*, *intellect*, *introït*, *Judith*, *Kant*, *licet*, *est*, *ouest*, *Nazareth*, *rapt*, *smalt*, *tact*, *test*, *toast*, *transit*, *verdict*, *vermouth*.
- ***t*** non si legge in *asthme*, *asthmatique*, *hautbois*, *isthme*, *montgolfière*, *vingt*, *quatre-vingts*, *quatre-vingt-un*, *Postdam*.

Nota
- ***t*** di *vingt* si legge da *vingt-et-un* a *vingt-neuf*.
- ***t*** di *et* si pronuncia in *et caetera*.
- ***t*** si legge in *post-scriptum*, *Rothschild*.
- ***t*** dei nomi composti con *font*, *mont*, *pont* **non si legge**: *Font-Romeu*, *Montmartre*, *Pont-de-l'Arche*. Si legge in *Montreuil*.
- **tz** finale si legge [**s**] in *Austerlitz*, *Leibnitz*, *Metz*, *quartz*.

1.8 Legamento

Il legamento è l'unione fonica dell'ultima lettera di una parola (spesso una consonante muta) con la **vocale** o ***h* muta** della parola successiva: *les amis*, *des hommes*, *ces enfants*, *tes idées*, *avec ardeur*, *sans ordre*, *il est arrivé*, *petit homme*, *ils étudient*, *nous avons dit*, *vous êtes heureux*, *cet homme*, *cet arbre*, *mes petits amis*, *vous êtes allés*...

Nota
Alcune consonanti cambiano di pronuncia nel legamento.
- ***s*** e ***x*** si pronunciano [**z**]: *vis* [z] *à vis*, *dix* [z] *hommes*, *deux* [z] *amis*.
- ***d*** si pronuncia [**t**]: *grand* [t] *effort*.
- ***g*** si pronuncia [**k**]: *long* [k] *oubli*.
  Ma *sang* [k] *impur et sang* [k] *humain* non si dice che in poesia.
- ***f*** si pronuncia [**v**]: in *neuf* [v] *ans*, *neuf* [v] *heures*.
- ***p*** si legge in *beaucoup* e *trop*: *beaucoup aimé*, *trop aimable*.

Non vi è legamento nei seguenti casi:
- davanti alle parole che cominciano con consonante o ***h*** aspirata: *les cabanes*, *les héros*.
- davanti ai numeri *un*, *huit* (*huitième*), *onze* (*onzième*): *des "un"*, *des "huit"*, *des "onze"*.
- davanti alla congiunzione *et* e all'avverbio *oui*: *et aussi*, *des oui*.
- davanti alle parole che cominciano con *y* seguita da una vocale, eccetto *yeux*: *les yachts*, *les yoles*.
- in caso di pausa o di segni di punteggiatura.

2
Segni della lingua scritta

2.1 Alfabeto

L'alfabeto francese si compone di **ventisei** lettere: **sei vocali** (*a, e, i, o, u, y*) e **venti consonanti**.

A	**B**	**C**	**D**	**E**	**F**	**G**	**H**	**I**	**J**	**K**	**L**	**M**
[a]	[be]	[se]	[de]	[ə]	[ɛf]	[ʒe]	[ʃ]	[i]	[ʒi]	[ka]	[ɛl]	[ɛm]
N	**O**	**P**	**Q**	**R**	**S**	**T**	**U**	**V**	**W**	**X**	**Y**	**Z**
[ɛn]	[o]	[pe]	[ky]	[ɛʀ]	[ɛs]	[te]	[y]	[ve]	[dubleve]	[iks]	[igʀɛk]	[zed]

Nota Le lettere dell'alfabeto francese sono di genere maschile.

2.2 Segni ortografici

I segni ortografici sono gli **accenti**, la **dieresi**, la **cediglia**, l'**apostrofo** e il **trattino**.

Gli **accenti** sono tre: accento acuto (*accent aigu*), accento grave (*accent grave*) e accento circonflesso (*accent circonflexe*).

L'**accento acuto** si mette, in genere, sulla *e* chiusa (non seguita da una *d*, da una *r* o da una *z* finale), in fine di sillaba e di parola.
▸ *sévérité*, *allés* (ma *pied*, *parler*, *nez*).

L'**accento grave** si mette nei seguenti casi:
- sulla *e* aperta, alla fine di una sillaba (ma non di parola): *il cè-de*, *il a-chè-te*.
- sulla *a* in: çà, *deçà*, *déjà*, *voilà*, *holà* (ma non in *cela*).
- su *a*, *e*, *u*, per distinguerle da altre parole omonime: *à – a*; *là – la*; *çà – ça*; *dès – des*; *où – ou*.

L'**accento circonflesso** si mette su *a*, *i*, *o*, *u*. Indica:
- la caduta di una *s* o di una lettera (vocale o consonante) dell'antica ortografia: *bâtir* (*bastir*), *fête* (*feste*), *âge* (*aage*), *âme* (*anme*).
- il suono prolungato di alcune vocali: *cône*, *diplôme*, *extrême*, *infâme*.

La **dieresi** (*le tréma*) si mette sulle vocali *e*, *i*, *u* per indicare che, nella pronuncia, esse si staccano dalla vocale che le precede o che le segue: *aiguë*, *baïonette*, *haïr*, *Moïse*, *naïf*.

La **cediglia ç** (*la cédille*) è posta sotto la *c* con le vocali *a*, *o*, *u* per avere il suono della *s* sorda: *façade*, *leçon*, *maçon*, *reçoit*, *déçu*.

L'**apostrofo** (*l'apostrophe*) indica l'elisione di *a*, di *e*, di *i* (nelle parole *je*, *le*, *la*, *se*, *me*, *de*, *que*...) davanti a una parola che comincia per vocale o *h* muta: *l'amie*, *d'autres*, *s'il vient*, *qu'il parle*, *l'histoire*, *l'homme*.

Il **trattino** (*trait d'union*) serve a legare più parole: *arc-boutant*, *arc-en-ciel*, *dit-elle*, *parle-t-elle*, *vingt-trois*.

Nota

La congiunzione ***si*** si elide solo con i pronomi *il*, *ils*.
▸ ***s'il*** *vient*, ***s'il*** *parle*
Ma si dirà: ***si elle*** *vient*, ***si elle*** *parle*.

Non si ha l'elisione davanti a *un* (*uno* - aggettivo numerale), né davanti a *oui*, *huit*, *huitième*, *onze*, *onzième*, *y* + vocale.
▸ *le un*, *le huit*, *que oui*, *le yacht*
Ma si può dire anche: *je crois qu'oui*, *je pense qu'oui* (linguaggio familiare).

2.3 Segni di punteggiatura

I segni di punteggiatura (*les signes de ponctuation*) sono: le *point* (.), le *point d'interrogation* (?), le *point d'exclamation* (!), la *virgule* (,), le *point-virgule* (;), les *deux points* (:), les *points de suspension* (...), les *parenthèses* ( ), les *crochets* [ ], les *guillemets* (" "), le *tiret* (-).

2.4 Divisione in sillabe

La divisione delle parole in sillabe si fa, sensibilmente, come in italiano:
of-frir, *ter-mi-ner*, *gran-de*, *ar-gent*, *mas-sif*, *ad-mi-rer*, salvo per la *s* impura: *pes-te*, *pos-te*, *é-pis-co-pale*, *es-ti-mer*, *res-ter*, *blas-phè-me*.

l, ***r*** precedute da una consonante, formano un gruppo inseparabile: *li-vre*, *no-ble*, *en-tre-pren-dre*.

I gruppi ***ch***, ***ph***, ***gn***, ***th*** sono inseparabili: *a-che-ter*, *so-phis-me*, *a-gneau*, *ryth-me*.
Se vi sono tre consonanti all'interno di una parola, le prime due terminano una sillaba, l'altra dà inizio a una nuova: *comp-ter*, *obs-ti-né*.
Ma se *br*, *cl*, *fl*, *tr* sono iniziali di una sillaba, vi è divisione: *ar-bre*, *es-clan-dre*, *af-flux*, *ins-truit*.

Nota

Alla divisione *ins-truit*, *subs-tan-ce*, *cons-tan-ce* si può preferire *in-struit*, *sub-stan-ce*, *con-stan-ce* perché si separa il prefisso (*in*, *sub*, *con*) della radice.

Se alla fine di un rigo vi sono diverse vocali consecutive, esse non si separano mai, anche se appartengono, come pronuncia, a due sillabe diverse: *b**oa***, *l**io**n*, *j**oua**i**ent*, *cr**oye**z*, *cur**io**sité*, *p**oè**te*, *c**oa**gulé*, *th**éâ**tre*, *crois**iè**re*.

2.5 Accento tonico

L'accento tonico o accento d'intensità cade sull'ultima sillaba: *chaleur*, *martyr*, *midi*, *Monaco*, *Lily* o sulla penultima delle parole che terminano con una *e* muta (*e*, *es*): *cravate*, *cravates*, *histoire*, *montagnes*.

Nota

Le vocali finali ***a***, ***i***, ***o***, ***u***, ***y*** sono sempre toniche: *papa*, *Ida*, *piano*, *menu*, *coucou*...

3
Nome

3.1 Genere del nome

Molti nomi di oggetti e molti nomi astratti che terminano in *eur* sono di genere **femminile**: *l'ardeur, la chaleur, la couleur, la douleur, l'épaisseur, la fleur, la fureur, la vapeur.*
Sono **maschili**: *le bonheur, le cœur, le chœur, le désonnheur, l'équateur, l'honneur, le labeur, le malheur, le moteur, les pleurs*, e i nomi di **professione**: *docteur, chasseur, professeur.*

I nomi delle **feste religiose** sono di genere **femminile** (quando si sottintende *fête de...*): *la Fête Dieu* (il Corpus Domini), *la Noël, la Pentecôte, la Saint-Jean* (la festa di S. Giovanni), *la Toussaint* (la festa di tutti Santi).

Vi sono dei nomi che sono **femminili** in francese e **maschili** in italiano:

l'affaire – l'affare
l'année – l'anno
l'arrivée – l'arrivo
la dent – il dente
l'étude – lo studio
l'encre – l'inchiostro
la faute – lo sbaglio
la feuille – il foglio
la haine – l'odio
la mer – il mare
la montre – l'orologio
la pensée – il pensiero

Altri nomi invece sono **maschili** in francese e **femminili** in italiano:

l'âge – l'età
l'air – l'aria
le calme – la calma
le déjeuner – la colazione
le départ – la partenza
le dimanche – la domenica
le drapeau – la bandiera
le fauteuil – la poltrona

le front – la fronte
le matin – la mattina
le mensonge – la bugia
le minuit – la mezzanotte
le papier – la carta
le soir – la sera
le souper – la cena
ecc.

Nota

In italiano vi sono alcuni nomi che sono maschili al singolare e femminili al plurale. I corrispondenti nomi francesi conservano, al plurale, lo stesso genere del singolare: *un bras long* (un braccio lungo) – *des bras longs* (delle braccia lunghe).

In italiano i nomi di **città** sono di genere femminile.
In francese il genere dei nomi di città (storicamente del femminile) ha causato delle controversie.

Quando il nome di città contiene esso stesso un articolo, la soluzione è evidente: ***Le** Mans* (maschile), ***La** Haie*, ***La** Rochelle*, ***La** Ferté* (femminili).

Negli altri casi si ha la tendenza a considerare come maschili i nomi di città che non hanno una terminazione femminile (*e*, *es*): *Madrid*, *Dijon* (maschili); quelli che ne hanno una, sono più volentieri considerati femminili: *Séville*, *Grenade*, *Genève*. Si dirà dunque: *le beau Paris*, ***la** Rome d'autrefois*.

Sono femminili i nomi delle città più celebri, nella storia, che derivano da un femminile latino, quale che sia la loro terminazione: *Jérusalem*, *Pompéi*, *Sion*, *Amsterdam*.

▸ ***La** Jérusalem **délivrée**.*

Per i casi dubbi si fa precedere il nome della città dalla parola *ville*.

▸ *La **ville** de Londres est extrêmement **peuplée**.*

Se la città è considerata non come un luogo geografico ma come il gruppo umano che vi risiede, la si considera di genere maschile.

▸ ***Tout** (tout le peuple de) Genève s'intéresse aux débats de l'ONU.*

Se la città è personificata o se il nome indica la città materiale, si dice al femminile: *chante*, ***heureuse** Orléans*, *les vengeurs de la France*.

▸ ***Toute** Venise (toute la ville de Venise) est **sillonnée** par des canaux.*

Lo stesso avviene con un aggettivo: ***la** savante Bologne* – ***la** riche Florence*.

3.1.1 Nomi usati solo al maschile

Sono i nomi di diverse professioni, esercitate più spesso dagli uomini, che non cambiano se si riferiscono alle donne: *auteur*, *écrivain*, *philosophe*, *poète*, *médecin*, *orateur*, *peintre*, *professeur*, *sculpteur*...

▸ *Sa mère est **un excellent** médecin.*
*Jeanne d'Arc a été **le sauveur** de la France.*

Se l'uso del maschile dà luogo a un equivoco si aggiunge la parola *femme*, oppure *madame*, *mademoiselle*, *dame*, *demoiselle* (ma gli accordi, in genere, restano sempre al maschile).

▸ *Dans cette ville nous avons beaucoup de **femmes** peintres.*

Une ***femme*** *auteur.*
Ce siècle est fécond en ***femmes*** *écrivains.*
Madame *de Sévigné est un grand écrivain.*
Cette femme *est mon professeur de français.*

Per i nomi di animali che hanno un solo genere, si aggiunge *mâle* e *femelle.*

▸ *La souris* (topo) ***mâle*** *et la souris* ***femelle.***
Le ***mâle*** *du renne et la* ***femelle*** *du renne.*

Nota Oggi si dice: *doctoresse* (in diritto, in medicina), *poétesse*, *Préfète* (moglie del prefetto), *Générale* (moglie del generale), *candidate*, *championne*, *députée...*
Ma ***M.me*** *le Préfet* e ***M.me*** *le Général* (per indicare la carica).

3.2 Nomi con due generi

Vi sono dei nomi omonimi che cambiano di significato secondo il genere:

Le *guide: celui qui conduit –* ***la*** *guide: la jeune fille scout.*

Al plurale femminile *guides* è sinonimo di *rênes* (redini).

Le *livre –* ***la*** *livre* (1/2 Kg.).
Le *tour* (*la promenade*) – ***la*** *tour* (*la tour d'un château, d'une église*).

3.2.1 Note su alcuni nomi

Aide (aiuto, "assistance") – sostantivo astratto – è femminile.

▸ *J'ai besoin d'****une*** *aide plus sûre.*

Aide (colui o colei che aiuta) è:

- maschile se si tratta di un uomo.
- femminile se si tratta di una donna.

▸ *Il est* ***mon*** *meilleur aide.*
Elle est ***une*** *aide intelligente.*

Aigle (*oiseau*) è maschile:

- in senso proprio (*oiseau de proie*).
- in senso figurato per designare un uomo di genio.
- per designare un leggio di chiesa a forma di aquila.
- per designare la decorazione che porta un'aquila.
- per designare una carta di grande formato.

▸ *L'aigle est* ***fier*** *et* ***courageux.***
Ronsard passait pour ***un*** *aigle parmi les poètes ses contemporains.*
Debout, devant ***un*** *grand aigle de cuivre, il parlait.*
L'aigle ***blanc*** *de Pologne. / L'aigle* ***noir*** *de Prusse.*
Du *grand aigle (du papier grand format).*

Aigle è femminile quando designa l'aquila femmina e nel senso di stendardo, di armeria.

▸ *L'aigle est* ***furieuse*** *quand on lui ravit ses aiglons.*
Les aigles ***romaines.***
Les aigles ***impériales.***

Amour è – in genere – maschile.
- *Elle a deux grands amours.*

È maschile anche quando è usato come termine di mitologia, di pittura e di scultura.
- *Il a toujours peint (sculpté) de* **petits** *Amours.*

Amour è femminile singolare in poesia.
- ***Une** amour **violente**.*

È quasi sempre femminile plurale in prosa.
- *De **folles** amours.*

Automne è generalmente usato al maschile ma non è raro che i poeti lo usino al femminile.
- ***La** pâle automne.* (Millevoye)
  ***La** précoce automne.* (Lamartine)

Couleur nella sua accezione generale è femminile.
- *Cette gravure est d'**une belle** couleur.*

Couleur è maschile nelle espressioni *couleur de feu*, *couleur de rose*, *couleur de chair*, *couleur d'olive*.
- *Ce ruban est d'**un beau** couleur de feu.*

Délice è maschile al singolare (usato raramente).
- ***Un** grand délice.*

È femminile al plurale.
- *Les plus **grandes** délices.*

Ma dopo le espressioni *un de*, *le premier de*, *le dernier de*, *les plus grands des...*, *délice*, secondo l'uso, è maschile anche al plurale.
- *Un de mes plus **grands** délices, c'est cette musique.*

Enfant al singolare è maschile o femminile a seconda che indichi un bambino o una bambina.
- *Julien est **un bon** enfant.*
  *Marie est **une** enfant **studieuse** et **intelligente**.*

Al plurale è sempre maschile.
- *Cette dame a deux **beaux** enfants: un garçon et une fillette.*

Foudre è femminile nel senso proprio di *feu du ciel.*
- ***La** foudre a abattu ce chêne.*

È maschile nei seguenti casi:
- in senso figurato per rappresentare un uomo di guerra, un grande oratore.
  - *Napoléon a été **un** foudre de guerre et Mirabeau, **un** foudre d'éloquence.*
- nel linguaggio araldico (immagine della folgore dipinta o scolpita).
  - *Les armes de l'empire français étaient un aigle tenant **un** foudre dans les serres.*
- per indicare il dardo infiammato che la mitologia rappresenta come l'arma di Giove.
  - *Jupiter lançait sur les pauvres mortels **le** foudre qu'il tenait dans sa main.*
- per indicare un grande *tonneau* (raro).
  - ***Un** foudre de vin* (botte di vino).

Nota

I poeti classici usano spesso *foudre* (*feu du ciel*) al maschile.

▸ *Puissé-je de mes yeux voir tomber* **ce** *foudre.* (Corneille)

Si dice anche al plurale: *s'attirer les foudres de quelqu'un.*

Garde è femminile.

▸ *Faire* **bonne** *garde. / Monter* **la** *garde.*

Non lo è quando designa un uomo.

▸ ***Un*** *garde champêtre.*

Gens (che è femminile per la sua origine latina) si usa più generalmente al maschile plurale con il significato di *hommes* (persone).

▸ ***Tous*** *ces pauvres gens.*
Tous *les gens querel***leurs***.*

Se la parola *gens* è immediatamente preceduta da un aggettivo che ha un terminazione diversa per ogni genere, esso esige il femminile per quell'aggettivo e per tutti quelli che possono precederlo. Gli aggettivi che lo seguono sono sempre al maschile.

▸ *Les* **vieilles** *gens sont rarement* **gais**.
Toutes *les* **sottes** *gens sont* **orgueilleux**.
Ce sont les **meilleures** *gens que j'ai* **connus**.

Ma ***Quels bons*** *et honnêtes gens!*

Gli aggettivi e i participi che formano una specie di proposizione all'inizio della frase, nella quale *gens* fa da soggetto, si mettono al maschile.

▸ ***Devenus vieux*** *et* ***infirmes***, *ces bonnes gens ne peuvent plus gagner leur vie.*

Il sostantivo *gens* può essere seguito dalla preposizione *de* e da un nome designante una professione, un mestiere, uno stato qualunque, con il quale forma una espressione composta ed esige al maschile plurale tutti gli aggettivi, qualunque sia il loro posto.

gens de lettres – auteurs, écrivains (letterati)
gens de robe – avocats (avvocati)
gens d'épée – gens d'armes (militari)
gens d'affaires – qui font des affaires (commercianti, industriali)
gens d'église – ecclésiastiques, prêtres (ecclesiastici)
gens de mer – marins, pêcheurs (marinai)
gens d'études – qui s'adonnent aux études (studiosi)
gens de maison – serviteurs

▸ ***Certains*** *gens d'affaires sont de véritables fripons.*
Ce sont de **fameux** *gens de mer.*

Gens è spesso il plurale del sostantivo *homme.*

▸ *Un homme de bien. / Des gens de bien.*
Un jeune homme. / Des jeunes gens.
Un brave homme. / De braves gens.
Un homme de lettres. / Des gens de lettres.

Gent con il significato di *nation, race, foule*, è femminile. Si usa molto spesso in senso ironico.

- ***La** gent ailée (les oiseaux).*
  ***La** gent trotte-menu (les rats, les souris).*
  ***La** gent féminine (les femmes).*
  ***La** gent qui porte le turban (les Turcs).*

Hymne, canto di chiesa (come in greco e in latino), è femminile.

- *C'est **une** ancienne hymne d'église.*

Negli altri casi è maschile.

- ***Un** hymne national. / **Un** hymne guerrier. / **Un** hymne d'allégresse.*

Œuvre è generalmente femminile.

- *Chacun sera jugé selon ses **bonnes** et ses **mauvaises** œuvres.*

Œuvre è maschile:

- quando designa l'insieme delle opere di un artista (di un incisore, di un pittore, di un musicista, talvolta di uno scrittore).
  - *J'ai **tout** l'œuvre de Mozart.*
- nell'espressione ***le gros oeuvre*** (in senso proprio e in senso figurato).
  - ***Le gros œuvre** de la Basilique...*
  - ***Le gros œuvre** du nouveau roman est achevé.*

Œuvre è maschile nell'espressione ***le grand œuvre*** che indica:

- la ricerca della pietra filosofale (che doveva avere la proprietà di tramutare in oro o in argento tutti i metalli inferiori).
  - *Quoique un homme de guerre, son dessein était de parvenir **au grand œuvre**.* (Fontenelle)
- una grande impresa.
  - *Ils travaillent **au grand œuvre** social.*

Orge è femminile.

- *De **belles** orges.*

Orge è maschile nelle espressioni: *orge mondé, orge perlé.*

Orgue al singolare è maschile.

- *Le **bel** orgue de cette église a coûté cher.*

Orgue

- al plurale maschile designa diversi strumenti distinti.
  - *Les deux orgues de cette église sont vraiment **beaux**.*
- al plurale femminile designa uno strumento unico (la parola prende allora un senso enfatico).
  - *Les **grandes** orgues de cette église.*

Pâques

Con una *s* è maschile singolare quando designa una data o la festa dei cristiani. Prende la maiuscola e rifiuta l'articolo.

- *Je vous paierai à Pâques **prochain**.*
  *Pâques est **passé**.*

È femminile e si usa al plurale nelle espressioni ***Joyeuses*** *Pâques* (Buona Pasqua) – *Pâques* ***fleuries*** (*dimanche des Rameaux* = delle Palme) – *Pâques* **aux Roses** (*la Pentecôte*) – *Pâques* **closes** (domenica in Albis: *huit jours après Pâques*) – *faire ses pâques*, **de bonnes** *pâques* (*communier un jour du temps pascal*: fare il precetto).

Pâque (senza *s*) – *fête des Juifs* – è femminile e prende l'articolo.

- ***La*** *Pâque des Juifs.* / *Notre Seigneur célébra* **la** *Pâque avec ses disciples.*

Période

È femminile nelle accezioni ordinarie.

- ***La*** *période du Moyen Âge.*

È maschile se indica il punto dove una cosa, una persona può arrivare.

- *L'éloquence a eu* **son** *plus* **haut** *période avec Démosthène et Cicéron.*

Ma si dice molto bene oggi: *dans* **la** *dernière période de sa vie.*

3.3 Femminile dei nomi

Formano il femminile solo i nomi comuni di persone o di animali.
I nomi di cose non cambiano a meno che non abbiano un significato diverso: ***le*** *poêle* (la stufa) – ***la*** *poêle* (la padella).
Per la formazione del "femminile dei nomi", vedere il capitolo sull'aggettivo qualificativo: il femminile degli aggettivi qualificativi ecc.

3.4 Formazione del plurale

3.4.1 Regola generale

Per formare il plurale dei nomi, degli aggettivi e dei participi si aggiunge, in genere, una **s** alla forma del singolare: *la table* – *les table***s**; *grand* – *grand(e)***s**; *allé* – *all(é)***s**.

3.4.2 Regole particolari

Il nome o l'aggettivo che termina con *s*, *x*, *z* al singolare, è invariabile al plurale: *le corps*, *le nez*, *le prix*, *heureux*: **les** *corps*, **les** *nez*, **les** *prix*, *heureux*.

I nomi e gli aggettivi in *au* ed *eu* prendono una *x* al plurale: *veau*, *cheveu*, *hébreu*: *veau***x**, *cheveu***x**, *hébreu***x**.
Fanno eccezione: *bleu* (azzurro), *feu* (defunto), *landau* (antica carrozza), *pneu* (pneumatico), *sarrau* (grembiule), che prendono una **s**: *bleu***s**, *landau***s**, *sarrau***s**...
I nomi e gli aggettivi in *ou* prendono una ***s*** al plurale: *sou*, *clou*, *mou*: *sou***s**, *clou***s**, *mou***s**...
Fanno eccezione sette nomi che prendono una **x**: *bijou* (gioiello), *caillou* (ciottolo), *chou* (cavolo), *genou* (ginocchio), *hibou* (gufo), *joujou* (giocattolo), *pou* (pidocchio): *bijou***x**, *caillou***x**, *chou***x** ecc.

I nomi e gli aggettivi in *al* al singolare, cambiano *al* in **aux** al plurale: *journal*, *animal*, *spécial*, *médiéval*: *journ***aux**, *anim***aux**, *spéci***aux**, *médiév***aux** ecc.

Fanno eccezione: *aval*, *bal*, *bancal*, *cal*, *caracal*, *carnaval*, *chacal*, *choral*, *fatal*, *festival*, *final*, *glacial*, *jovial*, *matinal*, *narval*, *natal*, *naval*, *nopal*, *récital*, *régal*, *serval* che prendono una ***s*** al plurale: *bal***s**, *cal***s**, *carnaval***s**, *jovial***s**, *natal***s** ecc.

Nota

Val (m) – valle, valletta – al plurale fa *vals*.
Ma fa *vaux* nell'espressione *par monts et par* **vaux**.

Idéal fa indifferentemente *idéals* e *idéaux* (senso politico).

I nomi in *ails* prendono una **s** al plurale: *éventail*, *chandail* (maglione, pullover): *éventails*, *chandails* ecc. **Fanno eccezione**: *bail* (affitto), *corail*, *émail*, *soupirail*, *travail*, *vantail* (imposta, battente), *vitrail* (vetrata) che cambiano *ail* in **aux**: ***baux***, *cor**aux***, *ém**aux***, *soupir**aux***, *trav**aux***, *vant**aux***, *vitr**aux***...

3.4.3 Nomi con doppia forma al plurale

Aïeul (avo, antenato)
Aïeuls: nel senso di "nonni materni e paterni" (*grands-parents maternels et paternels*).

- *Il a perdu ses deux* **aïeuls** *paternels* (raramente nella lingua corrente).

Aïeux: nel senso di "antenati" (*ancêtres*).

- *Les Romains furent nos* **aïeux**.

Ail (aglio in botanica)

- *La famille des* **ails**.

Aulx: nella lingua normale.

- *On a acheté beaucoup d'***aulx**.

Ma si preferisce il singolare: *des gousses d'***ail** (spicchi d'aglio), *des têtes d'***ail** (capi d'aglio).

Ciel (cielo)
Ciels: nel senso di clima o al figurato (per indicare per esempio un termine di pittura).

- *L'Italie est sous un des plus beaux* **ciels** *de l'Europe*.
  Les **ciels** *de ce tableau.* / *Des* **ciels** *de lit* (corona di un letto).

Cieux: volta celeste, firmamento, spazio indefinito dove si muovono gli astri, il paradiso in opposizione all'inferno.

- *Les* **cieux** *étoilés*.
  Celui qui règne dans les **cieux**.
  Notre père qui es aux **cieux**...

Œil (occhio)
Yeux: organo della vista.
Œils: plurale dei nomi composti: **œils**-*de chat*, **œils**-*de-serpent* (pietre preziose), **œils**-*de-perdrix* o *cor* (callo).

3.4.4 Plurale dei nomi propri

I nomi propri di **famiglia** prendono il segno del plurale – la *s* – (anche se terminano in *al* e *au*: *les Maréchal**s***, *les Marau**s***) nei seguenti casi:

- se sono considerati, per antonomasia, come nomi comuni (per indicare persone che offrono una certa somiglianza, per i loro talenti, con quelle di cui si cita il nome).
  - *Les Virgile**s***, *les Horace**s** sont rares*.
- se designano alcune famiglie storiche e illustri, famiglie reali, principesche, dinastie francesi o francesizzate: *les Mérovingien**s***, *les Horace**s***, *les Stuart**s***...
  Ma: *les Casati*, *les Romanov* (nomi stranieri non francesizzati) o *les Dupont* (senza *s*) – nome di famiglia non illustre.

- se designano, con il nome dell'autore, delle opere artistiche o delle opere celebri.
  ▸ *Au musée du Louvre, j'ai admiré des Raphaël**s**, des Titien**s**, des Poussin**s**.*
  *Dans ma bibliothèque, j'ai deux Virgile**s**, deux Léopardi**s**.*

  Ma: *J'ai plusieurs* ***Odyssée*** *et trois* ***Jérusalem Délivrée*** (invariabili perché si tratta del nome delle opere e non di quello degli autori).

I nomi propri prendono il segno del plurale se designano **dei paesi** con lo stesso nome: *les deux Gaule**s**, les Indes Orientale**s**, les Antille**s**, les Amérique**s**.*

Anche per le città, per antonomasia, si può dire: *les Babylone**s** et les Carthage**s** ont disparu.*

I nomi propri **non** prendono il segno del plurale:
- se designano le persone stesse (gli individui, non le famiglie intere) che portano o che hanno portato questi nomi.
  ▸ *Les Corneille et les Racine ont illustré la scène française du XVIIème siècle.*
- davanti ai nomi preceduti dall'articolo singolare.
  ▸ *Les La Fontaine, des La Bruyère...*

3.4.5 Plurale dei nomi stranieri

I nomi stranieri, francesizzati con l'uso, prendono il segno del plurale: *des panorama**s**, des album**s**, des agenda**s**.*

Si scrivono **senza** *s*:
- alcuni termini latini, soprattutto quelli di preghiere e di canti religiosi: *des intérim, des ave, des crédo, des amen.*
- i termini di musica di origine italian: *des allégro, des andante.*

Altri nomi italiani hanno due plurali: *solo – solos, soli; soprano – sopranos, soprani; dilettante – dilettantes, dilettanti.*
I nomi inglesi in *man* formano il plurale in *men*: *gentleman – gentlemen.*
I nomi inglesi in *y* hanno due forme: *baby – babys, babies; lady – ladys, ladies.*

3.4.6 Plurale dei nomi composti

I nomi composti, i cui elementi sono riuniti in una sola parola, formano il plurale come le parole semplici: *des bonjours, des portemanteaux, des passeports, des pourboires.*
Fanno eccezione:

*bonhomme – bon**s**hommes*
*gentilhomme – gentil**s**hommes*
*monsieur, madame, mademoiselle – me**ss**ieurs, me**s**dames, me**s**demoiselles*
*monseigneur – me**s**seigneurs (no**s**seigneurs)*

Se il nome composto è formato da due nomi o da un nome e un aggettivo, entrambi gli elementi prendono il segno del plurale: *rouge**s**-gorge**s**, basse**s**-cour**s**, chef**s**-lieu**x**, oiseau**x**-mouche**s**, coffre**s**-fort**s**, chou**x**-fleur**s**, sourd**s**-muet**s**.*

Nota L'aggettivo *grand*, nei nomi composti, non cambia al femminile plurale: *une* ***grand****-messe* (messa cantata) – *des* ***grand****-messes; une* ***grand****-mère – des* ***grand****-mères.*

Quando il nome composto è formato da due nomi e il secondo (con o senza preposizione) è complemento del primo, solo il primo dei due prende il segno del plurale:

*des timbre**s**-poste* (*timbres de la poste*)
*des chef**s**-d'œuvre*
*des arc**s**-en ciel*
*des croc**s**-en-jambes* (sgambetti)

Nota La *s* del plurale non si lega mai foneticamente con la vocale che segue.

Se il nome composto è formato da una parola invariabile e da un nome, solo il nome prende il segno del plurale:

*des arrière-garde**s***
*des contre-attaque**s*** (f)

Ma: ***des*** *après-midi*.

3.4.7 Altri casi

I nomi usati come aggettivi per designare un colore sono invariabili: *aurore*, *marron*, *noisette*, *orange*, *olive*, *paille*...

▸ *Des robes **marron**.*

Fanno eccezione: *amarante*, *cramoisi*, *écarlate*, *garance*, *mordoré*, *rose*.

▸ *Des soies **cramoisies** (écarlates, pourpres).*

Alcuni nomi si usano solo al plurale:

alentours – dintorni
ancêtres – antenati
archives – archivio-i
environs – circondario-i
armoiries – stemma-i
confins – confine-i
gens – gente, persone
frais – spesa-e
mœurs – costumi, abitudini, usi
pleurs – pianto, lacrime
ténèbres – tenebra-e
vêpres – vespro-i

La maggior parte dei nomi che hanno il suffisso *ailles* si usano solo al plurale:

entrailles – viscere
fiançailles – fidanzamento
funérailles – funerali

I nomi di materia sono, come in italiano, al singolare: *or*, *argent*, *fer*, *plomb*, *cuivre*. Hanno un plurale se rappresentano degli oggetti fatti di questa materia.

▸ *Il a acheté des **ors** différents.*

Alcuni nomi cambiano di significato se sono usati al singolare o al plurale:

un ciseau (scalpello) – *des ciseaux* (forbici)

une lunette d'approche (cannocchiale) – *des lunettes* (occhiali)
un gage (pegno) – *des gages* (pegni, salario)
une vacance (carica, posto vacante) – *des vacances* (vacanze, ferie)

I nomi propri di riviste, giornali, marche sono (generalmente) invariabili: *des Figaro*, *des Marie Claire*, *des Précis de Grammaire* (**Ma** *des Grammaire**s** Larousse)*, *des Renault* (marque de voiture).

Se il nome composto è formato da un verbo seguito da un nome complemento oggetto diretto, solo il nome prende il segno del plurale: *des tire-bouchon**s*** (cavatappi), *des couvre-lit**s*** (copriletti).

Ma: *des abat-jour* (paralumi), *des porte-bonheur* (porta fortuna), *des couvre-feu* (coprifuoco).

La parola *garde*:
- resta invariabile se ha funzione di verbo: *des garde-robes* (guardaroba);
- prende il segno del plurale se ha funzione di nome: *des garde**s**-chasse*, *des garde**s**-malades*.

I nomi formati da una locuzione ellittica sono invariabili: *des on-dit*, *des ouï-dire*, *des réveille-matin*, *des tête-à-tête*, *des coq-à-l'âne* (qui pro quo: sproloquio).

Nei nomi composti le parole straniere sono invariabili: *des ex-voto*, *des in-folio*, *des post-scriptum*.
Ma: *des tragico-comédie**s***; *des fac-similé**s***; *des orangs-outang**s***.

Se nel nome composto il primo termina in *o* esso resta invariabile: *les Gallo-Romains*; *des pseudo-problèmes*.

4
Articolo

4.1 Articoli definiti

Le davanti a un nome maschile che comincia per consonante o *h* aspirata.
- **Le** *livre*, **le** *héros.*

La davanti a un nome femminile che comincia per consonante o *h* aspirata.
- **La** *maison*, **la** *harpe.*

L' davanti a un nome maschile o femminile che comincia per vocale o *h* muta.
- ***L'****ami*, ***l'****homme*, ***l'****amitié*, ***l'****histoire.*

Les plurale dei due generi.
- **Les** *livres*, **les** *héros*, **les** *maisons*, **les** *harpes*, **les** *amis*, **les** *hommes*, **les** *amitiés*, **les** *histoires.*

4.2 Articoli indefiniti

Un davanti a un nome maschile.
- **Un** *livre*, **un** *homme*, **un** *ami*, **un** *héros.*

Une davanti a un nome femminile (*une* non si apostrofa mai).
- **Une** *maison*, **une** *harpe*, **une** *amie*, **une** *histoire.*

Des plurale dei due generi.
- **Des** *livres*, **des** *hommes*, **des** *héros*, **des** *maisons*, **des** *harpes*, **des** *amies*, **des** *histoires.*

4.3 Preposizioni articolate

Au davanti a una consonante o *h* aspirata.
- **Au** *livre*, **au** *héros.*

À l' davanti a una vocale o *h* muta.
- **À** l'*ami*, **à** l'*homme.*

À la davanti a una consonante o *h* aspirata.
- **À la** *maison*, **à la** *harpe.*

À l' davanti a una vocale o *h* muta.
- **À l'***amie*, **à l'***histoire.*

Aux plurale dei due generi.
- **Aux** *livres*, **aux** *maisons*, **aux** *héros*, **aux** *amies*, **aux** *hommes*, **aux** *élèves*, **aux** *femmes.*

Du davanti a una consonante o *h* aspirata.
- **Du** *livre*, **du** *héros.*

De l' davanti a una vocale o *h* muta.
▸ ***De l'ami*, *de l'homme*.**
De la davanti a consonante o *h* aspirata.
▸ ***De la** maison*, ***de la** harpe*.
De l' davanti a vocale o *h* muta.
▸ ***De l'amie*, *de l'histoire*.**
Des plurale dei due generi.
▸ ***Des** livres*, ***des** héros*, ***des** hommes*, ***des** amitiés*, ***des** harpes*, ***des** maisons*.

Nota A differenza dell'italiano, l'articolo definito *la* non si contrae: *de la*, *à la*.
Eccetto *à* e *de*, le preposizioni in francese non si contraggono: *dans le*, *dans la*, *dans les*, *avec le*, *sur la* ecc. (nella, nei, nelle, col, sulla ecc.)

4.4 Articoli partitivi

Du, *de la*, *de l'*, *des* sono detti articoli partitivi, perché si mettono davanti ai nomi che designano la parte di un tutto.
▸ *Nous avons mangé* **du** *poisson*, **des** *épinards*.
Il a rencontré **des** *amis*.

Si mette ***de*** (preposizione semplice) nei seguenti casi:
- davanti al nome partitivo preceduto da un aggettivo qualificativo al plurale.
  ▸ *Nous avons reçu* **de belles** *fleurs*.
  Ma: *Nous avons reçu* **des** *roses magnifiques*.

Nota Si mette *du*, *de la*, *de l'*, *des* quando l'aggettivo fa un tutt'uno con il nome: **du** *bon sens*, **de la** *bonne volonté*, **des** *jeunes gens*, **des** *petits pois*.

- davanti al nome partitivo, in una frase negativa, se la negazione è assoluta.
  ▸ *Je n'ai pas* ***d'amis***.
  Il n'a pas ***d'argent***.

Ma si usa *du*, *de la*, *de l'*, *des*, se la frase sottintende un'idea affermativa.
▸ *Je n'ai pas* **des** *amis méchants*.
Nous n'avons pas demandé **de la** *bière mais* **du** *vin*.

- dopo gli avverbi di quantità (aggettivi in italiano).
  autant – tanto, altrettanto/a/e/i (variabili)
  beaucoup – molto (variabile)
  peu – poco (variabile)
  que, *combien* – quanto (variabile)
  tant – tanto (variabile)
  trop – troppo (variabile)
  ▸ *Peu* **de** *travaux*; *tant* **de** *travaux*; *beaucoup* **de** *travaux*.
- dopo gli avverbi *plus*, *point*, *moins*, *assez*.
  ▸ *Plus* ***d'idées***; *point* **de** *regrets*; *moins* **d'***argent*; *assez* **de** *paroles*.

Nota L'avverbio *bien* (molto/a/i/e) esige *du*, *de la*, *de l'*, *des*.
▸ *Il a fait* **bien des** *travaux*.

Non si usa l'articolo partitivo nei seguenti casi:
- dopo *ni... ni*, *sans*, *avec* (quest' ultimo quando è seguito da un nome astratto).

- *Il n'a* ***ni*** *argent,* ***ni*** *parents.*
  Je mange **sans** *pain.*
  Elle étudie **avec** *passion.*

Ma: *Elle sort avec* **des** *camarades.*

- nelle frasi *avoir (bien, très) chaud, avoir froid, avoir faim, avoir soif, avoir raison, avoir tort, y avoir danger, chercher fortune/ querelle, demander pardon/ conseil, donner raison/ tort.*
- nelle enumerazioni.
  - *Vieillards, hommes, femmes, tous demandaient à descendre.*

4.5 Uso dell'articolo

La lingua italiana spesso sopprime l'articolo. In francese è quasi sempre espresso.

lire à ***la*** *page 30* – leggere a pagina 30
partir vers ***le*** *soir* – partire verso sera
aller à ***la*** *chasse* – andare a caccia
venir à ***l'****église* – venire in chiesa
la mort ***du*** *roi Charles* – la morte di re Carlo
c'est la loi de ***la*** *nature* – è legge di natura
à ***la*** *nage* – a nuoto
au *sud,* ***au*** *nord, à* ***l'****est, à* ***l'****ouest* – a sud, a nord, a est, a ovest
écrire sous ***la*** *dictée* – scrivere sotto dettatura
après ***le*** *repas* – dopo pasto
ce n'est pas ***une*** *personne* – non è persona capace di
capable de mentir (art. indéf.) – mentire
il a accepté des cadeaux et ***des*** *honneurs* (art. partitif) – ha accettato regali e onori

Nota

L'articolo è spesso sostituito dall'aggettivo possessivo.

- *Prends* ***ton*** *livre et lis.* – Prendi il libro e leggi.
  Aime ***tes*** *parents.* – Ama i genitori.

Ma non lo è davanti ai nomi di cose inseparabili.

- *Il s'est fait mal à la jambe.*

Il possessivo mette in rilievo una cosa abituale.

- *Il a* ***sa*** *migraine.* – Ha la solita emicrania.
  J'ai mal à ***mon*** *bras.* – Ho male al braccio.

4.5.1 Uso dell'articolo davanti ai nomi propri

In genere, davanti ai nomi propri di persona e di famiglia, in francese, *non* si usa l'articolo.

- *Le Odi Barbare* ***de*** *Carducci.* – Le *Odi Barbare del* Carducci.
  Manzoni est un écrivain. – *Il* Manzoni è uno scrittore.
  Marie est une jolie femme. – *La* Maria è una donna graziosa.

Ma se un autore è ancora in vita si dice: *Madame D. Maraini.*

Si usa l'articolo nei seguenti casi:

- se il nome è preceduto da un aggettivo o seguito da un complemento determinativo: ***le grand*** *Molière,* ***le*** *Shakespeare* ***de Macbeth****,* ***le*** *Racine* ***des Plaideurs****.*
- se il nome designa una famiglia storica o una dinastia (***les*** *Mérovingiens,* ***les*** *Horaces,* ***les*** *Stuarts*) o se si tratta di caratterizzare una famiglia.
  - ***Les*** *Dupont sont très gentils.*

- davanti al nome proprio, usato per antonomasia, come nome comune (un nome proprio di persona diventato tipo).
  - *Napoléon fut **l'**Alexandre des temps modernes.*
    ***Les** Pascals, **les** Molières sont très rares.*

Nota L'articolo **les** si usa anche in modo enfatico davanti a un nome proprio al singolare.
- ***Les** Socrate, **les** Platon ont été les plus savants des hommes.*
  ***Les** Racine, **les** La Fontaine ont illustré le règne de Louis XIV.*

- davanti ad alcuni nomi o soprannomi di poeti e di artisti italiani dei secoli scorsi: ***le** Pétrarque, **le** Boccace, **le** Tasse, **le** Corrège, **la** Malibran, **la** Patti.*

  Ma non si dice mai: *le Dante, le Gabriele (D'annunzio), le Michel-Ange* perché si tratta di nomi propri.
- se il nome designa delle opere d'arte.
  - ***Le** Moïse et **le** David de Michel-Ange.*
- se il nome è al posto della parola "musica", "opere".
  - *On a joué **du** Rossini. On a lu **du** Shakespeare.*
- quando si sottintendono le parole *manière, fête, vin.*
  - *Une redingote à **la** (manière de) Napoléon.*
    *J'ai bu **du** Bourgogne.*
    *Je viendrai à **la** Noël* (alla festa di...).

  Ma si dice:
  - *Joyeux Noël!* (*Noël* è maschile)
    Je viendrai à Pâques.

4.5.2 Uso dell'articolo davanti ai nomi geografici

Si usa l'articolo davanti ai nomi propri di continenti, di paesi, di province, di montagne, di mari, di corsi d'acqua, di isole: ***l'**Amérique, **l'**Europe, **la** Belgique, **les** Alpes, **la** Méditerranée, **la** Seine, **la** Corse.*

I nomi delle piccole **isole vicine** e delle **isole lontane**, di genere maschile, *non* prendono l'articolo: *Malte, Madagascar, Bornéo.*
Ma: ***à la** Réunion, **à la** Guadelupe* (isole lontane di genere femminile).

I nomi di città rifiutano l'articolo: *Paris, Rome, Bruxelles.*
Prendono invece l'articolo se sono preceduti da un aggettivo o seguiti da un complemento determinativo: ***le** grand Paris, **la** Rome d'autrefois* o se, all'origine, essi erano nomi comuni: ***le** Havre, **la** Haye, **la** Rochelle.*

4.5.3 Uso dell'articolo davanti a *plus, moins, mieux*

Davanti agli avverbi *plus, moins, mieux*, seguiti da un aggettivo o da un participio, l'articolo *le*:
- rimane invariabile e forma con questi avverbi una locuzione avverbiale quando si vuole esprimere una qualità portata al più alto livello (*le plus, le moins, le mieux* hanno il senso di maggiormente, di più, di meno, di meglio).
  - *De ces deux sœurs, la cadette est **le plus** aimée (**le plus** jolie).*
- si accorda quando si vuole esprimere un paragone fra diversi esseri o oggetti (superlativo relativo).
  - *Cette femme est **la** plus heureuse des mères.*
    *Ce sont les fleurs **les** plus belles.*

Le plus, le moins, le mieux sono sempre invariabili, quando modificano un verbo o un avverbio.
- *Les jeux que les enfants* **aiment le plus** (le **moins**, le **mieux**) *sont ceux de plein air.*
  On récompense les soldats qui se sont comportés **le plus bravement**.

4.6 Omissione dell'articolo

Si sopprime l'articolo nei seguenti casi:

- nelle massime e nei proverbi, in alcune espressioni consacrate dall'uso.
  ▸ *Noblesse oblige.*
  Nature ne peut mentir.
  Méfiance est mère de sûreté.
  Se donner corps et âme.
- nelle enumerazioni, soprattutto se sono seguiti dalle parole *tout*, *tous*, *rien*, *personne*.
  ▸ *Hommes, femmes, enfants,* **tous** *s'évadèrent.*
  Gloires, honneurs, richesses, **rien** *ne m'intéresse.*
- davanti agli aggettivi numerali indicanti l'ora, l'anno, la percentuale.
  ▸ ***À*** *quatre heures* (alle quattro)
  De *1980* ***à*** *1988* (dal... al)
  En (nel) *1976* – **vers** (verso il) *1950.*
  On m'accorde une réduction **de** *10%.*
  Si dice anche: ***de*** 40 ***à*** 50 pages (dalle quaranta alle cinquanta pagine).
- davanti a *rue, boulevard, place, quai, faubourg* (preceduti o meno dai verbi *habiter, demeurer*), negli indirizzi.
  ▸ *J'habite 10, boulevard des Italiens.*
  Son adresse est: 30, place de Rome.
  Monsieur X 20, rue de Naples (al sig. Tale...) (in questo caso si sopprime anche la preposizione italiana: "in", "a", "al"...)
- davanti al nome preceduto dalle parole *force*, *quantité* (considerati quasi come avverbi di quantità).
  ▸ *Il y a* **force** *citoyens qui l'exigent.*
  Nous avons **quantité** *de preuves contre lui.*
- davanti al nome in alcune locuzioni come *avoir faim/ soif/ sommeil/ peur/ patience/ froid/ besoin/ envie, prendre patience, demander justice/ raison.* E anche: *rendre compte de quelque chose, demander des comptes à quelqu'un.*

Nota

Nel linguaggio corrente, si dice *avoir* **très** (*grand, bien*) *faim, froid, soif, chaud, sommeil* ecc.

Con alcuni nomi la frase cambia a seconda che si usi o si sopprima l'articolo: *Rendre visite* (fare visita) – *Rendre* **la** *visite* (restituire la visita) – *Entendre raillerie* (sopportare lo scherzo) – *Entendre* **la** *raillerie* (sapere scherzare) – *Demander raison* (domandare ragione) – *Demander* **la** *raison* (chiedere la ragione).

- davanti al secondo dei due nomi che formano un'espressione indivisibile.
  ▸ *Les arts et métiers.*
  Les frères et sœurs.
  Les ponts et chaussées.
- se due aggettivi qualificativi uniti dalla congiunzione *et* si riferiscono alla stessa persona o alla stessa cosa.
  ▸ *La bonne et simple femme.*
  Ma si dice: ***La*** *petite et* **la** *grande maison.*

Nota

Nelle iscrizioni degli avvisi, nei titoli delle opere si dice:
▸ *Maison à* (da) *vendre* (si vende).
Défense de jeter par la fenêtre (È proibito gettare...).
Précis d'arithmétique (compendio di...).

5
Aggettivo qualificativo

5.1 Formazione del femminile

5.1.1 Regola generale

Per formare il femminile degli aggettivi qualificativi, dei participi e dei nomi con due generi, si aggiunge una **e** alla forma del maschile:

grand = *grand**e***
petit = *petit**e***
cousin = *cousin**e***
ami = *ami**e***
dit = *dit**e***
venu = *venu**e***

L'aggettivo maschile che termina con una *e* **muta** resta invariabile al femminile.

▸ *Un devoir facile. / Une leçon facile.*

Attenzione: Gli aggettivi e i participi che terminano con *é* sono variabili:

*parfum**é*** = *parfum**ée***
*vari**é*** = *vari**ée***

5.1.2 Regole particolari

L'aggettivo o il nome che termina con *f* cambia *f* in *ve*:

vif (vivace) = *vi**ve***
veuf (vedovo) = *veu**ve***
actif (attivo) = *acti**ve***

Ma: *bref* = *br**ève***

L'aggettivo o il nome che termina con *x* cambia *x* in *se*:

heureux = *heureu**se***
furieux = *furieu**se***
époux = *épou**se***

Attenzione: **Cinque** aggettivi fanno eccezione:

doux (dolce) = *douce*
faux (falso) = *fausse*
roux (rossiccio) = *rousse*
vieux (vecchio) = *vieille*
préfix (prefisso) = *préfixe*

L'aggettivo o il nome che termina con *er* cambia *er* in *ère*:
premier = *prem**ière***
dernier = *dern**ière***
écolier = *écol**ière***
berger = *berg**ère*** (pastore, pastorella)

Gli aggettivi in *gu* fanno *guë* (con la dieresi sulla *e*) per conservare il suono della *u*:
ambigu = *ambig**uë***
aigu = *aig**uë***
contigu = *contig**uë***

Gli aggettivi in *el*, *eil* (così come *nul* e *gentil*), *en*, *on*, *as*, *et*, *ot* raddoppiano la consonante davanti alla *e* del femminile:
cruel = *cruel**le***
pareil = *pareil**le***
nul = *nul**le***
gentil = *gentil**le***
italien = *italien**ne***
bon = *bon**ne***
gras = *gras**se***
gros = *gros**se***
muet = *muet**te***
sot = *sot**te***

Nota

Per *lapon*, *letton*, *nippon*, l'uso esita fra due forme.
la langue lapone o *lapo**nne***
la langue lettone o *letto**nne***
la langue nippone o *nippo**nne***

Ras (colmo) = *rase*

Idiot = *idiote* – *Dévot* = *dévote*

Nove aggettivi in *et* cambiano *et* in *ète*: *complet*, *incomplet*, *concret*, *discret*, *indiscret*, *quiet*, *inquiet*, *replet* (grassoccio), *secret*: *compl**ète***, *incompl**ète***, *concr**ète***, *secr**ète**...*

Gli aggettivi che terminano in *an* non raddoppiano la consonante finale:
persan = *persan**e***
roman = *roman**e***

Ma: *paysan* = *paysan**ne***

Aggettivi che terminano in *c*

Ammoniac, *caduc*, *franc*, *public*, *turc* cambiano *c* in **que**: *ammonia**que***, *cadu**que***, *fran**que***, *publi**que***, *tur**que*** (*grec* conserva la *c* e fa *grec**que***).

Blanc, *franc* (sincero, leale) *sec* fanno: *blan**che***, *fran**che***, *sè**che***.

Aggettivi in *eur*

Undici aggettivi aggiungono una semplice *e* ai comparativi di origine latina: *antérieur*, *citérieur*, *extérieur*, *inférieur*, *intérieur*, *majeur*, *meilleur mineur*, *postérieur*, *supérieur*, *ultérieur*: *extérieur**e***, *inférieur**e***, *majeur**e***, *mineur**e**...*

Cambiano *eur* in *euse* (o *teur* in *teuse*) gli aggettivi (e i nomi) che hanno la stessa radice del verbo dal quale derivano:

chant-er (cantare) – *chant*-**eur**, *chant*-**euse**
ment-ir (mentire) – *ment*-**eur**, *ment*-**euse**
pêch-er (pescare) – *pêch*-**eur**, *pêch*-**euse**

Ma per il femminile di *sauveur*, si usa talvolta *sauv***euse** e più spesso *salvatrice*; per il femminile di *vainqueur*, si preferisce il femminile dell'aggettivo victorieux: *victorieuse*.

Alcuni nomi e aggettivi cambiano *teur* in *trice*:

*institu***teur** – *institu***trice** / *ac*teur – *ac***trice**

Femminile in *esse*

Una **trentina** di nomi fanno il femminile in *esse*:

abbé – *abbesse*
comte – *comtesse*
duc – *duchesse*
hôte – *hôtesse*
pauvre – *pauvresse*
pécheur – *pécheresse* (peccatore, peccatrice)
poète – *poétesse*
prêtre – *prêtresse*
prince – *princesse*
tigre – *tigresse*
traître – *traîtresse*

Eccezioni

Maschile	Femminile
ambassadeur	*ambassadrice*
chanteur	*chanteuse*, *cantatrice*
charmeur	*charmeuse*
	charmeresse (in poesia)
chasseur	*chasseuse*
	chasseresse (in poesia)
débiteur (tagliatore)	*débiteuse* (tagliatrice)
débiteur (debitore)	*débitrice* (debitrice)
demandeur	*demandeuse*
	demanderesse (linguaggio giuridico)
devineur o *devin* (indovino)	*devineresse*
empereur	*impératrice*
vendeur	*vendeuse*
	venderesse (linguaggio giuridico)

5.1.3 Femminili irregolari

In francese esistono numerosi aggettivi che formano il femminile in modo irregolare.

bénin = *bénigne*
malin = *maligne*
compagnon = *compagne*
favori = *favorite*
frais = *fraîche*

épais = *épaisse*
exprès = *expresse*
tiers = *tierce*
andalou = *andalouse*
long = *longue*
oblong = *oblongue*
coi = *coite*
absous = *absoute*
dissous (sciolto) = *dissoute*
résous (risolto) = *résolue* (da *résolu*) (*Résous* è molto raro: *un brouillard* ***résous*** *en pluie*)
jumeau = *jumelle*
hébreu = *juive*, *hébraïque* (agg.) (*Hebreux* [nome]: lingua ebraica; *Hébreux*: Ebrei, il popolo ebraico)
Juif, *juive* [nome e aggettivo]: ebreo, giudeo
serviteur = *servante*

5.1.4 Aggettivi che hanno due forme al maschile singolare

In francese esistono alcuni aggettivi che hanno due forme al maschile singolare.

beau (bello) davanti a **consonante** o ***h*** **aspirata** – *bel* davanti a **vocale** o ***h*** **muta**
fou (folle) – *fol*
mou (molle) – *mol*
nouveau (nuovo) – *nouvel*
vieux (vecchio) – *vieil*

Maschile plurale: *beaux*, *fous*, *mous*, *nouveaux*, *vieux*.

Femminile singolare e plurale: *belle* – *belles*; *folle* – *folles*; *molle* – *molles*; *nouvelle* – *nouvelles*; *vieille* – *vieilles*.

- *un* ***beau*** *livre*, *un* ***nouveau*** *cadeau*, *un* ***bel*** *appartement*, *un* ***nouvel*** *appartement*, *une* ***belle*** *idée*, *de* ***belles*** *idées* e *un appartement* ***nouveau***, *de* ***nouveaux*** *appartements*, *un ami* ***nouveau***, *de* ***nouveaux*** *amis*.

5.1.5 Casi particolari

Alcuni aggettivi, usati soltanto al singolare si comportano nel seguente modo:

- hanno una sola forma per i due generi: *angora*, *snob*, *chic*.
- sono usati soltanto al maschile: *salant* (*puits*), *saur* (*hareng*).
- sono usati soltanto al femminile: *bée* (*bouche*), *cochère* (*porte*), *grège* (*laine*).

Per la formazione del plurale degli aggettivi qualificativi vedere il capitolo sul **nome**: formazione del plurale: *grand(e)*, *grands (es)*.

5.2 Gradi dell'aggettivo qualificativo

In francese, come in italiano, vi sono tre gradi dell'aggettivo: **positivo**, **comparativo**, **superlativo**.

5.2.1 Grado positivo

Il grado positivo enuncia semplicemente la qualità.

- *Cette maison est grande.*

5.2.2 Grado comparativo

Il comparativo può essere:

- di **qualità** – con gli aggettivi qualificativi, gli avverbi, i participi passati.
- di **quantità** – con i sostantivi (determinati o indeterminati).
- di **azione** – con i verbi.

Ciascuno di questi comparativi può essere: di **uguaglianza**, di **maggioranza**, di **minoranza**.

Comparativo di qualità (*adjectifs, adverbes, participes*)
Uguaglianza (*égalité*)
aussi ... que (tanto ... quanto, ... quanto, così ... come, come, ecc.)
autant que (*dopo* l'aggettivo o l'avverbio – tanto ... quanto, ... quanto, come, così ... come)

▸ *Ton frère est **aussi** intelligent **que** studieux.*
*Ton frère est intelligent **autant que** studieux.*
*Ils étudient **aussi** volontiers **que nous**.*
*Ils étudient volontiers **autant que** nous.*

Attenzione: Davanti a un nome (ma non davanti a un aggettivo), *comme* può sostituire *aussi ... que* o *autant que*.

▸ *Pierre est **aussi** gai **qu'**un pinson.*
*Pierre est gai **autant qu'**un pinson.*
*Pierre est gai **comme** un pinson.*

Superiorità (*superiorité*)
plus ... que – più ... di / più ... che (non)

▸ *Ton frère est **plus** intelligent **que** studieux.*
*Il étudie **plus** volontiers **que** toi.*

Inferiorità (*inferiorité*)
moins ... que – meno ... di / meno ... che (non)

▸ *Ton frère est **moins** studieux **qu'**intelligent.*

Comparativo di quantità (*substantifs indéterminés* = indeterminati)

Uguaglianza
autant de ... que – tanto/a/i/e ... quanto/a/i/e
autant de ... que de – tanto/a/i/e ... quanto/a/i/e

▸ *Il a **autant de** talent **que** sa sœur (**que** Louise, **qu'**elle).*
*Elle a **autant de** beauté **que de** bonté.*

Superiorità
plus de ... que – più ... di, più ... che (non)
plus de ... que de – più ... di, più ... che (non)

▸ *Sylvie a **plus de** talent **que** son frère (**que** Paul, **que** lui).*
*Elle a **plus de** talent **que de** bonté.*

Inferiorità
moins de ... que – meno ... di, meno ... che (non)
moins de ... que de – meno ... di, meno ... che (non)

▸ *Elle a* ***moins de*** *talent* ***que*** *son frère.*
Elle a ***moins de*** *talent* ***que de*** *bonté.*

Attenzione: Gli aggettivi italiani "tanto/a/i/e" ... "quanto/a/i/e" sono, in francese, degli avverbi (perciò invariabili) seguiti dalla preposizione *de*.

▸ Ho tanti fratelli quante sorelle. = *J'ai* ***autant de*** *frères* ***que de*** *sœurs.*

Nota

"Più di" davanti a un numerale = *plus de*

▸ *Ce livre coûte* ***plus de*** *cent francs.*

L'italiano "non" davanti al secondo termine di paragone è pleonastico e non si traduce in francese.

▸ *Paul a* ***plus de*** *volonté* ***que de*** *talent* (che non ingegno).

Comparativo di quantità (*substantifs déterminés* = sostantivi numerabili o determinati con l'articolo davanti al primo termine)
autant / plus / moins + *le, la, les* + sostantivo *que*

▸ *Paul aime* ***autant les sciences que*** *la littérature.*
Paul aime ***plus la science que*** *la littérature.*
Paul aime ***moins la science que*** *la littérature.*

Ma si può anche dire:
Paul aime les sciences ***autant que*** *moi.*
Paul aime les sciences ***plus que*** *moi.*
Paul aime les sciences ***moins que*** *moi.*

Comparativo d'azione (*action*) (verbi)
Uguaglianza
autant que (dopo il verbo) – ... tanto quanto / ... quanto

▸ *Il lit* ***autant que*** *moi.*
Pierre écrit ***autant qu'****il lit.*

Superiorità
plus que (dopo il verbo) – ... più di / più che
plus que ... ne – ... più che non (in italiano verbo al congiuntivo)

▸ *Il lit* ***plus que*** *moi* (***que*** *Paul,* ***que*** *sa sœur*).
Il écrit ***plus qu'****il* ***ne*** *lit* (che non legga).

Inferiorità
moins que (dopo il verbo) – ... meno di / meno che
moins que ... ne – ... meno che non (in italiano verbo al congiuntivo)

▸ *Il lit moins* ***que*** *moi* (***que*** *Paul,* ***que*** *sa soeur*).
Il écrit ***moins qu'****il* ***ne*** *lit* (che non legga).

Attenzione: Se in italiano il secondo termine è un verbo al congiuntivo, in francese lo si traduce all'indicativo:

- con *ne* se dipende da una frase affermativa.
  ▸ *Il* **est** *plus sage qu'il* **ne** *paraît.*
- senza *ne* se dipende da una frase negativa.
  ▸ *Il* ***n'est pas*** *moins sage que je (le) croyais* (meno di quel che credessi).

Nota

Autant, plus, moins nei tempi composti possono precedere il participio passato.
- *Paul a* **plus** *dépensé* **que** *gagné.*

In una frase negativa si possono usare *si* e *tant* al posto di *aussi* e *autant.*
- *Elle n'est pas* **si** (**aussi**) *jolie* **que** *sa sœur.*
  Tu n'as pas **tant de** (**autant de**) *volonté* **que** *lui.*
  Ils n'ont pas **tant** (**autant**) *travaillé* **que** *lui.*

La ripetizione di *aussi, plus de, moins de* davanti a ogni termine è obbligatoria.
- *Elle est* **aussi** *gaie,* **aussi** *heureuse* **que** *toi.*
  Il a **plus de** *patience,* **plus de** *volonté* **que** *moi.*

Ma: *Il a* **autant de** *patience et* **de** *volonté* **que** *toi et moi.*

Si usano *si, tant,* (*tellement*) non comparativi ("così", "tanto") con gli aggettivi e gli avverbi.
- *Elle est* **si** (**tellement**) *jolie!*
  Il a plu **si** *longtemps!*
  Elle parle **si** *bien et* **tellement** *vite!*
  Tant *pis,* **tant** *mieux pour vous.*

Ma si usa soltanto *tant* davanti a un verbo.
- *Le pauvre garçon a* **tant** *étudié!*
  Pourquoi **tant** *crier?*
  Je l'ai **tant** *aimé!*

Traduzione dell'italiano *maggiore – minore*

Âge (età)
aîné = primogenito
plus âgé = più vecchio
majeur = maggiorenne
- *Mon frère* **aîné** (mio fratello maggiore – primogenito).
  Tu es **plus âgé** *que moi* (sei maggiore, più vecchio di me).
  Elle est **majeure** (maggiorenne) *depuis deux ans.*

le plus jeune, le dernier né – l'ultimogenito
cadet, cadette – secondogenito(a), l'ultimo(a) nato(a)
plus jeune, moins âgé(e) – più giovane
mineur(e) – minorenne
- *Elle est la* **cadette** (seconda o ultima nata).
  Il est moins **âgé** (plus jeune) *que toi.*
  Elle est encore **mineure**.

Grandeur
plus grand (più grande)
plus petit (più piccolo)
moindre (soprattutto attributo)
- *Cette distance n'est ni* **plus grande** *ni* **plus petite**.
  Le **moindre** *bruit.*

Quantité
plus de (più di)
moins de (meno di)

- *Il y a* **plus de** *danger* (c'è maggiore pericolo).
  Il y a **moins de** *danger.*

Termini geografici, ecclesiastici, musicali

Majeur – Mineur

- *Le lac* ***Majeur****, l'Asie* ***Mineure****.*
  Les Ordres ***Majeurs****, les Ordres* ***Mineurs****.*
  Do ***majeur****, si* ***mineur****.*

Termini militari

Major – Général ***major****, médecin* ***major****, état* ***major****, tambour* ***major***
Commandant, chef de bataillon – maggiore, maggiore di fanteria o di artiglieria
Commandant, chef d'escadrons – maggiore di cavalleria
Chef d'escadron (al singolare) – capitano di cavalleria

Si dice:

la Grande Ourse – l'Orsa Maggiore
la Petite Ourse – l'Orsa Minore
le maître autel – l'altare maggiore
l'hôtel Dieu – l'ospedale maggiore
les ancêtres ou les aïeux – i maggiori o gli antenati
la plus grande partie – la maggior parte
la plupart – la maggior parte
la majeure partie – la maggior parte (più familiare)
la majorité, la minorité – la maggioranza, la minoranza / la maggiore o minore età
force majeure – forza maggiore

5.2.3 Grado superlativo

Il superlativo può essere **assoluto** o **relativo**.

Superlativo assoluto

Le forme italiane "issimo(a)", "errimo(a)", "arci", "molto", "assai", "stra", "oltremodo" e/o l'aggettivo ripetuto, si traducono in francese con *très, fort, bien, extrêmement, infiniment, rudement, grandement, divinement, tout, tout à fait* (mai *beaucoup* davanti all'aggettivo o all'avverbio).

- *Paul est* ***très*** *(****fort****,* ***bien****) riche* (è ricchissimo, ricco ricco).
  Elle est ***bien*** *sage et* ***bien*** *studieuse!* (*bien* soprattutto nelle frasi esclamative).
  Cette maison est ***tout à fait*** *petite.*
  La vieille dame marchait ***tout*** *doucement.*

Il superlativo francese si può ottenere anche nei seguenti modi:

- con alcuni prefissi come *extra, super, sur, ultra, archi*, soprattutto nella lingua familiare o parlata o in termini di commercio.
  - *Du papier* ***super****fin, des haricots verts* ***extra****fins, du poisson* ***extra****frais.*
- con il suffisso *issime*, di origine italiana, che serve soprattutto a formare dei termini di etichetta o dei superlativi adulatori e familiari, talvolta eccessivi: *excellentissime, illustrissime, révérendissime, son Altesse sérénissime, éminentissime, un homme grandissime, un fait rarissime, fourbissime.*
  - *Votre Éminence* ***illustrissime****.*
    Une liqueur ***excellentissime****.*
    Une lettre ***longuissime*** (piuttosto peggiorativo).

- con le combinazioni *des plus*, *des mieux*, nel senso di *extrêmement*, *très*, *bien*.
  ▸ *La situation était* **des plus** *embarassantes.*

Si traduce:

extrême(s) – sommo/a/i/e
excellent(e-s) – eccellente/i, ottimo/a/i/e
détestable(s) – pessimo/a/i/e
le plus grand, *la plus grande*, *les plus grands*, *les plus grandes* (nel senso di più grande) – massimo/a/i/e

Uso di **maximum, minimum**

Sostantivi: essi possono avere, soprattutto nel linguaggio scientifico, il plurale in *a* (alla maniera latina).

▸ *Les* **maximums** *journaliers.*
Déterminer les **maxima** *d'une fonction* (matematica).

Aggettivi: essi possono conservare, al **femminile**, la forma in *um*.

▸ *La dépense* **minimum** (minima) *sera de cent francs.*

Ma nel linguaggio tecnico, vi è una forma femminile in *a*, come in latino.

▸ *La hauteur* **minima** *à laquelle peut voler un avion.*
Température **maxima** / *Thermomètre à* **maxima**.
Pression **maxima** (massima).

Al plurale (masch. e femm.) si possono avere entrambe le forme in *ums* e in *a*.

▸ *Les prix* **maximums** / **maxima**.
Les pressions **maximums** / **maxima**.

Si dice:

Le Souverain Pontife – Il Sommo Pontefice
Le Grand Pontife – Il Massimo Pontefice (o Pontefice Massimo)
Le Grand Prêtre – Il Sommo Sacerdote

Superlativo relativo

Si usano *le*, *la*, *les* o l'aggettivo possessivo o ancora la preposizione *de*, davanti a *plus*, *moins*, *meilleur*, *mieux*, *moindre*, *pire*, *pis*.

▸ **La plus** *belle ville* **d'***Italie.* / *La ville* **la plus** *belle* **d'***Italie.* (Il superlativo relativo può precedere o seguire il nome al quale si riferisce.)

▸ **Mon plus** *cher ami.* / **Mon** *ami* **le plus** *cher.*
Ce qu'il y a **de plus** *beau...*

Nota

Per rinforzare un comparativo si usa *beaucoup* o *bien* ("molto", "assai").

▸ *Il est* **beaucoup plus** *fort* (**bien plus** *fort) que toi.*

Ma si usa *bien* davanti a *pire*, *pis*, *meilleur*, *moindre* ("peggiore", "peggio", "migliore", "minore");

▸ *C'est* **bien pis**.

Per rinforzare un superlativo, si usa *de beaucoup* (*de loin*: "di gran lunga").

▸ *Il est* **de beaucoup** *le plus fort* (le meilleur).

Attenzione: *C'est l'acteur que j'admire* **le plus**, **le moins** (di più, di meno).

5.3 Gradi irregolari

Positif	Comparatif	Superlatif relatif	Superlatif absolu
		Adjectifs	
Bon	meilleur*	le meilleur	très bon
Mauvais	pire	le pire	
	plus mauvais	le plus mauvais	très mauvais
Petit	moindre	le moindre	très petit
	plus petit	le plus petit	
		Adverbes	
Bien	mieux	le mieux	très bien
Mal	pis	le pis	très mal
	plus mal	le plus mal	

* *Plus bon* non si dice salvo nell'espressione *il n'est* **plus bon** *à rien.*

5.4 Aggettivi con suffissi diminutivi e accrescitivi

In italiano si possono trasformare, con l'aiuto di un suffisso, nomi e aggettivi che si definiscono "alterati".

In francese questi nomi si formano con l'aiuto di un aggettivo che si mette davanti al sostantivo. Vi sono tuttavia dei nomi, non molti, che hanno una forma propria: *aiglon* (*petit aigle*), *ânon* (*petit âne*), *arbrisseau* (*petit arbre*), *blanchâtre* (*tirant sur le blanc*), *blondinet* (*un peu blond*), *chaînette* (*petite chaîne*), *chambrette* (*petite chambre*), *chansonnette* (*petite chanson*), *clochette* (*petite cloche*), *coffret* (*petit coffre*), *fillette* (*petite fille*), *historiette* (*petite histoire*), *jardinet* (*petit jardin*), *maigrelet* (*un peu maigre*), *maisonnette* (*petite maison*), *ourson* (*petit ours*), *statuette* (*petite statue*), *vieillot* (*un peu vieux*).

5.4.1 Accrescitivi

In francese, i seguenti aggettivi permettono la formazione di accrescitivi (augmentatifs):

grand – une ***grande*** *salle* (un salone)
gros – un ***gros*** *livre* (un librone)
long – une ***longue*** *lettre* (una letterona)
énorme – une ***énorme*** *boîte* (uno scatolone)
large – une ***large*** *goutte* (un gocciolone)

5.4.2 Diminutivi

Con i sostantivi si usano *petit, jeune*: *une* **petite** *boîte* (una scatoletta); *un* **petit** (jeune) *prince* (un principino).

Con gli aggettivi si usano *un peu, assez, bien*: *un enfant* **un peu** *capricieux mais* **bien** *mignon* (un bambino capricciosetto ma carino); *un devoir* **assez** *facile* (facilino).

Nota

Davanti a un nome proprio si usano *le petit, la petite* (con l'articolo), se si tratta di un bambino o di una persona molto giovane:

- ***le petit*** *Louis* (Luigino)
- ***la petite*** *Thérèse* (Teresina)

Ma se si tratta di una persona adulta, il diminutivo non si usa. Si dice *Luc*, *Christian* ecc.

Nota In francese *on*, alla fine di una parola, indica il diminutivo e non l'accrescitivo:
Marion – Mariuccia
violon – violino
ânon – asinello
salon – salotto
ourson – orsacchiotto

5.4.3 Peggiorativi

I seguenti aggettivi permettono la formazione di peggiorativi (péjoratifs):
vilain – brutto
- *Il a un* ***vilain*** *chapeau* (cappellaccio).

mauvais – cattivo
- *C'est un* ***mauvais*** *vin* (vinaccio).

sale – sporco
- *Une* ***sale*** *chambre* (stanzaccia).

5.4.4 Vezzeggiativi

I seguenti aggettivi permettono la formazione di vezzeggiativi (diminutifs laudatifs):
joli – *Une* ***jolie petite*** *fleur* (un fiorellino)
joli petit (per il diminutivo) – *Un* ***joli petit*** *nez* (un nasino)
mignon (vezzoso) – *Une bouche* ***mignonne*** (boccuccia)
tout petit
gracieux – *Un enfant* ***gracieux*** (un fanciullino)
gentil
aimable
charmant

Nota Se il nome « alterato » vuole esprimere due idee, si mettono due aggettivi.
- *Un* ***méchant petit*** *livre* (un librettaccio: *diminutif péjoratif*)

5.5 Accordo dell'aggettivo qualificativo

L'aggettivo qualificativo si accorda, in genere e in numero, con il nome o con il pronome al quale si riferisce.
- *Mon camarade est gentil.*
  Ils sont très aimables.
  Les tiens sont meilleurs.

Quando un aggettivo qualificativo si riferisce a più nomi o pronomi, esso si mette al plurale e prende il genere delle parole qualificate.
- *La misère et la ruine* ***générales.***

Se le parole qualificate sono di genere diverso, l'aggettivo si mette al maschile plurale.
- *Ma tante et mon oncle sont très* ***généreux.***

Se l'aggettivo non ha la stessa terminazione o la stessa pronuncia al maschile e al femminile, per evitare un suono sgradevole, bisogna avvicinare il sostantivo maschile all'aggettivo.
- *Il joue avec une noblesse et un* ***goût parfaits*** (e non: *il joue avec un goût et une noblesse parfaits*).

Se l'aggettivo termina con una *e* muta si può mettere il nome femminile immediatamente prima dell'aggettivo.
- *Il joue avec un goût et une* ***noblesse remarquables.***

5.5.1 Regole particolari

Se l'aggettivo qualifica due sostantivi uniti da una congiunzione di paragone: *comme*, *de même que*, *ainsi que* ecc., esso si accorda con il primo nome.

- *Le lion,* ***comme*** *la pantère, est* ***carnassier***.

L'aggettivo posto dopo due o più sostantivi si accorda con l'ultimo nei casi seguenti:

- se i nomi sono sinonimi o se sono disposti per gradi.
  - *Il montra un courage, une audace étonnant**e***.
- se i nomi sono uniti dalla congiunzione *ou*.
  - *Il lui faut un courage* ***ou*** *une adresse surprenant**e***.

Se l'aggettivo qualifica due nomi (uniti dalla congiunzione *ou*), esso si mette al maschile plurale.

- *On demande un homme ou une femme* ***âgés***.
  Les Lapons se nourrissent de chair ou de viande ***crus***.

Quando un aggettivo segue un complemento di nome, esso può accordarsi con il nome determinante o con il nome determinato, secondo il senso.

- *Des boutons de métal* ***ronds***.
  Une troupe de soldats ***disciplinée*** (o ***disciplinés***).

Dopo le locuzioni *assez de*, *beaucoup de*, *la plupart de*, *le plus grand nombre de*, *la plus grande partie de*, l'aggettivo si accorda sempre con il complemento.

- *La plupart de ces élèves sont* ***négligents***.
  Beaucoup de gens sont ***insupportables***.

Dopo un collettivo seguito da un complemento al plurale, l'accordo dell'aggettivo si fa a volte con il collettivo (singolare), a volte con il complemento (plurale).

- *Une troupe d'enfants* ***prête*** *à piller.*
  Une troupe d'enfants ***prêts*** *à piller.*

5.5.2 Termini designanti un colore

Se l'aggettivo che designa il colore è semplice, esso si accorda con il nome.

- *Des yeux* ***verts***; *des cheveux* ***noirs***.

Se l'aggettivo è composto (un aggettivo qualificato da un altro aggettivo o completato da un nome), l'insieme è invariabile.

- *Des cheveux* ***châtain*** *clair* (ma *Des cheveux* ***châtains***).
  Des robes ***vert*** *d'eau.*
  Des étoffes ***bleu*** *foncé.*

Il nome usato per designare un colore può essere semplice o composto. Nei due casi esso è invariabile perché è il complemento della parola "colore", sottintesa.

- *Elles avaient des gants marron (de la couleur du marron).*
  Des cheveux poivre et sel (de la couleur du poivre et du sel).

Parole invariabili

aurore, *jonquille* (giunchiglia – color bianco giallino), *marron*, *orange*, *ponceau* (papavero – rosso acceso), *noisette* (nocciola), *serin* (giallo canarino), *olive*, *paille*, *cerise*.

Parole variabili

amarante, *pourpre*, *cramoisi*, *écarlate*, *garance* (rosso vivo), *mordoré* (bronzo dorato), *rose*. Queste parole sono diventate aggettivi e si accordano.

▸ *Des rubans rose**s**.*
*Des soies cramoisi**es**.*
*Ses joues étaient pourpre**s**.*

5.5.3 Aggettivi composti

Quando un aggettivo composto è formato da due aggettivi qualificanti l'uno e l'altro lo stesso nome, i due elementi sono variabili.

▸ *Des femmes* **sourdes-muettes**.
Des enfants **aveugles-nés** (sebbene si preferisca *aveugles de naissance*).
Des poires **aigres-douces**.

Nouveau è considerato come avverbio nelle espressioni *nouveau-né* (neonato) e *nouveau-percé* (spillato di fresco).

▸ *Une petite fille nouveau-née.*
Des vins nouveau-percés.

Negli altri casi, *nouveau* è variabile.

▸ *Les nouveau**x** venu**s**.*
*Les nouveau**x** marié**s**.*
*La nouv**elle** marié**e**.*

Se l'aggettivo possessivo è formato da una parola invariabile e da un aggettivo, evidentemente solo l'aggettivo cambia.

▸ *Une enfant bien aimé**e**.*
*Des enfants bien aimé**s** (aimé**es**).*
*Les avant-dernier**s** événement**s**.*
*Une personne haut-placé**e**.*
*Des femmes court-vêtu**es**.*

Altri aggettivi, anche se usati avverbialmente, si accordano.

▸ *Des fleurs* **fraîches** *cueillies.*
Des portes **grandes** *ouvertes.*
Tomber **raides** *morts.*

Nell'espressione *tout puissant*, *tout* varia solo al femminile.

▸ *Vos sentiments* **tout** *puissants.*
Vos protections **toutes** *puissantes.*

Premier né, *dernier né*, quasi mai usati al femminile, variano al maschile plurale: *premier**s** nés*, *dernier**s** nés.*

5.5.4 Altri casi

L'aggettivo che si riferisce al pronome *on* designante una donna, si mette al femminile.

▸ *Quand on est* **instruite** *comme vous, madame...*

L'aggettivo usato avverbialmente, per modificare un verbo, resta invariabile.

▸ *Sa protection me coûte cher.*
Ces personnes voient clair.
On lui a coupé les cheveux trop court.

Ma dopo i verbi *être*, *devenir*, *sembler*, *paraître* l'aggettivo si accorda sempre.

▸ *Ces poires sont (paraîssent)* **chères**.

Gli aggettivi che seguono l'espressione *avoir l'air* (aver l'aria, l'aspetto) si accordano con *air* se si vuole intendere *avoir l'apparence*, *la physionomie*.

▸ *Elle a l'air* **bon**.

Ma se *avoir l'air* è sinonimo di *sembler*, *paraître*, l'aggettivo si accorda con il soggetto.

▸ *Cette jeune fille a l'air* (**me semble**) ***sourde***.

Nota Se il soggetto è un nome di cosa l'accordo si fa con il soggetto. L'uso del verbo "essere" è facoltativo.

▸ *Cette viande a l'air (d'être)* ***fraîche***.
Vos propositions ont l'air (d'être) ***sérieuses***.

5.5.5 Note sull'accordo di alcuni aggettivi

Ci-annexé; ci-inclus; ci-joint

Sono variabili quando sono epiteti o attributi.

▸ *La lettre* ***ci-incluse*** *vous expliquera nos raisons.*
Les factures que je vous envoie, ***ci-jointes***, *sont à payer.*

Sono invariabili quando si dà loro un valore avverbiale:

– in testa alla frase.

▸ ***Ci-joint***, *nous vous envoyons la marchandise demandée.*

– nel corpo della frase quando precedono un nome senza articolo né aggettivo possessivo o dimostrativo.

▸ *Vous trouverez,* ***ci-inclus***, *copie du procès verbal.*

Nota L'accordo dipende spesso dall'intenzione di colui che parla o scrive.

▸ *Vous trouverez,* ***ci-jointes***, *nos factures.*
Vous trouverez, ***ci-inclus***, *nos factures.*

Demi

Posto prima del sostantivo, al quale è unito da un trattino, è invariabile.

▸ *Une* ***demi****-heure.* / *Des* ***demi****-mesures.*

Posto dopo il nome si accorda solo in genere.

▸ *Troix heures et* ***demie***.
On a acheté deux mètres et ***demi*** *d'étoffes.*
J'habite Rome depuis deux ans et ***demi***.
La conférence a duré deux heures et ***demie***.

Demi e *demie* usati come sostantivi sono variabili.

▸ *Deux* ***demis*** *valent une unité.*
J'ai une pendule qui sonne les heures et les ***demies***.

Demi, posto prima di un aggettivo al quale è unito da un trattino, è invariabile.

▸ *Ce sont des hommes* ***demi****-morts.*

À demi

Posto prima dell'aggettivo, rifiuta il trattino.

▸ *La bouteille est à* ***demi*** *pleine.*

Posto prima del nome, esige il trattino.

▸ *Comprendre à* ***demi****-mot* (a volo).
Parler à ***demi****-mot* (a mezza parola).

Feu (defunto)

Si accorda se precede immediatamente un nome comune; resta invariabile se è separato da un determinativo (un articolo definito, un aggettivo possessivo) o se precede un nome proprio.

▸ *La* ***feue*** *reine d'Angleterre.* / *Votre* ***feue*** *tante.* / *Les* ***feus*** *rois de France.*

Ma: ***Feu*** *la reine d'Angleterre.* / ***Feu*** *ma sœur.* / ***Feu*** *Marie Antoinette.*

Fort

Non varia nelle espressioni *se faire fort de* (farsi forte di – impegnarsi), *se porter fort pour* (farsi, rendersi garante di, per).

- *Ils se* ***font fort*** *de vous le prouver.*
  Nous nous ***portons fort*** *pour lui.*

Franc de port

Franc è invariabile quando si riferisce al verbo.

- *Vous recevrez* ***franc*** *de port la marchandise que vous avez commandée.*

Franc è variabile quando si riferisce al nome.

- *J'ai reçu une caisse de vin* ***franche*** *de port.*

Nota Nel commercio si usa anche **franco** (inv.) e per le lettere ci si serve della parola *affranchi.*

Grand

È invariabile nelle espressioni in cui si trova davanti a un nome femminile al quale è unito da un trattino: *les grand-mères, les grand-mamans, des arrière-grand-mères, une grand-messe, des grand-messes.* È invariabile anche in *grand-chose, grand-croix, grand-peine, grand-peur, grand-pitié, grand-ducal, grand-ducaux, grand-salle, grand-rue, grand-faim.*

Haut

Si usa avverbialmente nelle nespressioni: ***Haut*** *les mains!* ***Haut*** *les cœurs!*

Bas

Si usa nell'espressione ***bas*** *les armes!*

Mi (abbreviazione della parola *demi*) e **semi** sono dei prefissi invariabili che si uniscono al nome con un trattino.

- *La* ***mi-****carême* / *La* ***mi-****janvier* / *La* ***mi-****été.*
  Les yeux ***mi-****clos* / *À* ***mi-****voix* / *Les* ***semi-****voyelles.*

Nota *Mi*, posto davanti a un nome di epoca o di mese, esige l'articolo femminile: ***la*** *mi-carême,* ***la*** *mi-janvier.*

Nu

Posto senza articolo davanti ai nomi *tête, bras, jambe, pieds* è invariabile e si unisce a questi nomi con un trattino.

- *Elle va* ***nu-****tête,* ***nu-****pieds.*

Posto dopo il nome è variabile.

- *Avoir la tête* ***nue****, les pieds* ***nus****.*

Con gli altri sostantivi, posto prima o dopo, *nu* si accorda sempre.

- *La* ***nue*** *propriété.* / *Une maison* ***nue****.*

Plein

È invariabile davanti a un nome preceduto dall'articolo o da un determinativo.

- ***Plein** la bouche. / Avoir des fleurs **plein** les corbeilles.*
  *Il avait de l'argent **plein** les poches.*

Possible

È invariabile quando segue un nome partitivo preceduto da *le plus*, *le moins*, *le meilleur*, *le mieux*.

- *Rassemblez **le plus** de livres **possible** (qu'il sera possible de prendre).*

Negli altri casi si accorda.

- *Il a tenté toutes les voies **possibles**.*

Proche

È aggettivo e varia quando significa "vicino" (*voisin*).

- *Ces deux maisons sont fort **proches*** (vicine).
  *Des malheurs si **proches**.*
  *Les maisons **proches** des rivières.*

Proche è avverbio e perciò invariabile quando significa *à peu di distance dans le temps et dans l'espace.* Con *de*, forma una locuzione prepositiva.

- *Mes amis demeurent ici **proche*** (qui vicino).
  *Ils habitent **proche de** chez moi.*
  *Il est **proche de** conclure* (vicino a concludere).
  ***Proche du** mur* (vicino al muro).

5.6 Posizione dell'aggettivo qualificativo

In francese l'aggettivo qualificativo occupa, in genere, lo stesso posto che in italiano. Per principio tuttavia le parole più lunghe si mettono all'ultimo posto.

- *Un bel appartement.*

Se l'aggettivo e il nome hanno lo stesso numero di sillabe, è l'aggettivo, in genere, che segue il sostantivo.

- *Un monarque redouté.*

Posti prima o dopo il nome, molti aggettivi acquistano un significato diverso:

un brave homme (un brav'uomo, un uomo onesto, un uomo dabbene) – *un homme brave* (un uomo coraggioso)
un bon homme (un semplicione, un ingenuo) – *un homme bon* (un uomo bravo, educato, garbato)
un pauvre homme (un uomo senza capacità, di poco valore) – *un homme pauvre* (un uomo povero)
un galant homme (un galantuomo) – *un homme galant* (un uomo galante)
un grand homme (un grand'uomo, un uomo d'ingegno) – *un homme grand* (un uomo alto, di alta statura)
la dernière année (l'ultimo anno di un periodo) – *l'année dernière* (l'anno scorso)
un nouvel habit (un nuovo, un altro abito) – *un habit nouveau* (un abito nuovo)
un maigre dîner (un pranzo, un pasto scarso) – *un dîner maigre* (un pranzo di magro)
une sage-femme (una levatrice) – *une femme sage* (una donna saggia)
un mauvais air (un brutto aspetto) – *un air mauvais* (un aspetto di cattivo)
un jeune homme (un giovanotto) – *un homme jeune* (un uomo giovane)

Si dice:

bonhomme, bonne femme – per una persona di età avanzata.
bonshommes (al plurale) nel senso di "pupazzetti"

5.7 Complementi degli aggettivi qualificativi

In genere gli aggettivi francesi esigono lo stesso complemento degli aggettivi italiani. Alcuni però richiedono una preposizione diversa. Gli aggettivi *abondant*, *fertile*, *fécond*, *ignorant*, *riche* ecc. esigono, dopo di sé, la preposizione *en* (in italiano "di" o "in").

▸ *C'est une terre* **fertile en** *blé et* **abondante en** *fruits.*
Cet élève est **ignorant en** *histoire.*
C'est une nation **riche en** *fer.*

Affable, *charitable*, *clément*, *cruel*, *miséricordieux*, *officieux*, *respectueux*, *sévère* esigono, dopo di sé, *envers* oppure *à l'égard de.*

▸ *Plus que sévère, il était* **cruel envers** (**à l'égard de**) *ses subordonnés.*

Affectueux, *aimable* e talvolta *affable* esigono *avec*, *pour*, *envers.*

▸ *Affectueux* **avec** (**pour**, **envers**) *les siens.*

Comparable

- *à* – se il paragone è fatto tra persone o oggetti della stessa specie.
  ▸ *Turenne est* **comparable aux** *plus grands capitaines de l'Antiquité.*
- *avec* – se il paragone è fatto tra cose di natura diversa. In questo caso la frase è negativa.
  ▸ *L'esprit n'est pas* **comparable avec** *la matière.*

Indulgent

- *à* o *pour* con un sostantivo.
  ▸ *Il était toujours* **indulgent pour** *sa défaillance.*
- *envers* con un pronome.
  ▸ *Il est* **indulgent envers** *toi (nous, vous).*

Ingénieux à (ingegnoso a, in).

▸ *Tu es bien* **ingénieux à** *dire des blagues.*

Ingrat

- *envers* (persone).
  ▸ *Il est* **ingrat envers** *son bienfaiteur, ses parents.*
- *à* (cose).
  ▸ *Il est* **ingrat à** *ses bontés, ses bienfaits.*

Long, *large*, esigono la preposizione *de* se hanno per complemento un aggettivo numerale seguito da un nome di dimensione.

▸ *Il devait parcourir une route* **longue de** *10 kms.*
Ce jardin est **large de** *30 mètres.* (Si preferisce spesso la forma *une route de 10 kms* **de long**; *un jardin de 30 mètres* **de large**.)

Mêlé de (misto a)

▸ *Une joie* **melée de** *surprise.*

Naïf de (ingenuo a)

▸ *Vous êtes bien* **naïf de** *croire cela.*

Proche e *voisin* esigono la preposizione *de.*

▸ *Les maisons* **proches**, **voisines des** *rivières.*

Traitre à (traditore di)

▸ ***Traitre à*** *sa patrie, à son pays* (traditore della patria, del suo paese).

6
Aggettivo e pronome possessivo

6.1 Aggettivi

Maschili	Femminili	Plurale dei due generi
mon	*ma*	*mes*
ton	*ta*	*tes*
son	*sa*	*ses*
notre	*notre*	*nos*
votre	*votre*	*vos*
leur	*leur*	*leurs*

Si usano *mon*, *ton*, *son*, invece di *ma*, *ta*, *sa* davanti a un nome femminile che comincia per **vocale** o *h* **muta**.

▸ ***Mon*** *amie*, ***son*** *épée*, ***ton*** *histoire.*

L'aggettivo possessivo precede sempre il sostantivo e ogni aggettivo che qualifica questo sostantivo: ***mon*** *cher ami* (caro amico mio), ***votre*** *première maison* (la prima vostra casa).

Eccetto *tout* (*tous*, *toute*, *toutes*) che si mette prima del possessivo.

▸ ***Tous*** *mes amis sont partis.*

L'aggettivo possessivo rifiuta l'articolo: ***votre*** *devoir* (il vostro dovere), ***mes*** *frères* (i miei fratelli), ***leurs*** *amis* (i loro amici).
L'aggettivo possessivo rifiuta l'articolo anche in presenza di una preposizione: ***pour mes*** *frères* (per i miei fratelli), ***à son*** *devoir* (al suo dovere), ***avec leurs*** *amis* (con i loro amici).

Come in italiano, gli aggettivi possessivi si ripetono davanti ai nomi che essi determinano.

▸ ***Ma*** *mère*, ***mes*** *sœurs et* ***mes*** *cousines sont allées au cinéma.*

Ma l'aggettivo possessivo non si ripete davanti agli aggettivi qualificativi che si riferiscono allo stesso sostantivo.

▸ ***Nos*** *belles et riches contrées.*
Ses *grandes et nobles idées.*

Nota L'uso autorizza le espressioni ***vos*** *père et mère*; ***mes*** *frères et sœurs.*

Il possessivo italiano "proprio" è sostituito in francese dall'aggettivo possessivo corrispondente seguito o meno dalla parola *propre.*

Propre, usato dopo il possessivo, serve a indicare con più forza il rapporto di possesso.

▸ *C'est* **mon propre** *bien.*
Je l'ai vu de **mes** (**propres**) *yeux.*
Il renie **ses** (**propres**) *idées.*
C'est sa (**propre**) **lettre**.

Se *propre* non segue un possessivo significa "pulito".

▸ *Son habit* **propre** (il suo abito pulito).

Nota Per dare più forza all'espressione si usano, dopo i nomi preceduti da un aggettivo possessivo, le forme dei pronomi personali complementi: **à moi**, **à toi**, **à lui**, **à elle**, **à nous**, **à vous**, **à eux**, **à elles**.

▸ *C'est son opinion* ***à lui*** (è la sua opinione; è proprio la sua opinione).
C'est son amie ***à*** **elle**.
Notre devoir ***à*** **nous**, *c'est de l'accepter.*

Le espressioni italiane "un mio", "un tuo", "un suo", "una sua", "una loro", "qualche mio(a)", "ogni nostro(a)", "due", "tre mie (miei)", "quale mio(a)?...", "nessun(a), nostro(a)" ecc. si trasformano in *un de mes*, *un de tes*, *un de ses*, *une de ses*, *une de leurs*, *quelqu'un(e) de mes*, *chacun(e) de nos*, *deux*, *trois de mes*, *lequel de mes...?*, *aucun(e) de nos* ecc.

▸ **Une de vos** *cousines* (una vostra cugina) *m'a invitée chez elle.*
Chacune de nos *amies a reçu des journaux de mode.*
Trois de nos *camarades sont partis hier.*

Ma se "un mio", "un tuo", "un suo" ecc. indicano un complemento di provenienza, di origine, bisogna servirsi del pronome personale complemento preceduto dalla preposizione *de*.

▸ *J'ai reçu un billet* **de lui** (un suo biglietto).
Nous attendons avec impatience une réponse **de toi** (una tua risposta).
Trois lettres **de vous** (tre vostre lettere) *ont été expédiées.*
Elle garde cette bague comme un souvenir **de moi** (come un mio ricordo).

Si sostituisce l'articolo con l'**aggettivo possessivo** nei seguenti casi:

- quando l'articolo esprime un'idea di possesso.
  ▸ *Apporte-moi* **mes** *gants et* **mon** *chapeau* (i guanti e il cappello).
  Tous **mes** *collègues ont déjà appris la bonne nouvelle.*
  Elle a atteint **son** *but* (lo scopo).
- per evitare un equivoco.
  ▸ *Il a gaspillé tout* **son** *argent* (tutto il danaro).
- se in italiano un pronome personale indica un rapporto di possesso.
  ▸ *Elle mit* **ses** *souliers* (si mise le scarpe).
  Il prit la lettre et la mit dans **sa** *poche* (e se la mise in tasca).
  Il a manqué **son** *train* (ha perso il treno).

Non si usa l'aggettivo possessivo quando si tratta di cosa inseparabile dalla persona (il possessore).

▸ *J'ai mal à* **la tête**.
Il traîne **la** *jambe droite.*
Elle s'arrache **les** *cheveux.*
Le bain lui a renforcé **les** *jambes.*

Ma si usa l'aggettivo possessivo se si tratta di un male cronico o di qualcosa di abituale.

▸ *Aujourd'hui j'ai* **ma** *migraine.*
Les oiseaux perdent **leurs** *plumes tous les ans.*

Notare le seguenti espressioni:
chez moi –a casa mia (da me)
chez toi – a casa tua (da te)
chez lui, chez elle – a casa sua (da lui, da lei)
chez nous – a casa nostra (da noi)
chez vous – a casa vostra (da voi)
chez eux, chez elles – a casa loro (da loro, da essi, da esse)

Notare anche *malgré moi, malgré toi* – mio malgrado, tuo malgrado

6.2 Pronomi

Maschili singolari	**Femminili singolari**
le mien	*la mienne*
le tien	*la tienne*
le sien	*la sienne*
le nôtre	*la nôtre*
le vôtre	*la vôtre*
le leur	*la leur* (sempre senza *e*)

Maschili plurali	**Femminili plurali**
les miens	*les miennes*
les tiens	*les tiennes*
les siens	*les siennes*
les nôtres	*les nôtres*
les vôtres	*les vôtres*
les leurs	*les leurs*

I pronomi possessivi, contrariamente agli aggettivi, sono sempre preceduti dall'articolo.

▸ *Tes amis et **les** miens.*
*De tes amis et **des** miens.*

In italiano si dice "i miei e i tuoi amici". In francese bisogna dire ***mes** amis et **les tiens**, **vos** idées et **les nôtres*** (le vostre et le nostre idee).

In italiano un nome può essere preceduto da un aggettivo dimostrativo e da un aggettivo possessivo. In francese si usa soltanto uno dei due (il più importante per la precisione del pensiero).

▸ ***Cette** opinion **ou mon** opinion* (questa mia opinione).

In alcuni casi per dare più forza all'espressione si può dire:

▸ ***Cette** opinion qui est **à moi**.*

Dopo il verbo *essere* si usa la preposizione *à* se si indica il possesso:
à moi (mio – mia, miei – mie)
à toi (tuo – tua, tuoi – tue
à lui – *à elle* (suo – sua, suoi – sue)
à nous (nostro – nostra, nostri – nostre)
à vous (vostro – vostra, vostri – vostre)
à eux – *elles* (loro)

▸ À *qui **est** (à qui appartient) ce livre ?*
*Ce livre **est à moi**, **à elle**, **à** Christian, **à** David.*
*Ces robes **sont à vous*** (quei vestiti sono vostri).

Dopo il verbo *essere* si usa la preposizione *de* se si indica l'autore.
- ***De*** *qui* ***est*** *la Divine Comédie?*
  La Divine Comédie ***est de*** *Dante.*
  Cette poésie ***est de*** *lui.*

Nota Si può usare anche la preposizione *par* se il verbo è sottinteso.
- *Les Odes Barbares* **de (par)** *Carducci.*

Se nella frase vi è opposizione, invece dei pronomi personali complementi *à moi*, *à toi* ecc. ci si serve dei pronomi possessivi.
- *Ce livre est* **le mien**, *non pas* **le tien**.
  Est-ce ton atlas ? Non, ce n'est pas **le mien**.

Nomi sottintesi con i possessivi
In italiano sono più numerosi. In francese bisogna esprimerli.
- *Nous avons reçu* ***votre lettre*** *du 20 courant* (abbiamo ricevuto la vostra del 20 corrente).
  Je te dirai ***mon opinion*** (ti dirò la mia).
  Il a le diable ***en sa faveur*** (ha il diavolo dalla sua).

Nota Nello stile commerciale si può sottintendere (come in italiano) la parola *lettre*: **la présente** *pour répondre à* **la vôtre** *du vingt courant...* Ma lo stile un po' elevato preferisce: *nous avons reçu* ***votre lettre*** *du...*

I pronomi possessivi sono usati in maniera assoluta, come in italiano, per designare:
- al singolare il patrimonio, la fortuna, il denaro, il talento.
  - *J'y mets* ***du mien*** (***j'y mets de mon argent***); ***faites-en autant*** (Dizionario Larousse)
- al plurale i parenti, gli amici, le follie...
  - *Aimer* ***les siens*** (parenti).
    Il a fait ***des siennes*** (follie, scappatelle).

Con i nomi *ciseau*, *esprit*, *épée*, *pinceau*, *plume tête*, usati in senso proprio, si fa uso del pronome possessivo; usati in senso figurato, ci si serve del pronome personale corrispondente.

Senso proprio	Senso figurato
Il n'y a pas de pinceau plus fin que **le sien**.	*Il n'y a pas de meilleur pinceau que* **lui**.
Il n' y a pas de plus belle tête que **la vôtre**.	*Il n'y a pas de plus forte tête que* **vous**.
Je ne connais pas de plus belle plume que **la sienne**.	*Il n' y a pas ici de meilleure plume que* **lui**.

6.3 *Monsieur, madame, mademoiselle*

Si usano *Monsieur*, *madame*, *mademoiselle*, *M.* o *Mr*; *M.me*; *M.lle* (abbreviazioni), *Messieurs*, *mesdames*, *mesdemoiselles*, *MM.* o *Mrs*; *Mmes*; *Mlles* nei seguenti modi.

Senza articolo:
- quando sono vocativi.
  - *Bonjour monsieur.*
    Comment allez-vous madame?
- quando sono seguiti da un nome o da un cognome.
  - *Monsieur Duval vient de rentrer.*
    Madame Julie nous a invités à dîner chez elle.

- per designare il padrone o la padrona di casa, senza il nome.
  ▸ *Non, Monsieur est sorti avec Madame.*
  Entrez, s'il vous plaît, Mademoiselle vous attend.

Con l'articolo:

- quando *monsieur*, *madame* ecc. sono seguiti da un nome che indica un grado di parentela, un titolo, una professione, l'articolo o il possessivo si mette prima del titolo, del nome della professione o della parentela.
  ▸ *Monsieur* **le** *Ministre.* / *Madame* **la** *baronne.*
  Madame **le** *professeur.* / *Madame* **votre** *mère.*

Nota
Un titolo esige l'articolo anche quando esso segue un nome di parentela.
▸ *Ton frère* ***l'****ingénieur.*

- quando *M.*, *M.me*, *M.lle* significano *un tel*, *un homme*, *une femme*; in questo caso si può usare anche un altro determinativo.
  Si dice allora *la dame* (*les dames*), *la demoiselle* (*les demoiselles*); invece *monsieur*, *messieurs* non cambiano: *le monsieur*, *les messieurs*.
  ▸ ***Le monsieur*** *que vous venez de rencontrer.*
  Cette dame *parle très bien français et anglais.*
  Les deux dames *que vous avez connues.*
  Cette demoiselle *est vraiment jolie.*
- se i nomi *monsieur*, *madame*, *mademoiselle* sono preceduti da un aggettivo.
  ▸ ***La*** *bonne mademoiselle Marie est aimée de tous.*
  L'*excellent monsieur Georges* / ***La*** *belle madame Sorel...*

Nota
Parlando degli scrittori si dice: Verlaine, D'Annunzio, Voltaire. Se sono in vita si dice: *Monsieur, Madame, Mademoiselle.*

Se si parla della moglie di un signore, bisogna fare seguire la parola *madame* dal nome e dal cognome del marito.
▸ ***Madame*** *Joseph Duval* / ***M.me*** *Emile Zola.*

I militari, parlando ai loro superiori, mettono, prima del grado, l'aggettivo possessivo *mon* e non la parola *monsieur.*
▸ *Oui,* ***mon*** *général.* / *Non,* ***mon*** *commandant.* / *C'est ça,* ***mon*** *colonel.*

La parola *seigneur* si usa per designare Dio, un signore del Medio Evo o un uomo di grande nobiltà.
▸ *Notre* ***Seigneur.*** / *Les* ***seigneurs*** *féodaux.*
À tout ***seigneur,*** *tout honneur.* / *Faire le grand* ***seigneur.***

Monseigneur, che fa al plurale *messeigneurs*, è il titolo che si dà ai vescovi e ai principi di sangue reale.
Si dice:
▸ *Entrez,* ***messieurs dames.***
Veuillez, ***Madame et Monsieur Duval,*** *me permettre de vous présenter mon frère.*

7
Aggettivo e pronome dimostrativo

7.1 Aggettivi

Ce (questo, codesto, quello) – davanti a **consonante** o *h* **aspirata.**
- ***Ce*** *livre*, ***ce*** *héros.*

Cet (questo, codesto, quello) – davanti a **vocale** o *h* **muta**.
- ***Cet*** *arbre*, ***cet*** *homme.*

Cette (questa, codesta, quella) – non si apostrofa mai.
- ***Cette*** *rose*, ***cette*** *harpe*, ***cette*** *histoire.*

Ces – plurale dei due generi.
- ***Ces*** *amis*, ***ces*** *amies*, ***ces*** *lits*, ***ces*** *héros*, ***ces*** *harpes.*

L'aggettivo dimostrativo è spesso rafforzato dagli avverbi *ci* (sta per *ici*) e *là* (che si mettono dopo il nome con un trattino), soprattutto se nella frase vi è un'idea di opposizione.
- ***Ce*** *livre-ci* (dimostrativo di vicinanza – questo libro qui).
  Ces *gens-là* (dimostrativo di lontananza – quelle persone).
  Ces *gens-ci* e *ces gens – là.*

Se in italiano un nome è preceduto da un aggettivo dimostrativo e da un aggettivo possessivo, in francese si usa solo uno dei due. (Si sopprime l'aggettivo meno necessario per la precisione del pensiero.)
- ***Ce*** *livre* o ***mon*** *livre* – oppure ***mon*** *livre* ***que voici***, ***que voilà*** (questo mio libro).

Nota
Le parole italiane *codesto*, *costì*, *costà* non hanno in francese un aggettivo o un avverbio corrispondente. Si traducono con un aggettivo possessivo o in altro modo secondo il senso della frase.
- *Je te prie de me chercher dans* ***ta*** (codesta) *ville une infirmière.*
  Donne-moi ***ton*** *livre* (codesto libro) *ou le livre que tu as* ***entre*** *les mains* (tout près de toi).
  Y a-t-il des choses intéressantes dans ***votre*** *ville?* (costà?)

L'aggettivo dimostrativo italiano, che precede un nome determinato da una proposizione relativa, si deve sostituire con l'articolo.
- *Rends-moi, s'il te plaît,* ***le*** *livre* (quel libro) ***que*** *je t'ai prêté.*
  Vous pouvez garder ***les*** *deux* (quei due) *journaux* ***que*** *je vous ai envoyés.*

Ma si usa l'aggettivo dimostrativo se si vuole attirare l'attenzione sul nome.
- ***Cette*** *branche du lac de Como* ***qui*** *se dirige vers le midi...*

7.2 Pronomi

Maschili singolari
Celui-ci (questo, costui)
Celui-là (quello, colui)
Maschili plurali
Ceux-ci (questi, costoro)
Ceux-là (quelli, coloro)

Femminili singolari
Celle-ci (questa, costei)
Celle-là (quella, colei)
Femminili plurali
Celles-ci (queste, costoro)
Celles-là (quelle, coloro)

▸ *Ma maison est plus grande que* **celle-là.**
Voilà des journaux. Est-ce que vous voulez **celui-ci** *ou* **celui-là***?*

Ci e *là* si omettono se i pronomi dimostrativi sono seguiti:
- dai pronomi relativi *qui, que, dont, quoi, auquel*;
- dalla preposizione *de* o dalle preposizioni articolate *du, de l', de la, des*;
- dall'avverbio *où.*

▸ **Celle qui** *parle.* / **Celui que** *tu vois.*
Nous avons invité mes parents et **ceux de** *mon mari.*
La ville où je suis née est **celle où** *je demeure.*

Ma i pronomi *celui-ci, celui-là* ecc. sono invariabili davanti al pronome relativo quando essi sono seguiti dall'aggettivo *même* o quando vi è inversione.

▸ *C'est* **celle-là même qui** *est venue hier.*
Celui-là *sera heureux* **qui** *ne demandera pas trop.*

In italiano si mettono due aggettivi dimostrativi davanti allo stesso nome: *queste e quelle lettere.* In francese bisogna dire:

▸ **Ces** *lettres*-ci *et* **celles-là.**
Ce *livre*-ci *et* **celui-là** (questo e quel libro).

I pronomi dimostrativi italiani diventano in francese *voilà, là* se si trovano con il verbo "essere".

▸ **Voilà** *ma maison,* **c'est là** *ma maison* (quella è la mia casa).
Est-ce là *ton dictionnaire?* (è quello il tuo dizionario?)
Ce sont là *des sottises* (queste sono sciocchezze).

Per i pronomi "costui", "costei", "colei", "coloro", usati in maniera assoluta (o con disprezzo), bisogna dire *cet homme, cet individu, cette femme, ces gens-là.*

▸ *Ne me parlez plus de* **cet homme-là** (di colui).
Qui était **cette femme-là***?* **cet individu***?* (colei? colui?)

Nota

Francese	Italiano
Celui qui *veut parler peut le faire.*	Chi *vuol parlare, può farlo.*
Les habitants *de Turin.*	Quelli *di Torino.*
Quelle *joie* (**que**) *de pouvoir t'aider*	Quale (che) *gioia è quella di poterti aiutare.*
Quel *tourment* (**que**) *de ne pouvoir dire la vérité.*	Che *tormento è* quello *di non poter dire la verità.*

I pronomi dimostrativi francesi non possono essere seguiti immediatamente, come i loro corrispondenti italiani, da un participio o da un complemento qualunque: il participio o il complemento deve essere completato da una proposizione relativa.

▸ *J'ai lu ta lettre et* **celle qui** *est destinée* (quella destinata) *à mon frère.*
Voilà les marchandises **qu'***on a vendues* (quelle vendute) *et* **celles qu'***on a achetées* (quelle comprate).

Il dimostrativo italiano che precede l'aggettivo può essere sostituito dall'articolo determinativo.

▸ *Il a pris* **la** *neuve* (quella nuova).
Après avoir examiné les étoffes on a choisi **les** *rouges* (quelle rosse) *et l'on a écarté* **les** *jaunes* (quelle gialle).

Ma questa regola non è assoluta; nella lingua parlata troviamo il seguente caso:
- *De ces deux lettres, je préfère* ***celle écrite*** *par ton père.*

L'italiano "quanti", nel senso di "tutti quelli che", si traduce *tous ceux qui* (soggetto) et *tous ceux que* (complemento).
- *Je m'adresse à* ***tous ceux qui*** *m'écoutent.*

7.2.1 Pronomi dimostrativi neutri

Ceci (ciò, questa cosa) designa l'oggetto più vicino a noi o, in una frase, ciò che si sta per dire o che segue.

Cela (ciò, quella cosa) designa l'oggetto più lontano da noi o, in una frase, ciò che si è detto o che precede.

Ça si usa nello stile familiare al posto di *cela*.
- *Prenez* ***ceci****. / Laissez* ***cela****.*
  Écoute ***ceci****: rien ne te rendra heureux.*
  «Le travail est nécessaire» – rappelez-vous ***cela****.*
  Cela *se peut* (è possibile).
  Combien ***ça*** *coûte ?*
  Ça *va nous amuser.*

Si usa *ce* quando esso è seguito da un pronome relativo, soggetto o complemento.
- ***Ce qui*** *est juste.*
  Ce qu'*on dit.*

Attenzione:
- ***Ce dont*** (ciò di cui) *on parle.*
  Ce à quoi (ciò a cui) *je pense.*

(Tout) ce qui (soggetto) – *(tout) ce que* (complemento) nel senso di *quanto, ciò che, il che.*
- (***Tout***) ***ce que*** *tu fais est juste* (quanto fai è giusto).
  Elle est arrivée, ***ce qui*** *me permet de partir.*

L'espressione italiana comparativa "di quello che", si traduce *que ... ne*, se la proposizione principale è affermativa e *que* soltanto, se la proposizione principale è negativa o interrogativa. Se, in italiano, il verbo è al congiuntivo, in francese si deve mettere all'indicativo.
- *Cet ouvrier est plus habile* ***qu'on ne*** *croit* (che non si creda).
  On ne peut pas être plus heureux ***que*** *je le suis* (di quanto io sia).
  Quel père fut jamais plus heureux ***que*** *vous l'êtes?* (di quanto siate voi?)

Nota

Si sopprime il dimostrativo nei seguenti casi:
- nei proverbi.
  - *Qui cherche trouve. / Qui vivra verra. / Sauve qui peut.*
- in alcune espressioni consolidate.
  - *Qui est pis, qui est mieux.*

Si dice:

c'est ça – è così	*ça m'est égal* – per me è lo stesso, mi è indifferente
ça va – va bene	*ça y est, c'est fait* – ecco fatto, ci siamo
ça suffit – basta	*ça alors* – questa poi
comment ça va – come va, come stai?	*ça va sans dire* – è scontato, inutile dirlo, è sottinteso
comme ci, comme ça – non c'è male, così così	*çà et là* – qua e là

8
Aggettivo numerale

8.1 Aggettivi numerali cardinali

zéro	*vingt*	*soixante et un*
un – une	*vingt et un*	*soixante-deux*
deux	*vingt-deux*	*soixante et onze*
trois	*vingt-trois*	*soixante-douze*
quatre	*vingt-quatre*	*quatre-vingt***s**
cinq (sɛ̃k)	*vingt-cinq*	*quatre-vingt-un*
six (sis)	*vingt-six*	*quatre-vingt-deux*
sept (sɛt)	*vingt-sept*	*quatre-vingt-dix*
huit (ɥit)	*vingt-huit*	*quatre-vingt-dix-neuf*
neuf	*vingt-neuf*	*cent*
dix (dis)	*trente*	*cent un*
onze	*trente et un*	*deux cent***s**
douze	*trente-deux*	*deux cent dix*
treize	*quarante*	*mille*
quatorze	*quarante et un*	*mille un*
quinze	*quarante-deux*	*deux mille*
seize	*cinquante*	*trois mille*
dix-sept	*cinquante et un*	*un million*
dix-huit	*cinquante-deux*	*deux millions*
dix-neuf	*soixante*	*un milliard – deux milliards*

Cinq, six, huit, neuf, dix
Fanno il legamento con i nomi che cominciano per vocale o *h* muta: *cinq* (k) *amis, six* (z) *enfants, neuf* (v) *heures, dix* (z) *heures.*
Ma si dice: *cinq* (sɛ̃n), *six* (si), *huit* (ɥi), *dix* (di) *livres, tableaux, chaises.*

Si dice: *cinq* (k) *mars, cinq* (k) *pour cent, cinq* (k) *sur cinq* (k).

Si dice: *six* (sis), *dix* (dis), quando essi sono isolati, se usati come sostantivi o alla fine di un gruppo di numeri o di parole.

▸ *Le* ***six*** – *Le* **dix**.
J'en ai eu **six**, **dix**.
*Quatre-vingt-***dix**.

Si dice: *le un, le huit, le onze.*

La *t* di vingt si fa sentire nei numeri 21, 22, 23, fino a 29. Essa è muta in 80, 81, 82, 83 ecc. La *t* è muta in 100, 101...

La *c* si legge *g* (dura) in *second-e* (səgɔ̃).

Si dice: *vingt et un*, *trente et un*, fino a *soixante et onze*; ma si dice: *quatre-vingt-un*, *cent un*, *mille un*.

Nota

Si dice tuttavia: *cent* **et** *un* (e), *mille* **et** *un* (e) per esprimere un gran numero indeterminato.

- *Je pourrais ajouter cent* **et** *une preuves.*
  Sur mille **et** *un exemples.*

Si dice anche:

- *Les Mille* **et** *une nuits. Les Mille* **et** *un jours* (titolo di due raccolte di racconti orientali).

Un dopo un nome femminile è invariabile.

- *Page quarante et* **un**. / *Strophe* **un**.

Negli aggettivi numerali composti si mette sempre il trattino fra le unità e le decine (facoltativo se vi è una *et*) fino a cento.

- *Trente-huit*, *quarante-neuf.*

Ma si dice: *trente* **et** *un*, **cent treize**.

Gli aggettivi numerali cardinali sono invariabili eccetto *un – une*, *vingt* e *cent*. *Vingt* e *cent* prendono una *s* quando sono moltiplicati da un numero ma non seguiti da un altro.

- *Quatre-vingt***s** *livres.* / *Trois cent***s** *soldats.*

Ma: *Quatre-vingt-trois livres.* / *Deux cent dix soldats.*

Nota

Preceduti da un numero che li moltiplica, *vingt* e *cent*, se stanno per *vingtième* e *centième*, restano invariati anche nelle date.

- *Page quatre-vingt.* / *L'an huit cent.*

Mille, aggettivo numerale, è invariabile. Si preferisce *mil* a *mille* nelle date degli anni dell'era cristiana, soprattutto se è seguito da altri numeri.

- *L'an* **mil** *sept cent.* (invariato)

Ma: *L'an* **mille** – *L'an deux* **mille** – *L'an* **mille** *trois cent a. J.C.* (invariato)

Mille, nome di misura itineraria (miglio-a) varia al plurale.

- *Ce navire parcourt tant de* **milles** *à l'heure.*

Zéro, *million*, *milliard*, *billion* sono dei nomi e variano al plurale. Non impediscono però l'accordo di *vingt* et *cent.*

- *Trois cent***s** *million***s** *de soldats.*
  *Quatre vingt***s** *milliard***s** *de franc***s**.*
  *Des zéro***s**.

Si dice fino a 1900:

1100 – *onze cents* (se si tratta di una data) o *mille cent.*
1200 – *douze cents* o *mille deux cents.*
1300 – *treize cents* o *mille trois cents.*
1900 – *dix neuf cents* o *mille neuf cents.*

La prima forma, come già detto, è preferibile per le date.

Nota

Per le macchine bisogna dire:

- *C'est une Renault 19 (dix-neuf).*

8.2 Aggettivi numerali ordinali

premier (première) – *unième*
deuxième ou second-e
troisième
quatrième
cinquième
sixième
septième
huitième
neuvième
dixième
onzième
douzième
treizième
quatorzième
quinzième
seizième
dix-septième
dix-huitième
dix-neuvième
vingtième
vingt et unième
vingt-deuxième
vingt-troisième
vingt-quatrième
vingt-cinquième
vingt-sixième
vingt-septième
vingt-huitième
vingt-neuvième
trentième
trente et unième
trente-deuxième
quarantième
quarante et unième
quarante-deuxième
cinquantième
cinquante-deuxième
soixantième
soixante et unième
soixante-deuxième
soixante-dixième
soixante et onzième
soixante-douzième
quatre-vingtième
quatre-vingt-unième
quatre-vingt-dixième
quatre-vingt-onzième
quatre-vingt-dix-neuvième
centième
cent unième
millième
mille unième ecc.

Nota
Il *centime* è la centesima parte del franco.
Il *millésime* designa il numero d'ordine dell'anno (sulle monete, sulle medaglie, per il vino soprattutto).

Gli aggettivi numerali **ordinali** si formano con il **cardinale** + *ième.*

quatre = *quatrième*
cinq = *cinq**u**ième*
six = *sixième*
neuf = *neu**v**ième*
dix = *dixième*

Prima di aggiungere *ième* si sopprime la *e* finale in *quatre*, *trente*, *quarante* ecc.; si aggiunge *u* a *cinq*; si cambia *f* in *v* in *neuf.*

Unième si usa negli aggettivi numerali composti: *vingt et unième*, *quatre-vingt-unième*, *cent unième* ecc.

Second(e) non si usa mai negli aggettivi ordinali composti. Si usa *deuxième.*

- *Trente-deuxième.*

Di preferenza si usa *second* invece di *deuxième* quando si tratta di due persone o cose.

- *La* ***seconde*** *Guerre Mondiale.*
  La France est sa ***seconde*** *patrie.*

Nell'uso moderno, tuttavia, si usa indifferentemente *deuxième* o *second(e)*.

▸ *Le deuxième* o *le* ***second*** *jour du mois.* (Ma solo *deuxième* è corretto, poiché vi è un terzo giorno.)

Ci si serve degli aggettivi **cardinali** invece degli ordinali nei seguenti casi:

- per designare l'ordine di successione dei re, degli imperatori, dei papi, eccetto *premier.*

  ▸ *Henri* ***quatre****, Louis* ***quatorze****, François* ***premier****, Napoléon* ***premier****, Pie* ***neuf*** (papa).

Fanno eccezione: *Charles* ***quint*** (imperatore) e *Sixte* ***quint*** (papa).

- per indicare il capitolo e le pagine di un libro.

  ▸ *Chapitre* ***quatre*** (o ***quatrième*** *chapitre*).
  À la page ***deux*** (o ***à la deuxième*** *page).*
  À la page ***un*** (o ***à la première*** *page).*

Attenzione:
Per gli anni: l'an *un* de la République (*un* per primo).
Nelle date con i giorni del mese si usa il *cardinale* (eccetto premier) preceduto da *ce* o *le.*

▸ ***Le*** (***ce***) *dix avril.*

Ma: ***le*** (o ***ce***) *premier mai.*

Nota
In italiano si può trovare: ***ai*** *dieci* ***di*** *aprile* ***del*** *1940.*
In francese si sopprimono *a, di, del* e si traduce: ***le*** *dix avril 1940.*
en *octobre 1920 =* ***nell'****ottobre 1920.*
au mois *de mai =* ***nel*** *mese di maggio.*

Davanti alle date degli anni, si usa sempre la preposizione semplice.

▸ ***La*** *guerre* ***de*** *cent ans* – La guerra *dei* cento anni.
De (*ou* ***de l'an***) *1918* ***à*** (***à l'an***) *1938.*
En *1900* (o ***en l'an***). – *Nel* 1900.

Per i secoli.

▸ ***Au*** *sixième siècle*: nel '500, nel sesto secolo, nel secolo sesto.
Au *seizième siècle*: nel 1500, nel sedicesimo secolo, nel secolo sedicesimo.

8.2.1 Numeri frazionari (cardinali, ordinali)

1/2: un demi (une demie, une moitié, la moitié); 1/3: un tiers (une tierce); 2/3: deux tiers; 1/4: un quart; 3/4: trois quarts.

Ma *1/5: un cinquième; 3/7: trois septièmes,* etc.

Attenzione: Quando designano delle frazioni di ora, *demi* e *quart* sono considerati dei nomi.

▸ *Cette horloge sonne* ***les*** *demies et* ***les*** *quarts.*
Il est trois heures et ***demie*** (senza *s*).

Demi (*heure*) rimane al maschile dopo *midi* e *minuit.*

▸ *Il est midi et* ***demi.***

8.2.2 Le quattro operazioni

Addition	*additionner* – somme ou total *19 (****et****)* ***plus*** *7 (font) = 26 (je pose 6 et retiens 2...).*
Soustraction	*soustraire* – reste ou différence *60* ***moins*** *20 (font) = 40.*

Multiplication *multiplier par* – produit
5 ***fois*** *4 (font) = 20.*

Division *diviser par* – dividende – diviseur – quotient – reste
20 ***divisé par*** *quatre (font) = 5.*

Les noms multiplicatifs / Les numéros multiplicatifs:
(le) simple, (le) double, (le) triple, (le) quadruple, (le) quintuple

Ma alla forma *sextuple, septuple* ecc., si preferisce *six fois, sept fois plus...*

Finali in *ain, aine, aire*

- **ain:** *quatr**ain**, six**ain**, diz**ain***, designano poesie o strofe di quattro, sei, dieci versi (*tercet* gruppo di tre versi)
- **aine:** *dix**aine**, vingt**aine**, cent**aine***

Attenzione:
Neuvaine – senso religioso (novena)
Quarantaine – senso amministrativo/medico (quarantena)

- **aire:** *annivers**aire**, quadragen**aire**, septuagen**aire**, octogén**aire**, nonagén**aire**, centen**aire***

Nota
Le preposizioni pleonastiche italiane *in, a, per,* davanti ai numeri, si sopprimono in francese.
▸ *Nous étions cinq.* – Eravamo *in* cinque.
Elle partit la première. – Partì *per* la prima.
Deux à deux. – *A* due a due.
Si mette la preposizione *de* nei seguenti casi:
- dopo gli aggettivi *large, long* seguiti da un numero.
  ▸ *Un jardin* ***large de 20*** *mètres.*
- se, con il numero, vi è il pronome *en.*
  ▸ *Il y* ***en*** *avait 30,* ***de(s)*** *réfugiés!*

Si dice: ***au*** *nombre de* (in numero di – in) cento.
▸ *Le* ***quartier*** *de la lune ou d'un poulet.* – Il quarto di luna o di un pollo.
Mettre ***en quartiers***. – Fare a pezzi.
Être ***demi****-mort,* ***à demi*** *mort,* ***à moitié*** *mort.* – Essere mezzo morto.

par dizaine – a decine
par centaine – a centinaia
par milliers – a migliaia
les deux autres – gli altri due
les trois premiers – i primi tre
les dix derniers – gli ultimi dieci

Si dice anche:
prime: **prime** *d'assurance* (premio di assicurazione)
de prime *abord* (di primo acchito, di primo impeto)
tiers: *le* ***Tiers*** *État, une* ***tierce*** *personne*
quart: *le* ***Quart*** *Livre de Rabelais.*

9 Aggettivo e pronome indefinito

9.1 Aggettivi

(**Ogni**)

Chaque – nel senso di "ciascuno", "uno a uno" (individualità)

- *Une place pour **chaque** chose et **chaque** chose à sa place.*
  ***Chaque** cahier coûte cinq francs.*

Tout-e (tous les, toutes les) – nel senso di "tutti quanti" (generalità)

- ***Tout** homme est utile.*
  ***Tous les** hommes sont utiles.*
  *Dieu créa **toute** chose.*
  *Dieu a crée **toutes les** choses.*

Si dice: ***en toute** occasion, **à tout** moment, **de toute** sorte, **de toute** part, **à tout** propos* e anche, ***en toutes** occasions, **à tous** moments, **de toutes** sortes, **de toutes** parts, **à tous** propos.*

Chaque o **tous (toutes) les** – con un nome che ha valore temporale: *matin, soir, mois, année*

- ***Chaque** semaine, **toutes les** semaines.*
  ***Chaque** mois, **tous les** mois.*

Tous les, toutes les – seguiti da un numerale

- ***Tous les** trois jours.*
  ***Toutes les** quatre semaines.*

Davanti a un possessivo (ogni mio-a, nostro-a, loro ecc.): *Chacun de mes (tous mes), chacune de tes (toutes tes)* ecc.

- *Je le dirai à **chacun de mes** amis.*

(**Tutto** – variabile)

Tout-e, tous, toutes

- ***Tout** son bien.*
  ***Toute** sa vie.*
  ***Tous** ces hommes.*
  ***Toutes** ces femmes-là.*
  ***Tous** les articles.*
  ***Toutes** les opinions.*

Nota

Davanti a un nome di città, *tout* si usa nei seguenti modi.
***Tout** Paris* (al maschile) per indicare il popolo.
***Toute** Paris* (al femminile) per indicare la città come realtà concreta.

▸ ***Tout** (le peuple de) Rome le savait.*
***Toute** (la ville de) Rome fut saccagée.*

«*Toute la ville de*» è la forma preferita.

(**Qualche**, **alcuni**)

Quelque-s

Questo aggettivo si usa quasi sempre al plurale.

▸ *Pouvez-vous me prêter* **quelques** *bons livres?*

Davanti al possessivo (qualche mio-a, alcuni-e miei-mie ecc.); *quelques-uns (unes) de mes*, *de tes* ecc.

▸ *J'ai lu* **quelques-uns de ses** *livres.*

Nota

Quelque, al singolare, significa "un poco di", "circa".

▸ *Je lui ai emprunté* **quelque** *argent.*
Il a dépensé **quelque** *cent euros.*

Quelques (al plurale), preceduto dall'articolo determinativo o da un aggettivo possessivo, significa "i pochi", "le poche".

▸ ***Les quelques** amis qu'il a sont très gentils.*
Il a employé ***ses quelques*** *jours de congé à se reposer.*

(**Nessuno-a**)

Aucun-e

▸ *Vous n'avez fait* **aucune** *faute dans votre traduction.*

Nul, **nulle** – nega più fortemente di *aucun-e*.

▸ ***Nul** homme ne jouit d'un bonheur parfait sur cette terre.*

(**Qualunque**)

Quelconque, **quelconques** – nel senso di "qualsiasi" (invariabile in italiano), si mette **dopo** il sostantivo preceduto da *un*, *une*, *des* o da un numerale

▸ *Apportez-moi* ***un** journal* **quelconque** (qualunque giornale o un giornale qualunque).
Donnez-lui **deux** *livres* **quelconques**.

Invece di *quelconque* si può usare:

- **n'importe quel** – (variabile) **prima** del nome.
- **n'importe lequel** – (variabile) **dopo** il nome.

▸ *Apportez-moi* ***n'importe quelle*** *revue.*
Donnez-lui deux livres ***n'importe lesquels***.

Si può dire anche (forma poco usata):

- *quelque... que ce soit* (se il verbo è al presente, al futuro o all'imperativo).

▸ ***Quelque** effort* ***que ce soit*** *le fatigue.*

- *quelque... que ce fût* (se il verbo è al passato o al condizionale).

▸ *Je lirais* ***quelques*** *livres* ***que ce fût***.

oppure:

- **quelque(s)... qui** (davanti a un nome soggetto)
- **quelque(s)... que** (davanti a un nome complemento oggetto)

nel senso di "qualunque", al singolare e di "per quanti-e" al plurale. È un aggettivo che si accorda con il sostantivo. Il verbo che lo segue si mette al congiuntivo, come in italiano.

- ***Quelque*** *motif* ***qui*** *vous ait obligé à cela, je ne peux l'accepter* (qualunque motivo...).
  Quelques *peines* ***qui*** *vous affligent, restez confiants.*
  Quelques *efforts* ***que*** *vous fassiez* (per quanti sforzi facciate).
  De ***quelque*** *science* ***que*** *vous parliez...*

Quel (variabile) **que** – si usa davanti al verbo "essere" al congiuntivo o davanti ai verbi "dovere" e "potere" seguiti da "essere".

- ***Quels que soient*** *les dangers, affrontez-les bravement.*
  Quelles que doivent être *les conséquences...*
  Quelle que puisse être *son opinion, je l'accepte.*
  Quelle que soit *sa condition sociale...*

(**Altro** – variabile)

Autre-s – sempre con l'articolo (definito, indefinito, partitivo) o dopo un possessivo o un numerale

- *Donnez-nous* ***une autre*** *chance.*
  Apportez-moi ***les autres*** *draps.*
  Achetons ***deux autres*** *chemises.*
  Mes autres *amis sont arrivés.*
  D'autres *parents vont arriver.*

Nota

Altro, con il significato di "ancora", "di più", si traduce *encore.*

- *Apporte-moi* ***d'autres*** (altri) *mouchoirs.*
  Apporte-moi ***encore*** *trois mouchoirs* (altri tre).

(**Parecchi-e, diversi-e**)

Plusieurs – (maschile e femminile)

- ***Plusieurs*** *amis sont déjà partis.*
  À ***plusieurs*** *reprises. / Il y a* ***plusieurs*** *années.*

Maint-e-s – nel senso di "più di uno", "cento e cento", "mille e mille". Usato sempre più raramente, si usa più spesso al plurale che al singolare.

- ***Mainte(s)*** *et* ***mainte(s)*** *fois.* – Mille e mille volte.
  En ***maintes*** *circonstances...*
  À ***maintes*** *reprises...*

(**Certo** – variabile)

Certain-e-s – al **singolare** nel senso di *sûr* ("sicuro"); al **plurale** nel senso di *quelques, plusieurs*

- *C'est une chose* ***certaine*** *(sûre).*
  Nous avons ***certaines*** *choses à faire (plusieurs, quelques).*

Davanti al possessivo: *certains de mes, de tes, de ses, de nos, de vos, de leurs; certaines de mes, de tes, de ses* ecc.

- ***Certains de mes*** *parents sont allés en Amérique.*

(**Stesso, medesimo** – variabile)

Même-s – nel senso di "identico", "simile"
Si mette fra l'articolo e il nome.

- *Les* ***mêmes*** *causes produisent les* ***mêmes*** *effets.*
  Vous avez les ***mêmes*** *goûts que moi.*

Si mette dopo un pronome personale, unito da un trattino, dopo un nome o dopo un pronome dimostrativo: *moi-même*, *toi-même*, *lui (elle)-même*, *nous-mêmes*, *vous-mêmes*, *eux (elles)-mêmes*.

▸ *Je le vois* **moi-même**.
C'est **lui-même**.
Ceux mêmes *qui critiquent sont critiquables.*
Ce sont ses **paroles mêmes**.

(Tale-i)

Tel, **telle**, **tels**, **telles** – nel senso di "simile" (*si grand*, *si fort*) esige *un*, *une*, *de*

▸ *Par* **une telle** *chaleur on ne peut rien faire.*
On ne verra plus **de tels** *hommes.*
Il faisait **un tel** *bruit.*

Nota

Tel, nel senso di *ce*, *cette*, *celui-ci* ecc. non prende l'articolo.

▸ **Telle** (o **cette**) *chose ne va pas.* / **Tel** *est mon avis.*
Tel *qui rit vendredi, dimanche pleurera.*

Tel + *être* con valore dimostrativo, si può tradurre anche con *c'est là*, *ce sont là*, *c'était là*.

▸ **Tel est** *mon avis* oppure **c'est là** *mon avis.*

Tel (variabile) **que** – nel senso di "quale", "come" (idea di paragone).

▸ *Voilà la lettre* **telle que** *je l'ai écrite.*
Un jeune homme **tel que** *vous a de l'avenir.*
La fille est **telle que** *la mère.*

Nota

In italiano si può dire *un uomo* **quale** *lui è...*
In francese si sopprime il verbo "essere": *un homme* **tel** *que lui...*

Tel... tel... – si utilizza soprattutto nelle frasi sentenziose, per esprimere il paragone

▸ **Tel** *père*, **tel** *fils.*

Tel quel – "tale quale"

▸ *Voici votre journal* **tel quel**.

Tel un-e – significa "come" con valore di similitudine

▸ *Elle l'aime* **telle une** *fille.*

Nota

Tel – (pronome) designa una persona indeterminata e si usa al singolare.

▸ **Tel** o **telle** *l'a fait.*

Si dice: *Monsieur* **un tel**. / *Madame* **une telle**.

9.2 Pronomi

(Ognuno-a, ciascuno-a)

Chacun-e

▸ **Chacun** *est l'artisan de sa propre fortune.*

Si dice:
chacun pour soi – ognuno per sé
à chacun son tour – a ciascuno il suo turno, a chi tocca tocca
à chacun ses goûts – ognuno ha i suoi gusti, i gusti sono gusti

Nota

Se *chacun* si rapporta a un nome plurale e si trova dopo il verbo, può essere seguito a piacere da *son, sa, ses* oppure da *leur, leurs* se è preceduto da un complemento diretto.

▸ *Vous remettrez ses livres* ***chacun*** *à* ***sa*** (o *à* ***leur***) *place.*

Se *chacun* precede il complemento diretto si usa *leur, leurs* (non sempre accettato dall'uso corrente).

▸ *Il faut ranger,* ***chacun*** *à* ***leur*** *place, tous ces livres.*

Chacun si comporta nello stesso modo se non vi è complemento diretto.

▸ *Ces dames allèrent* ***chacune*** *de* ***leur*** *côté.*

(**Tutto** – variabile)

Tout-e, tous, toutes

▸ *Je les achète* ***tous – toutes.***
Ces livres sont ***tous*** *intéressants.*

Tout, usato al maschile singolare, ha il senso neutro di *toutes choses* (ogni cosa).

▸ ***Tout*** *tombe en ce monde et tout finit.*

Nota

Tout precede articolo, possessivo, participio, infinito.

▸ ***Tous*** *les amis.* / ***Toutes*** *ses amies.* / ***Tous*** *ces hommes.*
Ils ont ***tout*** *fait et veulent* ***tout*** *prendre.*

(**Tutti** – riferito a persone)

Tout le monde – "tutta la gente" – esige il verbo al singolare

▸ ***Tout le monde*** *applaudissait.*

Tous può essere usato:

- in senso determinato quando si rapporta a persone già menzionate.
  ▸ *Vos amis étaient* ***tous*** *sortis.*
- in senso indeterminato.
  ▸ *Ici* ***tous*** *se détestent.*

Attenzione:

▸ *Tes camarades sont arrivés* ***tout*** (completamente) *trempés.*
Tes camarades sont arrivés ***tous*** (tutti) *trempés.*

Nota

Una donna può firmarsi ***tout*** *à vous* oppure ***toute*** *à vous.*

(**Tutti quanti** – variabile)

Tous tant *que nous sommes.*
Tous tant *que vous êtes.*
Tous tant *qu'ils (elles) sont.*

▸ *Vous viendrez* ***tous tant que vous êtes.***

(**Tutti-e**)

Tous (toutes) les deux, tous les trois, tous les quatre, tous les cinq, tous les six se indicano la **separazione**.
Tous (toutes) deux, tous trois, tous quatre, tous cinq, tous six se indicano la **simultaneità**.

Ma al di là di "sei", si dice: *tous les sept, les huit* ecc.

▸ *Je les vis* ***tous les trois*** *(l'un après l'autre).*
Ils sont partis ***tous deux*** *(ensemble) pour aller à Brest.*

Bisogna dire: *les deux mains* (tutte e due le mani).

Uso di **tout**

Tout (avverbio) – "interamente", "affatto", "del tutto" – modifica un aggettivo, un participio, un altro avverbio o una parola usata come sostantivo.

- *Dans les pays du Nord, on trouve des loups* ***tout*** *blancs ou* ***tout*** *noirs.*
  Ce chien a les oreilles ***tout*** *écorchées.*
  Elle était ***tout*** *élégamment habillée.*
  Cette femme était ***tout*** *en pleurs.*

Ma *tout* si accorda se precede un aggettivo femminile che comincia per consonante o *h* aspirata

- *Elles sont* ***toutes*** *surprises de ce qui se passe.*
  Elle était ***toute honteuse****.*

Tout è avverbio nella locuzione congiuntiva *tout... que.*

- ***Tout*** *chrétiens* ***qu'****ils soient...*

Tout resta invariabile davanti a un nome proprio di persona (usato per metonimia) per indicare l'insieme delle opere prodotte da quella persona.

- *Elle a lu* ***tout*** *Racine.*

Tout sostantivato conserva la *t.*

- *Plusieurs* ***touts*** *bien distincts.*

Tout – seguito da **autre**

È variabile nel senso di "qualsiasi", "qualunque altro" e si riferisce al sostantivo che segue.

- *En* ***toute autre*** *circonstance je pourrais vous aider.*
  Toute autre *femme eût été effrayée.*

Ma dopo un comparativo si dice: *Il étudie* ***plus qu'aucun autre*** (più di qualunque altro).

È invariabile nel senso di "tutt'altro", "affatto", "diverso". Il più spesso è preceduto dall'articolo *un* o dalla preposizione *de.*

- *On m'a donné* ***une tout autre*** *réponse.*
  Ces villes ont ***une tout autre*** *apparence.*
  Voici ***de tout autres*** *questions.*

Nella locuzione ***tout entier****, tout* è generalmente invariabile.

- *Une heure* ***tout entière*** *s'écoula.*
  La ville ***tout entière****.*

Ma si dice anche: *je vous ai consacré ma vie* ***toute entière****.*

(**Nessuno-a**)

Aucun-e

- *Je ne connais* ***aucune*** *de ces dames.*

Nul, nulle – quasi sempre soggetto maschile singolare, esprime l'idea negativa con più forza di *personne* e *aucun.* Appartiene alla lingua letteraria; nella lingua parlata è spesso sostituito da *personne.*

- ***Nul*** *n'est censé ignorer la loi.*
  Nul *n'est content de son sort.*

Nota

Quando *nul* si riferisce a un nome o a un pronome espresso, sia di persona che di cosa, lo si trova anche al femminile.

- ***Nulle*** *n'est comme elle.*

Personne, nel senso di "nessuna persona" – maschile singolare – è soggetto e complemento.

- ***Personne*** *ne dit la vérité.*
  Je ne vois ***personne.***

Nota

Personne diventa femminile quando significa *aucune femme.*

- ***Personne*** *ne fut plus* ***belle*** *que Cléopâtre.*

Personne è sostantivo quando è preceduto dall'articolo: ***la*** *personne*, ***les*** *personnes.*

Pas un, pas une – (aggettivo e pronome) – "nemmeno uno-a" – si usa spesso nello stile familiare.

- ***Pas un-e*** *de ces élèves n'a envie d'étudier.*
  Pas un-e *ne le croit.*
  Ces femmes-là? Je n'en connais ***pas une.***

(**Niente, nulla**)

Rien

- ***Rien*** *ne le fatigue.*
  Nous ne demandons ***rien.***

Nota

Rien è spesso considerato come un sostantivo.
Al plurale si usa nel senso di *bagatelle*, di *choses de peu d'importance.*

- *Un* ***rien*** *le fâche.*
  Cette femme ne m'est ***rien.***
  Il s'amuse à des ***riens.***

Nelle frasi interrogative o dubitative si possono usare *personne*, *nul*, *aucun*, nel senso di *quelqu'un*, e *rien*, nel senso di *quelque chose.*

- *Je doute que* ***personne*** *ait mieux écrit que lui.*
  *Je doute qu'****aucun*** *d'eux le fasse.*
  Y a-t-il ***rien*** *de plus beau que cela?*

Attenzione: Gli indefiniti negativi *aucun-e*, *nul-nulle*, *personne*, *pas un-e*, *rien* esigono *ne* prima del verbo ed escludono *pas* nelle frasi negative.

(**Stesso, medesimo** – variabile)

Même (pronome)

- *Vos droits et les miens sont les* ***mêmes.***

Même (avverbio) – "anche", "perfino" – è invariabile quando modifica un verbo, un aggettivo o se è posto prima di un sostantivo.

- ***Même vaincus****, ils gardent toute leur fierté.*
  Il faut obéir aux lois, ***même injustes.***
  Nous travaillons ***même*** *la* ***nuit.***
  Même *les* ***enfants*** *savent cela.*

Même, posto dopo un nome o un pronome dimostrativo, può essere considerato come un aggettivo o come un avverbio.

- *Les* ***enfants mêmes*** (o ***même***) *savent cela.*
  Ces ***murs mêmes*** (o ***même***) *peuvent avoir des oreilles.*
  Ceux-là mêmes (o ***même***) *sont en retard.*
  Ceux mêmes (o ***même***) *qu'il servit, l'ont dénoncé.*

Même, dopo un nome che esprime una qualità, indica che questa qualità è considerata al massimo e che in qualche modo la si personifica.

▸ *Elle est la* ***bonté même*** (la bontà in persona).
*C'est l'****honnêteté même*** (l'onestà in persona)

Même, forma alcune locuzioni specifiche:
être, se mettre à même de – essere, mettersi in grado di
cela revient au même – è la stessa cosa
quand-même – quand'anche, lo stesso
je le ferai quand-même – lo farò lo stesso
boire à même la bouteille – bere direttamente dalla bottiglia
mordre à même – addentare
de même, tout de même – nello stesso modo, tuttavia
de même que – come

(Parecchi-e, certi, taluni)

Plusieurs – certains, certaines

Può essere usato senza complementi, come soggetto:

▸ ***Plusieurs*** (***certains***) *pensent qu'il a copié sur son voisin.*

Può essere usato con un complemento:

▸ ***Plusieurs*** (***certains***) **de vos amis** *sont sympathiques.*

(**Qualcuno-a**)

Quelqu'un, quelqu'une

▸ ***Quelqu'un*** *le demande.*

(**Alcuni-e**)

Quelques-uns, quelques-unes

▸ ***Quelques-uns***, ***quelques-unes*** *disent la vérité.*

Nota

L'aggettivo, il participio che qualificano *quelqu'un*, *quelqu'une*, *quelques uns*, *quelques unes*, si collegano con la preposizione *de*.

▸ *C'est quelqu'un* ***d'influent.*** – È una persona influente.
Quelqu'un **de** *bien informé.*
Parmi ces livres, j'en ai trouvé quelques-uns ***d'intéressants.***

On – pronome soggetto singolare, deriva dal latino "homo", precede obbligatoriamente ogni pronome personale e il *ne* negativo. Esige il verbo alla terza persona singolare.

▸ ***On*** *dit.* – Si dice.
On *me dit.* – Mi si dice.
On *ne me dit pas.* – Non mi si dice.

On si usa nei seguenti modi:

- come soggetto di un verbo alla forma attiva che in italiano è alla forma passiva e il cui complemento d'agente è sottinteso.

  ▸ ***On a dit*** *bien des choses sur son compte* (furono dette, sono state dette molte cose sul suo conto).

- se il verbo italiano è alla terza persona plurale senza soggetto.

  ▸ ***On dit*** (dicono) *que l'Italie est un très beau pays.*

On parle (parlano) *d'un changement.*
On raconte (raccontano) *des histoires.*
On a fait (hanno fatto) *une grande propagande.*

- se in italiano vi è una delle seguenti parole: *uno*, *taluno*, *noi*, *voi ecc.* e si vuole dare alla frase un senso vago.
  - *Si l'**on*** (se uno) *te donne un bon conseil, accepte-le.*
    On se levait (ci alzavamo) *à six heures.*
    On se croit (ci crediamo) *heureux quand* **on possède** (possediamo) *de l'argent.*

Nota

Quando il pronome *on* designa una **donna**, l'aggettivo o il participio che si rapporta a *on* si mette al femminile; si mette al plurale se il senso esige il plurale.
- *À votre âge, ma fille,* **on** *est bien* **curieuse***.*
  Quand **on** *est* **belle***,* **on** *est* **admirée***.*
  Devant la loi, **on** *est* **égaux***.*

Quando *on* è preceduto da *et*, *ni*, *ou*, *si*, *que*, *qui*, si mette una ***l*** eufonica prima del pronome.
- ***Si l'on*** *t'interroge, réponds.*
  Les heures **que l'on** *consacre à l'étude ne sont jamais perdues.*

Ma si dice: *Si on le voit, si on lisait* (*senza* la *l* perchè on è seguito da una parola che comincia con *l*.)

On si ripete davanti a ogni verbo di cui è soggetto.
- ***On*** *mange,* **on** *boit,* **on** *chante,* **on** *danse.*

Non bisogna dire: *On doit accepter les bons conseils qu'on nous donne.*

Ma: ***Nous*** *devons accepter les bons conseils qu'***on** *nous donne* (bisogna evitare, nella stessa frase molti *on* di seguito).

(**Altro** – variabile)

Autre-s
D'autres (altri-e)
- *Les uns chantaient, les autres jouaient,* ***d'autres*** *criaient.*

Aucun autre (que) – personne d'autres (que) (nessun altro che)
- *Personne* ***d'autres*** *que Paul ne le sait.*

Autre chose (altro, altra cosa)
- *Parlons d'**autre chose**.* – Parliamo d'altro.

Ne... que (altro che)
- *Il* **ne** *fait* **que** *marmonner, grommeler.* Non fa che, altro che brontolare.

Rien de plus – pas autre chose (niente altro)

(**Altrui, altri**)

Autrui – complemento oggetto, complemento indiretto (con preposizione)

Autres – preceduto dall'articolo
- *N'offense pas* **autrui** (**les autres**).
  Les richesses **d'autrui** (**des autres**).
  Ne nuisez pas **à autrui** (**aux autres**).

(**L'un l'altro**)

L'un l'autre – indica reciprocità.

▸ *Il faut s'aimer* ***les uns les autres.***

(**L'uno e l'altro**)

L'un et l'autre – esprime un'idea di pluralità.

▸ *Il en veut à* ***l'un et à l'autre.***

(**Qualunque cosa, checché**)

Quoi qui, quoi que – prima del verbo, al congiuntivo.

▸ ***Quoi qui*** *vous* ***afflige.***
Quoi que *vous* ***disiez.***
Quoi que *vous* ***pensiez...*** – Qualunque cosa voi pensiate...

Attenzione: ***Quoique*** (una sola parola) è congiunzione.

▸ ***Quoique*** *tu* ***fasses*** (per quanto).

Quoi que ce soit – se dipende da un verbo al presente o al futuro.

▸ ***Je fais (je ferai) quoi que ce soit*** *pour lui.*

Quoi que ce fût – se dipende da un verbo al passato o al condizionale.

▸ ***Il était (il serait)*** *à notre disposition pour* ***quoi que ce fût.***

N'importe quoi – sempre dopo il verbo.

▸ *Il* ***dit (il disait) n'importe quoi.***

N'importe où – in qualunque luogo, in qualunque posto, ovunque.

▸ *On peut trouver un restaurant* ***n'importe où.***

(**Chiunque**)

Quiconque – si usa in rapporto a due verbi nel seguente modo:

- è soggetto di due verbi o complemento dell'uno e soggetto dell'altro.
  ▸ ***Quiconque travaille*** *ne* ***s'ennuie*** *jamai.*
  On pardonne à ***quiconque se repent.***
- non regge mai il congiuntivo. Il congiuntivo italiano si traduce in accordo con il modo del verbo principale.
  ▸ ***Quiconque*** *le* ***veut*** (voglia) ***peut*** *entrer.*
  Quiconque *le* ***voudrait*** (volesse) ***pourrait*** *entrer.*

N'importe qui – si rapporta a un solo verbo e sostituisce, spesso, le forme *qui que ce soit* e *qui que ce fût.*

▸ *Je* ***parle*** *(je parlerai) à* ***n'importe qui*** *(à qui que ce soit).*
Vous ***parliez*** *(vous parleriez) à qui que ce fût* ***(à n'importe qui).***

Qui que – con il verbo "essere" al congiuntivo: ***qui que*** *je sois*, ***qui que*** *tu sois*, ***quel*** *qu'il soit* – ***qui qu'****elle soit*, ***qui que*** *nous soyons*, ***qui que*** *vous soyez*, ***quels*** *qu'ils soient* – ***qui qu'****elles soient.*

Nota

Alla terza persona maschile (sing. e pl.) si dice, per eufonia, ***quel qu'il*** *soit* / ***quels qu'ils*** *soient.*

▸ ***Qui que vous soyez,*** *aidez-moi.*
Je recevrai cet homme, ***quel qu'il soit.***

(**Per quanto** – avverbio)

Davanti a un participio, un aggettivo o un altro avverbio si usano:

- **quelque... que** + verbo al congiuntivo;
- **pour... que** + verbo al congiuntivo;
- **si... que** + verbo al congiuntivo;
- **tout... que** + verbo all'indicativo (anche se, nell'uso moderno, si trova spesso il verbo al congiuntivo).

  ▸ ***Quelque*** (***si***, ***pour***) *gentils* ***que*** *vous* ***soyez***...
  Tout *généreuses* ***qu'****elles* ***sont*** (***soient***)...
  Quelque *habilement* ***que*** *vous* ***raisonniez***...
  Tout *intelligent* ***qu'****il* ***est*** (***soit***)...

Attenzione: *Quelque* nell'espressione *quelque... que*, può precedere un aggettivo seguito da un nome: in questo caso *quelque* è variabile se il verbo che segue il nome non è "essere".

  ▸ ***Quelques bons*** *ouvriers* ***que*** *vous* ***ayez***, *cette maison est encore inhabitable.*

Ma si dirà: ***Quelque habiles*** *peintres* ***qu'****ils* ***soient***, *ils n'exposent jamais dans une galerie d'art.*

10

Pronome e aggettivo interrogativo

10.1 Pronomi

(Per le persone: **chi...?**, **chi è che...**)

Soggetto (*sujet*)
Qui...?
Qui est-ce qui...? (la forma composta dà più forza all'espressione)
- ***Qui** parle?*
  ***Qui est-ce qui** parle?*
  ***Qui** t'appelle?*

Complemento diretto (*complément direct: objet*)
Qui...? (soggetto **dopo** il verbo)
Qui est-ce que...? (soggetto **prima** del verbo)
- ***Qui** appelles-**tu**?*
  ***Qui est-ce que tu** appelles?*

Complemento indiretto (*complément indirect*)
Préposition + qui...? (a chi...?, di chi...?, per chi...?)
- *À **qui** parle-t-**elle**?* (soggetto **dopo** il verbo)
  *À **qui** est-ce qu'**elle** parle?* (soggetto **prima** del verbo)
  ***De qui** vous occupez-**vous**?*
  ***De qui** est-ce que **vous** vous occupez?*

Nota

La forma semplice è obbligatoria:
- nelle interrogazioni indirette con i verbi *demander, dire, savoir, penser, ignorer.*
  - *J'ignore **qui** parle.*
- con *qui* seguito dal verbo "essere".
  - ***Qui sont** ces garçons?*
- con *qui* davanti all'infinito se vi è ellissi del verbo.
  - ***Qui** appeler? – À **qui** demander? – Avec **qui** aller? – **Qui** alors?*

(per le cose: **che...?**, **che cosa...?**)

Soggetto
Qu'est-ce qui...? (forma unica)
- ***Qu'est-ce qui** l'intéresse?*

Complemento diretto (oggetto)
Que...? (soggetto **dopo** il verbo)
Qu'est-ce que (soggetto **prima** del verbo)

- ***Que*** *désirez-**vous**?*
  Qu'est-ce que vous *désirez?*
  Que *fait* ***ton père?***
  Qu'est-ce que ton père *fait?*
  Ton père, que *fait-il?*

Complemento indiretto
Préposition + quoi...

- ***De quoi*** *t'occupes-**tu**?* (soggetto **dopo** il verbo).
  De quoi *est-ce que* ***tu*** *t'occupes?* (soggetto **prima** del verbo).
  Avec quoi *l'avez-**vous** fait?*
  Avec quoi *est-ce que* ***vous*** *l'avez fait?*

Quoi si usa da solo:

- nelle frasi esclamative e interrogative ellittiche.
  - ***Quoi!*** *Tu ne sais pas?*
    Quoi? *Ne peut-on cacher certaines choses?*
    Quoi! *Vous prétendez avoir raison?*

Nota Dopo *quoi* esclamativo (*quoi!*), il soggetto della frase interrogativa che segue precede il verbo.

- se è usato sostantivamente.
  - *Vous désirez* ***quoi?***
    Il y a dans cette histoire un je ne sais ***quoi*** *de mystérieux.*
- se è seguito dalla preposizione *de* e dall'aggettivo.
  - ***Quoi de*** *nouveau?* – Che c'è di nuovo?
    Quoi de *plus magnifique que le lever du soleil?* – Che vi è di più magnifico...

L'italiano "che", "che cosa" si traduce **que** con i verbi *avoir*, *pouvoir*, *savoir* presi negativamente o interrogativamente e seguiti da un infinito (più raramente *quoi*).

- *Je ne sais* ***que*** *dire,* ***que*** *faire,* ***que*** (***quoi***) *penser.*
  Je n'ai ***que*** *faire de vos dons. –* ***Que*** *faire? –* **Que** *répondre?*

Nelle proposizioni interrogative si può cominciare la frase con **que** invece di *à quoi*, *de quoi*, *en quoi*.

- ***Que*** (***à quoi***) *cela sert de faire tant de bruit?*
  Qu' *avez-vous à rire?* (***De quoi*** *riez-vous?*)

(Che cosa è, che cosa sono)

Qu'est-ce que / qu'est-ce que c'est que

- ***Qu'est ce que*** *la vie?*
  Qu'est-ce que c'est que *la vie?*
  Qu'est-ce que *ces manières?*
  Qu'est-ce que c'est que *ces manières?*

Nota

Si dice anche: ***Qu'****est la vie?* – ***Qu'****est ce bruit?*
Ma la perifrasi *qu'est-ce que* è preferibile. È obbligatoria con un infinito: *Qu'est-ce que mentir?*

(Che cosa è questo-a, ciò, che cosa sono questi-e)

Qu'est-ce que cela (ça)?
Qu'est-ce que c'est que cela (ça)?
(Qu'est cela?)

10.2 Interrogazione indiretta

(Che cosa, ciò che, a che, in che cosa ecc.)

Ce qui / ce que / préposition + quoi

- *Dis-moi* ***ce qui*** *t'afflige.*
  Dites-nous ***ce que*** *vous voulez.*
  Tu voudrais savoir ***à quoi*** *je pense.*

(Che cosa è / era)

Ce qu'est / ce qu'était (con un nome al singolare).

- *Je me demande* ***ce qu'est*** *la philosophie.*

(Che cosa sono / erano)

Ce que sont / ce qu'étaient (con un nome al plurale).

- *Tu veux savoir* ***ce que sont*** *les vertébrés.*

Ce que c'est que / ce que c'était que (con un nome singolare o plurale).

- *Tu veux savoir* ***ce que c'est que*** *la philosophie,* ***ce que c'est que*** *les vertébrés.*

10.3 Aggettivi e pronomi interrogativi variabili

(Quale, quali)

Adjectifs: **quel, quels, quelle, quelles** (precedono il nome o il verbo "essere").
Pronoms: **lequel, lesquels, laquelle, lesquelles**.

- ***Quelle*** *idée as-tu?*
  Quel *est le poète que vous préférez?*
  Lequel *de ces poètes préférez-vous?*
  Laquelle *de vous a dit cela?*
  Duquel *(de + lequel) parlez-vous?*
  Desquelles *(de + lesquelles) parlez-vous?*

Le stesse forme vengono usate nelle interrogative indirette.

- *Je voudrais savoir* ***quel est*** *ton poète préféré.*
  Je voudrais savoir ***lequel*** *tu préfères.*

Nota

Nelle frasi esclamative, si possono sostituire *quel*, *quelle* ecc. con l'articolo determinativo.

- *Oh,* ***les*** *jolies fleurs!* (***Quelles*** *belles fleurs!*)
  Oh, ***le*** *vilain temps!* (***Quel*** *vilain temps!*)
  Ah, ***les*** *menteurs!* (***Quels*** *menteurs!*)

11

Pronome personale

11.1 Pronomi soggetto

I pronomi personali soggetti hanno due forme.

Prima forma (atona)	**Seconda forma** (tonica)
je	*moi*
tu	*toi*
il	*lui – elle*
nous	*nous*
vous	*vous*
ils – elles	*eux – elles*

11.1.1 Forma atona

I pronomi personali soggetti sono obbligatori in francese anche quando in italiano sono sottintesi.

▸ *Il payera quand **il** pourra.* – Pagherà quando potrà.

Si sopprimono:

- all'imperativo.

  ▸ *Viens* – Vieni
  Étudie – Studia
  Allons – Andiamo

- in alcune espressioni consacrate dall'uso.

  ▸ *Plaise à Dieu* – Piaccia a Dio
  N'importe
  S'entend
  Ne vous déplaise – Non vi dispiaccia

La soppressione è facoltativa quando molti verbi, uniti da una virgola o da una congiunzione di coordinazione *et*, *ou*, *ni*, *mais* hanno lo stesso soggetto, sono allo stesso tempo e allo stesso modo.

▸ *Il va, vient, repart.*

La ripetizione è obbligatoria nei seguenti casi:

- quando i verbi sono uniti da congiunzioni di subordinazione.

  ▸ *Elle est aimée* **parce qu'***elle est gentille.*

- se si passa da una proposizione negativa a una affermativa.
  ▸ *Il ne pleure pas, **il** rit.*
- quando il verbo esprime opposizione.
  ▸ *Il parle* **mais il** *travaille.*
- quando i verbi non sono allo stesso tempo.
  ▸ *Il l'a fait et **il** le fera encore.*

11.1.2 Posizione del soggetto

In genere il soggetto si mette prima del verbo.
Il pronome personale si mette **dopo** i verbi:

- nelle proposizioni nterrogative.
  ▸ *Parlez-vous?*
- nelle proposizioni esclamative e ottative (senza le parole *que*, *quoi*, *quel*, *comme*, *combien*).
  ▸ ***Est-il** sot cet enfant?*
  ***Puissé-je** réussir?*
  Veuille le ciel *nous bénir!*
- nelle proposizioni intercalate nei verbi degli incisi *dire*, *s'écrier*, *répondre*, *demander*, *ajouter*, *crier*, *semble-t-il*, *paraît-il*.
  ▸ *Mais non*, **cria-t-elle**.
  Ta mère est partie, **dit-il**.
  Ma *Il a obtenu* – ***je pense*** (***je crois***) *un grand succès.*
- nelle proposizioni che cominciano con *aussi*, *ainsi*, *en vain*, *à peine*, *encore*, *au moins*, *du moins*, *toujours*, *peut-être*.
  ▸ *Peut-être le* **ferait-il**.
  *À peine mon père **fut-il** sorti, voilà qu'il recommença à pleuvoir.*
  (Se il soggetto è un sostantivo, lo si mette prima del verbo e si ripete il pronome dopo.)
- nelle proposizioni ipotetiche o concessive (senza *si*, *lorsque*, *quand-même*, *lors même que*).
  ▸ ***Dit-il** une chose, on la répète partout (s'il dit une chose...).*
  ***Eussiez-vous** raison, vous devez l'accepter... (quand même vous auriez raison...)*
  *Cet enfant **a-t-il** de l'argent (lorsque cet enfant a de l'argent), il achète n'importe quoi.*

Se le proposizioni cominciano con un avverbio o un complemento di luogo o di tempo, si può dire:
▸ *Hier soir est venu Monsieur Duval* oppure *Monsieur Duval est venu hier soir.*
Dans cette chambre a couché Napoléon oppure *Napoléon a couché dans cette chambre.*

Il soggetto può trovarsi dopo il verbo con i pronomi relativi complementi *que*, *dont*, *duquel*, *auquel*, *dans lequel*, *où* e con l'aggettivo *tel*, se il soggetto è un sostantivo.
▸ *Voici la lettre qu'a écrite* **ton père** oppure *que* **ton père** *a écrite.*
C'est l'ami dont m'a parlé **ta sœur** oppure *dont ta* **sœur** *m'a parlé.*
*Telle est sa volonté, qu'**il** est capable d'apprendre tout ce qu'il veut* oppure *sa volonté est telle qu'**il** est capable d'apprendre tout ce qu'il veut.*

Nota

In francese, per rivolgersi a una persona, ci si serve del pronome *tu* (*tutoyer quelqu'un*) e del pronome *vous* (*vouvoyer*) che traduce l'italiano "voi" ma anche "ella", "lei".
▸ *Dites-moi, s'il vous plaît.* – Mi dica per favore.

Ma se si tratta di persona di alto lignaggio, di una autorità, si può usare il verbo alla terza persona con uno dei seguenti soggetti: *monsieur*, *madame*, *altesse*, *excellence*, *majesté*, *éminence*.

▸ *Madame désire-t-***elle** *du café?*
Votre Majesté peut être tranquille.
Votre Éminence peut être sûre que tout sera fait.

Nella stessa frase non bisogna cambiare il pronome soggetto.
Invece di dire *dans cette attente (en attendant) veuillez agréer, Monsieur, mes salutations distinguées*, bisogna dire *dans cette attente (en attendant), je vous prie d'agréer, Monsieur, mes salutations distinguées.*

11.1.3 Forma tonica (o forte)

I pronomi *moi, toi, lui, elle, nous, vous, eux, elles* si usano isolati o come soggetti:

- nelle proposizioni in cui il verbo è sottinteso (ellissi del verbo).
  ▸ *Qui est-ce? –* ***Moi.***
  Qui vient avec nous? – ***Eux. / Elles.***
  Moi *d'un côté,* ***lui*** *de l'autre.*
- con l'infinito esclamativo o interrogativo.
  ▸ ***Lui****, trahir un ami comme toi!*
  Moi*, faire cela?*
- con il participio assoluto.
  ▸ ***Eux*** *partis, nous serons plus libres.*
- con l'infinito di narrazione.
  ▸ ***Eux****, de répéter toujours la même chose.*
- quando sono seguiti da un'apposizione, da un aggettivo, da un avverbio, da una proposizione relativa.
  ▸ ***Toi****, mon ami,* ***tu*** *attendras ici* (si usano le due forme, tonica e atona).
  Moi *seul le ferai.*
  Moi *aussi* ***je*** *partirai.*
  Toi*, qui as fait cela,* ***tu*** *peux t'en aller.*
  Lui*, qui étudie, a besoin de se nourrir.*
- se vi sono altri soggetti (nomi o pronomi). Il pronome personale soggetto della prima persona – per rispettare le regole di cortesia – segue gli altri: *Toi, elle et moi...*
  ▸ ***Toi*** *et* ***moi, nous*** *partirons.*
  Jean, sa sœur, ***toi*** *et* ***moi, nous*** *irons à Londres.* (Con il verbo al plurale della persona che ha la priorità).

Per dare più forza al soggetto o nelle opposizioni, si usano le due forme, atona e tonica.
▸ ***Je*** *le sais bien,* ***moi.***
Tu *le feras,* ***toi.***
Moi je *travaille,* ***toi tu*** *t'amuses.*

Ma si dirà: ***Lui*** *et* ***son ami*** *m'ont rendu un grand service.*
Eux *le sentaient vaguement,* ***lui*** *plus nettement.*

Nota
Il pronome della terza persona non si ripete. Non si ripetono neanche gli altri pronomi quando vi è l'aggettivo *seul.*
▸ ***Lui****, qui étudie, a besoin de ta présence.*
Moi *seul y suis allé.*

I pronomi *moi, toi, lui* ecc. si usano come **attributi** e seguono i verbi di stato.

- *Je redeviens* ***moi-même.***
  Il n'est plus ***lui.***
  Mon meilleur ami, c'est ***toi.***

I pronomi *moi, toi, lui* ecc. si usano come soggetto reale e con la forma *c'est... qui.*

- *Il n'y a que* ***lui*** *pour le distraire.*
  C'est moi qui *ai dit cela.*

Moi-même, toi-même, lui-même ecc. si usano anche per rafforzare l'azione del soggetto.

- *Je lui écrirai* ***moi-même.*** – Gli scriverò io.
  Tu lui en parleras ***toi-même.*** – Gliene parlerai tu.

11.2 Pronomi complemento del verbo

Pronomi riflessivi con i verbi pronominali	Pronomi complementi diretti	Pronomi complementi indiretti (di attribuzione: *à qui?*)
me = mi	**me** = mi	**me** = mi
te = ti	**te** = ti	**te** = ti
se = si	**le, la** = lo, la	**lui** = gli, le*
nous = ci	**nous** = ci	**nous** = ce, ci
vous = vi	**vous** = vi	**vous** = ve, vi
se = si	**les** = li, le	**leur** = loro
▸ *Nous* ***nous*** *lavons.*	▸ *Nous* ***les*** *saluâmes.*	▸ *Il* ***me*** *dit.*
Ils ***se*** *nuisent.*	*Ils* ***nous*** *regardent.*	*Je* ***vous*** *attendrai.*
		Ils ***leur*** *parlèrent.* – Parlarono loro.

*Alla terza persona del singolare, in caso di equivoco, si interviene aggiungendo la forma tonica del pronome femminile.

- *Il lui dit,* ***à elle.***

Questi pronomi precedono il verbo, anche se i loro corrispondenti italiani sono posti dopo.

- *Ils* ***leur*** *parlent.* – Essi parlano loro.
  Pour ***vous*** *parler.* – Per parlarvi.
  Il ne sait pas ***te*** *dire.* – Egli non sa dirti.
  En ***me*** *disant.* – Dicendomi.
  Pour ***lui*** *dire.* – Per dirgli-le.

All'imperativo affermativo i pronomi complementi seguono il verbo, come in italiano e con un trattino. *Me, te* si sostituiscono con *moi, toi*: *Levez-***vous***, dites-***leur***, lève-***toi***, donne-***moi***, donnez-***nous***.*

Ma alla forma negativa si dice: *ne vous levez pas, ne leur dites pas, ne te lève pas, ne me donne pas.*

Con i verbi semiausiliari *devoir, pouvoir, savoir, vouloir, aller,* seguiti da un infinito, i pronomi devono precedere l'infinito di cui sono complementi.

- *Je dois* ***te*** *rendre visite.* – Ti devo visitare. / Devo visitarti.
  Il peut ***te*** *voir.* – Ti può vedere. / Può vederti.
  Nous pouvions ***lui*** *donner.* – Gli potevamo dare. / Potevamo dargli.

Ma con i verbi *envoyer, faire, laisser, entendre, voir, écouter*, il pronome deve **precedere** il verbo al modo personale

- *Je* ***les*** *enverrai chercher les journaux.*
  On ***le*** *voit venir.*
  Je ***les*** *ai fait appeler.*
  Je ***l'ai*** *entendu chanter.*

All'imperativo affermativo si dirà: *fais* ***lui*** *manger sa soupe, laisse-****moi*** *faire.*

11.2.1 Ripetizione e soppressione dei pronomi complementari

I pronomi complementari si devono **ripetere** davanti a tutti i verbi.

- *Il* ***me*** *voit,* ***m'****appelle et* ***me*** *caresse.*

Si **sopprimono** con l'ausiliare dei tempi composti.

- *Il* ***m'****a vu, appelé et caressé.*

Ma si dirà: *Il* ***m'****a vu et* ***m'****a parlé* perché il pronome *me* è contemporaneamente complemento diretto del primo verbo e complemento indiretto del secondo: esso si ripete allora davanti ai due verbi.

I pronomi pleonastici, frequenti in italiano, non si usano in francese o si trasformano in aggettivi possessivi.

- *Prends un peu de repos.* – Prendi**ti** un pò di riposo.
  Elle a tout pris. – **Si** è preso tutto.
  Elle fait ***ses*** *habits.* – **Si** fa i suoi vestiti.

11.3 Pronomi complemento congiunti

Me le, la, les – me lo, la, li, le
Te le, la, les – te lo, la, li, le
Se le, la, les – se lo, la, li, le
Le lui, la lui, les lui – glielo, gliela, glieli, gliele
Nous le, la, les – ce lo, la, li, le
Vous le, la, les – ve lo, la, li, le
Le leur, la leur, les leur – lo... loro, la... loro, li... loro, le... loro

Nota

Per i pronomi della terza persona vi è inversione rispetto all'italiano: *le lui, le leur, les leur.*
Secondo la regola generale, anche i pronomi personali congiunti precedono il verbo.

- *Vous* ***nous les*** *donnez.* – Voi ce li date.
  Ils ***se les*** *procurèrent.* – Essi se li procurarono.
  Ils ***le lui*** *dirent.* – Glielo dissero.
  Ils ***le leur*** *dirent.* – Lo dissero loro.

All'imperativo affermativo i pronomi personali passano dopo il verbo con inversione dell'ordine.

Me le, la, les – ***le moi, la moi, les moi***
Te le, la, les – ***le toi...***
Nous le... – ***le nous...***
Vous le... – ***le vous...***

- *Dis-****le moi.*** – Dimmelo.

Ma alla forma negativa si dirà: *Ne me le dis pas.*

- *Dites-***le lui***.* / *Ne* **le lui** *dites pas.*
  *Donnez-***le nous***.* / *Ne* **nous le** *donnez pas.*
  *Dis-***le leur***.* / *Ne* **le leur** *dis pas.*

Nota I pronomi posti dopo il verbo sono uniti da un trattino (*dis-moi*) o da due trattini (*dis-le-moi*).

En, **y** hanno valore avverbiale accanto ai verbi di movimento.

En – significa *de là, de cet endroit, de ce lieu* (da lì, da quel luogo).

- *Vient-il de la ville ? Oui, il* **en** *vient.*

Y – significa *à cet endroit, en ce lieu* (in quel posto, in quel luogo).

- *Tu* **y** *vas, j'***y** *vais, j'***y** *reste, j'***y** *suis.*

En – significa *de cela, de lui, d'elle, d'eux.*

- *Tu* **en** *parleras demain.*
  J'aime beaucoup Paris et **en** *admire les monuments.*

Y – significa *à cela, à elle, à eux.*

- *Il s'***y** *est résigné.*
  *Oui, j'***y** *pense toujours.*

Attenzione: Si usa *y* soprattutto con i verbi *penser, se fier, croire, s'intéresser.*

- *Crois-tu à cela? – Oui j'***y** *crois.*
  Je connais bien cet individu, ne vous **y** *fiez pas.*

En, y si mettono dopo tutti gli altri pronomi personali: *m'en, t'en, lui en, m'y, t'y, s'y, l'y, les y.*

- *Je* **lui en** *donne.*
  Je **m'y** *trouve bien.*

Se sono insieme, *y* **precede** *en.*

- *Il n'***y en** *a pas.*
  Il **y en** *avait pour tous.*

Attenzione:

- all'imperativo affermativo *m'en, t'en...* non cambiano.
  - *Donnez-***m'en** (e non *moi en*).
- all'imperativo affermativo il verbo della seconda persona singolare che termina con una **vocale** prende una *s* davanti a *en, y*, se però questi non dipendono dall'infinito che segue.
  - *Penses-***y** (negaz.: ***n'y pense pas***).
    *Cueilles-***en** (negaz.: ***n'en cueille pas***).
    *Vas-***y** (negaz.: ***n'y va pas***).

  Ma si dirà: *va en prendre, va y mettre ton grain de sel.*
- le forme *m'y, t'y, l'y, les y, y-moi, y-toi* sono usati raramente all'imperativo. Invece di *applique-t'y, mets-y-toi* bisogna cambiare in *applique-***toi à cela**, *mets-***toi là**.
- *y* si sopprime, per eufonia, davanti al futuro e al condizionale del verbo *aller*.
  - *J'irai, j'irais* (andrò, vi andrò, andrei, vi andrei).

- le forme italiane “mi si”, “ti si”, “gli si”, “ci si”... non esistono in francese: si trasforma il primo pronome e lo si mette dopo il verbo.
  ▸ *Il s'approcha* **de moi** *(de toi, de lui...).* – Mi si, (ti si, gli si) avvicinò.
  Elle (il) se présentera **à toi** *demain.* – Ti si presenterà domani.

11.4 Pronomi complemento preposizionali

Sono i pronomi di forma **forte** *moi, toi, lui, elle, soi, nous, vous, eux, elles*, sempre preceduti da una preposizione: *à, de, pour, par, chez, avec*, quando sono complementi indiretti.

▸ *Ils parlent* **de toi**.
Nous irons **avec eux**.
Elle était **chez moi** (**chez lui**, **chez nous**).

Quando il complemento di un verbo è formato da due pronomi personali si può mettere davanti al verbo un altro pronome di raggruppamento.

▸ *Il* **nous** *aime, toi et moi.*
Il **leur** *parla, à lui et à eux.*

Se il complemento di un verbo è formato da un pronome personale e da un sostantivo, si può riprendere uno di questi termini / i due termini, con un altro pronome personale singolare / plurale, secondo il senso.

▸ *Il* **me** (o **nous**) *rejoindra, moi et ma sœur.*

Ma se il sostantivo precede il pronome, bisogna mettere il pronome di richiamo al plurale.

▸ *Il* **nous** *aime, mon fils et moi.*

Uso del pronome *soi* (*sé*)
Per tradurre il pronome italiano *sé*, si usano al singolare *lui, elle, soi.*
a. Si usano *lui, elle* se il pronome si riferisce a persona determinata.

▸ *Ce jeune homme ne parle que de* **lui** (di sé).

b. Si usa *soi*:

- se il pronome si riferisce a persona indeterminata (pronome indefinito): *chacun, quelqu'un, on, quiconque, celui qui, tout le monde.*
  ▸ *Chacun pour* **soi** *et Dieu pour tous.*

  Ma se *chacun, aucun...* sono accompagnati da un complemento determinativo, si preferisce *lui, elle.*
  ▸ *Chacun* **de nous** *porte en* **lui** *ses propres menaces.*
- per evitare un equivoco.
  ▸ *La fille de Madame Julie s'occupe surtout de* **soi**.
- dopo un infinito.
  ▸ *Rester* **soi**, *c'est une grande force.*
- dopo un verbo impersonale.
  ▸ *Il faut même penser à* **soi**.
- se il pronome si riferisce a una cosa (ma anche *lui, elle*).
  ▸ *L'aimant attire le fer à* **soi** (**à lui**).
  Le mont Icare laissant voir derrière **lui** *la cime sacrée du Cithéron.*

Al plurale si usano *eux, elles.*

▸ *Mes amis ne pensent qu'à* **eux** *(mêmes).*
Les avalanches entraînent après (avec) **elles** *tout ce qu'elles rencontrent.*

Nota

I pronomi *lui, elle, eux, elles, soi* possono essere seguiti da *même, mêmes*.

▸ *Il ne pense qu'à* ***lui-même****.*
Ta tante a, en ***elle-même****, des ressources inattendues.*
Nuire à ***soi-même****...*

Le espressioni italiane "da me", "da te", "da sé", "da noi" ecc. si traducono:

- *seul, tout seul* (variabili) se il soggetto fa l'azione senza l'aiuto di qualcuno.
  ▸ *Cet enfant s'habille déjà* ***tout seul*** (da sé).
- *moi-même, toi-même...* nel senso di "io stesso", "tu stesso" (è il soggetto che fa l'azione).
  ▸ *Elle s'est blessée* ***elle-même****.*
  Ce sont ***eux-mêmes*** *qui ont choisi le cadeau.*
- *par moi-même, toi-même...* nel senso di "senza aiuto", "senza l'intervento di chicchessia", "senza alcuna assistenza".
  ▸ *J'ai fait mon thème* ***par moi-même****.*
- *de moi-même, de toi-même..* nel senso di "spontaneamente", "senza consiglio altrui", "di propria iniziativa".
  ▸ *Cette porte se ferme* ***d'elle-même****.*
  Les fruits mûrs tombent ***d'eux-mêmes****.*
  Ce n'est pas ***de lui-même*** *qu'il a fait cette action, il a été poussé par ses copains.*

Nota

En moi-même, à part moi, à part lui (tra sé e sé):

▸ *Il se disait* ***en lui-même*** (*à part lui*).

Si dice:

- *en soi* (in sé) – *cela va de soi* (va da sé, è evidente)
- *soi-disant* – si riferisce a persone ed è invariabile.
  ▸ *Des* ***soi-disant*** *nobles.*
  Des ***soi-disant*** *comtesses.*

avec moi – meco
avec toi – teco
avec lui, elle – seco
me voilà – eccomi
te voilà – eccoti
les voilà – eccoli
vous voilà – eccovi

12 Pronome relativo

I pronomi relativi presentano:
- **forme semplici**: *qui*, *que*, *dont*, *où* (avverbio relativo), invariabili in genere e numero.
- **forme composte**: *lequel*, *duquel*, *auquel* ecc., variabili in genere e numero.

12.1 Pronomi relativi soggetto

Qui – *lequel*, *laquelle*, *lesquels*, *lesquelles* (che, il quale, la quale...)

▸ *L'ami* ***qui*** *vient. / La rose* ***qui*** *fleurit.*

12.2 Pronomi relativi complemento diretto

Que – *lequel*, *laquelle*, *lesquels*, *lesquelles* (che, il quale, la quale...)

▸ *L'ami* ***que*** *je salue. / Le livre* ***que*** *tu lis.*

Nota
Que è il solo che si apostrofa.
Le forme composte *lequel*, *laquelle*... sono poco usate come soggetto e complemento diretto.

12.3 Pronomi relativi complemento indiretto (o preposizionale)

Preposizione + **qui, lequel, laquelle, lesquels, lesquelles** (... cui, ... il quale, ... la quale, ... i quali, ... le quali)

À (a cui, al quale...)
auquel, *à laquelle*, *auxquels*, *auxquelles* – persona o cosa
à qui – solo persona
▸ *L'homme* ***à qui*** (**auquel**) *j'ai parlé.*
Les études ***auxquelles*** *il a dédié toute sa vie.*

Avec (con cui, col quale...)
avec lequel, *avec laquelle*, *avec lesquels*, *avec lesquelles* – persona o cosa
avec qui – solo persona
▸ *Le bois* ***avec lequel*** *tu as fait cette étagère...*
La jeune fille, ***avec laquelle*** (**avec qui**) *tu sors, est la sœur de Monique.*

Dans – *en* (in cui, nel quale...)

dans lequel, *dans laquelle*, *dans lesquels*, *dans lesquelles* – persona, cosa, avverbio di luogo e di tempo
en qui – solo persona
où – avverbio di luogo e di tempo

▸ *C'est quelqu'un* **en qui** (*c'est une personne* **dans laquelle**) *on peut avoir confiance.*
La religion **dans laquelle** *j'ai été élevé...*
La ville **où** *tu habites...*
Les temps **où** *nous sommes...*

De (di cui, del quale..., da cui, dal quale...)

duquel, *de laquelle* ecc. – persona o cosa
de qui – solo persona
dont – persona o cosa

▸ *La personne* (**de laquelle** / **dont** / **de qui**) *on ignore tout.*
Le film **dont** (**duquel**) *on a fait la critique...*

Nota

Dont indica anche l'origine, la discendenza di una famiglia.

▸ *La famille* **dont** *elle descend...*

Dont le (il cui) – **Dont la** (la cui) – **Dont les** (i cui, le cui)

▸ *L'élève,* **dont le** *père est venu ce matin, joue de la guitare.*

Il pronome italiano "cui", preceduto da una preposizione articolata (**del** *cui*, **della** *cui*, **per i** *cui*, **sui** *cui*...) si traduce dopo il nome che segue "cui" con *duquel*, *de laquelle*, *desquels*, *desquelles*.

▸ *Voilà l'homme* **de la bonté duquel** *je ne doute pas.* – Ecco l'uomo della cui bontà non dubito.
Les Alpes **sur les sommets desquelles** (**sulle cui** vette) *les neiges sont éternelles.*

Quoi (che, che cosa) – preceduto da preposizione

▸ *Je voudrais savoir* **à quoi** *tu penses.*

Où – è complemento di luogo e di tempo (dove, quando, in cui ecc.), preferibile alla forma *dans lequel*, *dans laquelle* ecc.

▸ *La chaise* **où** (**sur laquelle**) *tu es assis...*
La maison **où** (**dans laquelle**) *je suis né...*
Le jour **où** (**dans lequel**) *ils partirent...*

D'où – *duquel*, *de laquelle* (donde, da cui, dal quale) – indica la provenienza da un luogo, la discendenza, ma anche la conclusione, la conseguenza di un fatto.

▸ *C'est le procès* **d'où** *dépend ma fortune.*
D'où *il faut conclure qu'il a raison.*

Par où, *par lequel*, *par laquelle* ecc. – per dove...
Ce qui, *ce que* – ciò che, il che, la qual cosa
Ce dont, *ce de quoi* – ciò di cui, del che
Rien dont – niente di cui
Ce à quoi – ciò a cui, al che
Ce avec quoi – con che

Attenzione:

- bisogna evitare l'uso successivo dei pronomi *qui* e *que* quando essi hanno lo stesso antecedente. Non bisogna dire *c'est un monsieur* **que** *je crois* **qui** *est riche* ma *c'est un monsieur* **que** *je crois riche.*

- il pronome relativo si mette subito dopo il suo antecedente per evitare qualunque equivoco. Non bisogna dire *nous avons fait un* **tour** *dans toute la France* **qui** *nous a beaucoup plu* ma *nous avons fait dans toute la France* **un tour qui** *nous a beaucoup plu.*
- le forme *lequel, lesquels, laquelle* ecc. si usano, come soggetto e complemento diretto, per evitare un equivoco.
  ▸ *Il y a une* **édition** *de ce livre,* **laquelle** *se vend à fort marché.*
  Le frère de Christine, **lequel** *est très généreux, l'a beaucoup aidée.*

Nota

Lequel, soggetto, si usa soprattutto nella lingua scritta, in particolare nelle espressioni giuridiche e amministrative.
▸ *On a entendu trois témoins,* **lesquels** *ont tout confirmés.*

Lequel non può avere come antecedente un nome proprio; non si usa dopo *et.*

- se l'uso di *dont* può dare luogo a equivoco, bisogna sostituirlo con *duquel, de laquelle.*
  ▸ *L'éducation de ton frère,* **de laquelle** *je m'occupe, m'intéresse beaucoup.*
  Non si deve dire: *C'est à vous* **à qui** *je m'adresse* ma *c'est à vous* **que** *je m'adresse.*
- invece di *où*, si può usare *que* dopo un nome che indica il tempo.
  ▸ *Je me souviens très bien du soir* **qu'il** *(***où** *il) partit.*
  Le jour **que** *(***où***) je l'ai vu.* (**Ma** *où* è più corretto)

Il pronome relativo italiano *chi* si traduce con *celui qui – ceux qui, celle qui – celles qui*
▸ ***Celui qui*** *achète.* – Chi compra
Ceux qui *achètent.* – Quelli che comprano

Ma si può usare *qui* (al posto di *celui qui*), come soggetto o come complemento, nei proverbi e sentenze.

Qui è sempre maschile singolare.
▸ ***Qui*** *se fait brebis, le loup le mange.*
Malheur à ***qui*** *y touchera.*

Qui, ripetuto, si può sostituire con *les uns, les autres, d'autres.*
▸ *Qui a faim, qui a soif, qui est fatigué.*

Oppure si può dire: ***les uns*** *ont faim,* ***les autres*** *ont* ***soif, d'autres*** *sont fatigués.*

13
Verbo

Il **verbo** è la parola essenziale della proposizione che esprime:

- l'azione fatta o subita dal soggetto.
  - *L'élève* ***écrit***. (l'azione è fatta dal soggetto)
    Le chêne ***fut abattu*** *par le bûcheron*. (l'azione è subita dal soggetto)
- l'esistenza o lo stato del soggetto.
  - *Que la lumière* ***soit!***. (esistenza del soggetto)
    Ce mur **penche**. (stato del soggetto)
- l'unione dell'attributo al soggetto.
  - *L'homme* **est** *mortel*. (il verbo *est* unisce l'attributo *mortel* al soggetto *l'homme*)

Nota

In quest'ultimo caso il verbo è chiamato *copula*, visto che unisce l'attributo al soggetto.

Il verbo *être* è il verbo *copule* per eccellenza. Altri verbi di stato o d'azione: *avoir l'air*, *demeurer*, *devenir*, *paraître*, *passer pour*, *rester*, *sembler*, sono verbi *copule* quando esprimono l'idea del verbo "essere".

- *Il* **passe** *pour un imbécile.*
  Elle **paraît** *jeune.*
  Elle **est restée** *jeune.*

Una *locution verbale* è un gruppo di parole che esprime un' idea unica e ha il ruolo di un verbo: *avoir faim*, *avoir besoin*, *donner lieu*, *tenir tête*.

13.1 Elementi del verbo

Il verbo presenta *le radical* (radice) e *les désinences* (desinenze).

13.2 Modi del verbo

Vi sono *sei* modi:

- quattro modi personali: *indicatif*, *conditionnel*, *impératif*, *subjonctif*.
- due modi impersonali: *infinitif*, *participe*.

Attenzione: Il *gérondif* (gerundio), in francese, ha la forma del participio presente preceduto da *en*.

13.3 Tempi del verbo

Ve ne sono 20: 10 tempi semplici, 10 tempi composti.

Indicatif: 8 temps (4 simples, 4 composés)

Présent:	*je lave*	Passé composé:	*j'ai lavé*
Imparfait:	*je lavais*	Plus-que-parfait:	*j'avais lavé*
Passé simple:	*je lavai*	Passé antérieur:	*j'eus lavé*
Futur:	*je laverai*	Futur antérieur:	*j'aurai lavé*

Subjonctif: 4 temps (2 simples, 2 composés)

Présent:	*que je lave*	Passé:	*que j'aie lavé*
Imparfait:	*que je lavasse* (sostituito spesso, nella lingua corrente, dal presente)	Plus-que-parfait:	*que j'eusse lavé* (poco utilizzato nella lingua corrente)

Impératif: 2 temps (1 simple, 1 composé)

Présent:	*lave!*	Passé:	*aie lavé!* (usato raramente)

Conditionnel: 3 temps (1 simple, 2 composés)

Présent:	*je laverais*	Passé	
		1ème forme:	*j'aurais lavé*
		2ème forme:	*j'eusse lavé* (scritta più che parlata)

Infinitif: 2 temps (1 simple, 1 composé)

Présent:	*laver*	Passé:	*avoir lavé*

Participe: 2 temps (1 simple, 1 composé)

Présent:	*lavant*	Passé:	*ayant lavé*

13.4 Voci del verbo

La *voix* esprime il ruolo del soggetto nell'azione.
Troviamo: la **voix active**, la **voix passive** e la **voix pronominale**.
La **voix active** (il soggetto fa l'azione):
Verbi transitivi:

- *directs* (il loro complemento oggetto è diretto)
  ▸ *Il mange une pomme. / J'ai pris un livre.*
- *indirects* (il loro complemento oggetto è indiretto)
  ▸ *Nous obéissons à nos parents.*

Verbi intransitivi (non hanno complemento oggetto e l'azione si limita al soggetto):

- *personnels*
  ▸ *Il dort. / Il arrive. / La neige tombe.*
- *impersonnels* propres et impropres
  ▸ ***Pleuvoir*** (**propre**): *Il pleut.*
  Arriver (**impropre**): *Il est arrivé des soldats.*

La **voix passive** (il soggetto subisce l'azione)

- ***Être aimé***: *Il est aimé de tout le monde.*

La **voix pronominale** (il soggetto è accompagnato da un pronome personale):

- *directe*
  - ***Se*** *vanter* (**se** *oggetto*): *il* **se** *vante.*
- *indirecte*
  - ***Se*** *nuire* (**se** = *à soi*): *Ils* **se** *nuisent.*
- *pure* (verbi falsamente riflessivi)
  - ***Se*** *repentir* / ***Se*** *promener* / *Nous* **nous** *repentons* / *Elle* **se** *promenait*

13.5 Forme del verbo

Possono essere:

- affirmative.
  - *Je parle.*
- négative.
  - *Vous ne parlez pas.*
- interrogative.
  - *Parlez-vous?* / *Est-ce que vous parlez?*
- interro-négative.
  - *Ne parlez-vous pas? Est-ce que vous ne parlez pas?*

14 Coniugazione

14.1 Verbi ausiliari e semiausiliari

I verbi ausiliari servono a formare i tempi composti degli altri verbi.

Avoir, *être* sono i verbi ausiliari per eccellenza. Sono chiamati anche *auxiliaires de temps*.

Devoir, *pouvoir*, *aller*, *venir*, *être en train de* ecc. sono chiamati talvolta *semi-auxiliaires.*

Essi sono costruiti con un infinito e sono considerati o come *auxiliaires de temps*, o come *auxiliaires d'aspect.*

14.2 Gruppi dei verbi

Le desinenze dell'infinito formano, secondo l'antica classifica scolastica, quattro coniugazioni: *er*, *ir*, *oir*, *re*.

Ma la "Nomenclature Grammaticale" (1910) e l'"Académie" (1932) suddividono i verbi in tre gruppi:

1er groupe: verbi in *er* (prima persona dell'indicativo presente in *e*).

▸ ***Parler*** – *je parle*

2ème groupe: verbi in *ir* (con il participio presente *issant* e la prima persona dell'indicativo presente in *is*).

▸ ***Finir*** –*fin**issant*** – *je finis*

3ème groupe: verbi in *ir* (senza *iss*, *is*), *oir*, *re* (+ il verbo *aller*) con radice spesso variabile.

▸ ***Partir*** – *part**ant*** – *je pars*
Recevoir – *je re**çois*** – *reçu*
Rendre – *je rends* – *rend**u***
Aller – *je* ***vais*** – *que j'**aille***

Nota

I primi due gruppi *er*, *ir* (+ *issant*) sono anche detti *conjugaisons vivantes* perché queste coniugazioni si arricchiscono sempre più di nuove parole, soprattutto la prima: *téléphoner* (da telefono), *photographier*, *radiodiffuser*, *amerrir* (ammarare), *noircir* (annerire).

Il terzo gruppo *ir* (partic. présent *ant*), *oir*, *re* (più il verbo *aller*) contiene un centinaio di verbi irregolari (con radice variabile). Questa coniugazione, detta *conjugaison morte*, non si arricchisce. I verbi con forme più complicate tendono a sparire davanti a verbi più facili da coniugare: *fermer*, *clôturer* hanno sostituito il verbo *clore* (chiudere).

14.3 Coniugazione dei verbi ausiliari

AVOIR

INDICATIF

Présent	**Imparfait**	**Passé simple**	**Futur**
J'ai	J'avais	J'eus	J'aurai
Tu as	Tu avais	Tu eus	Tu auras
Il a	Il avait	Il eut	Il aura
Nous avons	Nous avions	Nous eûmes	Nous aurons
Vous avez	Vous aviez	Vous eûtes	Vous aurez
Ils ont	Ils avaient	Ils eurent	Ils auront

Passé composé	**Plus-que-parfait**	**Passé antérieur**	**Futur antérieur**
J'ai eu	J'avais eu	J'eus eu	J'aurai eu
Tu as eu	Tu avais eu	Tu eus eu	Tu auras eu
Il a eu	Il avait eu	Il eut eu	Il aura eu
Nous avons eu	Nous avions eu	Nous eûmes eu	Nous aurons eu
Vous avez eu	Vous aviez eu	Vous eûtes eu	Vous aurez eu
Ils ont eu	Ils avaient eu	Ils eurent eu	Ils auront eu

SUBJONCTIF

Présent	**Imparfait**	**Passé**	**Plus-que-parfait**
Que j'aie	Que j'eusse	Que j'aie eu	Que j'eusse eu
Que tu aies	Que tu eusses	Que tu aies eu	Que tu eusses eu
Qu'il ait	Qu'il eût	Qu'il ait eu	Qu'il eût eu
Que nous ayons	Que nous eussions	Que nous ayons eu	Que nous eussions eu
Que vous ayez	Que vous eussiez	Que vous ayez eu	Que vous eussiez eu
Qu'ils aient	Qu'ils eussent	Qu'ils aient eu	Qu'ils eussent eu

CONDITIONNEL

Présent	**Passé** (*1ère forme*)	**Passé** (*2ème forme*)
J'aurais	J'aurais eu	J'eusse eu
Tu aurais	Tu aurais eu	tu eusses eu
Il aurait	Il aurait eu	Il eût eu
Nous aurions	Nous aurions eu	Nous eussions eu
Vous auriez	Vous auriez eu	Vous eussiez eu
Ils auraient	Ils auraient eu	Ils eussent eu

IMPÉRATIF

Présent

Aie
Ayons
Ayez

INFINITIF

Présent	**Passé**
Avoir	Avoir eu

Participe

Présent	Passé	Passé composé
Ayant	Eu	Ayant eu

ÊTRE

Indicatif

Présent	Imparfait	Passé simple	Futur
Je suis	J'étais	Je fus	Je serai
Tu es	Tu étais	Tu fus	tu seras
Il est	Il était	Il fut	Il sera
Nous sommes	Nous étions	Nous fûmes	Nous serons
Vous êtes	Vous étiez	Vous fûtes	Vous serez
Ils sont	Ils étaient	Ils furent	Ils seront

Passé composé	Plus-que parfait	Passé antérieur	Futur antérieur
J'ai été	J'avais été	J'eus été	J'aurai été
Tu as été	Tu avais été	Tu eus été	Tu auras été
Il a été	Il avait été	Il eut été	Il aura été
Nous avons été	Nous avions été	Nous eûmes été	Nous aurions été
Vous avez été	Vous aviez été	Vous eûtes été	Vous auriez été
Ils ont été	Ils avaient été	Ils eurent été	Ils auront été

Subjonctif

Présent	Imparfait	Passé	Plus-que-parfait
Que je sois	Que je fusse	Que j'aie été	Que j'eusse été
Que tu sois	Que tu fusses	Que tu aies été	Que tu eusses été
Qu'il soit	Qu'il fût	Qu'il ait été	Qu'il eût été
Que nous soyons	Que nous fussions	Que nous ayons été	Que nous eussions été
Que vous soyez	Que vous fussiez	Que vous ayez été	Que vous eussiez été
Qu'ils soient	Qu'ils fussent	Qu'ils aient été	Qu'ils eussent été

Conditionnel

Présent	Passé (*1ère forme*)	Passé (*2ème forme*)
Je serais	J'aurais été	J'eusse été
Tu serais	Tu aurais été	Tu eusses été
Il serait	Il aurait été	Il eût été
Nous serions	Nous aurions été	Nous eussions été
Vous seriez	Vous auriez été	Vous eussiez été
Ils seraient	Ils auraient été	Ils eussent été

Impératif

Présent

Sois
Soyons
Soyez

INFINITIF		PARTICIPE	
Présent	**Passé**	**Présent**	**Passé**
Être	Avoir été	Étant	Ayant été

14.4 Coniugazione attiva *Conjugaisons vivantes*

14.4.1 Primo gruppo: infinito in *-er*, indicativo in *-e*

Verbe modèle **AIMER**

INDICATIF

Présent	Imparfait	Passé	Futur
J'aime	J'aimais	J'aimai	J'aimerai
Tu aimes	Tu aimais	Tu aimas	Tu aimeras
Il aime	Il aimait	Il aima	Il aimera
Nous aimons	Nous aimions	Nous aimâmes	Nous aimerons
Vous aimez	Vous aimiez	Vous aimâtes	Vous aimerez
Ils aiment	Ils aimaient	Ils aimèrent	Ils aimeront
Passé composé	**Plus-que-parfait**	**Passé antérieur**	**Futur antérieur**
J'ai aimé	J'avais aimé	J'eus aimé	J'aurai aimé
Tu as aimé	Tu avais aimé	Tu eus aimé	Tu auras aimé
Il a aimé	Il avait aimé	Il eut aimé	Il aura aimé
Nous avons aimé	Nous avions aimé	Nous eûmes aimé	Nous aurons aimé
Vous avez aimé	Vous aviez aimé	Vous eûtes aimé	Vous aurez aimé
Ils ont aimé	Ils avaient aimé	Ils eurent aimé	Ils auront aimé

SUBJONCTIF

Présent	Imparfait	Passé	Plus-que-parfait
Que j'aime	Que j'aimasse	Que j'aie aimé	Que j'eusse aimé
Que tu aimes	Que tu aimasses	Que tu aies aimé	Que tu eusses aimé
Qu'il aime	Qu il aimât	Qu'il ait aimé	Qu'il eût aimé
Que nous aimions	Que nous aimassions	Que nous ayons aimé	Que nous eussions aimé
Que vous aimiez	Que vous aimassiez	Que vous ayez aimé	Que vous eussiez aimé
Qu'ils aiment	Qu'ils aimassent	Qu'ils aient aimé	Qu'ils eussent aimé

CONDITIONNEL

Présent	Passé (*1ère forme*)	Passé (*2ème forme*)
J'aimerais	J'aurais aimé	J'eusse aimé
Tu aimerais	Tu aurais aimé	Tu eusses aimé
Il aimerait	Il aurait aimé	Il eût aimé
Nous aimerions	Nous aurions aimé	Nous eussions aimé
Vous aimeriez	Vous auriez aimé	Vous eussiez aimé
Ils aimeraient	Ils auraient aimé	Ils eussent aimé

Impératif

Présent

Aime
Aimons
Aimez

Infinitif

Présent	**Passé**
Aimer	Avoir aimé

Participe

Présent	**Passé**
Aimant	Ayant aimé Aimé

14.4.2 Secondo gruppo: infinito in *-ir*, participio presente in *-issant*, indicativo presente in *-iss*

Verbe modèle **FINIR**

Indicatif

Présent	**Imparfait**	**Passé simple**	**Futur**
Je finis	Je finissais	Je finis	Je finirai
Tu finis	Tu finissais	Tu finis	Tu finiras
Il finit	Il finissait	Il finit	Il finira
Nous finissons	Nous finissions	Nous finîmes	Nous finirons
Vous finissez	Vous finissiez	Vous finîtes	Vous finirez
Ils finissent	Ils finissaient	Ils finirent	Ils finiront

Passé composé	**Plus-que parfait**	**Passé antérieur**	**Futur antérieur**
J'ai fini	J'avais fini	J'eus fini	J'aurai fini
Tu as fini	Tu avais fini	Tu eus fini	Tu auras fini
Il a fini	Il avait fini	Il eut fini	Il aura fini
Nous avons fini	Nous avions fini	Nous eûmes fini	Nous aurons fini
Vous avez fini	Vous aviez fini	Vous eûtes fini	Vous aurez fini
Ils ont fini	Ils avaient fini	Ils eurent fini	Ils auront fini

Subjonctif

Présent	**Imparfait**	**Passé**	**Plus-que-parfait**
Que je finisse	Que je finisse	Que j'aie fini	Que j'eusse fini
Que tu finisses	Que tu finisses	Que tu aies fini	Que tu eusses fini
Qu'il finisse	Qu'il finît	Qu'il ait fini	Qu'il eût fini
Que nous finissions	Que nous finissions	Que nous ayons fini	Que nous eussions fini
Que vous finissiez	Que vous finissiez	Que vous ayez fini	Que vous eussiez fini
Qu'ils finissent	Qu'ils finissent	Qu'ils aient fini	Qu'ils eussent fini

Conditionnel

Présent	Passé (*1ère forme*)	Passé (*2ème forme*)
Je finirais	J'aurais fini	J'eusse fini
Tu finirais	Tu aurais fini	Tu eusses fini
Il finirait	Il aurait fini	Il eût fini
Nous finirions	Nous aurions fini	Nous eussions fini
Vous finiriez	Vous auriez fini	Vous eussiez fini
Ils finiraient	Ils auraient fini	Ils eussent fini

Impératif

Présent

Finis
Finissons
Finissez

Infinitif

Présent	Passé
Finir	Avoir fini

Participe

Présent	Passé
Finissant	Ayant fini Fini

Conjugaisons mortes

14.4.3 Terzo gruppo: infinito in *-ir*, participio presente *in -ant*

Verbe modèle **PARTIR**

Indicatif

Présent	Imparfait	Passé simple	Futur
Je pars	Je partais	Je partis	Je partirai
Tu pars	Tu partais	Tu partis	Tu partiras
Il part	Il partait	Il partit	Il partira
Nous partons	Nous partions	Nous partîmes	Nous partirons
Vous partez	Vous partiez	Vous partîtes	Vous partirez
Ils partent	Ils partaient	Ils partirent	Ils partiront
Passé composé	**Plus-que-parfait**	**Passé antérieur**	**Futur antérieur**
Je suis parti	J'étais parti	Je fus parti	Je serai parti
Tu es parti	Tu étais parti	Tu fus parti	Tu seras parti
Il est parti	Il était parti	Il fut parti	Il sera parti
Nous sommes partis	Nous étions partis	Nous fûmes partis	Nous serons partis
Vous êtes partis	Vous étiez partis	Vous fûtes partis	Vous serez partis
Ils sont partis	Ils étaient partis	Ils furent partis	Ils seront partis

SUBJONCTIF

Présent	Imparfait	Passé	Plus-que-parfait
Que je parte	Que je partisse	Que je sois parti	Que je fusse parti
Que tu partes	Que tu partisses	Que tu sois parti	Que tu fusses parti
Qu'il parte	Qu'il partît	Qu'il soit parti	Qu'il fût parti
Que nous partions	Que nous partissions	Que nous soyons partis	Que nous fussions partis
Que vous partiez	Que vous partissiez	Que vous soyez partis	Que vous fussiez partis
Qu'ils partent	Qu'ils partissent	Qu'ils soient partis	Qu'ils fussent partis

CONDITIONNEL

Présent	Passé (*1ère forme*)	Passé (*2ème forme*)
Je partirais	Je serais parti	Je fusse parti
Tu partirais	Tu serais parti	Tu fusses parti
Il partirait	Il serait parti	Il fût parti
Nous partirions	Nous serions partis	Nous fussions partis
Vous partiriez	Vous seriez partis	Vous fussiez partis
Ils partiraient	Ils seraient partis	Ils fussent partis

IMPÉRATIF

Présent

Pars
Partons
Partez

INFINITIF

Présent	Passé
Partir	Être parti

PARTICIPE

Présent	Passé
Partant	Étant parti
	Parti

14.4.4 Terzo gruppo: infinito in *-oir*

Verbe modèle **RECEVOIR**

INDICATIF

Présent	Imparfait	Passé simple	Futur
Je reçois	Je recevais	Je reçus	Je recevrai
Tu reçois	Tu recevais	Tu reçus	Tu recevras
Il reçoit	Il recevait	Il reçut	Il recevra
Nous recevons	Nous recevions	Nous reçûmes	Nous recevrons
Vous recevez	Vous receviez	Vous reçûtes	Vous recevrez
Ils reçoivent	Ils recevaient	Ils reçurent	Ils recevront

Passé composé	Plus-que-parfait	Passé antérieur	Futur antérieur
J'ai reçu	J'avais reçu	J'eus reçu	J'aurai reçu
Tu as reçu	Tu avais reu	Tu eus reçu	Tu auras reçu
Il a reçu	Il avait reçu	Il eut reçu	Il aura reçu
Nous avons reçu	Nous avions reçu	Nous eûmes reçu	Nous aurons reçu
Vous avez reçu	Vous aviez reçu	Vous eûtes reçu	Vous aurez reçu
Ils ont reçu	Ils avaient reçu	Ils eurent reçu	Ils auront reçu

SUBJONCTIF

Présent	Imparfait	Passé	Plus-que-parfait
Que je reçoive	Que je reçusse	Que j'aie reçu	Que j'eusse reçu
Que tu reçoive	Que tu reçusses	Que tu aies reçu	Que tu eusses reçu
Qu'il reçoive	Qu'il reçût	Qu'il ait reçu	Qu'il eût reçu
Que nous recevions	Que nous reçussions	Que nous ayons reçu	Que nous eussions reçu
Que vous receviez	Que vous reçussiez	Que vous ayez reçu	Que vous eussiez reçu
Qu'ils reçoivent	Qu'ils reçussent	Qu'ils aient reçu	Qu'ils eussent reçu

CONDITIONNEL

Présent	Passé (*1ère forme*)	Passé (*2ème forme*)
Je recevrais	J'aurais reçu	J'eusse reçu
Tu recevrais	Tu aurais reçu	Tu eusses reçu
Il recevrait	Il aurait reçu	Il eût reçu
Nous recevrions	Nous aurions reçu	Nous eussions reçu
Vous recevriez	Vous auriez reçu	Vous eussiez reçu
Ils recevraient	Ils auraient reçu	Ils eussent reçu

IMPÉRATIF

Présent

Reçois
Recevons
Recevez

INFINITIF		PARTICIPE	
Présent	**Passé**	**Présent**	**Passé**
Recevoir	Avoir reçu	Recevant	Ayant reçu
			Reçu

14.4.5 Terzo gruppo: infinito in *-re*

Verbe modèle **RENDRE**

INDICATIF

Présent	Imparfait	Passé simple	Futur
Je rends	Je rendais	Je rendis	Je rendrai
Tu rends	Tu rendais	Tu rendis	Tu rendras
Il rend	Il rendait	Il rendit	Il rendra
Nous rendons	Nous rendions	Nous rendîmes	Nous rendrons
Vous rendez	Vous rendiez	Vous rendîtes	Vous rendrez
Ils rendent	Ils rendaient	Ils rendirent	Ils rendront

Passé composé	Plus-que-parfait	Passé antérieur	Futur antérieur
J'ai rendu	J'avais rendu	J'eus rendu	J'aurai rendu
Tu as rendu	Tu avais rendu	Tu eus rendu	Tu auras rendu
Il a rendu	Il avait rendu	Il eut rendu	Il aura rendu
Nous avons rendu	Nous avions rendu	Nous eûmes rendu	Nous aurons rendu
Vous avez rendu	Vous aviez rendu	Vous eûtes rendu	Vous aurez rendu
Ils ont rendu	Ils avaient rendu	Ils eurent rendu	Ils auront rendu

SUBJONCTIF

Présent	Imparfait	Passé	Plus-que-parfait
Que je rende	Que je rendisse	Que j'aie rendu	Que j'eusse rendu
Que tu rendes	Que tu rendisses	Que tu aies rendu	Que tu eusses rendu
Qu'il rende	Qu'il rendît	Qu'il ait rendu	Qu'il eût rendu
Que nous rendions	Que nous rendissions	Que nous ayons rendu	Que nous eussions rendu
Que vous rendiez	Que vous rendissiez	Que vous ayez rendu	Que vous eussiez rendu
Qu'ils rendent	Qu'ils rendissent	Qu'ils aient rendu	Qu'ils eussent rendu

CONDITIONNEL

Présent	Passé (*1ère forme*)	Passé (*2ème forme*)
Je rendrais	J'aurais rendu	J'eusse rendu
Tu rendrais	Tu aurais rendu	Tu eusses rendu
Il rendrait	Il aurait rendu	Il eût rendu
Nous rendrions	Nous aurions rendu	Nous eussions rendu
Vous rendriez	Vous auriez rendu	Vous eussiez rendu
Ils rendraient	Ils auraient rendu	Ils eussent rendu

IMPÉRATIF

Présent

Rends
Rendons
Rendez

INFINITIF		PARTICIPE	
Présent	**Passé**	**Présent**	**Passé**
Rendre	Avoir rendu	Rendant	Ayant rendu Rendu

14.5 Quadro delle desinenze

INDICATIF

Présent

1er groupe: e, es, e, ons, ez, ent

2ème groupe: is, is, it, issons, issez, issent

3ème groupe: s, s, t o d, ons, ez, ent – x, x, t, ons, ez, ent – e, es, e, ons, ez, ent

Imparfait
1er groupe: ais, ais, ait, ions, iez, aient
2ème groupe: issais, issais, issait, issions, issiez, issaient
3ème groupe: ais, ais, ait, ions, iez, aient

Passé simple
1er groupe: ai, as, a, âmes, âtes, èrent
2ème groupe: is, is, it, îmes, îtes, irent
3ème groupe: us, us, ut, ûmes, ûtes, urent – is, is, it, îmes, îtes, irent

Futur
1er groupe: erai, eras, era, erons, erez, eront
2ème groupe: irai, iras, ira, irons, irez, iront
3ème groupe: irai, iras, ira, irons, irez, iront – rai, ras, ra, rons, rez, ront

Conditionnel
Présent
1er groupe: erais, erais, erait, erions, eriez, eraient
2ème groupe: irais, irais, irait, irions, iriez, iraient
3ème groupe: irais, irais, irait, irions, iriez, iraient – rais, rais, rait, rions, riez, raient

Subjonctif
Présent
1er groupe: e, es, e, ions, iez, ent
2ème groupe: isse, isses, isse, issions, issiez, issent
3ème groupe: e, es, e, ions, iez, ent

Imparfait
1er groupe: asse, asses, ât, assions, assiez, assent
2ème groupe: isse, isses, ît, issions, issiez, issent
3ème groupe: isse, isses, ît, issions, issiez, issent – usse, usses, ût, ussions, ussiez, ussent

Impératif
Présent
1er groupe: e, ons, ez
2ème groupe: is, issons, issez
3ème groupe: s, ons, ez – e, ons, ez

Infinitif
Présent
1er groupe: er
2ème groupe: ir
3ème groupe: ir, oir, re

Participe
Présent
1er groupe: ant
2ème groupe: issant
3ème groupe: ant

Passé
1er groupe: é
2ème groupe: i
3ème groupe: i, u, t, s

14.6 Formazione dei tempi

La radice di un verbo, modificandosi, crea cinque *temps primitifs*, dai quali si formano i *temps dérivés*.

Finir
Infinitif *fin-**ir***
- futur: *je fin-**irai***
- conditionnel: *je fin-**irais***

Participe présent: *fin-**issant***
- pluriel de l'indicatif présent:
  *nous fin-**issons***
  *vous fin-**issez***
  *ils fin-**issent***
- imparfait de l'indicatif:
  *je fin-**issais***
  *tu fin-**issais*** ecc.
- subjonctif présent:
  *que je fin-**isse***
  *que tu fin-**isses*** ecc.
- pluriel de l'impératif:
  *fin-**issons***
  *fin-**issez***

Participe passé: fin-*i*
- tous les temps composés:
  *j'ai fin-**i***
  *que nous ayons fin-**i***

1ère pers. de l'ind. prés.: *je fin-**is***
- singulier indicatif présent:
  *tu fin-**is***
  *il fin-**it***
- singulier de l'impératif:
  *fin-**is***

1ère pers. du passé simple: je *fin-**is***
- imparfait du subjonctif:
  *que je fin-**isse***
  *que tu fin-**isses***
  *qu'il fin-**ît*** ecc.

Nota

La formazione dei tempi può essere utile nello studio della maggior parte dei verbi irregolari. Altri come *aller, pouvoir, savoir vouloir* ecc. non possono seguire questo meccanismo.
Aller – allant – allé – je vais – j'allais (tempi primitivi)
al futuro e al condizionale: *j'irai, j'irais*
all'indicativo pres. plurale: *ils vont*
al congiuntivo presente: *que j'aille, que tu ailles, qu'il aille, qu'ils aillent.*
Savoir – sachant – su – je sais – je sus (tempi primitivi)
al futuro e al condizionale: *je saurai, je saurais*
all'imperfetto dell'indicativo: *je savais*
all'imperativo 2ª persona: *sache*

14.7 Verbi irregolari

I verbi detti irregolari sono quelli la cui radice non resta la stessa in tutti i tempi.
I verbi irregolari, in francese, tendono a diventare regolari o a sparire: ne restano circa un centinaio, sopravvissuti perché molto usati.

Infinito in *-er*

Aller – indicatif présent: *Je vais, tu vas, il va, nous allons, vous allez, ils vont*; imparfait: *j'allais, tu allais...*; futur: *j'irai, tu iras...*; passé simple: *j'allai, tu allas...*; subjonctif présent: *que j'aille, que tu ailles, qu'il aille, que nous allions, que vous alliez, qu'ils aillent*; imparfait: *que j'allasse, que tu allasses, qu'il allât...*; conditionnel présent: *j'irais, tu irais...*; impératif: *va, allons, allez*; participe: *allant, étant allé.*
Aller può essere sostituito con il verbo *être* nei tempi composti: ***j'ai été** à la mer.*

S'en aller si coniuga come *aller*. Nei tempi composti: *je m'en suis allé.* All'imperativo: *va-t-en, allons-nous-en, allez-vous en.*

Envoyer fa al futuro: *j'enverrai* e al condizionale: *j'enverrais.*

Infinito in *-ir*

- Verbi che hanno il presente dell'indicativo uguale a quello dei verbi regolari della prima coniugazione (infinito in *er*): *e, es, e*; passé simple: *is*, participe passé: *i* oppure *ert.*

Cueillir (accueillir, recueillir) – indicatif présent: *je cueille, tu cueilles...*; imparfait: *je cueillais...*; passé simple: *je cueillis...*; futur: *je cueil**le**rai...*; conditionnel: *je cueil**le**rais...*; subj. prés: *que je cueille...*; imparfait: *que je cueillisse...*; participe: *cueillant, ayant cueilli.*

Tressaillir – indicatif présent: *je tressaille, nous tressaillons...*; imparfait: *je tressaillais...*; futur: *je tressa**i**llirai...*; conditionnel présent: *je tressa**i**llirais...*; participe: *tressaillant, ayant tressailli.*
Come *tressaillir* si coniugano **assaillir**, **défaillir**. (Secondo l'"Académie", *défaillir* non è quasi più usato che al plurale del presente indicativo, all'imperfetto, al passato.)

Offrir – indicatif présent: *j'offre, tu offres...*; passé simple: *j'offris...*; futur: *j'offrirai...*; participe: *offrant, ayant offert.* (Si coniugano come offrir: **ouvrir**, **souffrir**, **couvrir** e loro composti.)
Da non confondere **recouvrir** (*couvrir de nouveau*) con **recouvrer** (dal latino "recuperare", "rientrare in possesso di"), verbo regolare del primo gruppo.

- Verbi che perdono all'indicativo presente singolare e all'imperativo singolare la consonante finale della radice.

Dormir – indicatif présent: *je dors, tu dors, nous dormons, ils dorment*; passé simple: *je dormis*; futur: *je dormirai*; impératif: *dors, dormons...*; subj. prés: *que je dorme...*; participe: *dormant, ayant dormi.*

Mentir – indicatif présent: *je mens, nous mentons...*; passé simple: *je mentis...*; futur:*je mentirai...*; impératif: *mens, mentons...*; subj. prés: *que je mente...*; participe: *mentant, ayant menti.*
Come *mentir* si coniugano **partir** (ausiliare "essere"), **se repentir**, **sentir**, **servir**, **sortir** e loro composti.

Repartir – nel senso di *répliquer* prende l'ausiliare *avoir.*

- Verbi che presentano l'alternanza di una radice *tonica* e di una radice *atona*, al presente indicativo, all'imperativo e al presente congiuntivo.

Acquérir – indicatif présent: *j'acquiers* (tonico), *nous acquérons* (atono), *vous acquérez, ils acquièrent*; imparfait: *j'acquérais...*; passé simple: *j'acquis...*; futur: *j'acquerrai...*; impératif: *acquiers, acquérons...*; subjonctif présent: *que j'acquière, que nous acquérions...*; subjonctif imparfait: *que j'acquisse, qu'il acquît...*; participe: *acquérant, acquis.*
Come *acquérir* si coniugano: **conquérir, s'enquérir, requérir.**

Mourir – indicatif présent: *je meurs, nous mourons...*; imparfait: *je mourais...*; passé simple: *je mourus...*; futur: *je mourrai...*; conditionnel: *je mourrais...*; impératif: *meurs, mourons...*; subjonctif présent: *que je meure..., que nous mourions...*; imparfait: *que je mourusse...*; participe: *mourant, étant mort.*

Venir – indicatif présent: *je viens..., nous venons..., ils viennent*; imparfait: *je venais. .*; passé simple: *je vins, tu vins, il vint, nous vînmes, vous vîntes, ils vinrent*; *futur*: *je viendrai...*; conditionnel: *je viendrais...*; impératif: *viens, venons...*; subjonctif présent: *que je vienne, que nous venions, qu'ils viennent*; imparfait: *que je vinsse, que tu vinsses, qu'il vînt, que nous vinssions, que vous vinssiez, qu'ils vinssent*; participe présent: *venant, étant venu* (ausiliare "essere" nei tempi composti).
Come *venir* si coniuga **tenir** (ausiliare "avere") e i suoi composti: **s'abstenir**, **appartenir**, **contenir**, **détenir**, **entretenir**, **maintenir**, **retenir**, **soutenir** ecc.
Tutti i verbi di questo gruppo prendono al futuro e al condizionale una **d** fra la radice e la desinenza (*viendrai*). Raddoppiano la **n** davanti ad una **e** muta (*vienne, tienne*). I verbi **prévenir**, **subvenir**, **contrevenir** prendono l'ausiliare avere. **Advenir** non si usa che alla terza persona del singolare: *il advient, il advint.*

- Restano infine i sei o sette seguenti verbi abbastanza usati come:

Courir – indicatif présent: *je cours, tu cours, il court, nous courons, ils courent*; imparfait: *je courais...*; passé simple: *je courus...*; futur: *je courrai...*; impératif: *cours, courons...*; subjonctif présent: *que je coure, que nous courions...*; participe: *courant, ayant couru.* Nel francese antico si usava l'infinito *courre* dal quale l'espressione *chasse à courre, courre le cerf* ("cacciare il cervo") et le futur: *je courrai.*
Come *courir* si coniugano i suoi composti: **discourir**, **parcourir**, **encourir**.

Fuir – indicatif présent: *je fuis..., nous fuyons..., ils fuient*; imparfait: *je fuyais...*; passé simple: *je fuis..., nous fuîmes, vous fuîtes, ils fuirent*; futur: *je fuirai...*, impératif: *fuis..., fuyez...*; subjonctif présent: *que je fuie..., que nous fuyions..., qu'ils fuient*; participe: *fuyant, ayant fui* (auxiliaire *avoir*).
Come *fuir* si coniuga **s'enfuir** che prende l'ausiliare "essere" poiché non si coniuga che alla forma pronominale.

Bouillir – indicatif présent: *je bous..., nous bouillons...*; imparfait: *je bouillais...*; futur: *je bouillirai...*; passé simple, subjonctif présent e imparfait poco usati; participe: *bouillant, ayant bouilli.*

Vêtir – indicatif présent: *je vêts..., il vêt..., nous vêtons..., ils vêtent...*; imparfait: *je vêtais* (*je vêtissais*, secondo alcuni autori); passé simple: *je vêtis...*; futur: je *vêtirai...*; impératif: *vêts...*; subjonctif présent: *que je vête...*; imparfait: *que je vêtisse...*; participe présent: *vêtant* o *vêtissant*; *étant vêtu.* (Il singolare del presente indicativo e dell'imperativo è poco usato.)

Infinito in *-oir*

- Verbi ad alternanza di radicali *toniche* e *atone* all'indicativo presente e al congiuntivo presente.

Recevoir: vedere a pp. 91-92. Sul modello di *recevoir* si coniugano: **apercevoir**, **concevoir**, **décevoir**, **percevoir** e **devoir** (il cui participio passato est *dû*, femminile *due*, plurale *dus*, *dues*), **redevoir**.

Mouvoir – indicatif présent: *je meus*, *il meut*..., *nous mouvons*..., *ils meuvent*; imparfait: *je mouvais*...; passé simple: *je mus*...; futur: *je mouvrai*...; impératif: *meus*, *mouvons*...; subjonctif présent: *que je meuve*..., *que nous mouvions*; participe: *mouvant*, *ayant mû* (femminile *mue*, plurale *mus*, *mues*).

Émouvoir – non prende l'accento circonflesso al participio passato: *ému*.

Promouvoir – è poco usato: il participio è *promu*.

Pouvoir – indicatif présent: *je peux* (*je puis*), *tu peux*, *il peut*, *nous pouvons*, *vous pouvez*, *ils peuvent*; imparfait: *je pouvais*...; passé simple: *je pus*...; futur: *je pourrai*...; subjonctif présent: *que je puisse*...; participe présent: *pouvant*; passé: *ayant pu*. (Si usa alla forma pronominale, spesso impersonale: *il se pourrait que*...)

Vouloir – indicatif présent: *je veux*..., *il veut*, *nous voulons*..., *ils veulent*...; imparfait: *je voulais*...; passé simple: *je voulus*...; futur: *je voudrai*...; impératif: *veuille*, *veuillez* (poco usato alla prima persona del plurale); subjonctif présent: *que je veuille*..., *que nous voulions*, *que vous vouliez*, *qu'ils veuillent*; participe: *voulant*, *ayant voulu*. (Una seconda forma del participio presente, *veuillant*, si ritrova, leggermente alterata, negli aggettivi *bienveillant* e *malveillant*.)

Valoir – indicatif présent: *je vaux*, *tu vaux*, *il vaut*, *nous valons*, *vous valez*, *ils valent*; imparfait: *je valais*...; passé simple: *je valus*...; futur: *je vaudrai*...; subjonctif présent: *que je vaille*..., *que nous valions*, *que vous valiez*, *qu'ils vaillent*; imparfait: *que je valusse*...; participe présent: *valant*; participe passé: *ayant valu*. (Una seconda forma di participio presente, *vaillant*, si ritrova nell'espressione *n'avoir pas un sou vaillant* e nell'aggettivo *vaillant*.)
Come *valoir* si coniugano **équivaloir**, **prévaloir**, **revaloir**. Subjonctif présent de *prévaloir*: *que je prévale*..., *que nous prévalions*.

Falloir (verbo impersonale usato solo alla terza persona del singolare) – indicatif présent: *il faut*; imparfait: *il fallait*; passé simple: *il fallut*; futur: *il faudra*; subjonctif présent: *qu'il faille*; imparfait: *qu'il fallût*; participe passé: *fallu*. Al futuro e al condizionale i verbi *vouloir*, *valoir* (e composti), *falloir*, intercalano una **d** fra la radice e la desinenza: *prévau**d**ra*, *fau**d**rait*.

S'en falloir è sempre pronominale e impersonale: *il s'en faut de*...

- Verbi diversamente irregolari.

Savoir – indicatif présent: *je sais*, *tu sais*, *il sait*, *nous savons*, *vous savez*, *ils savent*; imparfait; *je savais*...; passé simple: *je sus*...; futur: *je saurai*...; impératif: *sache*, *sachons*, *sachez*; subjonctif présent: *que je sache*..., *que nous sachions*...; imparfait: *que je susse*...; participe: *sachant*, *ayant su*.
Vi sono due forme in *ant*: *sachant*, usato come participio, e *savant*, usato come aggettivo.

Voir – indicatif présent: *je vois*..., *nous voyons*..., *ils voient*; imparfait: *je voyais*..., *nous voyions*...; passé simple: *je vis*...; futur: *je verrai*...; impératif: *vois*, *voyons*...; subjonctif présent: *que je voie*..., *que nous voyions*, *que vous voyiez*, *qu'ils voient*; participe: *voyant*, *ayant vu*.
Come *voir* si coniugano **revoir**, **pourvoir**, **prévoir**. Il passato remoto di *pourvoir* è *je pourvus* e conseguentemente l'imperfetto del congiuntivo è *que je pourvusse* mentre il futuro di *pourvoir* e di *prévoir* è *je pourvoirai* e *je prévoirai*. I condizionali corrispondenti sono *je pourvoirais*, *je prévoirais*.

Assoir o **Asseoir** – indicatif présent: *j'assois..., nous assoyons..., ils assoient* oppure: *j'assieds..., il assied, nous asseyons, vous asseyez, ils asseyent*; imparfait: *j'assoyais* oppure *j'asseyais...*; passé simple: *j'assis...*; futur: *j'assoirai...* o *j'assiérai...* o *j'asseyerai...*; impératif: *assois..., assoyons...* o *assieds..., asseyons...*; subjonctif présent: *que j'assoie..., que nous assoyions..., qu'ils assoient* oppure *que j'asseye..., que nous asseyions..., qu'ils asseyent*; participe présent: *assoyant* o *asseyant*, passé: *assis*.
Questo verbo si usa soprattutto alla forma pronominale: *s'asseoir, je m'assieds...*

Surseoir – indicatif présent: *je surseois..., nous sursoyons...*; imparfait: *je* sursoyais...; futur: *je surseoirai...*; passé simple (poco usato): *je sursis...*; subjonctif présent: *que je sursoie...*; imparfait (poco usato): *que je sursisse...*; impératif: *sursoyons...*, participe: *sursoyant, ayant sursis.*

Pleuvoir (verbo impersonale) – indicatif présent: *il pleut*; imparfait: *il pleuvait*; passé simple: *il plut*; futur: *il pleuvra*; subjonctif présent: *qu'il pleuve*; passé: *qu'il plût*; participe: *pleuvant, ayant plu.*

Infinito in *-re*
• Verbi che all'infinito fanno in *aindre, eindre, oindre.*

Craindre – indicatif présent: *je crains, tu crains, il craint, nous craignons, vous craignez, ils craignent*; imparfait: *je craignais...*; passé simple: *je craignis...*; futur: *je craindrai...*; *impératif: crains, craignons...*; subjonctif présent: *que je craigne...*; imparfait: *que je craignisse...*; participe: *craignant, ayant craint.*
Stessa coniugazione per **plaindre, contraindre, peindre, astreindre, atteindre, empreindre, enfreindre, dépeindre, ceindre, déteindre, éteindre, feindre, geindre, repeindre, restreindre, teindre, joindre, adjoindre, disjoindre, rejoindre, enjoindre.**

• Verbi che alla terza persona del presente indicativo terminano con la consonante della radice.
Rendre – vedere a pp. 92-93 – Come *rendre* si coniugano **descendre, fendre, pendre, vendre, épandre, répandre, fondre, pondre, répondre, tondre, perdre, mordre, tordre.**

Dello stesso tipo di **rendre** ma con alcune particolarità sono i seguenti verbi.

Vaincre (**qu** davanti a una vocale) – indicatif présent: *je vaincs, tu vaincs, il vainc, nous vainquons..., ils vainquent*; imparfait: *je vainquais...*; passé simple; *je vainquis...*; futur: *je vaincrai...*; impératif: *vaincs..., vainquons...*; subjonctif présent: *que je vainque...*; participe présent: *vainquant*; passé: *vaincu.*
Come *vaincre* si coniuga **convaincre.**

Prendre (alternanza di due radicali) – indicatif présent: *je prends, tu prends, il prend, nous prenons, vous prenez, ils prennent*; imparfait: *je prenais...*; passé simple: *je pris...*; futur: *je prendrai...*; impératif: *prends, prenons, prenez*; subjonctif présent: *que je prenne..., que nous prenions, que vous preniez, qu'ils prennent*; participe: *prenant, pris.*

Coudre – indicatif présent: *je couds..., il coud, nous cousons, vous cousez, ils cousent*; imparfait: *je cousais...*; passé simple: *je cousis...*; futur: *je coudrai...*; subjonctif présent: *que je couse...*; imparfait: *que je cousisse...*; impératif: *couds, cousons, cousez*; participe: *cousant, cousu.*
Come *coudre* si coniugano **découdre, recoudre.**

Moudre – indicatif présent: *je mouds..., nous moulons...*; imparfait: *je moulais...*; passé simple: *je moulus...*; futur: *je moudrai...*; impératif: *mouds, moulons...*; subjonctif présent: *que je moule...*; imparfait: *que je moulusse...*; participe: *moulant, ayant moulu.*
Come *moudre* si coniuga **émoudre**, poco usato eccetto al participio passato: *émoulu* (in senso figurato): *officier frais émoulu* ("uscito fresco fresco") *de Saint Cyr.*

- Verbi in **uire** all'infinito. Passé simple: *uisis*; participe passé: *uit*.

Conduire – indicatif présent: *je conduis..., nous conduisons...*; imparfait: *je conduisais...*; passé simple: *je conduisis...*; futur: *je conduirai...*; subjonctif présent: *que je conduise...*; participe: *conduisant*, *conduit*.
Come *conduire* si coniugano **déduire, enduire, introduire, produire, réduire, reproduire, séduire, construire, cuire, détruire, instruire, reconstruire**.
Luire e **nuire** hanno un participio passato senza **t**: *lui*, *nui*. *Luire* è poco usato al passato remoto e all'imperfetto congiuntivo.

- Verbi, la cui consonante finale **t** o **d** della radice si ritrova solo al futuro dell'indicativo e al condizionale presente.

Connaître – indicatif présent: *je connais..., il connaît, nous connaissons, vous connaissez, ils connaissent*; imparfait: *je connaissais...*; passé simple: *je connus...*; futur: *je connaîtrai*; subjonctif présent: *que je connaisse...*; participe: *connaissant*, *connu*.
Come *connaître* si coniugano **paraître, apparaître, comparaître, disparaître, réapparaître, transparaître, méconnaître, reconnaître** e il verbo difettivo **paître**, che non è utilizzato al passato remoto e all'imperfetto congiuntivo; **repaître** ha un passato remoto: *je repus*, e un participio passato: *repu*.
Questi verbi hanno l'accento circonflesso sulla vocale che precede la **t** per via di una *s*, poi caduta, che si trovava dinanzi a questa consonante.

Naître – stessa coniugazione, salvo al passato remoto: *je naquis*, e al participio passato: *né* (ausiliare *être* nei tempi composti).

Renaître non ha tempi composti.

Croître – si coniuga come *connaître*, ma per evitare confusione con le forme del verbo *croire*, si mette un accento circonflesso sulla **i** e sulla **u**: *je croîs*, *je crûs*, *ayant crû* (*crus*, *crue*, *crues*).
Stessa coniugazione per **accroître**, **décroître**, ma i participi sono: *accru*, *décru*. L'accento circonflesso sulla **i** si mette solo davanti alla **t**.

Absoudre (questo verbo comporta non solo l'assenza della **d** ma anche l'alternanza di una radice tonica e di una radice atona) – indicatif présent: *j'absous..., il absout, nous absolvons..., ils absolvent* ; imparfait: *j'absolvais*: passé simple (poco usato); futur: *j'absoudrai...*; impératif: *absous*, *absolvons*, *absolvez*; subjonctif présent: *que j'absolve...*; participe présent: *absolvant*; p. passé: *absous*, *absoute*.
Come *absoudre* si coniugano **dissoudre, résoudre**. Quest'ultimo ha il passato remoto: *je résolus*, e il participio passato: *résolu*.

- Verbi non classificabili.

Conclure – indicatif présent: *je conclus..., nous concluons...*; imparfait: *je concluais...*; passé simple: *je conclus...*; futur: *je conclurai...*; impératif: *conclus*, *concluons*, *concluez*; subjonctif présent: *que je conclue*, *que nous concluions*; participe: *conclu*.
Come *conclure* si coniuga **exclure**. I participi dei verbi **inclure** e **reclure**, poco usati, diventati aggettivi, prendono una **s**: *inclus*, *reclus*.

Rompre – indicatif présent: *je romps...,nous rompons...*; imparfait: *je rompais...*; passé simple: *je rompis...*; futur: *je romprai...*; subjonctif présent: *que je rompe...*; imparfait: *que je rompisse...*; impératif: *romps*, *rompons...*; participe: *rompant*, *rompu*.
Come *rompre* si coniugano **corrompre** e **interrompre**.

Rire – indicatif présent: *je rie*..., *nous rions*...; imparfait: *je riais*...; passé simple: *je ris*...; futur: *je rirai*...; subjonctif présent: *que je rie*...; imparfait: *qu'il rît* (usato solo alla terza persona singolare); impératif: *ris*, *rions*...; participe: *riant*, *ayant ri*.
Come *rire* si coniuga **sourire**.

Plaire – indicatif présent: *je plais*, *tu plais*, *il plaît*, *nous plaisons*, *vous plaisez*, *ils plaisent*; imparfait: *je plaisais*...; passé simple: *je plus*...; futur: *je plairai*...; subjonctif présent: *que je plaise*...; participe: *plaisant*, *ayant plu* (participio passato sempre invariabile).
Come *plaire* si coniugano **complaire** e **déplaire**.

Taire (se) – si coniuga come *plaire*. Alla terza persona singolare del presente indicativo non prende l'accento circonflesso prima della **t**: *il se tait*.

Battre – indicatif présent: *je bats*, *tu bats*, *il bat*, *nous battons*, *vous battez*, *ils battent*; imparfait: *je battais*...; passé simple: *je battis*...; futur: *je battrai*...; subjonctif présent: *que je batte*...; participe: *battant*, *battu*.
Come *battre* si coniugano **abattre**, **combattre**, **débattre**, **rabattre**, **rebattre**.

Boire – indicatif présent: *je bois*, *tu bois*, *il boit*, *nous buvons*, *vous buvez*, *ils boivent*; imparfait: *je buvais*...; passé simple: *je bus*...; futur: *je boirai*...; subjonctif présent: *que je boive*..., *que nous buvions*..., *qu'ils boivent*; imparfait: *que je busse*...; impératif: *bois*, *buvons*...; participe: *buvant*, *ayant bu*.
L'antico verbo **imboire** non si usa che al participio passato: *imbu* (*un homme* ***imbu*** *de préjugés*).

Croire – indicatif présent: *je crois*, *tu crois*, *il croit*, *nous croyons*, *vous croyez*, *ils croient*; imparfait: *je croyais*...; passé simple: *je crus*...; futur: *je croirai*...; impératif: *crois*, *croyons*...; subjonctif présent: *que je croie*, *que tu croies*, *qu'il croie*, *que nous croyions*, *que vous croyiez*, *qu'ils croient*; participe: *croyant*, *ayant cru*.

Écrire – indicatif présent: *j'écris*..., *il écrit*, *nous écrivons*..., *ils écrivent*; imparfait: *j'écrivais*...; passé simple: *j'écrivis*...; futur: *j'écrirai*...; impératif: *écris*, *écrivons*...; subjonctif présent: *que j'écrive*...; participe: *écrivant*, *ayant écrit*.
Come *écrire* si coniugano **circonscrire**, **décrire**, **inscrire**, **prescrire**, **proscrire**, **récrire**, **souscrire**.

Lire – indicatif présent: *je lis*..., *nous lisons*...; imparfait: *je lisais*...; passé simple: *je lus*...; impératif: lis, lisons...; futur: *je lirai*...; subjonctif présent: *que je lise*...; participe: *lisant*, *ayant lu*.
Come *lire* si coniuga **relire**.

Mettre – indicatif présent: *je mets*..., *il met*, *nous mettons*...; imparfait: *je mettais*...; passé simple: *je mis*...; futur: *je mettrai*...; impératif: *mets*, *mettons*...; subjonctif présent: *que je mette*...; participe: *mettant*, *ayant mis*.
Come *mettre* si coniugano **admettre**, **commettre**, **démettre**, **émettre**, **omettre**, **permettre**, **remettre**, **soumettre**, **transmettre**, **promettre**.

Suffire – indicatif présent: *je suffis*..., *nous suffisons*...; imparfait: *je suffisais*...; passé simple: *je suffis*...; futur: *je suffirai*...; subjonctif présent: *que je suffise*...; participe: *suffisant*, *suffi*.
Come *suffire* si coniuga **confire** che però al participio passato prende una **t**: *confit*.

Suivre – indicatif présent: *je suis*..., *nous suivons*...; passé simple: *je suivis*...; futur: *je suivrai*...; impératif: *suis*, *suivons*...; subjonctif présent: *que je suive*...; participe: *suivant*, *suivi*.
Come *suivre* si coniuga **poursuivre**.

Vivre – indicatif présent: *je vis*..., *nous vivons*...; imparfait: *je vivais*...; passé simple: *je vécus*...; futur; *je vivrai*...; impératif: *vis*, *vivons*...; subjonctif présent: *que je vive*...; participe: *vivant*, *ayant vécu*.
Come *vivre* si coniugano **revivre** e **survivre**.

Faire – indicatif présent: *je fais*, *tu fais il fait*, *nous faisons*, *vous faites*, *ils font*; imparfait: *je faisais...*, *nous faisions...*; passé simple: *je fis...*; futur: *je ferai...*; impératif: *fais*, *faisons*, *faites*; subjonctif présent: *que je fasse...*; participe: *faisant*, *fait*.
Come *faire* si coniugano tutti i suoi composti **défaire**, **contrefaire**, **satisfaire** ecc.

Parfaire non è usato che all'infinito, al participio passato e all'indicativo presente.

Dire – indicatif présent: *je dis*, *tu dis*, *il dit*, *nous disons*, *vous dites*, *ils disent*; imparfait: *je disais...*; passé simple: *je dis...*; futur: *je dirai...*; impératif: *dis*, *disons*, *dites*; subjonctif présent: *que je dise...*; participe: *disant*, *ayant dit*.
Un solo composto di *dire*, **redire**, fa, alla seconda persona plurale del presente indicativo e dell'imperativo (*vous*) *redites*. Gli altri fanno *vous contredisez*, *vous interdisez*, *vous prédisez*, *vous médisez*. **Maudire** fa *nous maudissons*, *vous maudissez*, *je maudissais*, *maudissant*, come i verbi in **ir** con il suffisso **iss**.

14.8 Verbi difettivi

I verbi difettivi sono quelli che non si usano in tutti i tempi.

Accroire – si usa solo all'infinito con un altro verbo: *faire accroire*, *laisser accroire*, *en faire accroire* (darla ad intendere).

Advenir (verbo impersonale) – si usa all'infinito e alla terza persona: *quoiqu'il advienne*, *advienne que pourra*. Ausiliare "essere".

Apparoir – si usa all'infinito e alla terza persona del presente indicativo. Termine giuridico, significa "essere evidente", " essere manifesto": *ainsi il appert de tel acte* (Académie).

Braire – si usa all'infinito e alle terze persone del presente indicativo, del futuro e del condizionale: *il brait*, *ils braient*, *il braira*, *ils brairont*, *il brairait*, *ils brairaient*. Le altre forme sono: imperfetto: *il brayait*, *ils brayaient*; participio presente; *brayant*; participio passato: *ayant brait* (*il a brait*). Queste forme sono poco usate.

Bruire – Si usa all'infinito, alla terza persona singolare del presente indicativo e alle terze persone dell'imperfetto dello stesso modo: *il bruit*, *il bruissait*, *ils bruissaient*. Il participio presente *bruissant* è usato anche come aggettivo verbale. L'antica forma *bruyant* è usata solo come aggettivo.

Choir – si usa all'infinito presente nelle locuzioni *faire choir*, *laisser choir* e nelle forme seguenti: indicativo presente: *je chois*, *tu chois*, *il choit*, *ils choient*; passato remoto: *il chut...*; participio passato: *chu*.

Déchoir – si trova all'indicativo presente: *je déchois*, *tu déchois*, *il déchoit*, *nous déchoyons*, *vous déchoyez*, *ils déchoient*; al passato remoto: *je déchus*; al futuro e al condizionale: *je déchoirai...*; *je déchoirais...*; al congiuntivo presente: *que je déchoie...*, *que nous déchoyions*, *que vous déchoyiez*, *qu'ils déchoient*; al congiuntivo passato: *que je déchusse*; al participio passato: *déchu*.

Échoir – si trova all'indicativo presente: *il échoit*, *ils échoient*; al passato remoto: *il échut*, *ils échurent*; al futuro: *il échoira*, *ils échoiront*; al condizionale: *il échoirait*, *ils échoiraient*; al congiuntivo: *qu'il échoie...*; *qu'il échût*. Participio presente: *échéant*; participio passato: *échu*.

Clore – è usato sempre più raramente – indicativo presente: *je clos*, *tu clos*, *il clot* (senza plurale); futuro: *je cloirai* (per intero); congiuntivo presente: *que je close* (per intero); participio presente: *closant*; participio passato: *ayant clos*.

Come *clore* si coniugano **enclore** e **éclore**; *éclore* prende sempre l'ausiliare "essere" e si può trovare alla terza persona plurale del pres. ind.: *ils éclosent.*

Forclore – termine di procedura, si usa soltanto all'infinito e al participio passato: *forclos.*

S'ensuivre – si usa all'infinito e alle terze persone di tutti i tempi. Si usa anche impersonalmente.

Faillir – si usa solo al passato remoto: *je faillis*; al futuro: *je faillirai*; al condizionale: *je faillirais*; ai tempi composti: *j'ai failli* (dell'antica forma dell'indicativo presente resta la locuzione *le cœur me faut*).

Férir – è usato all'infinito nell'espressione *sans coup férir* e al participio passato, come aggettivo: *féru d'amour.*

Frire – si usa all'infinito, al singolare del presente indicativo: *je fris*, *tu fris*, *il frit*, al participio passato: *frit* e nei tempi composti.

Gésir – si usa al presente e all'imperfetto dell'indicativo: *je gis*, *tu gis*, *il gît*, *nous gisons*...; imp. *je gisais*, *tu gisais*...; part. pres.: *gisant. Ci-gît* è sostituito oggi da *Ici repose.*

Occire – non si usa che all'infinito presente e al participio passato*: occis-e; occis-es.*

Ouïr – è usato all'infinito e nell'espressione *ouï dire.*

Paître – non si usa né al passato, né all'imperfetto congiuntivo, né nei tempi composti. Indicativo presente: *je pais*, *tu pais*, *il paît*, *nous paissons*...; imperfetto: *je paissais*...; futuro: *je paîtrai*...; condizionale: *je paîtrais*...; imperativo: *pais*, *paisson*, *paissez*; congiuntivo presente: *que je paisse*...; participio presente: *paissant.*

Puer – si usa al presente ind.: *je pue*, *tu pues*...; all'imperfetto ind.: *je puais*...; al futuro e condiz. pres.: *je puerai*...; *je puerais*...; al cong. pres.: *que je pue*..., e al part. pres.: *puant.*

Poindre – si usa all'infinito, alla terza persona dell'indicativo presente e del futuro: *le jour point*, *poindra.*

Quérir – è usato all'infinito seguito dai verbi *aller*, *venir*, *envoyer: envoyer quérir le médecin.*

Saillir – si usa alle terze persone. Indicativo presente: *il saille*, *ils saillent*; passato remoto: *il saillit*, *ils saillirent*; futuro: *il saillera*, *ils sailleront*; condizionale: *il saillerait*, *ils sailleraient*; congiuntivo presente: *qu'il saille*, *qu'ils saillent*; imperfetto: *qu'il saillît*, *qu'ils saillissent*; participio presente: *saillant*; participio passato: *sailli.*

Seoir – si usa solo alle terze persone del presente indicativo: *il sied*, *ils siéent*; dell'imperfetto: *il seyait*, *ils seyaient*; del futuro e condizionale: *il siéra*, *ils siéront*; *il siérait*, *il siéraient*, e al participio presente *seyant* ("che va bene"); *séant* ("decente", "conveniente")

Sourdre ("sgorgare dalla terra") – si usa all'infinito e alla terza persona del presente indicativo: *l'eau sourd du rocher.*

Traire – non si usa né al passato remoto, né all'imperfetto congiuntivo. Indicativo presente: *je trais*, *tu trais*, *il trait*, *nous trayons*, *vous trayez*, *ils traient*; imperfetto: *je trayais* (per intero); futuro: *je trairai* (per intero); imperativo: *trais*, *trayons*, *trayez*; congiuntivo presente: *que je traie* (per intero); participio presente: *trayant*; participio passato: *ayant trait.*
Come *traire* si coniugano i composti **abstraire**, **distraire**, **extraire**, **soustraire**.

Retraire – è usato come termine legale: *retraire un héritage.*

14.9 Coniugazione passiva

ÊTRE AIMÉ (E-S)

INDICATIF

Présent	Imparfait	Passé simple	Futur
Je suis aimé	J'étais aimé	Je fus aimé	Je serai aimé
Tu es aimé	Tu étais aimé	Tu fus aimé	Tu seras aimé
Il est aimé	Il était aimé	Il fut aimé	Il sera aimé
Nous sommes aimés	Nous étions aimés	Nous fûmes aimés	Nous serons aimés
Vous êtes aimés	Vous étiez aimés	Vous fûtes aimés	Vous serez aimés
Ils sont aimés	Ils étaient aimés	Ils furent aimés	Ils seront aimés

Passé composé	Plus-que-parfait	Passé antérieur	Futur antérieur
J'ai été aimé	J'avais été aimé	J'eus été aimé	J'aurai été aimé
Tu as été aimé	Tu avais été aimé	Tu eus été aimé	Tu auras été aimé
Il a été aimé	Il avait été aimé	Il eut été aimé	Il aura été aimé
Nous avons été aimés	Nous avions été aimés	Nous eûmes été aimés	Nous aurons été aimés
Vous aves été aimés	Vous aviez été aimés	Vous eûtes été aimés	Vous aurez été aimés
Ils ont été aimés	Ils avaient été aimés	Ils eurent été aimés	Ils auront été aimés

SUBJONCTIF

Présent	Imparfait	Passé	Plus-que-parfait
Que je sois aimé	Que je fusse aimé	Que j'aie été aimé	Que j'eusse été aimé
Que tu sois aimé	Que tu fusses aimé	Que tu aies été aimé	Que tu eusses été aimé
Qu'il soit aimé	Qu'il fût aimé	Qu'il ait été aimé	Qu'il eût été aimé
Que nous soyons aimés	Que nous fussions aimés	Que nous ayons été aimés	Que nous eussions été aimés
Que vous soyez aimés	Que vous fussiez aimés	Que vous ayez été aimés	Que vous eussiez été aimés
Qu'il soient aimés	Qu'ils fussent aimés	Qu'ils aient été aimés	Qu'il eussent été aimés

CONDITIONNEL

Présent	Passé
Je serais aimé	1) J'aurais été aimé ecc.
Tu serais aimé	2) J'eusse été aimé ecc.
Il serait aimé	
Nous serions aimés	
Vous seriez aimés	
Ils seraient aimés	

IMPÉRATIF

Présent

Sois aimé
Soyons aimés
Soyez aimés

Infinitif		**Participe**	
Présent	**Passé**	**Présent**	**Passé**
Être aimé	Avoir été aimé	Étant aimé	Ayant été aimé

14.10 Coniugazione pronominale

SE REPENTIR

Indicatif

Présent	**Imparfait**	**Passé simple**	**Futur**
Je me repens	Je me repentais	Je me repentis	Je me repentirai
Tu te repens	Tu te repentais	Tu te repentis	Tu te repentiras
Il se repent	Il se repentait	Il se repentit	Il se repentira
Nous nous repentons	Nous nous repentions	Nous nous repentîmes	Nous nous repentirons
Vous vous repentez	Vous vous repentiez	Vous vous repentîtes	Vous vous repentirez
Ils se repentent	Ils se repentaient	Ils se repentirent	Ils se repentiront

Passé composé	**Plus-que-parfait**	**Passé antérieur**	**Futur antérieur**
Je me suis repenti	Je m'étais repenti	Je me fus repenti	Je me serai repenti
Tu t'es repenti	Tu t'étais repenti	Tu te fus repenti	Tu te seras repenti
Il s'est repenti	Il s'était repenti	Il se fut repenti	Il se sera repenti
Nous nous sommes repentis	Nous nous étions repentis	Nous nous fûmes repentis	Nous nous serons repentis
Vous vous êtes repentis	Vous vous étiez repentis	Vous vous fûtes repentis	Vous vous serez repentis
Ils se sont repentis	Ils s'étaient repentis	Ils se furent repentis	Ils se seront repentis

Subjonctif

Présent	**Imparfait**	**Passé**	**Plus-que-parfait**
Que je me repente	Que je me repentisse	Que je me sois repenti	Que je me fusse repenti
Que tu te repentes	Que tu te repentisse	Que tu te sois repenti	Que tu te fusses repenti
Qu'il se repente	Qu'il se repentît	Qu'il se soit repenti	Qu'il se fût repenti
Que nous nous repentions	Que nous nous repentissions	Que nous nous soyons repentis	Que nous nous fussions repentis
Que vous vous repentiez	Que vous vous repentissiez	Que vous vous soyez repentis	Que vous vous fussiez repentis
Qu'ils se repentent	Qu'ils se repentissent	Qu'ils se soient repentis	Qu'ils se fussent repentis

Conditionnel

Présent	**Passé**
Je me repentirais	Je me serais repenti
Tu te repentirais	Tu te serais repenti
Il se repentirait	Il se serait repenti
Nous nous repentirions	Nous nous serions repentis
Vous vous repentiriez	Vous vous seriez repentis
Ils se repentiraient	Ils se seraient repentis

Impératif

Présent
Repens-toi Repentons-nous Repentez-vous

Infinitif		**Participe**	
Présent	**Passé**	**Présent**	**Passé**
Se repentir	S'être repenti	Se repentant	S'étant repenti Repenti

14.11 Coniugazione impersonale

TONNER

Indicatif

Présent	**Imparfait**	**Passé simple**	**Futur**
Il tonne	Il tonnait	Il tonna	Il tonnera
Passé composé	**Plus-que-parfait**	**Passé antérieur**	**Futur antérieur**
Il a tonné	Il avait tonné	Il eut tonné	Il aura tonné

Subjonctif

Présent	**Imparfait**	**Passé**	**Plus-que-parfait**
Qu'il tonne	Qu'il tonnât	Qu'il ait tonné	Qu'il eût tonné

Conditionnel

Présent	**Passé**
Il tonnerait	Il aurait tonné

Infinitif		**Participe**	
Présent	**Passé**	**Présent**	**Passé**
Tonner	Avoir tonné	Tonnant	Ayant tonné

Nota

Tonner, verbo impersonale, lo si può trovare usato anche in senso personale (ovviamente con un soggetto).

- ***Il tonnait** contre l'iniquité des lois.*

Y AVOIR – Y EN AVOIR

Indicatif

Présent	**Imparfait**	**Passé simple**	**Futur**
Il y a Il y en a	Il y avait Il y en avait	Il y eut Il y en eut	Il y aura Il y en aura
Passé composé	**Plus-que-parfait**	**Passé antérieur**	**Futur antérieur**
Il y a eu Il y en a eu	Il y avait eu Il y en avait eu	Il y eut eu Il y en eut eu	Il y aura eu Il y en aura eu

SUBJONCTIF

Présent	**Imparfait**	**Passé**	**Plus-que-parfait**
Qu'il y ait	Qu'il y eût	Qu'il y ait eu	Qu'il y eût eu
Qu'il y en ait	Qu'il y en eût	Qu'il y en ait eu	Qu'il y en eût eu

CONDITIONNEL

Présent	**Passé**
Il y aurait	Il y aurait eu
Il y en aurait	Il y en aurait eu

INFINITIF

Présent	**Passé**
Y avoir	Y avoir eu
Y en avoir	Y en avoir eu

FORME NÉGATIVE

Il n'y a pas	Il n'y a pas eu
Il n' y en a pas	Il n'y en a pas eu

FORME INTERROGATIVE

Y a-t-il?	Y a-t-il eu?
Y en a-t-il?	Y en a-t-il eu?
Est-ce qu'il y a?	Est-ce qu'il y a eu?
Est-ce qu'il y en a?	Est-ce qu'il y en a eu?

FORME INTERRO-NÉGATIVE

N'y a-t-il pas?	N'y a-t-il pas eu?
N'y en a-t-il pas?	N'y en a-t-il pas eu?
Est-ce qu'il n'y a pas?	Est-ce qu'il n'y a pas eu?
Est-ce qu'il n'y en a pas?	Est-ce qu'il n'y en a pas eu?

14.12 Irregolarità di alcuni verbi

Verbi in *-er*

I verbi che, all'infinito, terminano in *cer* e *ger* (lan*cer*, man*ger*), prendono rispettivamente la *cediglia* (ç) e una *e muta* (ge) davanti alle desinenze che cominciano con *a* o con *o*, per conservare il suono dolce dell'infinito.

- *Je lance, nous lan**çons**, nous lan**ç**âmes, je lan**ça**is* (ma *nous lancions*),
  *Je mange, nous mang**eons**, nous mang**e**âmes, je mang**eais**...*

La *e* muta della penultima sillaba dei verbi all'infinito diventa *è* (con un accento grave) davanti alle desinenze che cominciano con *e muta*, (*e, es, ent, erai, erais* ecc.).

- *Semer: je s**è**me, ils s**è**ment, nous s**è**merons* ecc.
  *Emmener: j'emm**è**ne, ils emm**è**nent, vous emm**è**nerez* ecc.

La *é* della penultima sillaba dei verbi all'infinito diventa *è* solo davanti alle desinenze che cominciano con *e*, *es*, *ent* (eccetto al futuro, al condizionale e nei verbi in *éer*).

▸ *Céder: je cède, tu cèdes, ils cèdent* ma *je céderai, je céderais, je crée* (dal verbo *créer*), *je préférerais.*

I verbi in *eler* e in *eter* prendono una *è* (accento grave) o raddoppiano la *l* o la *t* davanti alla *e muta: e, es, ent, erai, erais* ecc.

▸ *Geler: je gèle, ils gèlent, je gèlerai*
Appeler: j'appelle, qu'ils appellent, j'appellerais

Ma *nous appelons, vous appelez, nous jetons* (*e* muta ma con desinenza sonora).

▸ *Acheter: j'achète, ils achètent, j'achèterai, j'achèterais*
Jeter: je jette, qu'elle jette, qu'ils jettent, tu jetteras

Davanti alla *e* muta i verbi che all'infinito terminano in:

- *ayer*, possono cambiare oppure non cambiare *y* in *i*.
  ▸ *Payer: je paie* o *je paye.*
- *eyer* non cambiano *y* in *i*.
  ▸ *Grasseyer* (pronunciare la erre uvulare grassa): *je grasseye* (è l'unico verbo in *eyer*).
- *oyer, uyer* cambiano *y* in *i*.
  ▸ *Ployer: je ploie*
  Envoyer: j'envoie
  Appuyer: j'appuie

Verbi in *-ir*

Bénir – benedire – ha due participi passati:

béni
bénit (per gli oggetti sacri)

▸ *Ils furent* ***bénis*** *par leur père.*
L'eau ***bénite*** – *Les rameaux* ***bénits****.*

Fleurir – fiorire – ha due forme al participio presente e all'imperfetto indicativo:

fleurissant – *fleurissait* (senso proprio)
florissant – *florissait* (senso figurato)

▸ *Les prés fleurissants* / *La campagne fleurissait* (era in fiore).
Un règne florissant.
Au quatorzième siècle, le commerce florissait en Angleterre.

Haïr – odiare – perde la dieresi alle tre persone singolari dell'indicativo presente e al singolare dell'imperativo: *je hais, tu hais, il hait* / *hais* (imp.) e *nous haïssons, vous haïssez, ils haïssaient* (***h*** asp).
I verbi *croire, fuir, traire, voir* e i loro composti cambiano la *i* della radice in *y* davanti a una desinenza sonora.

▸ *Nous croyons.* / *Vous croyiez.* / *Nous trayons.* / *Vous trayez.* / *Fuyant.* / *Croyant.*

Verbi in *-indre* e in *-soudre*

I verbi in *indre* e in *soudre* conservano la *d* soltanto al futuro e al condizionale.

▸ *Je pein****drai*** (*peindre*). – *Il résou****dra*** (*résoudre*).

Ma *tu peins* – *il résout.*

I verbi in *indre* cambiano le consonanti *nd* della radice in *gn* davanti a una desinenza che comincia con vocale.

▸ *Je peignis.* / *Vous peignez.* / *Tu plaignais* (*plaindre*).

Battre, *mettre* e i loro composti conservano una sola *t* al singolare del presente indicativo e dell'imperativo.

▸ *Je bats, tu bats, il bat. – Je mets / mets.*

I verbi in *aître* e in *oître* hanno un accento circonflesso sulla *i* quando questa vocale è seguita da una *t*.

▸ *Il paraît. / Il connaîtra. / Nous connaîtrons.*

E anche *Il clôt. / Il gît. / Il plaît* (*il complaît, il déplaît*).

14.13 Uso dei verbi ausiliari

Avoir, *être* – verbi ausiliari per eccellenza – servono a formare i tempi composti degli altri verbi.

▸ *J'ai chanté / Tu avais parlé / Je suis venue / Tu étais parti.*

Nota

Il verbo *être* non è mai ausiliare:

- quando collega l'attributo al soggetto.
  ▸ *L'homme* **est** *mortel.*
- quando significa *exister, se trouver, aller, appartenir.*
  ▸ *Dieu* **est** *partout. / Mon père* **est** *au bureau. / Ils* **ont été** *à Paris. / Ces maisons* **sont** *à moi.*

Si coniugano con *être* i seguenti tempi verbali:

- tutti i tempi composti dei verbi intransitivi: *aller, arriver, décéder, naître, mourir, entrer, sortir, partir, tomber, venir, retourner.*
  ▸ *Je* **suis** *partie. / Nous* **sommes** *arrivés.*
  Il **est** *blâmé. / Nous* **avons été** *reçues.*
- tutti i tempi composti dei verbi passivi.
  ▸ *Il* **a été** *interrogé* **par** *son professeur.*
- i tempi composti dei verbi pronominali.
  ▸ *Je me* **suis** *lavée.*
  Nous nous **sommes** *promenés.*

Si coniugano con *avoir*:

- i verbi *avoir* e *être.*
  ▸ *Nous* **avons** *eu. / Nous* **avons** *été.*
- tutti i verbi transitivi (diretti e indiretti) attivi.
  ▸ *Nous* **avons** *vu le film. / Il* **a** *obéi à sa mère.*
- la maggior parte dei verbi intransitivi.
  ▸ *Nous* **avons** *fui* (in italiano: "noi siamo fuggiti") / *Ils* **ont** *couru.*
- tutti i verbi naturalmente impersonali (*pleuvoir, neiger, falloir, y avoir, faire...*).
  ▸ *Il* **a** *plu. / Il* **avait** *neigé. / Il* **avait** *fallu. / Il y* **aura** *eu. / Il* **a** *fait chaud.*

Nota

I verbi presi impersonalmente conservano lo stesso ausiliare che hanno nella coniugazione personale.

▸ *Il* **est** *arrivé un malheur* (coniugazione impersonale).
Nous **sommes** *arrivés hier* (coniugazione personale).
Il **a** *couru des bruits* ("sono corse voci..." coniugazione impersonale).
*J'***ai** *couru chercher le médecin* ("sono corso a..." coniugazione personale).

14.14 Verbi semiausiliari

Accanto agli ausiliari principali *avoir* e *être* (ausiliari di tempo), vi sono alcuni verbi, chiamati talvolta semiausiliari che, seguiti da un infinito, servono a esprimere certe sfumature di tempo o di aspetto.

Aller (semiausiliare di tempo):

- *Aller* + infinito, al presente e all'imperfetto indicativo indica il *futur proche* (futuro prossimo).
  - ▸ *Je* ***vais partir*** (partirò fra poco).
    *J'****allais partir*** (stavo per partire).

Attenzione: Fra il verbo *aller* e tutti i verbi che esprimono un movimento seguiti da un infinito, non si traducono le preposizioni italiane *a*, *per*.

- ▸ *Je vais chercher mes gants* (vado *a* cercare i miei guanti).
  Ils coururent la sauver (essi corsero *a*, *per* salvarla).

- *Aller*, con un infinito, è ancora semiausiliare e si usa in tutti i tempi e con tutte le persone, quando significa: *se disposer à, se trouver dans la situation de.*
  - ▸ *Tu n'****iras*** *pas te chercher des excuses.*
- *Aller*, *s'en aller*, con un participio presente, segna la *continuità* e la *progressione* dell'azione.
  - ▸ *L'embouteillage* ***va croissant***.

Venir

- *Venir de* + infinito indica il passato recente al presente e all'imperfetto indicativo.
  - ▸ *Il* ***vient de*** *partir* (è appena partito, è partito da poco).
    Le train ***venait d'****arriver* (era arrivato da poco, era appena arrivato).
- *Venir à* serve a indicare un fatto casuale.
  - ▸ *Un homme* ***vint à*** *passer. / Si nous* ***venons à*** *le rencontrer...*

Être en train de indica l'aspetto duraturo dell'azione.

- ▸ *Il* ***est en train de*** *regarder la télévision.*

Être sur le point de*, *être près de indicano un futuro ravvicinato.

- ▸ *Nous sommes* ***sur le point de*, *près de*** *partir.*

Être en passe de aggiunge al futuro ravvicinato l'idea di una situazione favorevole.

- ▸ *Il* ***est en passe de*** *devenir docteur.*

Devoir*, *pouvoir (semiausiliari di modo).

- ▸ *Tu* ***dois*** *y aller. / Vous* ***pouvez*** *y aller. / C'est elle qui* ***peut*** (***doit***) *l'avoir fait.*

15 Forme del verbo

15.1 Forma negativa

Ne... pas (non)

Se il verbo è al tempo semplice, si mette *ne* prima del verbo (e dei pronomi complementi) e *pas* dopo.

▸ *Je* ***n'ai pas*** / *Vous* ***ne*** *parlez* ***pas*** / *Vous* ***ne me*** *parlez* ***pas****.*

Se il verbo è al tempo composto, *pas* si mette fra l'ausiliare e il participio passato.

▸ *Je* ***n'ai pas*** *parlé* / *Vous* ***n'avez pas*** *dit.*

Se il verbo è all'infinito, *ne pas* si mettono prima del verbo.

▸ *Pour* ***ne pas*** *accuser cet homme, on a préféré se taire.*

Ma con *être*, *avoir*, *savoir* si può dire indifferentemente: ***ne pas*** *être* oppure ***n'****être* ***pas***; ***ne pas*** *avoir* o ***n'****avoir* ***pas***; ***ne*** *savoir* ***pas*** o ***ne pas*** *savoir.*

L'infinito negativo italiano, che ha valore d'imperativo (al singolare), si traduce con l'imperativo: *ne* + verbo + *pas.*

▸ ***Ne*** *parle* ***pas*** (non parlare).
N'*y va* ***pas*** (non andare).
Ne *sois* ***pas*** *sévère* (non essere severo).

Attenzione: *Mon garçon,* ***ne sois pas*** (imperativo) *imprudent* (ragazzo mio, non essere imprudente). *Mon garçon, je te prie de* ***ne pas être*** (infinito) *imprudent* (ragazzo mio, ti prego di non essere imprudente).

Soppressione di *pas*

Si sopprime *pas* quando nella frase vi è:

- un'altra parola negativa: *point, jamais, plus* (non comparativo), *guère, ni... ni, aucun-e, nul-lle, personne, rien, aucunément, nullement*.

  ▸ *Il n'étudie* ***plus****.*
  Il n'étudie ***jamais****.*
  Je ne vois ***rien****.*
  Elle n'a fait de mal à ***personne****.*

Nota

Ne si ripete davanti a tutti i verbi quando vi è *ni... ni.*

▸ *Elle* ***ne*** *mange,* ***ni ne*** *repose,* ***ni ne*** *sort.*
Elle ***ne*** *doit,* ***ni ne*** *veut,* ***ni ne*** *peut t'attendre.*

Aucun, nul, personne rien, pas un, jamais, pas même un-e esigono la negazione *ne* davanti al verbo che precedono.

▸ ***Personne n'****est venu.* / ***Aucun*** *écolier* ***n'****a étudié.* / ***Rien ne*** *lui plaît.*

Rien, plus, jamais occupano il posto di *pas.*

▸ *Il n'a* ***rien*** *vu.*

- *que* – restrittivo (che ha valore di "soltanto", "solamente");
  ▸ *Marie* ***n'a que*** *sa sœur* (afferm.: *elle a* ***seulement*** *sa sœur*).
  Ma anche:
  Je ***n'ai pas qu'un*** *projet* (nel senso di: non ho un solo progetto, ma molti...).
  Il ***n'y*** *a* ***pas que*** *des artistes* (nel senso di: non ci sono solo artisti).

Nota

Ne... que (senza *pas*) indica la restrizione ma è incontestabile che le forme *ne pas... que, ne point... que* hanno ricevuto la piena sanzione dell'uso.

▸ *Dans notre société actuelle, il* ***n'y*** *a* ***que*** *l'argent qui compte.*

Ma se dico: *Dans notre société actuelle, il* ***n'y*** *a* ***pas que*** *l'argent qui compte*, appare chiara la più recente conquista di *pas* (*Observ. sur la Grammaire de l'Académie* – citaz. di M. Grévisse).

- un'espressione negativa come *de ma vie* (jamais), *âme qui vive, qui que ce soit, qui que ce fût* (personne), *ne dire mot, ne voir goutte, n'entendre goutte* (i sostantivi *goutte, mot, brin,* usati senza articolo nel senso di *rien*).
  ▸ *Je* ***ne*** *le dirai à* ***âme qui vive*** (***qui que ce soit***).
  De ma vie *je* ***n'****avais entendu parler de cette affaire.*
  Qui ***ne dit mot*** *consent.* – Chi tace acconsente.
- *qui, que* (nel senso di *pourquoi*), *quel,* interrogativi diretti o indiretti.
  ▸ ***Qui ne*** *voudrait le faire?*
  Que ne *viens-tu aujourd'hui...?* (*pourquoi...*)
  Quelle *femme* ***ne*** *s'est trompée?*
- *depuis que, voilà... que, il y a... que* (designanti uno spazio di tempo e un verbo al tempo composto).
  ▸ ***Depuis qu'****elle* ***ne*** *m'****a parlé****, je suis très embarrassé.*
  Voilà *dix ans* ***qu'****on* ***ne*** *vous* ***a vu.***
  Il y a *un mois* ***qu'****elle* ***n'a écrit****.*
  Ma: ***Il y a*** *un mois* ***qu'****elle* ***n'****écrit pas.*
- *à moins que, que* (usato quest'ultimo nel senso di *à moins que, avant que, sans que, jusqu'à...*).
  ▸ *On va au cinéma,* ***à moins qu'il ne*** *pleuve.*
  Je ne viendrai pas ***que*** *tout le monde* ***ne*** *soit là* (***avant que***...).
- *de* con un complemento di tempo.
  ▸ *Elle* ***ne*** *vient* ***de*** *trois jours,* ***de*** *toute la semaine,* ***de*** *tout le mois.*

Pas si sopprime anche:

- nelle proposizioni relative e consecutive che dipendono da una negativa o da una interrogativa.
  ▸ *Il n'est personne* ***qui*** *ne sache cela.*
  Y a-t-il quelque chose ***à quoi*** *il ne soit disposé?*
- nelle seguenti frasi: *si je* ***ne*** *me trompe, si ce* ***n'****est, si ce* ***n'****était,* ***n'****ayez crainte, à Dieu* ***ne*** *plaise,* ***ne*** *vous (en) déplaise,* ***n'****avoir garde* (guardarsi bene).

Soppressione facoltativa di ***pas***.

L'uso di *pas* è facoltativo nei seguenti casi:

- dopo i verbi *cesser, oser, pouvoir* e *savoir* (nel senso di "essere indeciso") seguiti o meno da un infinito.
  ▸ *Il* ***ne*** *peut* (***pas***) *venir.*

Vous ***n'osez*** *(**pas**) parler.*
Je ***ne*** *sais (**pas**).*

Ma gli stessi verbi esigono *pas*:
– alla forma *interrogativa*
▸ ***Ne*** *pouvez-vous* ***pas*** *parler?*
– se *savoir* è usato nel senso di ignorare
▸ *Il* ***n'a pas*** *su sa leçon.*
– con un complemento diretto o indiretto
▸ ***Ne*** *peux-tu* ***pas*** *m'acheter des cigarettes?*

- dopo *si* con valore ipotetico.
  ▸ ***Si*** *vous* ***ne*** *venez (**pas**), j'en serai désolé.*
- après *non que.*
  ▸ ***Non que*** *je* ***ne*** *vous estime (**pas**).*
  Non qu'il ne *dise (**pas**) la vérité.*

Non (pas) – Ne (pleonastico)
Non senza verbo si usa nei seguenti casi:

- nelle risposte.
  ▸ *Tu l'as fait? –* ***Non.***
  Est-ce que tu viendras? – ***Non,*** *je ne viendrai pas.*
- se è preceduto dalla congiunzione *ou.*
  ▸ *Irez-vous* ***ou non?***
- se vi è un'opposizione (*non, non pas*).
  ▸ *Tu dois venir. –* ***Non,*** *je ne viendrai pas.*
  Je veux cette revue-ci et ***non*** *(**non pas**) celle-là.*
  Il est orgueilleux et ***non*** *(**non pas**) vaniteux.*
  Nous parlons de toi, ***non*** *(**non pas**) de lui.*
- per negare la parola che esso precede.
  ▸ *Il habite* ***non*** *loin d'ici.*
- davanti ad alcuni nomi, aggettivi, participi, come prefisso.
  ▸ ***Non****-sens,* ***non*** *lieu,* ***non*** *compris, le* ***non*** *être...*

Ne pleonastico è regolarmente utilizzato nelle proposizioni comparative.
▸ *Aujourd'hui elle est plus heureuse qu'elle* ***ne*** *(l') était autrefois* (che non fosse una volta).

Pas (o **point**)
Pas è obbligatorio nei seguenti casi:

- davanti ai partitivi.
  ▸ ***Pas*** *(**point**)* d'*argent,* ***pas*** *(**point**) de Suisses* (niente per niente, senza denaro non si fa niente).
  Pas d'*amis,* ***pas de*** *parents.*
  Point d'*idées,* ***point de*** *joies.*
- davanti a un nome determinato.
  ▸ ***Pas une*** *idée.*
- davanti a un pronome.
  ▸ *Prends un livre,* ***pas le mien,*** *celui qui est sur la table.*

- davanti a una preposizione.
  ▸ *Il a été reçu mais* **pas avec** *de bonnes notes.*
- davanti a un aggettivo (qualificativo).
  ▸ *Le professeur est sévère,* **pas méchant.**
- davanti a un avverbio.
  ▸ **Pas** *trop,* **pas** *mal,* **pas** *assez,* **pas** *maintenant.*

Ne... pas... non plus – ni... non plus – non plus – ne... pas – pas... non plus – pas même, même pas
Si usano *ne... pas... non plus, ni... non plus* e *non plus* – nel senso di "non... neppure", "neanche", "nemmeno", se il verbo è sottinteso.

▸ *Je* **ne** *le sais* **pas** *et Paul* **non plus.**
Paul **ne** *le sait* **pas, ni** *moi* **non plus** (*et moi* **non plus**).

Si usano *ne... pas* e *pas... non plus,* se il verbo è espresso.

▸ *Je* **ne** *l'ai* **pas** *vu et tu* **ne** *l'as* **pas** *vu* **non plus.**

Si usano *pas même, même pas* (negazione rafforzata).

▸ *Il n'a* **pas même** *un sou.*

Si dice:
à tout (pour) jamais – per sempre
jamais de la vie! – giammai!
jamais plus! – neanche per sogno
pas du tout – niente affatto
pas le moins du monde! – neanche per idea!
pourquoi? pourquoi pas? – perché, perché no?
que oui, que non – di sì, di no
que trop – fin troppo

La locuzione avverbiale *que trop* esige *ne* davanti al verbo.

▸ *Je* **ne** *le connais* **que trop** (lo conosco fin troppo).

15.2 *Ne* espletivo nelle subordinate

15.2.1 Verbi di timore

Dopo i verbi *craindre, appréhender* (paventare), *redouter* (temere), *trembler, avoir peur,* e dopo le locuzioni *de peur que, de crainte que, dans la crainte que,* usati affermativamente, si usa *ne* espletivo davanti al verbo della proposizione subordinata (al congiuntivo) quando questa esprime il timore che un'azione possa avverarsi.

▸ *Je crains qu'il* **ne** *vienne.* – Temo che venga.
J'accepte tout, de peur qu'il **ne** *change d'avis.* – Che cambi idea.

Se i verbi di timore sono alla forma negativa, non si esprime la negazione *ne* davanti al verbo della subordinata.

▸ *Je n'ai pas peur qu'il achète cette maison.*
Je ne crains pas qu'il se venge.

Dopo i verbi di timore usati alle forme interrogative e interro-negative, l'uso di *ne* è facoltativo.

▸ *Craignez-vous que sa sœur* (**ne**) *le fasse?*
Ne craignez-vous pas qu'il (**ne**) *vienne?*

15.2.2 Verbi di impedimento, di precauzione, di difesa

Dopo i verbi *empêcher que* e i verbi *éviter que*, *prendre garde*, *se garder* – usati all'imperativo – si mette generalmente *ne* davanti al verbo della proposizione subordinata (al congiuntivo).

▸ *Je n'empêche pas qu'il* **ne** *vienne.*
Évitez qu'ils **ne** *s'offensent.*
Prenez garde qu'on **ne** *vous trompe.*

Ma: se *prendre garde* (nel senso di "notare") è seguito dall'indicativo o dal condizionale (fatto ipotetico), non si mette *ne* nella subordinata.

▸ *Prends garde qu'il t'a fait ses excuses.*
Prenez garde que vous manqueriez à votre devoir si vous le faites.

Dopo *prendre garde*, si mette la negazione completa se la subordinata (all'indicativo) è negativa.

▸ *Prenez garde qu'il* **ne** *vous dit* **pas** *la vérité.*

Prendre garde – seguito da un infinito:

- prende la negazione completa.

▸ *Prenez garde de* **ne pas** *rentrer trop tard* (nel senso di "aver cura").

- non prende alcuna negazione.

▸ *Prenez garde de tomber* (nel senso di "sforzarsi di evitare").

15.2.3 Verbi di dubbio, di negazione

Dopo i verbi *douter*, *nier*, *mettre en doute*, *désespérer*, *contester*, *dissimuler*, *disconvenir*, usati negativamente o interrogativamente, la subordinata di solito prende *ne*.

▸ *Nous ne doutons pas qu'il* **ne** *vienne bientôt.*
Peut-on nier que cela **ne** *soit vrai?*

15.2.4 Verbi impersonali

Dopo i verbi impersonali *s'en falloir* (***il s'en faut de*** *beaucoup*, ***il s'en faut*** *de peu*), *il dépend de*, *il tient à*, usati negativamente o interrogativamente, la subordinata inserisce *ne*.

▸ *Á quoi tient-il que tu* **ne** *le fasses?*
Il ne s'en faut pas de beaucoup que la somme **n'***y soit.*

Ma: *Il s'en faut bien qu'on y aille* (frase affermativa).

15.2.5 Proposizioni comparative

Dopo *plus*, *mieux*, *meilleur*, *moins*, *moindre*, *pire que* (più, meglio, migliore, meno di quanto, di quello che, che non) e le locuzioni *autre que*, *autrement que*, *tout autre que*, *plutôt que*, indicanti una comparazione di ineguaglianza, se il verbo della proposizione principale è alla forma affermativa, si usa *ne* nella subordinata.

▸ *Il parle anglais mieux que je* **ne** *(le) croyais* (di quanto credessi).
Il est plus heureux que vous **ne** *l'êtes.*
Le résultat est tout autre qu'on **ne** *le croyait.*

Ma se la principale è negativa o interrogativa non si usa *ne* nella subordinata.

▸ *On ne peut être plus intelligent que tu l'es.*
Est-il plus heureux que vous l'êtes?

Nota La negazione espletiva *ne* non è mai indispensabile. Essa tende a sparire nella lingua corrente.

15.3 Forma interrogativa

Un verbo si mette alla forma interrogativa soltanto all'indicativo e al condizionale. La frase interrogativa non ha una struttura rigida, soprattutto nella lingua parlata. Ecco i tre modi per esprimere la forma interrogativa:

- con la sola intonazione interrogativa (lingua familiare o parlata, soprattutto se la frase è corta).
  - *Tu dors? / Il l'a fait? / Vous venez?*
- con l'inversione del soggetto.
  - *Viens-**tu**? / Est-**il** sorti? / Partons-**nous**?*
- con la perifrasi *est-ce que* (soggetto prima del verbo).
  - ***Est-ce qu'**ils sont arrivés?*
    ***Est-ce que** ton père est parti?*

15.3.1 Inversione del soggetto

Se il soggetto è un pronome personale o uno dei pronomi *on*, *ce*, esso si mette dopo il verbo e dopo l'ausiliare nei tempi composti, con un trattino.

- *Parles-tu? / Venez-vous? / Est-ce toi? / Le dit-on...?*
  As-tu parlé? / Êtes-vous venus?

Nota

Se il verbo della prima persona sing. termina con *e* muta, si sostituisce *e* con *é*.

- *Parlé-je? / Aimé-je?* / (questa forma tuttavia è poco usata, si preferisce: *Est-ce que je parle? / Est-ce que j'aime...?*)

Se il verbo della terza persona (sing.) termina con una vocale, si mette una *t* eufonica, con due trattini, fra il verbo e il pronome.

- *A-t-il parlé / Arrivera-t-elle / Parle-t-elle? / A-t-on dit? / Va-t-il mieux?*

Se il soggetto segue il verbo si dice meglio *puis-je* che *peux-je* (prima persona indicativo presente del verbo *pouvoir*).

- ***Puis**-je le faire?* (oppure: *est-ce que je peux...?*)

Se il soggetto è un nome o un pronome non personale, eccetto *ce* e *on*, esso si pone prima del verbo e viene ripreso, dopo il verbo, con un pronome personale.

- ***Paul**, vient-**il**? / **Quelqu'un** l'a-t-**il** informé?*

Se il soggetto è un pronome interrogativo *qui*, *lequel*... o l'aggettivo interrogativo *quel*..., non si ripete, chiaramente, alcuna forma di pronome dopo il verbo.

- ***Qui** a parlé? / **Lequel** de ces livres est le tien? / **Quelle** est ton idée?*

Con gli interrogativi *qui* (non soggetto), *que*, *quoi*, *lequel*, *quel*, *où*, *comment*, *combien*, *quand*, con funzioni di complemento, si possono usare tre costruzioni:

- *Combien coûte ce tableau? / Ce tableau, combien coûte-t-il? / Combien ce tableau coûte-t-il?*
  De qui parle ta mère? / Ta mère, de qui parle-t-elle? / De qui ta mère parle-t-elle?

Ma con *pourquoi* + un nome bisogna dire:

- *Ce garçon, pourquoi est-il triste?*
  Pourquoi ce garçon est-il triste?

Nota

Nelle proposizioni interrogative indirette, il pronome personale soggetto va messo sempre prima del verbo; il nome soggetto si può mettere prima o dopo.

- *Dis-moi où **tu** habites et quand **tu** viendras ici.*
  *Dites-moi où habite **votre père** (où **votre père** habite).*
  Savez-vous où il *est* (sia) *et où est **son père**?*

15.3.2 *Est-ce que*

La forma *est-ce que* permette di utilizzare la forma affermativa. Se il soggetto è un nome o un pronome personale, non si riprende il pronome personale dopo il verbo.

- ***Est-ce que** vous allez au cinéma?*
  ***Est-ce que** tes parents sont partis?*
  ***Est-ce que** les siens sont arrivés?*

Bisogna usare *est-ce que*:

- se il verbo alla prima persona dell'indicativo è un monosillabo che termina con due o tre consonanti.
  - *Je pa**rs**. / Est-ce que je pa**rs**?*
    *Je re**nds**. / Est-ce que je re**nds**?*

Ma: ***Je** dois, je suis, j'ai / Dois-je?, suis-je?, ai-je?, vois-je?*

- se il verbo alla prima persona dell'indicativo termina con due o tre consonanti.
  - *Je resso**rs**. / Est-ce que je resso**rs**? / Je repre**nds**. / Est-ce que je repre**nds**?*
- se il verbo alla prima persona dell'indicativo termina in *ge*.
  - *Je corri**ge**. / Est-ce que je corri**ge**?*

Pourquoi – parce que

Pourquoi è usato nelle interrogazioni dirette e indirette.

- ***Pourquoi** n'as-tu pas étudié?*
  *Je ne sais pas **pourquoi** tu n'as pas étudié.*

Parce que è usato nelle risposte.

- ***Parce que** j'ai été malade.*

Nota *N'est-ce pas* (non è vero?) è usato spesso per avere una risposta affermativa.

- ***N'est-ce pas** que ce film est très intéressant? – Oui.*
  *Ce film est très intéressant, **n'est-ce pas**?*

Qui di seguito sono riportati i diversi modi di interrogare:

- *Pourquoi il est triste?* (familiare o infantile) / *Pourquoi est-il triste?* / *Pourquoi est-ce qu'il est triste?*
  Tu as payé combien? / Combien as-tu payé? / Combien est-ce que tu as payé?
  Tu t'appelles comment? / Comment t'appelles-tu? / Comment tu t'appelles? / Comment est-ce que tu t'appelles?
  Ce tableau coûte combien? / Combien coûte ce tableau? / Combien ce tableau coûte-t-il?
  Tu vas où? / Où vas-tu? / Où tu vas? / Où est-ce que tu vas?

15.4 Forma interrogativo-negativa

Per rendere interrogativa una frase negativa, basta mettere il pronome personale soggetto dopo il verbo (sempre prima di *pas*).

- *Elle n'arrive pas demain.* (forma negativa)
  *N'arrive-t-**elle** pas demain?* (forma interro-negativa)
  Son amie arrive-t-elle demain?
  *Son amie n'arrive-t-**elle** pas demain?* (forma interro-negativa)

Si può usare anche la struttura con *est-ce que* (il soggetto precede il verbo).

- *Est-ce qu'elle n'arrive pas demain?* (forma interro-negativa)
  Est-ce que son amie n'arrive pas demain?

Nota Nella risposta a una frase interrogativo-negativa, si usa *si* invece di *oui*.

- *Ne l'as-tu pas rencontré ce matin? – **Si**, je l'ai rencontré.*

16
Voci del verbo

16.1 Verbi intransitivi (o neutri)

I verbi intransitivi non hanno complemento oggetto. Il participio passato dei verbi intransitivi è variabile se sono coniugati con *être*, invariabile e se sono coniugati con *avoir*.

16.1.1 Verbi intransitivi coniugati con *être* (participio passato variabile)

aller – andare
arriver – arrivare
échoir – scadere
éclore – sbocciare
entrer – entrare (*rentrer* – rientrare)
décéder – morire
devenir – diventare (*redevenir* – ridiventare)
intervenir – intervenire
mourir – morire
naître – nascere (*renaître* – rinascere)
partir – partire (*repartir* – ripartire)
parvenir – giungere
rester – restare
retourner – ritornare
revenir – ritornare
sortir – uscire
s'enfuir – fuggirsene
s'envoler – volare via
tomber – cadere
venir – venire

▸ *Ils* ***sont allés*** *le voir. / Je* ***suis arrivée*** *en retard.*
Ta sœur ***est sortie****. / Elle* ***est tombée*** *malade.*
Ils ***sont revenus*** *de Paris. / Ces fleurs* ***sont écloses****.*
Les voleurs se ***sont*** *enfuis.*

Nota
Il verbo *partir*, parlando delle armi da fuoco, esige l'ausiliare *avoir*.
▸ *Le coup* ***a*** *parti.*

16.1.2 Verbi intransitivi coniugati con *avoir* (participio passato invariabile)

concourir – concorrere
contrevenir – contravvenire
courir – correre
coûter – costare
crever – crepare
dépendre – dipendere
déplaire – dispiacere
déserter – disertare
durer – durare
éclater – scoppiare
encourir – incorrere
être – essere
exister – esistere
fuir – fuggire

glisser – sdrucciolare
grimper – arrampicarsi
marcher – camminare
pâlir – impallidire
paraître – sembrare
pénétrer – penetrare
périr – perire
persister – persistere
plaire – piacere
pouvoir – potere
prévaloir – prevalere
recourir – ricorrere
réussir – riuscire
rougir – arrossire
sauter – saltare
sécher – seccare
sembler – sembrare
succéder – succedere
succomber – soccombere
suffire – bastare
survivre – sopravvivere
valoir – valere
vivre – vivere
vouloir – volere

▸ *Vous* **avez concouru** *avec moi au succès de cette entreprise.*
Votre ruine **a dépendu** *de vous et non de lui.*
*Il m'***a semblé** *que quelqu'un a frappé à la porte.*
*J'***ai couru** *jusqu'à la plage.*
Combien vous **a coûté** *cette robe?*
*Nous n'***avons** *pas* **réussi** *à résoudre le problème.*
Nous **avons glissé** *sur le terrain mouillé.*
Ils **ont pénétré** *dans la maison.*
Ce que vous avez dit **a suffi** *à la convaincre.*
Il **a** *trop* **vécu**. / *Il n'***a** *pas* **survécu** *à ses malheurs.*

Ma: *Les peines que cette affaire m'***a coutées**.
Elle **est pénétrée** (compresa) *de la plus vive reconnaissance.*

Nota

Si dice: ***être*** *réussi* perché *réussi* ha valore di aggettivo.
▸ ***Voilà un*** *tableau qui* ***est*** *réussi.*
Ta photographie ***est*** *vraiment bien réussie.*

Se *réussi* non ha valore di aggettivo, bisogna utilizzare *avoir.*
▸ *Cette fête* **a** *mieux réussi que la précédente.*

16.1.3 Verbi intransitivi che esigono *être* o *avoir*

I seguenti verbi intransitivi esigono, nei tempi composti, l'ausiliare *avoir* quando esprimono un'azione, nel momento in cui essa è fatta (il verbo è modificato da un avverbio di tempo determinato: *hier*, *aujourd'hui*, *la semaine dernière*, *ce matin*, *l'an passé*, *demain* o da un avverbio di maniera o di luogo). Essi esigono il verbo *être* se indicano lo **stato** (azione compiuta). (Il verbo è modificato da un avverbio di tempo indeterminato: *déjà*, *depuis quelque temps*, *depuis quelques jours*, *depuis longtemps*, *à peine*, *puis...*).
Se non vi è avverbio espresso, si usa *avoir* o *être*, secondo l'idea che si vuole dare.

accoucher – partorire
accourir – accorrere
accroître – accrescere
apparaître – apparire
cesser – cessare
changer – cambiare
croître – crescere
échouer – arenare, arenarsi, fallire
débarquer – sbarcare
déchoir – decadere
décroître – decrescere
dégénérer – degenerare
demeurer – dimorare
disparaître – sparire
échoir – accadere
maigrir – dimagrire

embellir – abbellire
empirer – peggiorare
engraisser – ingrassare
enlaidir – imbruttire
expirer – spirare
grandir – crescere
monter – salire
passer – passare
rajeunir – ringiovanire
rester – restare
sonner – suonare
vieillir – invecchiare

Avoir (azione)
Catherine ***a accouché*** *hier soir.*
Il ***a accru*** *son patrimoine.*
Jacques ***a échoué*** *à son examen.*
Nous ***avons débarqué*** *à Tunis.*
Il a *bien* ***grandi*** *cet enfant!*
L'état du malade a *bien* ***empiré*** *cette nuit.*
Elle ***a maigri*** *en un mois.*
*J'****ai passé*** *un mois à la campagne.*
Tu ***as monté*** *souvent pendant la journée.*
Il ***a vieilli*** *en peu de temps.*
Ton frère ***a resté*** (***demeuré***) *à Paris pendant tout ce temps.*
*J'****ai passé*** *la frontière.*

Être (stato)
Son patrimoine ***s'est accru*** *depuis quelques années.*
Le navire ***est échoué*** *sur un écueil.*
À peine ***fut-il débarqué****, la foule l'accueillit.*
Ne trouvez-vous pas que l'état du malade ***soit empiré****?*
Je trouve qu'il ***est maigri****.*
Les vacances ***sont*** *déjà* ***passées****.*
Il ***est monté*** *dans sa chambre, puis il* ***est déscendu****.*
Ton frère ***est rajeuni****.*
Mon père ***est resté*** *à Rome et nous* ***sommes repartis****.*
Le facteur ***est*** *déjà* ***passé****.*

Alcuni verbi cambiano di significato se coniugati con "essere" o con "avere".

Convenir – nel senso di *s'accorder, reconnaître la vérité,* prende l'ausiliare *être.*
- *Ils* ***sont*** *convenus de se trouver au cinéma.*

Convenir – nel senso di *plaire, être convenable,* prende l'ausiliare *avoir.*
- *Cet emploi m'****a*** *bien* ***convenu****. / Cette maison m'****aurait*** *convenu.*

Demeurer – prende *avoir* nel senso di *habiter, tarder.*
- *Combien de temps* ***as-tu demeuré*** *à Rome?*

Demeurer – prende *être* nel senso di *rester, s'arrêter, être tué.*
- *Il* ***est demeuré*** *à Rome pour fréquenter l'université.*
  Ils ***sont demeurés*** *d'accord sur cette affaire.*

Rester – si usa, all'incirca, con le stesse accezioni di *demeurer.*

Échapper – prende *avoir* nel senso di *soustraire, se dérober* o parlando di una cosa che si è dimenticato di fare.
- *Il* a *souvent* ***échappé*** *à la justice.*

*Deux fautes m'***ont échappé** *dans la correction de son devoir.*
*Cette date m'***a échappé**.

Échapper – prende *être* nel senso di *sortir*, *s'évader* o quando si parla di una cosa fatta *par mégarde* (inavvertitamente), *par imprudence*, *par légèreté*.

▸ *Ce voleur s'***est échappé** *de prison.* / *Ce mot lui* **est échappé**.

Si dice: *échapper* **des** *mains de quelqu'un*, **d'un** *naufrage*, **d'un** *incendie*, **de** *prison*.

Ma si dice:

échapper **à** *la mort*, **à** *la police*, **à** *la fureur de la foule*
échapper **à** = *se soustraire* **à**, *se dérober* **à**
échapper **de** = *sortir* **de**, *s'enfuir*

Nota

I verbi *pouvoir*, *devoir*, *vouloir*, seguiti da un infinito, prendono, in francese, l'ausiliare *avoir*. In italiano essi prendono l'ausiliare dell'infinito.

▸ *Je n'***ai** *pas* **pu** *venir.* – Non sono potuto venire.
*J'***ai dû** *y aller.* – Sono dovuto andare.

16.2 Verbi impersonali

Ad eccezione di alcune formule proverbiali come: *advienne que pourra*, *peu importe*, *n'importe*, *n'empêche*, *peu s'en faut*, *mieux vaut*, *reste*, *suffit* ecc. i verbi impersonali, che si usano alla terza persona singolare, sono sempre accompagnati dal soggetto neutro *il* (soggetto apparente).

I verbi impersonali si dividono in verbi *impersonnels propres* (o *essentiellement impersonnels*) e *impropres* (o *accidentellement impersonnels*).

I verbi *impersonnels propres* si riferiscono a un fenomeno atmosferico. Il loro ausiliare è *avoir*, il participio passato è invariabile.

▸ *Il pleut.* – *Il a plu.*
Il neigeait. – *Il a neigé.*

16.2.1 Principali verbi essenzialmente impersonali (o *propres*)

bruiner – piovigginare
brumer – esservi nebbia
dégeler – sgelare
geler – gelare
grêler – grandinare
grésiller – cadere nevischio
neiger – nevicare
pleuvoir – piovere
tonner – tuonare
venter – tirare vento
faire des éclairs – lampeggiare

Esistono anche: *falloir* (abbisognare), *y avoir* (esserci, esservi) e il verbo *faire* nelle locuzioni concernenti il tempo: *faire froid*, *faire chaud*, *faire beau* (fare, essere bel tempo), *faire mauvais* (fare, essere cattivo tempo), *faire noir*, *sombre* (annottare, diventare buio), *faire jour*, *nuit* (fare giorno, notte).

▸ *Il faut.* / *Il a fallu.*
Il fait jour. / *Il a fait jour.*
Il y a. / *Qu'il y ait.* / *Il y a eu.*

Nota

- *Y être* (esserci, esservi) è personale con un soggetto reale davanti al verbo.
  ▸ *Est-ce que ton père* ***est*** *à la maison?* – È in casa tuo padre?
  Oui, mon père ***y est****, il* ***y est****.*
- *Y avoir* non è sempre impersonale.
  ▸ *Mon père est à Chartres. Il* ***y a*** (egli vi ha, vi possiede) *une propriété.*

16.2.2 Principali verbi accidentalmente impersonali (o *impropres*)

I verbi *impersonnels impropres* sono i verbi che possono avere due costruzioni:

- la costruzione personale.
  ▸ ***J'arrive*** *de Venise. /* ***Nous sommes arrivés*** *de Venise.*
- la costruzione impersonale.
  ▸ ***Il arrive*** *souvent qu'il pleuve.*

  In questa costruzione l'ausiliare è lo stesso che si usa nella costruzione personale, ma il participio passato è invariabile.
  ▸ *Nous* ***sommes arrivés*** *hier.* (costruzione personale)
  Que vous ***est-il arrivé****?* (costruzione impersonale)

Principali verbi **accidentalmente impersonali** o ***impropres***

appartenir – appartenere	*paraître* – sembrare
arriver – accadere, succedere	*plaire* – piacere
commencer – cominciare	*résulter* – risultare
convenir – convenire	*s'agir* – trattarsi
courir – correre	*sembler* – sembrare
dépendre – dipendere	*s'ensuivre* – conseguire
être – essere	*se passer* – accadere
exister – esistere	*suffire* – bastare
importer – importare	*tomber* – capitare, cadere
manquer – mancare	*valoir (mieux)* – valere (essere meglio)

Attenzione: In italiano questi verbi si coniugano anche al plurale. In francese, chiaramente, esigono il verbo al singolare.

▸ ***Il manque*** *une heure.* – Manca un'ora.
Il manque *plusieurs jours.* – Mancano parecchi giorni.
Il est arrivé *mille soldats.* (in questo caso si può dire anche, con la forma personale: *mille soldats* ***sont arrivés***).

I verbi impersonali sono talvolta accompagnati da un complemento indiretto riferito a persona.

▸ *Il* ***me*** *vient une idée.*
Il ***lui*** *prend souvent un accès de toux.*

Si usa *y avoir*, in senso spaziale, ma anche in senso temporale.

▸ *Il y a* ***dix kilomètres****. / Il y a* ***plusieurs années****.*

Con *falloir* si deve spesso cambiare la frase italiana.

▸ *Il* ***te faut*** *de belles vacances.* – Hai bisogno di (ti ci vuole) una bella vacanza.

Nota

Vacance, al singolare, uno "stato vacante": *La vacance d'une chaire*; *vacances*.
Al plurale, "ferie, congedo, vacanze".

Il + *être* si usa particolarmente con un senso temporale.

- *Il est midi. / Il est tard. / Il est temps de partir. / Il était une fois...*

Alcuni verbi impersonali hanno il soggetto quando sono usati in senso figurato. Si possono usare al plurale e coniugare anche all'imperativo, al participio presente e al gerundio.

- *La voix de Dieu* ***a tonné****. /* ***Tonnez****, canons!*
  Des tuiles ***pleuvaient*** *partout.*
  De grosses pierres, ***pleuvant*** *sur le sentier, ont empêché le passage.*

I verbi *devoir* e *pouvoir* e i verbi *commencer à*, *aller* e *venir de* diventano impersonali quando sono seguiti da un verbo impersonale.

- ***Il doit y avoir*** *des fraises.*
  Il peut se faire *qu'il dise la vérité* (o ***il se peut*** *que*...).
  Il commence à pleuvoir*. /* ***Il va*** */* ***vient de neiger****.*

Attenzione: Nei tempi composti *devoir* e *pouvoir* esigono *avoir*.

- ***Il aurait pu arriver*** *la même chose à n'importe qui.*
  Il a dû *sembler une coïncidence.*
  Il a dû geler *ici.*

I verbi *réfléchis* (riflessivi) o *passifs* (passivi), usati impersonalmente, esigono, nei tempi composti, l'ausiliare *être*.

- *Que* ***s'est-il*** *passé hier?* – Che cosa è accaduto ieri?

16.2.3 Per domandare l'ora

- *Quelle heure est-il?*
  Avez- vous l'heure exacte?
  Pouvez- vous me dire (m'indiquer) l'heure exacte?

- *Il est...*
  Il est une heure.
  Il est une heure cinq.
  Il est une heure dix.
  Il est une heure **et** *quart (***un*** quart).*
  Il est une heure vingt.
  Il est une heure vingt-cinq.
  Il est une heure trente (et demie).
  Il est une heure trente cinq.
  Il est une heure quarante (il est deux heures moins vingt).
  Il est deux heures moins **le** *quart.*
  Il est deux heures moins dix.
  Il est deux heures moins cinq.
  Il est deux heures précises.
  Il est deux heures cinq.
  Il est midi.
  Il est minuit.
  Il est midi (minuit) trente (et demi).
  Il est trois heures de l'après-midi (il est quinze heures).

Il est cinq heures de l'après-midi (*il est dix-sept heures – dix-sept heures quinze, trente*). Quest'ultima forma, inizialmente usata per gli orari ferroviari (*indicateurs des chemins de fer*) è attualmente sempre più in uso nel linguaggio corrente.
Quelle heure c'est? (familiare)
***C'est** trois heures.*

Per chiedere la data (*la date*)

- *Quel jour est-ce aujourd'hui?* (... *est-on aujourd'hui?*)
  Quel jour sommes-nous aujourd'hui – Che giorno (della settimana) è oggi? – *C'est lundi, c'est jeudi.*
  Le combien est-ce aujourd'hui? – Che giorno (del mese) è oggi?
  Le combien sommes nous aujourd'hui? – Quanti ne abbiamo oggi? – *Aujourd'hui, nous sommes le 14 juillet.*

Nota
Quantième giorno del mese.
- *Le quantième sommes-nous aujourd'hui?* (Quanti ne abbiamo oggi?)

16.3 Uso di *ce* o di *il* con il verbo *être*

Se in italiano una proposizione può cominciare con il verbo *essere* senza soggetto, in francese bisogna mettere, prima del verbo, il pronome *ce* o il pronome *il.*

Si usa **ce**:

- quando il verbo *être* è seguito da un aggettivo qualificativo neutro.
  - ***C'est** formidable, **c'est** nécessaire* (si può dire anche: ***cela** est formidable, **cela** est nécessaire*).
- quando il verbo *être* è seguito da un nome determinato (preceduto o non da una preposizione).
  - ***C'est** Baudelaire mon poète préféré. / Baudelaire? **C'est** mon poète préféré.*
    *Marie? **C'est** une amie de mon frère. / **C'est** la vérité.*
    ***C'est** Claudine! **C'est** de Claudine qu'on parle.*
- quando il verbo *être* è seguito da un pronome.
  - ***C'est** celle* (l'attrice) *que je préfère.*
- quando il verbo *être* è seguito da un aggettivo sostantivato.
  - ***C'est** un Anglais.*
    ***Ce fut** le premier à me le dire.*
- quando il verbo *être* è seguito da un avverbio (eccetto l'avverbio di tempo) o da una preposizione.
  - ***C'est** peu. / **C'est** trop. / **C'est** beau. / **C'est** pour aujourd'hui.*
- quando il verbo *être* si trova alla fine di una proposizione interrogativa la cui risposta logicamente deve cominciare con *ce*.
  - *Qui **est-ce**? **C'est** moi.*
    *Quel homme **est-ce**? **C'est** un homme actif et intelligent.*
    *Quel documentaire **était-ce**? **C'était** un documentaire sur les oiseaux.*
- quando il verbo *être* è seguito da un pronome personale: *moi, toi,*... si dice: *c'est moi, c'est toi*..., *c'est nous, c'est* (*ce sont*) *eux, c'est* (*ce sont*) *elles.*

Nota
Il verbo *être* – impersonale – si usa quasi sempre alla terza persona del singolare. Si usa alla terza persona del plurale se si tratta di un nome o di un pronome plurale.
- ***Ce sont** des Italiens! / **Ce sont** eux. / **Ce sont** elles.*

Si usa spesso dire: ***C'est** mes parents. / **C'est** eux que j'aperçois.*
Il verbo *être* con i pronomi è poco usato nei tempi composti.

Invece di dire:

▸ *Ç'a été moi. / Ce n'avait pas été vous.*

si dice:

▸ ***C'est** moi. / **Ce** n'**était** pas vous.*

Nella forma interrogativa al plurale non si dice mai: *sont-ce*, *furent-ce*, *ne furent-ce pas*, *ma* si usa il singolare: *est-ce*, *fut-ce*, *ne fut-ce pas*. La forma **est-ce que c'***est* (**ce** *sont*), **est-ce que ce** *fut* (**ce** *furent*), **est-ce que ce** *ne fut pas*, **est-ce que ce** *sera* è preferibile.

- quando *être* si trova fra due infiniti.

  ▸ *Vouloir*, **c'est** *pouvoir.*
  Bien penser, **c'est** *bien écrire.*
  Dormir, **ce** *n'***est** *pas vivre.*

Nota

Quando i due membri di una stessa frase si possono invertire, si mette *que de* davanti all'infinito del secondo membro.

▸ **C'est** *se moquer de tout le monde* **que de** *parler ainsi.*
C'est *une sottise* **que de** *ne pas sortir.*

Quando il verbo *être* si trova fra due infiniti, nelle frasi proverbiali, l'uso di *ce* è facoltativo se il secondo infinito è preceduto dalla negazione.

▸ *Végéter*, **ce n'est pas** *vivre* (*n'est pas vivre*).

- quando *être* è preceduto da uno o da più infiniti e seguito da un sostantivo.

  ▸ *Lire, jouer aux cartes, voyager*, **c'est** *son unique occupation.*

- quando *être* si trova fra due parti di una stessa proposizione, che possono essere invertiti per dare più forza e precisione.

  ▸ *La vertu est la vraie noblesse.*
  La vraie noblesse est la vertu.
  La vraie noblesse **c'***est la vertu.*

Ma si può anche dire:

▸ *Mon plus grand délassement*, **ce sont** *vos lettres.*

- davanti al verbo *être* se il primo membro di una frase comincia con *ce qui*, *ce que*, *ce dont*, *ce à quoi*.

  ▸ **Ce que** *j'aime*, **c'est** *la vérité.*
  Ce dont *je vous parle*, **c'est** *la vérité.*

Nota

Non si usa il pronome *ce*:

- quando il verbo è seguito da un aggettivo.

  ▸ **Ce que** *tu fais* **est blâmable.**
  Ce que *tu dis* **est vrai.**

- quando il verbo è seguito da un nome usato aggettivamente.

  ▸ **Ce que** *tu soutiens* **est** *une* **erreur**. (sta per *erroné*)

- quando il verbo "essere" è seguito da una preposizione (o da una locuzione prepositiva).

  ▸ **Ce que** *tu cherches* **est devant** *toi.*
  Ce qu'*ils exigent de lui* **est au-dessus** *de ses forces.*

Si usa *c'est... qui, que* (*ce sont... qui, que*), *c'était... qui, que*, *c'est... que de* (davanti a un infinito), quando si tratta di attirare l'attenzione su una parola dominante della frase anche se il verbo "essere" non è espresso in italiano.

- ***C'est*** *avec plaisir* ***que*** *je lirai votre livre.*
  C'était *une femme très charitable* ***que*** *votre tante.*
  Ce sont *les Allemands* ***qui*** *ont été battus à Verdun.*
  C'est *être sage* ***que de*** *se méfier des méchants.*

I verbi *pouvoir*, *devoir*, seguiti dal verbo "essere", esigono, anche loro, il pronome *ce* come soggetto grammaticale.

- ***Ce doit être*** *un très beau spectacle.*
  Ce peut (***doit***) ***être*** *lui.*

Nota

Si usa *ce* anche con il verbo *sembler* nell'espressione *ce me semble.*

- *Il fera beau demain,* **ce me semble.**

Se il verbo "essere" è preceduto da una particella pronominale o se si tratta di un altro verbo, si usa ***cela*** e non *ce.*

- ***Cela nous sera*** *impossible.*
  Cela lui ferait *un grand plaisir.*
  Cela m'est *égal.*

Si dice, nello stile elevato, *il est vrai*, se questa espressione è intercalata in una frase.

- *Je suis occupé,* ***il est vrai****, mais vous pouvez compter sur moi.*

C'est à moi (*à toi* ecc.) ***à*** (***c'est mon tour***) – *C'est à moi* (*à toi* ecc.) ***de*** (***c'est mon devoir***).

- ***C'est à nous à*** *recevoir* (tocca a noi, è il nostro turno...).
  C'est à vous de *dire la vérité* (è vostro dovere...).

Si dice:

C'est bon, c'est bien – è bene, sta bene
C'est ce que je – è quanto io
C'est entendu – intesi, sta bene
C'est trop de bonté de – troppa bontà
C'est tout un – è la stessa cosa
C'est à prendre ou à laisser – prendere o lasciare
C'en est fait – è finita
Pour le coup, c'est trop fort – questa volta è troppo
Voilà ce que c'est – ecco di che si tratta
C'est cela, c'est ça – è così
C'en est trop – è troppo
C'est pourquoi – perciò, ecco perché
C'est-à-dire – cioè
C'est facile comme tout – è molto semplice, nulla di più facile
C'est à n'en plus finir – non se ne viene mai a capo

Si usa **il**:

- davanti al verbo "essere" se si riferisce a un nome determinato espresso in precedenza.
  - *J'ai connu ton père.* ***Il*** *est intelligent et instruit.*
- quando è seguito da un aggettivo o da un sostantivo, usato come aggettivo (esso non è preceduto né da un articolo né da un altro determinativo).
  - ***Il*** *est chef de gare.* / ***Il*** *est capitaine.* / ***Il*** *est français.* / ***Il*** *est anglais.*

Ma si dirà:

▸ ***C'est un** Anglais.* / ***C'est un** chef de gare.*

- per indicare il *tempo*, l'*ora*.

  ▸ ***Il** est tôt.* / ***Il** est tard.* / ***Il** est midi.*
  *Quelle heure est-**il**? **Il** est trois heures et demie.*

- quando il verbo "essere" è seguito da un aggettivo che regge un infinito preceduto dalla preposizione *de*.

  ▸ ***Il** est nécessaire **de** se nourrir pour vivre.*
  ***Il** est impossible **de** sortir.*

- quando il verbo "essere" è seguito da un aggettivo e da una proposizione preceduta da *que*.

  ▸ ***Il** est certain **que** vous réussirez.*
  ***Il** est inutile **que** vous y alliez.*

Nota

Se la frase è negativa , si può usare indifferentemente *ce* o *il*.

▸ ***Ce** (**Il**) n'est pas probable **qu'**il écrive.*
***Ce** (**Il**) n'est pas raisonnable **de** faire ce que vous faites.*

Non è raro, soprattutto nel linguaggio familiare, trovare delle frasi con *ce* invece che con *il* (senso enfatico).

▸ ***C'est** (**Il est**) doux de se revoir.*

Si dice: *il est, il serait **à** souhaiter, **à** craindre, **à** désirer.*

▸ *Il est bon de savoir **à** quoi s'en tenir.*

16.4 Verbi passivi

Per coniugare un verbo al passivo, in francese, si usa solo il verbo *être*. (In italiano gli ausiliari del passivo sono: "essere", "venire", "andare", "stare", "rimanere".)

▸ *Elle **fut** prise.* – Ella fu/venne presa.
*La maison **a été** détruite.* – È andata distrutta.

Nota

Quando il soggetto del verbo attivo è *on*, questo pronome scompare nella frase messa al passivo e senza complemento.

▸ ***On** interrogea l'accusé (l'accusé fut interrogé).*

I verbi intransitivi non possono essere messi al passivo. Fanno eccezione: *obéir, désobéir, pardonner*.

▸ *Vous **serez** obéi.*
*Ils **ont été pardonnés**.*

La preposizione italiana *da*, complemento d'agente nei verbi passivi, si traduce **de** – **par**.
Si usa:

- **de**, se il verbo esprime un **sentimento**.
- **par**, se il verbo esprime un'azione **materiale** o **intellettuale**.

  ▸ *Le ballon fut lancé **par** le joueur.*
  *Ce professeur était respecté **de** tous ses élèves.*

Queste regole, tuttavia, non hanno niente di assoluto.

Si usa *de*:

- dopo i participi *accompagné, affligé, attaqué, atteint, blâmé, connu, couvert, entouré, environné, ignoré, frappé, menacé, précédé, reçu, saisi, surmonté* ecc.
  ▸ *Il est* ***connu de*** *tout le monde.*
- per indicare un'azione abituale, ordinaria.
  ▸ *Ce père est aimé, respecté, suivi* ***de*** *ses enfants.*
- dopo il participio semplice.
  ▸ ***Regretté de*** *tous, il est parti.*
- dopo i verbi usati in senso figurato.
  ▸ *Il est* ***accablé de*** *travail.*
  Ils étaient ***saisis de*** *terreur.*

Si usa *par*:

- con i verbi di sentimento per indicare un caso particolare, una circostanza rara.
  ▸ *Ce père est aimé* ***par*** *ses adversaires mêmes* (circostanza rara).
  Cet homme était suivi ***par*** *la police* (circostanza speciale).
- dopo i verbi usati in senso proprio.
  ▸ *Il fut saisi* ***par*** *son agresseur.*
- per evitare *de... de* (quando nella frase vi è un altro complemento d'agente).
  ▸ *Il est aimé* ***de*** *tout cœur* ***par*** *sa mère.*

16.5 Verbi pronominali

I verbi pronominali sono quelli accompagnati dai pronomi personali *me, te, se, nous, vous, se.*

▸ *Marie* ***se*** *lave. / Je* ***me*** *cache. / Tu* ***t'****habilles. / Elles* ***s'****évanouirent.*

Dal punto di vista del senso o significato, i verbi pronominali si dividono in *réfléchis, réciproques* e *non réfléchis.*

16.5.1 Verbi pronominali riflessivi

Il verbo pronominale è detto *réfléchi* quando l'azione che esso esprime è subita dal soggetto (ritorna sul soggetto), "se *réfléchit* sur lui". I pronomi *me, te, se, nous, vous, se* hanno funzione di complemento diretto o indiretto.

▸ *Je* ***me*** *peigne* (*me* compl. diretto).
Il ***se*** *regarde* (*se* compl. diretto).
Tu ***t'****imposes une pénitence* (*t'* compl. indiretto).
Nous ***vous*** *pardonnons tout* (*vous* compl. indiretto).

16.5.2 Verbi pronominali reciproci

Il verbo pronominale è detto *réciproque* quando esprime un'azione reciproca, un'azione che diversi soggetti esercitano l'uno sull'altro o gli uni sugli altri. Essi hanno la stessa forma dei verbi riflessivi ma si usano solo al plurale. Si esprimono o si sottintendono le espressioni "l'un l'altro", "gli uni gli altri", *entre eux* (fra loro).

▸ *Ils* **se** *battent* (entre eux).
Ils **se** *louent* (les uns les autres).
Il **se** *louent* (l'un l'autre).

Nota

I verbi pronominali *réfléchis* e *réciproques* sono definiti verbi *accidentellement pronominaux* perché essi esistono anche alla forma transitiva (senza i pronomi *me*, *te*, *se* ecc.) con lo stesso significato.

▸ *Je* **me** *lave.* / *Je lave mon chien.*
Il **se** *regarde.* / *Il regarde cet enfant.*
Ils **s'***embrassent.* / *Elle a embrassé sa fille.*

16.5.3 Verbi pronominali non riflessivi

Nei verbi pronominali *non réfléchis*, i pronomi congiunti *me*, *te*, *se*, *nous*, *vous*, *se* sono incorporati al verbo e non hanno valore di complemento. I verbi *non réfléchis* possono essere:

- *essentiellement pronominaux* – sono i verbi *non réfléchis* che si usano alla forma pronominale (*se repentir*, *s'abstenir*, *se moquer*, *se promener*, *se taire*...).
  ▸ *Il* **se moquait** *de tout le monde.*
  Elle **s'est repentie** *de sa conduite.*
- *accidentellement pronominaux* – usati allo stato semplice hanno un diverso significato.
  ▸ *Se mourir* (essere sul punto di morire)
  Mourir (cessare di vivere)
  S'enfuir (fuggire lontano da qualcuno o da qualcosa)
  Fuir (allontanarsi in fretta per evitare qualcuno o qualcosa)
  Se plaindre de quelqu'un (esprimere che si è scontenti di lui)
  Plaindre quelqu'un (avere pietà di qualcuno)

16.5.4 Verbi pronominali passivi

La forma pronominale si usa frequentemente in *senso passivo* ma unicamente o quasi alla terza persona e senza indicazione d'agente. I verbi pronominali non possono essere messi al passivo.

▸ *Une voix* **s'***entendit dans l'obscurité.*
Ses premiers tableaux **se** *vendirent bien.*
Ces fleurs **se** *sont vendues hier.*

Nota

Si sopprimono in francese le particelle "mi," "ti", "si", "ci", che in italiano hanno valore "pleonastico".

▸ *Il mangea une belle tranche de viande.* – *Si* mangiò una bella fetta di carne.

Se le particelle "mi", "ti", "si", "ci", "vi", indicano *la possession*, si traducono con l'aggettivo possessivo adeguato.

▸ *Il enleva* **son** *chapeau.* – Si tolse il cappello.
Son *chien est mort.* / *Elle a perdu* **son** *chien.* – *Le* è morto il cane.
Gagner **son** *pain.* – Guadagnar*si* il pane.

I verbi *devoir*, *pouvoir*, *savoir*, *vouloir*, seguiti da un infinito, esigono sempre il verbo *avoir* e non l'ausiliare del verbo all'infinito. Non sono mai alla forma pronominale. È l'infinito che diventa pronominale.

▸ *J'***ai dû me** *rendre à l'évidence.* – Mi sono dovuta arrendere all'evidenza.
*Elle n'***a pas su s'***expliquer.* – Non si è saputa spiegare.
*Je n'***ai pu me** *tromper.* – Non mi sono potuta ingannare.

16.5.5 Participio passato dei verbi pronominali

L'ausiliare dei verbi pronominali è sempre *essere*, in francese e in italiano. Se il verbo non è pronominale nelle due lingue, l'ausiliare e l'accordo sono chiaramente diversi.

▸ *Elle* **a** *grimpé.* – Ella *si è* arrampicata.
Ils **se sont** *promenés.* – *Hanno* passeggiato.

16.5.6 Accordo del participio passato dei verbi pronominali

Il participio passato dei verbi *pronominaux essentiels* si accorda con il soggetto della proposizione.

▸ *Ils se sont étonné***s**.
*Elles s'étaient évanoui***es**.

Il participio passato dei verbi *pronominaux accidentels* si accorda con il complemento oggetto diretto se questo precede l'ausiliare (in questo caso "essere" ha valore di "avere").

▸ *Marie s'est* **lavée**.
Elle s'est **lavé** *les cheveux.*
Ta sœur s'est **piqué** *le doigt.*
Ta sœur s'est **piquée** (punta) *au doigt.*
Ils se **sont écrit** *des lettres intéressantes.*
Les lettres qu'ils se sont **écrites** *sont intéressantes.*
Ces jeunes gens se sont **proposé** (hanno proposto) *d'accompagner ton frère.*
Ces jeunes gens se sont **proposés** (si sono offerti) *pour accompagner ton frère.*
Elles se sont **dit** *des injures* (il complemento oggetto segue il verbo).
Les injures qu'ils se sont **dites**.

Nota Il participio dei verbi *se complaire*, *se convenir*, *se déplaire*, *se nuire* (nuocersi), *se parler*, *se plaire*, *se ressembler*, *se rire*, *se sourire*, *se succéder*, *se suffire*, *se survivre* è sempre invariabile perché questi verbi non hanno mai un complemento oggetto diretto.

▸ *Elles se sont* **complu** *dans cette entreprise.*
Les événements qui se sont **succédé**, *l'ont rajeuni.*
Ils se sont **plu**, *l'un à l'autre.*

Il participio passato dei verbi *pronominaux passifs* si accorda con il soggetto.

▸ *La scène s'est* **passée** *en Italie.*

In genere gli stessi verbi sono pronominali in francese e in italiano ma vi sono dei verbi pronominali in italiano e non in francese (ausiliare *avere* – participio passato invariabile).

abuser – abusarsi
attraper – buscarsi
avoir honte – vergognarsi
avoir la complaisance – compiacersi
bouger – muoversi
captiver – cattivarsi
daigner (senza preposiz.) – degnarsi
fondre (*en larmes*) – struggersi
grimper – arrampicarsi
oublier – dimenticarsi
plonger – immergersi, tuffarsi
prendre congé – accomiatarsi
prendre (*la liberté*) – prendersi (la libertà)
prendre un parti – appigliarsi a
profiter – approfittarsi
rencontrer quelqu'un – imbattersi in
rêver, *songer* – sognarsi
signer, *souscrire* – sottoscriversi

▸ *Il a daigné vous écouter.*
J'ai pris congé.

Vi sono anche dei verbi pronominali in francese e non in italiano (ausiliare "essere" – participio passato variabile).

se coucher – andare a letto, tramontare
se défier, se méfier – diffidare
se dépêcher – sbrigarsi
se désister – desistere
s'échapper – scappare
s'écouler – trascorrere
s'écrier – esclamare
s'écrouler – crollare
s'emporter – andare in collera
s'enfuir (*se sauver*) – fuggire (scappare)
s'épanouir – sbocciare
s'évader – evadere
s'évanouir – svenire, svanire
s'extasier – andare in estasi
se fâcher – andare in collera
se faner, se flétrir – appassire
s'insurger – insorgere
se lever – sorgere
se noyer – annegare
se passer de – fare senza
se bien, mal porter – star bene, male
se promener – passeggiare
se rappeler (*se souvenir de*) – ricordare
se sauver – scappare
se taire – tacere
se tromper – sbagliare

▸ *Nous* **nous sommes** *promenés le long de la mer.*
Ils **se sont** *évadés l'autre jour.*

16.6 Verbi con costruzioni particolari

Alcuni verbi, secondo il senso, prendono dopo di sé la preposizione *à* o la preposizione *de:* un verbo transitivo può avere valore intransitivo, un verbo riflessivo può passare alla voce attiva e un verbo intransitivo può acquistare valore transitivo.
Qui di seguito i principali.

Aider ***quelqu'un*** (trans. aiutare, assistere, servire)
▸ *Aidez les pauvres.*

aider ***à quelqu'un****,* ***à quelque chose*** (contribuire a far riuscire) – aiuto momentaneo, aiuto con sforzi fisici
▸ *Aidez-lui* ***à*** *porter cette valise.*
Aidez ***à*** *la diffusion de cette idée.*

Applaudir ***quelqu'un*** (battere le mani a qualcuno)
▸ *Applaudissez cette actrice.*

applaudir ***à quelqu'un****,* ***à quelque chose*** (approvare, ammirare, aderire a)
▸ *J'applaudis* ***à*** *cet auteur,* ***à*** *son idée,* ***à*** *son projet.*

Atteindre (trans. – raggiungere senza sforzo o quasi, giungere a...)
▸ *Vous avez atteint votre but.*
Il a atteint une vieillesse avancée.

atteindre ***à*** (raggiungere con sforzo, con difficoltà da superare)
▸ *Il est difficile d'atteindre* ***à*** *la perfection.*

Changer (trans. cambiare)
▸ *On a changé le papier du salon, les meubles de ma chambre.*

changer ***de*** (cambiare una cosa per un'altra)
▸ *Il faut que vous changiez* ***de*** *conduite,* ***de*** *place,* ***d'****habitudes.*

changer **en** (convertire)

▸ *Tous ces rires se changèrent* **en** *larmes.*
Changer les métaux **en** *or.*

changer **pour**, **contre** (barattare)

▸ *Il changerait volontiers sa situation* **contre** (**pour**) *la mienne.*

Commander (trans. comandare)

▸ *Commander l'infanterie.*

commander **à** (dare ordini)

▸ *Commander* **à** *l'infanterie.*

Comparer **à** (paragonare a – nel senso di paragone generale o rapporto comune)

▸ *On compare un conquérant* **à** *un torrent impétueux.*

comparer **avec** (paragonare con – esame più dettagliato o confronto speciale fra due termini di natura diversa)

▸ *Comparons la docilité, la soumission du chien* **avec** *la fierté et la férocité du tigre* (*Buffon*).

Courir (intr.)

▸ *Nous avons couru.*
Nous avons couru à toutes jambes.
Elle a couru à son aide.
Il court des bruits. (forma impersonale)

courir (transitivo)

- *courir les théâtres, les concerts, les bals* (frequentare)
- *courir le cachet* (dare lezioni in città)
- *courir les honneurs, une charge, une place* (ricercare affannosamente gli onori, una carica, un posto)

courir – in senso passivo, con "essere" (essere ricercato, molto in voga)

▸ *Un avocat, un médecin fort couru(s).*
Cette pièce est très courue.

C'est couru! (è sottinteso)

▸ *Qui sera élu? C'est couru! Celui qui a le plus de partisans.*

Croire **quelqu'un**, **quelque chose** (trans. essere certo, considerare vero)

▸ *Elle a cru cette histoire / Croire un conte.*

croire **à** (prestare fede)

▸ *On peut croire* **à** *sa parole,* **à** *ton innocence,* **au** *progrès.*

en *croire* (compl. diretto)

▸ *S'il faut* **en** *croire les journaux (les journalistes), il serait nommé ambassadeur.*
*Je n'***en** *crois pas mes yeux.*

croire **en** (credere in, aver fede, aver fiducia)

▸ *Je crois* **en** *Dieu.*
Je crois **en** *vous et* **en** *lui.*

Emprunter **à** – persona (prendere in prestito)

▸ *J'emprunte mille francs* **à** *mon ami.*

emprunter **de** – solo cosa (prendere, servirsi di)

▸ *La lune emprunte sa lumière* **du** *soleil.*

Exceller **à**, **en** (eccellere)

▸ *Exceller* **en** *musique*, **au** *tennis*, **à** *jouer du piano.*

Insulter (trans.) – solo persona (insultare, dire ingiurie a)

▸ *Il a insulté cette femme.*

insulter **à** – persone e cose – (mancare di rispetto, di considerazione)

▸ *Son allégresse insulte* **à** *notre douleur.*
Il ne faut pas insulter **aux** *malheureux*, **à la** *misère d'autrui.*

Jouer (trans. – giocare, ingannare, fingere, recitare, rappresentare una commedia)

▸ *Jouer une partie de foot-ball.*
Il nous a joués.
Ton ami a si bien joué la douleur!
Jouer une comédie, un drame, une farce, un personnage.

jouer **à** (giocare)

▸ *Ils jouent* **aux** *cartes*, **aux** *échecs*, **au** *billard.*

jouer **de** (suonare uno strumento, servirsi di uno strumento)

▸ *Jouer* **du** *violon*, *jouer* **du** *couteau.*

Manquer (trans. – perdere, non riuscire, non raggiungere)

▸ *Tu as manqué le train, ce but, cette affaire, la leçon.*
J'ai manqué le lièvre (la lepre).
Je l'ai manqué belle (meglio: *je l'ai échappé belle* – l'ho scampata bella).

manquer **de** (non possedere)

▸ *Il manque* **d'***argent.*

manquer **à** (non fare il dovuto)

▸ *Il manque* **à** *son devoir.*

Parler (trans. – trattare un argomento)

▸ *Nous avons parlé affaires, politique, littérature, peinture.* Come *parler* si comporta *causer*: chiacchierare.
Nous avons causé musique et peinture. (ma *parler* è più elegante)

parler **de**, **avec** (parlare)

▸ *Je parlais* **de** *vous.*

Participer **à** (*avoir part* – partecipare)

▸ *Participer* **à** *la douleur.*
Participer **à** *une conjuration.*

participer **de** (somigliare)

▸ *Le mulet participe* **de** *l'âne et* **du** *cheval.*

Persuader (trans. persuadere)

▸ *Je l'ai persuadé de la nécessité de faire cela.*

persuader **à** (più raramente – fare intendere ragione)

▸ *Il n'y a pas moyen de persuader* **à** *ces gens-là qu'il était parti.*

Prêcher (trans. – predicare, istruire con sermoni)

▸ *Prêcher la foi aux infidèles.*

prêcher **de** (predicare con l'esempio)

▸ *Ne pas prêcher* **d'***exemple.* (predicare bene e razzolare male)

E anche *prêcher famine* (piangere miseria).

Présider (trans. – dirigere come presidente, presiedere)
▸ *Présider les assises, un concours.*
présider **à** (avere la direzione, avere cura)
▸ *Présider* **aux** *préparatifs d'une fête.*

Prétendre (trans. – pretendere, affermare, sostenere)
▸ *Que prétendez-vous de moi?*
Je prétends que c'est faux.
prétendre **à** (aspirare a)
▸ *Prétendre* **aux** *honneurs.*

Refuser (trans. – rifiutare, non accettare, respingere)
▸ *Refuser un présent / Refuser un candidat.*

Se refuser (*se priver de*, privarsi)
▸ *L'avare se refuse le nécessaire.*
se refuser **à** (*ne pas consentir* – rifiutarsi di)
▸ *Il se refuse* **à** *faire certaines choses.*

Se rappeler, se souvenir **de** (ricordarsi)
Si dice: *se rappeler une chose, se souvenir* **d'***une chose,* **d'***une personne*
▸ *Je me rappelle avec plaisir mes premiers succès.*
Je me souviens **de** *vous.*
Nous nous rappelons parfaitement cela.
Nous nous souvenons parfaitement **de** *cela.*

Nota *Rappeler*, usato alla forma **attiva** (o non pronominale riflessiva), significa "richiamare".
▸ *Mes affaires me rappellent à Paris.*
Je l'ai rappelé à l'ordre.

Sonner (trans. suonare)
▸ *Sonner une marche, sonner la messe.*
sonner **de** (*tirer des sons de* – tirare dei suoni da)
▸ *Sonner* **du** *cor,* **de la** *trompette.*

Sortir (intrans. / impers. – uscire)
▸ *Il est sorti.*
Il sort une agréable odeur de cette maison.
Cela m'est sorti de la mémoire.
sortir (trans. – fare uscire, tirare fuori)
▸ *Il sortit son mouchoir de sa poche.*
As-tu sorti ces fleurs de la serre?
On l'a sorti d'une affaire fâcheuse.

Soupirer (sospirare)
▸ *Soupirer de douleur.*
soupirer **pour**, **vers**, **après** (*désirer ardemment* – desiderare ardentemente) qualcuno o qualcosa
▸ *Soupirer d'amour* **pour** *quelqu'un.*

Tarder **à** (personale – tardare)
▸ *Il tarde* **à** *venir.*

tarder **de** (impersonale – non vedere l'ora di)

- *Il me tarde* ***d'****arriver.*

Toucher (trans. – toccare, riscuotere, colpire, interessare)

- *Je touche le mur.*
  Il a touché ses appointements.
  Il a touché son adversaire.
  Son sort me touche.

toucher **à**
- (approdare, fare scalo)
  - *Toucher* **au** *port.*
- (modificare, togliere qualcosa)
  - *Personne n'a touché* à *ton article.*
    Elle n'a jamais touché à *son argent.*
- (prendere in mano)
  - *Ne touche pas* **à** *ma montre.*
    Ne touchez pas **à** *ces fils de l'électricité.*
- atteindre (raggiungere)
  - *Toucher* **à** *une chose.*
    Toucher **au** *plafond.*

User (trans. consumare con l'uso)

- *Le grès use le fer.*
  S'user la santé.

user **de** – *se servir de, faire recours à* (servirsi)

- *User* **de** *violence.*
  User **des** *droits.*

Avoir affaire **à** *quelqu'un* (essere in rapporti con qualcuno)

- *Cet employé a toujours affaire* **à** *son directeur.*

avoir affaire **à** *quelqu'un* (con un tono di minaccia) è usato solo al futuro

- *Si tu rentres trop tard, tu auras affaire* **à** *moi.*

I seguenti verbi esigono la preposizione *en* davanti al nome o al pronome complemento.

Abonder (abbondare)

- *Cette région abonde* **en** *blé.*

Se connaître, s'entendre (intendersi)

- *Il se connaît bien* **en** *littérature.*
  Elle s'entend beaucoup **en** *peinture,* **en** *musique.*

(*se connaître, s'entendre* si costruiscono anche con la preposizione *à*)

- *M.me Vallier s'entend bien* **à** *enseigner le français.*

Se déguiser (travestirsi)

- *Elle s'était déguisée* **en** *soldat.*

Se masquer (mascherarsi)

- *Il s'est masqué* **en** *Pierrot.*

17
Accordo del verbo

17.1 Accordo del verbo con il suo soggetto

17.1.1 Regole generali

Come in italiano ogni verbo coniugato a un modo personale, si accorda in genere e numero con il proprio soggetto espresso o sottinteso.

Il verbo con due o più soggetti si mette al plurale.
- *Le chien et le chat* **sont** *des animaux domestiques.*

Il verbo con due o più soggetti, di persone diverse, si mette al plurale e si accorda con la persona che ha la priorità.
- *J'ai gagé que cette dame et vous* **étiez** *du même pays.*

Il verbo che ha due o più soggetti si accorda con l'ultimo nei casi seguenti:
- quando i soggetti sono sinonimi o disposti per gradazione.
  - *L'amour de l'art, la passion pour les chefs-d'œuvre* **l'entraîne** *toujours.*
    Sa force, son énergie **réussit** *à tout soumettre.*
- quando i soggetti sono riassunti da una delle parole *tout*, *rien*, *aucun*, *personne*, *nul*, *chacun*, *tout le monde.*
  - *Passion, gloire, richesses,* **rien** *ne le tente.*

Ma quando i soggetti sono posti dopo il verbo, accade che l'accordo venga fatto con il primo che contiene spesso l'idea dominante.
- *Demain* **viendra** *l'orage et la pluie et la grêle.*

Il verbo con dei soggetti (terza persona singolare) uniti da *ou*, *ni*, si mette al singolare o al plurale. Si usa il singolare se si considera che l'azione è fatta da uno dei soggetti. Si usa il plurale se i soggetti non escludono ma concorrono alla stessa azione.
- *Sa perte ou son salut* **dépend** *de sa réponse.*
  *Ni ta tante, ni ta cousine n'***est** *venue te chercher.*
  Ni la richesse, ni la grandeur ne nous **rendent** *heureux.*

Se due soggetti sono uniti da *ainsi que*, *comme*, *aussi bien que*, *de même que*, *plutôt que*, *non moins que*, *avec*, *autant que*, il verbo si accorda, in genere, con il primo soggetto perché vi è un'idea di paragone.
- *L'envie, ainsi que (comme, autant que) les autres passions* **est** *peu compatible avec le bonheur.*

Ma se *comme*, *ainsi que*, *avec* uniscono due sostantivi in un solo soggetto, il verbo si mette al plurale.
- *Le lion comme le tigre* **sont** *des bêtes féroces.*

Con *l'un et l'autre* il verbo si mette al singolare o al plurale.
- *L'un et l'autre* **ont** (**a**) *essayé de t'aider.*

Con *l'un ou l'autre*, il verbo si mette al singolare.
- *L'un ou l'autre* **fera** *ce travail.*

Con *ni l'un ni l'autre*, il verbo si mette al singolare o al plurale.
- *Ni l'une ni l'autre n'***est** *ma sœur.* (lo stato o l'azione si riferisce a un solo soggetto)
  Ni l'un ni l'autre ne **feront** *ce travail.* (azione comune)

Il verbo che ha per soggetto un nome collettivo, seguito da un complemento plurale, si accorda con il collettivo o con il suo complemento, secondo ciò che si desidera mettere in evidenza.
- *Une foule de curieux* **encombrait** *la rue.*
  Une foule de gens **encombraient** *l'entrée.*

Ma se il nome collettivo non ha complemento, il verbo si mette al singolare.
- *Une foule* **barrait** *l'entrée.*

Dopo *la plupart de*, *le plus grand nombre de*, *la plus grande partie de*, *une infinité de*, *nombre de*, *force*, *quantité de*, *beaucoup de*, *moins*, *combien*, *trop*, *assez*, *plus de*, il verbo si accorda quasi sempre con il complemento espresso o sottinteso.
- *La plupart des voyageurs* **réussirent** *à se sauver.*
  *Dieu nous donne le pain chaque jour. Combien ne l'***ont** *pas?*

Nota Con *le peu de* si usa il verbo al singolare per indicare insufficienza; si usa il verbo al plurale per indicare sufficienza.
- *Ce peu de leçons n'***a** *pas suffi à le sauver.*
  Ce peu de leçons **ont** *suffi à le sauver.*

Se il soggetto è il pronome *qui*, il verbo si accorda con l'antecedente di *qui*.
- *C'est moi qui* **ai** *dit.*
  *Ce sont eux qui l'***ont** *fait.*
  C'est Nadine qui les **a** *invités.*

E anche: *Je suis la femme qui* **a** *parlé* (*femme* è l'antecedente di *qui*).

Il verbo *être*, preceduto da *ce*, si mette al singolare quando è immediatamente seguito da due o più nomi al singolare.
- *C'***est** *la pluie et la chaleur qui fécondent la terre.*
  *C'***est** *l'orgueil et l'ambition qui le caractèrisent.*

Si dice indifferentemente:
- *Ce n'***était** o *ce n'***étaient** *que festins.*
  *Ce n'***est** o *ce ne* **sont** *que des ennuis.*

Nella forma interrogativa si dice:
- ***Est-****ce les Français que vous préférez?*
  Est-*ce vos amis qui l'ont fait?*
  Était-*ce Michel et Alain qui l'avaient vue?*
  (Si preferisce il verbo "essere" con *ce* al singolare).

17.2 Complemento del verbo

Due o più verbi possono avere, come in italiano, un complemento comune se questi verbi non esigono complementi di natura diversa.

- *Les enfants doivent aimer et respecter leurs parents.*
  Je hais et méprise les flatteurs.

Se due verbi dipendenti da uno stesso ausiliare (o semiausiliare) hanno per complemento un identico termine che reggono diversamente, bisogna rispettare la costruzione di ogni verbo, facendo ricorso a un pronome personale per il secondo verbo.

Non si può dire: *les enfants doivent obéir et respecter leurs parents*, ma *les enfants doivent obéir à leurs parents et les respecter.*

Due o più complementi davanti a un solo verbo devono essere tutti della stessa natura: tutti dei nomi, tutti degli infiniti ecc.

Non si può dire: *tu aimes l'étude et jouer*, ma *tu aimes l'étude et le jeu* oppure *tu aimes étudier et jouer.*

Non bisogna dare a un verbo due complementi indiretti per esprimere lo stesso rapporto.

Non bisogna dire: *c'est à mon ami à qui je dois la connaissance de Pierre*, ma *c'est à mon ami* **que** *je dois la connaissance de Pierre.*

- *C'est ici* **que** *nous habitons* (e non *où nous habitons*).
  C'est d'elle **qu'***il s'agit* (e non *dont il s'agit*).

17.2.1 Casi particolari

I verbi seguenti richiedono la preposizione *de.*

Accoucher (partorire)

- *Accoucher* **d'***un garçon.*

Hériter (ereditare)

- *Hériter* **d'***une maison,* **d'***une villa,* **d'***une somme.*

Ma si dice: *Il a hérité cette ferme de son oncle.*

Jouir (godere)

- *Jouir* **d'***une bonne santé.*

Rougir (arrossire)

- *Je rougis* **de** *toi* / **de** *prudence* / **de** *honte.*

S'acquitter (adempiere, compiere)

- *S'acquitter* **d'***un devoir.*

S'approcher (avvicinarsi)

- *Approche-toi* **de** *moi.*

Se mêler (immischiarsi)

- *Il se mêle* **de** *ses affaires.*

Ma *mêler*, usato nel senso proprio di "mettere insieme", di "confondere delle cose diverse", è **transitivo**.

- *J'ai mêlé mes livres, mes papiers.*

I verbi seguenti richiedono la preposizione *à*.
Acheter (comprare)
- *Acheter* ***à*** (**da**) *quelqu'un.*
  Je ***lui*** *ai acheté cette voiture.* – Ho comprato questa automobile *da* lui e anche *per* lui.

Compatir + nome di cosa
- *Compatir* ***aux*** *maux,* ***aux*** *faiblesses humaines*

Ma con un nome di persona bisogna dire *plaindre, excuser* ***quelqu'un***.

En vouloir (averla con)
- *Il en veut* ***à*** *nous tous.*

S'attendre (aspettarsi)
- *S'attendre* ***à*** *un prix.*

S'en prendre, s'attaquer (prendersela con)
- *Elle s'en prend* ***à*** *lui.*

Se fier (fidarsi di)
- *Elle se fiait* ***à*** *cet individu.*

Se plaindre (lamentarsi con)
- *Je me plaindrai de vous* ***au*** *directeur.*

S'essayer (cimentarsi)
- *S'essayer* ***à*** *la nage.*

17.3 Posizione dei complementi

Quando in una frase vi sono due complementi, un complemento diretto e un complemento indiretto, il complemento diretto precede l'indiretto.
- *J'écris une lettre à mon père.*

A meno che il complemento indiretto non sia a sua volta completato da complementi abbastanza lunghi, da una proposizione ecc.
- *On a enlevé à cette mère indigne ses enfants qu'elle n'assistait jamais.*

Il complemento circostanziale, cioè il complemento che esprime una circostanza di tempo, di luogo, di maniera, di mezzo, di causa, si può mettere prima della proposizione principale o alla fine, secondo l'idea che si vuole evidenziare.
- ***En deux heures*** *tu peux bien faire cette besogne.*
  Tu peux aisément faire ce travail ***en quatre heures.***
  Par ce temps *où voulez-vous aller?*
  Il est impossible que tu sortes ***par ce temps.***

In genere le proposizioni più corte precedono le più lunghe.
- *Venez quand vous aurez fini* (e non *quand vous aurez fini, venez*).

18
Modi e tempi

18.1 Modi personali

I quattro modi – *indicatif, subjonctif, conditionnel, impératif* – sono detti *personnels* perché indicano, con desinenze speciali, la distinzione delle persone grammaticali.

18.2 Indicativo

In genere si usa l'indicativo come modo del *réel*, della *certitude*, dell'*affirmation* (in italiano ci si serve spesso del congiuntivo) nei seguenti casi:

- dopo i verbi *affirmer, avouer, croire, deviner, dire, écrire, entendre, espérer, estimer, gager, juger, paraître, parler, penser, présumer, prétendre, s'assurer, savoir, sembler, s'imaginer, se douter, soutenir, soupçonner, supposer, se flatter, avoir ouï-dire, nier* e tutti gli altri verbi di opinione, quando sono coniugati alla forma affermativa o interrogativa.
  - *Je crois, je pense que vous* ***avez*** (abbiate) *raison.*
    *Gaston doute que vous l'****avez*** (abbiate) *trahi.*
    Il paraît, il semble que l'affaire ***est*** (sia) *vraie.*
    Ne pensez-vous pas qu'ils ***ont*** (abbiano) *raison?*

Ma si usa il futuro se l'azione si proietta verso l'avvenire.
- *Je crois, je pense qu'il* ***arrivera*** *demain.*

Nota

Se i verbi *entendre, dire, écrire, prétendre* esprimono la volontà, il comando, essi reggono il congiuntivo anche se coniugati alla forma affermativa.
- *Il prétend que vous lui* ***fassiez*** *ce plaisir.*

Il verbo *espérer*:

- regge il futuro dell'indicativo se è coniugato alla forma affermativa.
  - *J'espère que tout* ***ira*** *selon mon désir.*
- regge il congiuntivo se è coniugato alla forma negativa.
  - *Je n'espère pas qu'il* ***écrive*** *cette semaine.*
- può reggere il futuro o il congiuntivo se è coniugato alla forma interrogativa.
  - *Espérez-vous qu'il* ***payera****? (qu'il* ***paye****?)*

Se il verbo *espérer* è all'imperfetto o al trapassato prossimo (*plus-que-parfait*) dell'indicativo, bisogna usare il condizionale nella proposizione subordinata.
▸ *Tu espérais qu'il* ***irait*** (andasse) *le saluer.*
Tu avais espéré qu'il ***serait allé*** (fosse andato) *le saluer.*

- dopo i verbi impersonali che esprimono buone probabilità, una forte verosimiglianza, coniugati affermativamente: *il résulte, il arrive, il est probable, il est évident, il paraît, il semble, il est facile, il est sûr, il s'en suit, le bruit court.*
  ▸ *Il résulte qu'il* ***est*** *coupable.*
  Il est évident qu'il ***a manqué*** *le train.*

- nelle proposizioni subordinate unite alla proposizione principale da *ce qui, ce que, ce dont, tout... que* (per quanto), *parce que.*
  ▸ *Je ne savais pas ce qui* ***pouvait*** *vous faire plaisir.*
  J'ignore ce dont on ***a*** *parlé.*
  Tout éloquent qu'il ***était****.*
  Il fut condamné parce qu'il ***était*** *coupable.*

- nelle proposizioni interrogative indirette unite alla principale da *qui, quoi, quel, lequel, combien, comment, pourquoi, quand, où.*
  ▸ *Savez-vous me dire quelle* ***est*** *son intention?*
  Je vous prie de me dire d'où il ***vient****.*
  Personne ne saurait dire qui de ces deux gymnastes ***est*** *le meilleur.*
  Demandez-lui de quoi il ***se plaint****.*
  Pouvez-vous me dire de quoi il ***veut*** *me parler?*
  Ils ne savaient pas qui ***avait gagné****.*

- dopo le locuzioni congiuntive *ainsi que, alors que, à mesure que, à moins que, après que, attendu que, de même que, depuis que, dès que, aussitôt que, autant que, comme si, de ce que* (per il fatto che, perché), *outre que, parce que, pendant que, tandis que, peut-être que, si ce n'est que, tant que.*
  ▸ *Tant qu'on* ***a*** *un ami fidèle, on n'est pas tout à fait malheureux.*
  Peut-être que vous ***avez*** *raison, mais je ne le crois pas.*

- dopo le locuzioni comparative *plus... que ne (le), moins... que ne (le), mieux que ne (le).*
  ▸ *Vous parlez le français mieux que vous ne l'****écrivez****.*
  Il était plus instruit qu'on ne le ***croyait****.*

Nota

Di quanto
que... ne (le) – se il verbo della proposizione principale è alla forma positiva; *que... (le)* – se il verbo della proposizione principale è alla forma negativa.
▸ *Il est moins menteur* ***qu'****on ne le croyait.* – È meno bugiardo di quanto si credesse.
Il n'est pas moins menteur ***qu'****on (le) croyait* (non è meno bugiardo...).

Dopo la congiunzione *si* con valore ipotetico (*hypothétique*):
- si usa l'imperfetto o il trapassato prossimo dell'indicativo quando la corrispondente italiana "si" regge l'imperfetto o il trapassato del congiuntivo.
  ▸ ***Si j'étais*** *riche* (se fossi), *je voyagerais beaucoup.*
  Si j'avais reçu *ta lettre, je n'aurais pas téléphoné* (se avessi ricevuto...).

Nota

Si può trovare anche una frase come questa:

▸ ***S'il eût fait** attention, **il eût pu** éviter bien des fautes.*

Nei tempi composti si può infatti usare il *plus-que parfait* del congiuntivo. In questo caso bisogna servirsi, nell'altra proposizione, del *conditionnel passé 2ème forme* (rara, perché sostenuta).

▸ ***Si** on lui **eût demandé** ce qu'elle pensait, elle **eût répondu**.*

- si usa l'indicativo presente quando l'italiano "si" regge, caso più frequente, il futuro.

  ▸ ***Si** je **suis** reçu à mes examens* (se sono, se sarò promosso), *mon père me fera cadeau d'une belle bicyclette.*
  Si** tu le **vois (vedi, vedrai), *dis-lui que je l'attends.*
  S'ils viennent (vengono, verranno) *demain, j'irai à la gare.*

Il "si" dubitativo regge il presente indicativo, il futuro, il condizionale, secondo la necessità.

▸ *Je ne sais pas **s'il est*** (sia) *venu.*
*Je ne saurais vous dire **s'il** vous **prêtera** de l'argent.*
*Je ne sais **si** vous **auriez** la force de supporter un tel malheur.*

Con *quiconque* non si usa mai il congiuntivo.

▸ ***Quiconque viendra*** (venga) ***sera** bien accueilli.*
*Quiconque le **veut*** (voglia) ***peut** dire ce qu'il pense.*

18.3 Congiuntivo

Si usa il congiuntivo come modo potenziale:

- dopo i verbi che esprimono *l'incertitude, le doute , la surprise, le plaisir, la crainte* (il timore), *la volonté, la permission, le souhait, la demande, le consentement.*

  ▸ *Je doute qu'il **vienne**.*
  *Je désire, je souhaite, j'ordonne, je veux, j'exige que vous le **fassiez**.*
  *Supposons qu'ils **aient** raison.*
  *Crains-tu qu'il **puisse** pleuvoir?*

- quando il verbo d'*opinion* si trova in una frase negativa o interrogativa.

  ▸ *Croyez-vous qu'on **puisse** le faire?*
  *Nous ne croyons pas qu'on **puisse** le faire.*
  *Pensez-vous qu'ils vous **aient dit** la vérité?*

- dopo le locuzioni impersonali *il faut que, il convient que, il est nécessaire que, il vaut mieux que, il importe que, il suffit que, il est temps que, il semble que.*

  ▸ *Il faut que vous lui **disiez** la vérité.*
  *Il vaut mieux qu'il **parte**.*
  *Il semble que ce mal **soit** sans remède.*

- dopo le locuzioni congiuntive *afin que, à moins que, avant que, bien que, de peur que, de crainte que, encore que, jusqu'à ce que, loin que, non pas que, pour que, pourvu que, quoique, sans que, si peu que, soit que, supposé que.*

  ▸ *Pourvu qu'il **fasse** son devoir.*
  Quoiqu'il (sebbene) ***dise** la vérité.*
  *Supposé qu'il **vienne** demain.*
  *Fais-le sans que personne le **sache**.*

- dopo *le meilleur, le mieux, le premier, le seul, le dernier, l'unique* e il superlativo relativo, quando si vuole enunciare un fatto in maniera dubbia, contestabile.
  ▸ *C'est l'unique bien que j'***aie** *au monde.*
  Ce garçon est le seul qui **ait osé** *répondre ainsi.*

Nota Si usa l'indicativo quando si vuole esprimere qualcosa in maniera positiva, incontestabile.
▸ *C'est la seule loi qu'il* **faut** *suivre.*
*C'est le premier livre que j'***ai lu** *ce mois.*

- dopo un pronome relativo quando si esprime un fatto in maniera eventuale, incerta, dubbia.
  ▸ *Je cherche une personne qui* **puisse** *m'aider.*

  Ma si usa l'indicativo se la cosa si enuncia in maniera positiva, incontestabile.
  ▸ *Je cherche une personne qui* **peut** *m'aider.*
- dopo le locuzioni *on croirait que, on dirait que, de manière que, de sorte que, de façon que, si ce n'est que, sinon que* ecc. se si parla di un fatto inverosimile, esagerato o contrario alla verità.
  ▸ *Agissez de manière que tout le monde* **soit** *persuadé.*

  Ma si usa l'indicativo quando si vuole esprimere un fatto naturale, certo, probabile, verosimile.
  ▸ *On dirait que tout* **a été** *bien fait.*
  *Il se conduit de telle manière qu'on n'***a** *rien à lui reprocher.*
- dopo gli aggettivi o i participi che esprimono *la honte* (vergogna), *la joie, la satisfaction, l'affliction, la surprise, l'étonnement* (lo stupore).
  ▸ *Je suis charmé qu'il* **soit** *guéri.*
  Nous sommes désolés que vous **ayez** *supporté tout cela.*
- in alcune formule di *souhait* (voto augurale), *d'imprécation, de concession, d'indignation.*
  ▸ ***Dieu veuille*** *que vous* ***réussissiez.***
  Plaise à Dieu *qu'il* ***revienne*** *sain et sauf.*
  La paix soit *avec vous.*
- dopo le locuzioni *quel* (variab.) *que* (qualunque) + *être* o *devoir* e *pouvoir* + *être*, *quelque(s)... que* (qualunque) + sostantivo + verbo, *quoi... que* (due parole – qualunque cosa), *quoique* (una sola parola – per quanto), *qui que* (chiunque).
  ▸ *Quels que* **soient** *vos mérites...* *Quoique vous* **fassiez** *l'impossible...*
  Quelques richesses que vous **ayez**... *Qui que vous* **soyez**...
  Quoi que vous **disiez**...

18.4 Condizionale

Il condizionale presente si usa:

- per esprimere un'idea di futuro nel passato (in italiano si usa il condizionale passato).
  ▸ *Le chasseur croyait qu'il* **tuerait** (avrebbe ucciso) *beaucoup de gibier.*
  On m'avait dit que la chose **finirait** (sarebbe finita) *ainsi.*
  Il m'avait écrit qu'il **viendrait** (sarebbe venuto) *avec nous.*

  Ma si usa il condizionale passato se si vuole mettere in evidenza che l'azione di cui si parla si sarebbe dovuta fare o dovuta compiere in un certo momento.
  ▸ *Je croyais qu'à* **quatre heures j'aurais fini** *mon devoir.*
  *On pensait qu'***avant midi, il aurait achevé** *son ouvrage.*

- per indicare un fatto ipotetico (in italiano si usa l'imperfetto congiuntivo senza alcuna congiunzione e in relazione con un verbo al condizionale).
  ▸ *Un jeune homme qui* **voudrait** (volesse) *apprendre le français, devrait habiter Paris pendant quelques mois.*
  Que répondriez-vous à un ami qui vous **écrirait** (scrivesse) *une lettre pareille?*

Nota

In queste frasi si possono sostituire i relativi *qui*, *que*, con la congiunzione si e dire:
▸ *Si un jeune homme* **voulait** *bien parler français, il devrait passer quelques mois en France.*

- per indicare un'idea di *futur*, di *condition*, di *probabilité* (in italiano si usa il congiuntivo).
  ▸ *On avait décidé que je* **serais** *militaire.*
  *Ceux qui n'***auraient** *pas* **compris** (non avessero capito), *n'ont qu'à le dire.*

Si usa il condizionale, in genere, nelle frasi di cortesia.
▸ *Je ne* **saurais** (so, saprei) *t'exprimer toute ma joie.*
Nous ne **saurions** (sappiamo, sapremmo) *vous dire quel plaisir nous donne votre visite.*

Le proposizioni introdotte da *quand*, *quand-même*, *quand bien même*, *lors même que*, *au cas où* reggono il condizionale, mentre le corrispondenti italiane "quand'anche", "ancorché", "nel caso in cui", esigono il congiuntivo.
▸ *Quand bien même tu* **aurais** (avessi) *raison, tu ne devrais pas me parler de la sorte.*
Lors même que je le **verrais** (vedessi), *je ne le saluerais pas.*
Au cas où il **viendrait** (venisse), *dites-lui que je désire le voir.*

Nota

Si può sopprimere *quand bien même* e dire:
▸ *Je* **vivrais** (vivessi) *cent ans* **que** *je ne l'oublierais jamais.*

Se il verbo in italiano è al trapassato del congiuntivo si può tradurlo, in francese, con la seconda forma del condizionale passato.
▸ *Quand-même il* ***eût été*** *un homme méprisable, je l'****eusse aidé****.*
Ma è preferibile: *je l'aurais aidé.*

Quiconque, come già detto in precedenza, non ammette il congiuntivo. Esso si rapporta a due proposizioni ed esige che il verbo della proposizione subordinata sia allo stesso tempo di quello della proposizione principale.
▸ *Quiconque* ***voudrait*** (volesse) ***pourrait*** *le faire.*
Je le **protègerais** *contre quiconque* **oserait** (osasse) *l'attaquer.*
Quiconque le **veut** (voglia) **peut** *venir.*
Quiconque **viendra** (venisse) **sera** *bien accueilli.*
Quiconque **est** (sia) *capable de mentir* **est** *indigne.*
Il **prêtait** *de l'argent à quiconque lui en* **demandait** (domandasse).

18.5 Uso di alcuni tempi

Il *passé immédiat* (passato recente) si forma con il presente o l'imperfetto indicativo del verbo *venir* seguito dalla preposizione *de* e dall'infinito del verbo che si vuole coniugare al passato recente. Questo tempo si usa per indicate un'azione che si è appena compiuta e traduce le espressioni italiane: "or ora", "poco fa", "dianzi".
▸ *Je* **viens d'***arriver.* – Sono appena arrivato.
Il **venait de** *sortir.* – Era appena uscito.

Per il *passé immédiat* ci si può servire anche della locuzione *ne faire que de*.

▸ *Il* **ne fait que d'***arriver* (*il vient d'arriver*).
Le soleil **ne faisait que de** *paraître lorsque j'ouvris les yeux.*

Il *futur proche* (futuro prossimo o immediato) si forma con il presente o l'imperfetto indicativo del verbo *aller* seguito dall'infinito. Questo futuro si usa per indicare un'azione che si è sul punto di fare e traduce le espressioni italiane "essere per", "stare per", "essere in procinto di".

▸ *Je* **vais** *vous* **expliquer**. *Il* **va pleuvoir**.
*J'***allais** *vous* **écrire**. *Tu* **vas manquer** *le train.*

La locuzione *être en train de* + infinito esprime lo svolgimento attuale di una azione, la durata nello stato presente.

▸ *Il* **était en train de** *regarder la télé quand je suis arrivé.*

Nota

Être en train può significare anche *être en humeur, en bonne disposition* (essere in vena di fare una cosa).

▸ *Nous ne* **sommes pas en train** *pour supporter ses plaisanteries.*

Avoir failli – avoir manqué serve a esprimere che un fatto stava per accadere.

▸ *Ton frère* **a manqué** *se faire mal.*
Elle **a failli** *tomber.*

Il *passé simple* (o *passé défini*) si usa quando il periodo di tempo (era, secolo, anno, settimana), nel quale ha avuto luogo l'azione, è completamente trascorso. Il passato remoto conviene per i racconti storici, le descrizioni rapide.

▸ *Jules César* **conquit** *la Gaule de 58 à 50 ans avant J.C.*
Napoléon **naquit** *en 1769 et* **mourut** *en 1821.*

Il *passé composé* (o *indéfini*) si usa quando il periodo non è completamente trascorso. Il suo uso è frequente nella lingua corrente, nella corrispondenza, nella conversazione.

▸ *Hier je* **suis allé** *au cinéma* (e non *j'allai*).
Au moment où vous **êtes arrivés** (e non *où vous arrivâtes*)...

Dopo il condizionale presente si mette molto spesso, nella lingua corrente, il congiuntivo presente, per evitare l'uso dell'imperfetto congiuntivo, ormai sempre meno usato.

▸ *Il faudrait qu'il* **vienne** (e non *qu'il vînt*).
Il faudrait que vous **veniez** (e non *que vous vinssiez*).

Attenzione: Bisogna evitare, per quanto possibile, l'uso della prima e seconda persona plurale dell'imperfetto congiuntivo.

▸ *Nous* **serions** *contents si vous* **fassiez** *ce voyage* o *que vous* **fassiez** *ce voyage* (e non *que vous fissiez...*).

I verbi *pouvoir, vouloir, plaire* si mettono generalmente al futuro se dipendono da un imperativo.

▸ *Faites comme vous* **voudrez** (volete).
Venez quand il vous **plaira** (vi piace).
Fais comme tu **pourras** (puoi).

Ma se si tratta di un'azione che ha luogo nel momento in cui si parla si dirà: *fais comme tu* **veux**, *comme* **il te plaît** (ind. pres.).

18.6 Modi impersonali

L'*infinitif*, il *gérondif*, il *participe* sono detti *modes impersonnels* perché non hanno desinenze speciali per distinguere le persone grammaticali.

18.7 Infinito

Oltre a un valore puramente verbale l'infinito può avere quello di un nome.

In francese il numero degli infiniti sostantivati è piuttosto limitato. I principali sono: *l'aller* (*et retour*), *l'avenir*, *l'avoir*, *le boire*, *le coucher*, *le déjeuner*, *le devoir*, *le dîner*, *l'être*, *le goûter*, *le lever*, *le manger*, *le parler*, *le rire*, *le pouvoir*, *le repentir*, *le savoir*, *le savoir-faire*, *le souper*, *le souvenir*.

▸ *Un* ***parler*** *étrange* (uno strano parlare).
Le ***lever*** *du soleil* (e al plurale: *les levers* ***du soleil***).

L'infinito italiano si traduce:

- con l'infinito senza articolo quando è soggetto all'inizio di una proposizione.
  ▸ ***Protester*** (protestare, il protestare...) *ne sert à rien.*
  Promettre (promettere, il promettere...) *n'est pas tenir.*
  Mentir (il mentire) *est honteux.*
- con il sostantivo equivalente se l'infinito italiano è accompagnato da un aggettivo, da un articolo definito o da un determinativo (complemento circostanziale).
  ▸ *Il aime sa* ***douce oisiveté.*** – Ama il dolce far niente.
  La chute *des feuilles attriste.* – Il cadere delle foglie rattrista.
  Ses cris *sont insupportables.* – Il suo gridare è insopportabile.
  Vos pleurs *sont inutiles.* – Il vostro piangere è inutile.
  On entendait au loin ***les mugissements*** *des bœufs et* ***les bêlements*** *des brebis.* – Il muggire... e il belare...
- con l'infinito preceduto dalla preposizione *de* quando l'infinito italiano è il soggetto della proposizione impersonale che precede.
  ▸ *Il est beau* ***d'aller*** *à la mer.*
  Il est difficile ***de croire*** *à son repentir.*
  Il est honteux ***de mentir.***
- con l'infinito preceduto da *que de*, se nella proposizione impersonale l'attributo del verbo "essere" è un sostantivo.
  ▸ *C'est une grande joie* ***que d'apprendre*** *ses progrès.*
  C'est son devoir ***que d'étudier.***
- con il participio presente preceduto da *en* o con un complemento circostanziale, quando l'infinito italiano è preceduto da "col", "nel", "al".
  ▸ ***En entrant*** (nell'entrare...), *il vit son ami.*
  En montant (nel salire...) *les escaliers, il tomba.*
  Par la diffusion (col diffondersi...) *de la civilisation industrielle, les problèmes écologiques augmentent.*

Nota Quando l'infinito di *narration* è preceduto, in italiano, dalla preposizione "a", in francese si usa *de.*
▸ *Sa mère l'appela et elle* ***de courir, de l'embrasser*** (a correre, ad abbracciarla).

L'infinito italiano che ha valore d'imperativo (seconda persona sing. dell'imper.) si traduce con l'imperativo e non con l'infinito.

- *Ne* ***sois*** *pas triste.* – Non essere triste.
  *N'****aie*** *pas peur.* – Non avere paura.
  Ne ***parle*** *plus.* – Non parlare più.

18.8 Infinito come complemento

L'infinito si usa, come complemento, dopo i verbi di opinione, di sentimento, di volontà, preceduti o meno da una preposizione.

L'infinito non è preceduto da alcuna preposizione nei seguenti casi:

- dopo i verbi che esprimono un movimento reale (in italiano si usano, generalmente, le preposizioni "a", "per"): *accourir, aller, entrer* (*rentrer*), *envoyer, être* (nel senso di *aller*), *descendre, mener, monter, partir, retourner, sortir, venir, revenir*.
  - *Je vais chercher mes gants.*
    Il accourut la sauver.
    Il courut chercher le médecin.
    Elle est entrée acheter des timbres.
    Il a été (*est allé*) *voir le spectacle.*
    Viens déjeuner chez moi.
    Il est descendu acheter du pain.
    Nous sommes partis faire un tour.
    As-tu été le voir?

Nota

La preposizione *à* si mette davanti all'infinito se il movimento non è reale.
- ***Il est arrivé à*** *résoudre le problème.*
  Il ***vint à*** *savoir...* ***à*** *se décider...*
  Comment ferions-nous si la lumière ***venait à*** *manquer?*

Si può usare la preposizione *pour* davanti all'infinito per meglio indicare lo scopo.
- *Je suis allé l'inviter* o ***pour*** *l'inviter.*

Si dice anche: *Reste dîner avec nous.* / *Mets sécher le linge* (senza preposizione).

- dopo i verbi (in italiano si usa, in genere, la preposizione "di"): *aimer mieux* (preferire), *avouer, compter, confesser, croire, daigner, déclarer, désirer, entendre, espérer, faillir, faire, falloir, laisser, nier, oser, paraître, parier, penser, pouvoir, préférer, prétendre, reconnaître, savoir, se figurer, sembler, sentir, se rappeler, s'imaginer, souhaiter, soutenir, valoir mieux, voir, vouloir*.
  - *J'aime mieux passer l'été à la montagne qu'à la mer.*
    Je croyais te faire plaisir.
    Daignez m'écouter, madame.
    L'enfant a failli se casser la jambe.
    Il fait bon se promener au grand air.
    Elle n'ose te parler.
    Il me semble entendre la voix de ta mère.
    Je pense obtenir cette place.
    Tu prétends acheter cette maison.
    Elle paraît avoir vingt ans.
    Il vaut mieux se taire.
    Je souhaite avoir un bon emploi.

Nota *Penser à* seguito da un infinito significa *se souvenir, avoir une chose en vue* (ricordarsi, avere qualcosa in mente).
- *Il faut* ***penser à*** *l'accompagner. / Vous* ***pensez à*** *nous tromper.*

I verbi seguenti esigono la preposizione *à* davanti all'infinito (in italiano si usa di solito la preposizione "di" o "da").
Avoir (dovere)
- *J'ai quelques lettres* ***à*** (da) *écrire.*

Chercher (procurare, cercare)
- *Il cherche* ***à*** *comprendre.*

Consister (consistere)
- *Son habileté consiste* ***à*** *savoir se servir des autres.*

Décider (persuadere)
- *Je l'ai décidé* ***à*** *parler.*

Demander (chiedere, domandare)
- *Un monsieur demande* ***à*** *vous parler.*

S'attendre (aspettarsi)
- *Il s'attend* ***à*** *être élu.*

S'entendre, se connaître (en) (intendersi di)
- *Il s'entend, il se connaît* ***à*** *bien administrer.*

S'étudier (adoperarsi, applicarsi) – raro
- *Il s'étudia* ***à*** *lui cacher la vérité.*

Se complaire, se plaire, prendre plaisir (compiacersi)
- *Il se complaît à contredire tout le monde.*

S'essayer (cimentarsi)
- *Il s'essayait* ***à*** *savoir* (nel sapersi) *se servir.*

S'obliger (contrarre obbligo)
- *Il est obligé* ***à*** *assister ces enfants.*

Se refuser (rifiutarsi)
- *Elle s'est refusée* ***à*** *dire ce qu'elle savait.*

Répugner (provare ripugnanza)
- *Il répugnait* ***à*** *s'engager.*

I verbi seguenti si costruiscono con la preposizione *de* davanti all'infinito complemento (in italiano si usano le preposizioni "di", "a", "da" secondo il caso).
Avoir tort, avoir raison
- *Tu as tort* ***d'****agir ainsi.*

Bien faire / faire bien / mal / mieux
- *Tu as bien (mal, mieux) fait* **de** *te taire.*

Convenir (impers. convenire)
- *Il convient* **de** *dire la vérité.*

Défier (sfidare)
- *Je te défie* **de** *le deviner.*

Dépendre (impers. dipendere)
- *Il ne dépend pas de moi* **de** *faire ce que je fais.*

Dissuader (dissuadere)
- *Dissuadez-le* **de** (dal) *nous laisser.*

Dire (nel senso di "ordinare")
- *On lui a dit* **d'***aller tout de suite à l'aéroport.*

Entreprendre (tentare, incominciare)
- *Il a entrepris* **de** *se justifier.*

Être obligé (essere costretto)
- *Je suis obligé* **d'***habiter en banlieu.*

Importer (impers. importare)
- *Il m'importe beaucoup* **d'***aller à cette conférence.*

Persuader (persuadere, convincere)
- *Je l'ai persuadé* **de** *partir.*

Plaire (impers. piacere)
- *Il lui plaît* **de** *se promener.*

Prendre garde (evitare, badare, stare attento)
- *Prends garde* **de** *ne pas te mouiller.*

Répugner (impers. ripugnare)
- *Il me répugne* **de** *vous demander cela.*

Rougir (arrossire)
- *Il faut rougir* **de** *médire de quelqu'un.*

Se dépêcher, se hâter, s'empresser (sbrigarsi, affrettarsi)
- *Dépêchez-vous* **de** *répondre.*
  Il se hâta **de** *sortir.*
  Il s'empressa **de** *nous informer.*

Se souvenir (ricordarsi)
- *Il se souvint* **d'***avoir envoyé la lettre.*

Suffire (impers. essere sufficiente)
- *Il ne suffit pas* **d'***écrire, il faut lui parler.*

Tâcher **de** (cercare)
- *Tâche* **de** *le connaître.*

Tâcher **à** ("cercare di", indica un più grande sforzo).
- *Il tâche* **à** *se faire comprendre* (poco usato nella lingua corrente).

Un certo numero di verbi costruiscono l'infinito complemento indifferentemente con *à* o *de*: è l'orecchio che decide. Ecco i principali: *commencer, continuer, contraindre, s'efforcer, s'ennuyer, forcer, obliger, solliciter, emprunter, s'empresser, souffrir, participer* ecc.
- *Ce garçon commence* **à** *faire des progrès.*
  Avez-vous commencé **de** *bâtir votre maison?*
  Il continue **à** *ne rien faire.*
  Continuez **de** *m'écrire.*
  Ses adversaires le forcèrent **de** *se rendre.*
  On voulait le forcer **à** *partir.*

Ma *commencer* **par** = cominciare **con**
- *Commencez* **par** *traduire cette poésie.*

Proposizione infinitiva complemento oggetto

Dopo alcuni verbi quali *affirmer*, *avouer*, *assurer*, *dire*, *confesser*, *comprendre*, *croire*, *déclarer*, *penser*, *répondre*, *répliquer*, *savoir*, *sentir*, *s'imaginer* si può usare l'infinito come complemento oggetto senza preposizione.

▸ *Je crois (j'espère, je pense) partir bientôt.*

Si può anche dire alla forma personale (preferibile in genere):

▸ *Je crois (j'espère, je pense)* ***que*** *je partirai bientôt.*

Nota

Con i verbi "essere" e "avere" bisogna evitare la subordinata infinitiva.
Non bisogna dire: *on dit cet homme être riche*, ma *on dit que cet homme est riche.*

18.9 Participio presente e aggettivo verbale

Il participio presente può essere considerato come forma verbale o come aggettivo.

Come forma verbale il participio presente esprime un'azione simultanea, e più o meno passeggera, in rapporto all'azione indicata dal verbo che esso accompagna.

La forma in *-ant* è **participio presente** e perciò invariabile:

- quando è seguita da un complemento oggetto.

  ▸ *J'ai vu cette mère* ***caressant*** *son fils.*
  Je l'ai trouvé ***lisant*** *un livre policier.*
  Il est difficile de trouver des livres ***intéressant*** *tous les âges.*

- quando è seguita da un complemento indiretto o quando appartiene a un verbo pronominale.

  ▸ *Ce sont des journaux* ***paraissant*** *tous les mois.*
  Les personnes ***vivant*** *à l'étranger apprennent bien les langues.*
  Les voleurs, ***se voyant*** *découverts, s'enfuirent.*

- quando è preceduta dalla negazione *ne*.

  ▸ ***Ne pouvant*** *sortir à cause de la pluie, nous avons joué au poker.*

- quando è seguita da un avverbio o da una locuzione avverbiale.

  ▸ *Ce sont des enfants impossibles,* ***pleurant*** *et* ***gémissant toujours****.*
  Les besoins de l'homme, ***augmentant sans cesse****, ont développé et perfectionné son intelligence.*

- nella proposizione participiale (assoluta).

  ▸ *Dieu* ***aidant****, nous vaincrons.*
  Le ***cas échéant*** (all'occorrenza), *que faut-il faire?*

- quando si usa con *aller* o *s'en aller*.

  ▸ *Le fleuve* ***va grossissant****.*

Nota

Il participio presente può essere sostituito da una proposizione relativa.

▸ *Elle avait reçu une dépêche* ***qui lui annonçait*** (***annonçant***) *l'arrivée de son fils.*

La forma in *-ant* è **aggettivo verbale** (*adjectif verbal*) quando esprime lo stato (*l'état*), una maniera di essere, una qualità più o meno permanente. Essa è dunque variabile nei seguenti casi:

- quando può essere sostituita da un altro aggettivo qualificativo.

  ▸ *Ce sont des enfants* ***obéissants*** (***diligents***, ***dociles***).
  C'est une fille ***charmante*** (***jolie***).
  Envoie-moi des livres ***amusants*** (***plaisants***).

- quando è preceduta dal verbo "essere" o da uno dei verbi *devenir, sembler, paraître*.
  ▸ *La forêt* ***était riante***.
  Tes paroles ***sont mordantes***.
  Ils ***paraissaient hésitants***.
  Cette chaleur ***devient suffocante***.
- quando è preceduta da un avverbio o da una locuzione avverbiale.
  ▸ *Ce sont des roses* ***très odorantes***.
  Les plaisirs ***sans cesse renaissants*** *engendrent l'ennui*.

Nota

Qualche volta il participio presente è variabile anche se è seguito da un complemento. In questo caso l'azione che si prolunga può diventare uno "stato".

▸ *On représentait des spectres* ***errant*** – o – ***errants*** *dans l'obscurité*.
Ils les a vu ***mourant*** – o – ***mourants*** *de faim*.

Si tratta tuttavia di un complemento indiretto poiché il participio presente, seguito da un complemento diretto è, secondo la regola generale, invariabile.

Ayant, étant sono sempre invariabili. Si dice tuttavia:

▸ **les** *ayants* **droit** (aventi diritto).
les *ayants* **cause** (aventi causa).

Si dice ***des*** *soi disant* (inv.) ***écrivains*** (dei sedicenti scrittori).

Vi sono dei participi presenti che differiscono dagli aggettivi verbali o dai sostantivi non solo per l'accordo ma anche per l'ortografia. Ecco i principali:

Participe présent	Adjectif verbal (o substantif)
adhérant	*adhérent*
affluant	*affluent*
communiquant	*communicant*
compétant	*compétent*
coïncidant	*coïncident*
confluant	*confluent*
convainquant	*convaincant*
convergeant	*convergent*
différant	*différent*
divergeant	*divergent*
équivalant	*équivalent*
excédant	*excédent*
excellant	*excellent*
expédiant	*expédient*
extravaguant	*extravagant*
fabriquant	*fabricant*
fatiguant	*fatigant*
influant	*influent*
intriguant	*intrigant*
naviguant	*navigant*
négligeant	*négligent*
précédant	*précédent*
présidant	*président*

*provo***quant**	*provo***cant**
*résid***ant**	*résid***ent**
*suffo***quant**	*suffo***cant**
*va***quant**	*va***cant**

18.10 Gerundio

La lingua francese, non avendo una forma particolare per il gerundio, traduce il gerundio italiano in vari modi.

Con il participio presente, sempre invariabile, preceduto da *en*, quando il soggetto del gerundio è lo stesso di quello della proposizione principale e serve a esprimere un'azione contemporanea o simultanea, con il valore di un complemento circostanziale:

- complemento di *temps* (tempo).
  - *Je l'ai rencontré* **en allant** *à l'école.*

Nota

In italiano si può usare, invece del gerundio, un modo personale preceduto da *mentre* o da un infinito preceduto da *col*, *nel*, *al*.

- ***En allant*** *à l'école* (mentre andavo a scuola), *j'ai vu la manifestation.*
  En prononçant (nel pronunciare) *ces mots, elle fondit en larmes.*

- complemento di *moyen* (mezzo).
  - *Il gagne sa vie* **en travaillant**.
- complemento di *manière* (maniera).
  - *Il travaille* **en chantant**.
- complemento di *opposition* (opposizione).
  - *Tout* **en riant** *des autres, c'était de moi qu'il se moquait.*

Attenzione *Ayant*, *étant*, *devant*, *pouvant* e il participio dopo *aller* rifiutano *en*.

- ***Ayant*** *besoin de lui, j'attends.*
  Étant *malade, il a appelé le médecin.*
  Pouvant *l'éviter, il a préféré partir.*
  Le mal **va empirant**.

Si usa il participio senza *en* quando vi è cacofonia.

- *L'enfant*, **entendant** *la voix de sa mère, arriva.*

Si usa il participio presente senza *en*:

- quando, pur avendo lo stesso soggetto, il gerundio e il verbo principale esprimono azioni distaccate e successive (non simultanee).
  - ***Sachant*** *que je venais ici, il m'a chargé de vous saluer.*
    Croyant *le contenter, je l'ai invité.*
    Maurice, ***prenant*** *un de ses livres, me l'a donné.*
- quando i verbi non hanno lo stesso soggetto.
  - *Le père*, ***étant*** *mort, les fils se séparèrent.*
    La fumée **diminuant**, *j'aperçus des morts et des blessés sur le champ de bataille.*
- quando il gerundio è composto.
  - *Le ciel* ***s'étant éclairci***, *nous continuâmes notre voyage.*
    Ayant reçu *la marchandise en retard, je ne suis plus obligé de l'acheter.*

- quando il gerundio è coniugato alla forma negativa.
  ▸ ***Ne sachant*** *rien répondre, il s'éloigna.*
  Ne pouvant *t'aider personnellement, je t'envoie ma sœur.*

Si usa un verbo al modo personale, preceduto da una delle congiunzioni *puisque*, *comme*, *si*:

- se si tratta del gerundio di un verbo impersonale.
  ▸ ***Comme il pleut***, *je ne peux sortir.*
- se il gerundio si trova fra due virgole (in italiano lo si può sostituire con un verbo personale preceduto da *se*).
  ▸ ***S'il le veut*** (volendo, potendo), *ton père peut te donner de l'argent.*
- se il gerundio, che non si rapporta al soggetto della proposizione principale, può essere causa di equivoco.
  ▸ ***Puisque*** *je suis malade, ma mère a appelé le médecin* (essendo malata...).

Nota

Le espressioni italiane "sto leggendo", "stavo scrivendo", "egli andava", "veniva dicendo", "sta vestendosi" ("stare", "andare", "venire" + gerundio) si traducono con il solo verbo o con *être en train de* + infinitif, se si vuole insistere sulla durata dell'azione.

Je lis – *je suis en train de lire.*
J'écrivais – *j'étais en train d'écrire.*
Il disait – *il était en train de dire.*
Elle s'habille – *elle est en train de s'habiller.*

▸ *Ma mère* ***est en train de préparer*** (o *prépare*) *le déjeuner.* – Mia madre sta preparando o prepara...

Ma:

▸ *Il* ***va croissant***

Attenzione: L'uso di *en* cambia il senso di una frase poiché trasforma il participio presente in gerundio.

▸ *J'ai vu Paul* ***sortant*** *de l'église* (Paul che usciva dalla chiesa).
J'ai vu Paul ***en sortant*** *de l'église* (io uscivo dalla chiesa).
Ta mère me vit ***ouvrant*** *la porte* (vide me che aprivo la porta).
Ta mère me vit ***en ouvrant*** *la porte* (mentre lei apriva la porta).

18.11 Participio passato

Il participio passato, usato senza ausiliare, diventa un semplice aggettivo qualificativo e si accorda con il nome o pronome al quale si riferisce.

▸ *Ce sont des livres bien relié**s**.*
*Des enfants mal élevé**s**.*
*Chose promis**e**, chose du**e**.*

Nota

I participi *excepté*, *attendu*, *approuvé*, *certifié*, *entendu*, *y compris*, *non compris*, *été*, *ouï*, *passé*, *supposé*, *vu*, *réservé* sono invariabili se precedono il sostantivo, perché li si considera come delle preposizioni; essi si accordano quando lo seguono.

▸ *Tout a été détruit,* ***excepté*** *cette maison.*
Passé *deux mois...* / ***Ouï*** *vos raisons...*
Il a vendu tout son domaine, la maison non ***comprise****.*
La présente copie ***certifiée*** *est conforme à l'original.*

Étant donné davanti a un nome può rimanere invariabile o accordarsi con esso.
▸ ***Étant donné*** *sa stupidité, on ne pouvait attendre autre chose de lui.*
Étant données *les circonstances, nul n'aurait pu le sauver.*

Il participio passato coniugato con *être* si accorda sempre con il soggetto del verbo.
▸ *Ma sœur est* ***venue*** *me voir.*
Ils sont ***partis*** *pour Florence.*

Il participio passato coniugato con *avoir* si accorda con il suo complemento diretto se questo precede il participio; esso resta invariabile se il complemento diretto segue il participio o non vi è alcun complemento di questa natura.
▸ *Les lettres* ***que*** *nous avons* ***reçues****...*
Nous avons reçu des lettres.
Je ***les*** *ai* ***rencontrés*** *et* ***les*** *ai* ***salués****.*
Ce général a rendu des services à son pays.

Il participio passato dei verbi *accidentellement pronominaux* si accorda con il complemento oggetto se questo precede l'ausiliare.
▸ *Elle* ***s'****est* ***lavée****.*
Elle ***s'****est* ***coupée*** *au doigt.*

Ma:
▸ *Elle s'est coupé le doigt.*
Pierre et Christian se sont fait des compliments.

Il participio passato dei verbi *essentiellement pronominaux* si accorda con il soggetto.
▸ *Nous nous* ***sommes promenés****.*

Il participio passato dei verbi impersonali o utilizzati come impersonali (coniugati con "avere" o con "essere") è sempre invariabile.
▸ *Les grandes chaleurs qu'il* ***a fait*** *ont desséché la terre.*
Il est tombé *une grande quantité de neige.*
*Les inondations qu'****il y a eu*** *ont causé des désastres.*

Il participio passato dei verbi *intransitifs* coniugati con "essere" è variabile.
▸ *Ils sont* ***entrés*** *dans ma chambre.*
Ma sœur est ***tombée*** *en montant l'escalier.*

Il participio passato dei verbi intransitivi coniugati con "avere" è invariabile.
▸ *Elle a* ***vécu*** *dans le bien-être.*
Cette bataille a ***duré*** *quatre heures.*

Nota

Alcuni verbi intransitivi possono diventare transitivi; il loro participio passato è allora variabile (essi sono usati in senso figurato):
- participio invariabile (senso intransitivo).
  ▸ *Les trois mille francs que ce meuble m'****a coûté*** (senso proprio).
  *Les dix minutes que j'****ai marché****...* (senso proprio).
- participio variabile (senso transitivo).
  ▸ *Les efforts que ce travail m'a* ***coûtés****...* (senso figurato: *causés*).
  Les dangers que nous avons ***courus****...* (senso figurato).

Ci annexé, *ci-joint*, *ci-inclus* sono invariabili
- se sono in testa alla proposizione.
  ▸ *Ci-joint les pièces du contrat.*
- quando, nel corso della frase, precedono un nome indeterminato, cioè un nome senza articolo né aggettivo dimostrativo o possessivo.
  ▸ *Vous trouverez, ci-inclus, facture de la marchandise.*

Sono variabili:
- se sono posti dopo il sostantivo.
  ▸ *Le lettre* ***ci-annexée****...*
  Veuillez lire attentivement les pièces ***ci-incluses****.*
- se sono posti prima di un sostantivo preceduto da un articolo o da un aggettivo determinativo.
  ▸ *Je vous envoie,* ***ci-jointe****,* ***une*** *(****la****,* ***ma****) quittance.*

I participi *dû*, *dit*, *cru*, *su*, *pu*, *voulu* e simili sono invariabili quando hanno, per complemento oggetto, un infinito o una proposizione sottintesa.
▸ *Je lui ai rendu tous les services que j'ai* ***pu*** *et que j'ai* ***dû*** (sottinteso o no: *lui rendre*).
Vous avez donné à vos enfants l'éducation que votre fortune vous a ***permis*** (sottint: *de leur donner*).

Nota Eccetto *pouvoir*, i suddetti verbi possono avere un complemento oggetto diretto anteposto che comanda l'accordo del participio.
▸ *Il a cité toutes le paroles* ***que*** *j'avais* ***dites****.*
Il a obtenu les choses ***qu'****il a toujours* ***voulues****.*

Il participio passato seguito da un infinito e coniugato con "avere":
- si accorda con il complemento oggetto diretto che precede, quando questo complemento si rapporta al participio (senso attivo).
  ▸ *Les peintres* ***que*** *j'ai* ***vus*** *travailler sont très habiles* (i pittori lavoravano).
  Les violinistes ***que*** *j'ai* ***entendus*** *jouer...* (i violinisti suonavano).
- è invariabile se il complemento oggetto diretto si rapporta all'infinito (senso passivo).
  ▸ *Les discours* ***que*** *j'ai* ***entendu*** *prononcer...* (essere pronunciati).
  La femme ***que*** *j'ai* ***vu*** *cet artiste peindre est très jolie* (essere dipinta da).

Se vi è una preposizione fra il participio e l'infinito:
- il participio passato è variabile quando la frase è attiva, cioè quando il complemento oggetto che lo precede si rapporta al participio.
  ▸ *Les marchandises* ***qu'****il m'a* ***données*** *à vendre n'étaient pas bonnes* (*il m' a donné les marchandises à vendre*).
- il participio passato è invariabile se il complemento oggetto si rapporta all'infinito (senso passivo).
  ▸ *Les marchandises* ***qu'****il m'a* ***ordonné*** *de vendre...* (*il m'a ordonné de vendre les marchandises*).

Il participio *fait* seguito da un infinito è sempre invariabile.
▸ *Les enfants que j'ai* ***fait*** *instruire sont intelligents.*

Il participio passato preceduto da *en* resta invariabile (in italiano si accorda).
▸ *J'ai trouvé des fleurs et j'****en*** *ai* ***cueilli****.*
*Des difficultés? Certes, j'****en*** *ai* ***éprouvé****.*

Nota

Se nella frase, oltre al pronome *en*, vi è un complemento diretto espresso, il participio si deve accordare con questo complemento.

- *Mon ami est à Paris, voici les cartes* ***que j'en*** *ai* ***reçues*** (raro).

Se il pronome *en* è preceduto da un avverbio di quantità, il participio si accorda con il nome.

- ***Autant*** *de livres j'ai acheté,* ***autant j'en*** *ai* ***lus***.

Se l'avverbio di quantità segue il pronome *en*, il participio è invariabile.

- *De ces romans* ***j'en*** *ai* ***lu beaucoup***.
  J'en *ai* ***tant vu*** *des villes!*

Il participio passato preceduto da *le peu*:

- si accorda con il suo complemento se *le peu* significa una "piccola quantità" sufficiente.
  - ***Le peu*** *de livres que nous avons* ***achetés*** *suffisent pour notre étude.*
    Le peu *de fortune qu'il a* ***acquise*** *a suffi pour le faire vivre tranquillement.*
- resta invariabile se significa *le manque, l'insuffisance*.
  - ***Le peu*** *de fortune qu'il a* ***acquis*** *n'a pas suffi pour le faire vivre tranquillement.*
    Le peu *d'éducation qu'il a* ***reçu*** *lui fait commettre tant de sottises.*

Il participio passato preceduto da *le*:

- è variabile se *le* si rapporta a un nome espresso prima.
  - *Ta lettre, je* ***l'ai montrée*** *à ta mère.*
- è invariabile se *le* rappresenta una proposizione e significa *cela*.
  - *Cette demoiselle est plus instruite que je ne* ***l'avais*** *imaginé. (je n'avais pas imaginé* ***cela***: *qu'elle était instruite*).

Participio passato preceduto da un collettivo. Quando il participio passato è preceduto da un collettivo seguito dal suo complemento, l'accordo si fa con il collettivo o con il suo complemento.

- *Cette* ***bande*** *de malfaiteurs que la police a bientôt* ***cernée***... (accerchiato – a).
  Cette ***bande*** *de* ***malfaiteurs*** *que la police a bientôt* ***cernés***... (circuito – i).

Il participio passato preceduto da un avverbio di quantità:

- si accorda con il nome che è complemento e segue questo avverbio.
  - *Combien d'erreurs a-t-il* ***commises***!
    Combien de fautes a-t-il ***faites***?
    Autant de batailles il a ***livrées***, *autant de victoires il a* ***remportées***.
- l'accordo non si fa se il complemento dell'avverbio di quantità segue il participio.
  - *Combien a-t-il* ***fait*** *de fautes?*

Il participio passato fra due *que*:

- è invariabile se ha per complemento diretto la proposizione subordinata che segue.
  - *Ce sont les livres* ***que*** *j'avais* ***présumé que*** *vous liriez.*
- è variabile se il primo *que* (pronome relativo) è complemento oggetto diretto posto prima del participio.
  - *Ce sont les livres* ***que*** *j'ai* ***achetés que*** *nous lirons.*

Il participio passato si può usare come costruzione assoluta in due casi:

- se l'ausiliare sottinteso davanti al participio passato è il verbo "essere" e se il soggetto del participio, un nome, non è lo stesso di quello della proposizione principale. In questo caso il nome, (che in italiano segue il participio), deve essere posto prima del participio passato.

▸ ***La nuit venue*** (venuta la notte), ***nous*** *saluâmes nos hôtes et partîmes.*
Le rideau tombé (calato il sipario), ***tous les spectateurs*** *applaudirent.*

Nota Nella lingua corrente si preferisce esprimere la frase al completo: *Quand la nuit fut venue... / Dès que la nuit fut venue / Quand le rideau fut tombé... / Dès que le rideau fut tombé... / Après que le rideau fut tombé...*

- se il participio esprime lo stato con – come ausiliare sottinteso il verbo "essere" – e se ha lo stesso soggetto del verbo principale.

▸ ***Blessé*** *dans son orgueil, il se tut.*
Accusé *à deux reprises, il dut se défendre énergiquement.*

Nota Se in italiano l'ausiliare sottinteso è *avoir*, bisogna esprimere sia l'ausiliare che le altre parole.

▸ ***Après avoir étudié*** *la question* (studiata la questione), *nous vous communiquerons notre avis.*
Aussitôt que nous aurons *reçu la marchandise, nous vous enverrons le chèque.*

Se l'ausiliare sottinteso (in italiano) è il verbo "essere" e se il participio è accompagnato da una particella pronominale, anche in questo caso bisogna esprimere sia l'ausiliare che le altre parole.

▸ ***S'étant aperçu*** *de sa faute* (accortosi del suo errore), *il voulut s'excuser.*
S'étant assise (sedutasi), *elle put tranquillement nous écouter.*

19
Parti invariabili del discorso

19.1 Avverbi

L'avverbio è una parola invariabile che modifica il senso di un verbo, di un aggettivo o di un altro avverbio.

▸ *Elle parle* **trop**. / *C'est un homme* **très** *pauvre.* / *Il écrit* **très** *vite.*

La locuzione avverbiale è l'unione di parole equivalenti ad un avverbio: *à propos*, *ça et là*, *en vain*, *tout de suite.*

Si distinguono **sette** categorie di avverbi:

- *adverbes de manière*;
- *adverbes de quantité* (*et d'intensité*);
- *adverbes de temps*;
- *adverbes de lieu*;
- *adverbes d'affirmation*;
- *adverbes de négation*;
- *adverbes de doute.*

19.1.1 Avverbi di maniera

Sono: *ainsi*, *aussi*, *autant*, *bien*, *comme*, *comment*, *debout*, *ensemble*, *exprès*, *fort*, *franco*, *gratis*, *incognito*, *mal*, *mieux*, *pis*, *plutôt*, *quasi*, *recta*, *vite*, *volontiers.*

Bisogna aggiungere inoltre:

- alcuni aggettivi neutri presi avverbialmente con alcuni verbi: *bon*, *bas*, *clair*, *cher*, *haut.*
  ▸ *Voir clair.* / *Voler bas.* / *Sentir bon.*
- un gran numero di avverbi in *-ment* (*gentiment*, *lentement*, *sagement* ecc.)

Locuzioni avverbiali

à contre-cœur – a malincuore
à dessein – deliberatamente
à l'envie – a gara
à genoux – in ginocchio
à loisir – a piacere
à peu près – circa
à propos – a proposito
à rebours – a rovescio

à regret – a malincuore
à tort ou à raison – a torto o a ragione
à tue-tête – a squarciagola
cahin-caha – così così, alla meno peggio
de mal en pis – di male in peggio
de mémoire – a memoria
vis-à-vis – di fronte

19.1.2 Avverbi di quantità

Sono: *assez, aussi, autant, beaucoup, bien, combien, davantage, encore, fort, guère, moins, par trop, pas mal, peu, plus, presque, que, si, tant, tellement, tout, trop.*
Bisogna aggiungere alcuni avverbi in *-ment* che esprimono la quantità, l'intensità: *abondamment, grandement, énormément, immensément* ecc.

Locuzioni avverbiali

à demi – a mezzo
à foison – a iosa
à moitié – a metà
à peu près – circa
un peu, un petit peu, un tout petit peu – un poco, un pochino, un pochettino
peu à peu – a poco a poco
petit à petit – a poco a poco
tout à fait – del tutto, completamente

19.1.3 Avverbi di tempo

Sono: *alors, après, après-demain, aujourd'hui, auparavant, aussitôt, autrefois, avant, avant-hier, bientôt, déjà, demain, depuis, derechef, désormais, dorénavant, encore, enfin, ensuite, hier, jadis, jamais, longtemps, lors, maintenant, naguère, parfois, puis, quand, quelquefois, sitôt, soudain, souvent, subito, tantôt, tard, tôt, toujours.*

Locuzioni avverbiali

jamais – per sempre
à l'instant – subito
à présent – ora, attualmente
au temps jadis, jadis, autrefois – un tempo, in altri tempi
avant le temps – anzitempo
par la suite – in seguito
de bonne heure – per tempo, presto
d'emblée – di primo acchito
de mon temps – ai miei tempi
depuis longtemps – da molto tempo
depuis lors – da allora in poi
depuis peu – da poco
dès aujourd'hui – da oggi in poi
dès à présent – da ora
dès lors – da allora
de temps à autre – di quando in quando
de temps en temps – di tanto in tanto
d'ici 8 jours (senza *à*), *d'aujourd'hui en 8, d'ici demain* – da qui a, entro

du temps de – al tempo di
entre temps – nel frattempo
il y a quelque temps – tempo fa
jusque là – fino ad allora
sans cesse – senza posa
sous peu – fra poco
sur le champ – immediatamente
tout à coup – a un tratto
tout à l'heure – poco fa
tout de suite – subito
tout d'un coup – di colpo, in una volta
par la suite – in seguito, più in là
tôt ou tard – presto o tardi

19.1.4 Avverbi di luogo

Sono: *ailleurs*, *alentour*, *auprès*, *autour*, *avant*, *contre*, *dedans*, *dehors*, *derrière*, *dessous*, *dessus*, *devant*, *ici*, *là*, *loin*, *où*, *outre*, *partout*, *proche*, *y*.

Locuzioni avverbiali

à côté – accanto
au-dedans – al di dentro
au-dehors – al di fuori
au-dessous – al di sotto
au-dessus – al di sopra
ci-après – più avanti
ci-contre – accanto, qui a fianco
ci-dessous – qui sotto
en arrière – indietro
en avant – in avant
en deçà – al di qua
en haut – in alto
ici-bas – quaggiù
là-bas – laggiù
là-dedans – là dentro
là-haut – lassù
nulle part – da nessuna parte
par ici, par là – di qui, di là
quelque part – da qualche parte

19.1.5 Avverbi di affermazione

Sono: *assurément*, *aussi*, *bien*, *certes*, *certainement*, *d'accord*, *oui*, *parfaitement*, *précisément*, *que si*, *sans doute*, *si*, *si fait*, *soit*, *volontiers*, *vraiment*.

19.1.6 Avverbi di negazione

Non – forma tonica, e *ne* – forma atona
Altre parole come *aucunement*, *nullement*, *guère*, *jamais*, *pas*, *rien*, che di solito accompagnano la negazione, esprimono, essi stessi, un'idea negativa.

19.1.7 Avverbi di dubbio

Sono: *apparemment, peut-être, probablement, sans doute, vraisemblablement.*

19.2 Formazione degli avverbi in *-ment*

Regola generale

Gli avverbi in *-ment* si formano aggiungendo il suffisso *-ment* al femminile dell'aggettivo.

▸ *Grand – gran**de** – gran**dement***
*Doux – dou**ce** – dou**cement***
*Vif – vi**ve** – vi**vement***

Nota Molti aggettivi non posssono formare gli avverbi in *-ment*: *content, contagieux, charmant* ecc.

Regole particolari

Se l'aggettivo termina con una vocale (*vrai, aisé, poli, éperdu*) si aggiunge direttamente il suffisso *-ment.*

▸ *Vrai – vrai**ment**, aisé – aisé**ment**, éperdu – éperdu**ment***

Alcuni avverbi prendono un accento circonflesso. Esso sta a indicare la caduta della *e* del femminile: *assidu – assid**û**ment, congru – congr**û**ment, continu – contin**û**ment, gai – ga**î**ment.*

Altri avverbi prendono un accento acuto sulla *e* che precede l'ultima sillaba (*-ment*): *commun – commun**é**ment, confus – confus**é**ment, obscur – obscur**é**ment, précis – précis**é**ment, profond – profond**é**ment, aveugle – aveugl**é**ment, commode – commod**é**ment, énorme – énorm**é**ment, immense – immens**é**ment.*
Eccezioni: *bref – brièvement, gentil – gentiment, impuni – impunément.*

Agli aggettivi in *-ant* ed *-ent* corrispondono gli avverbi in *-amment, -emment*: *vaillant – vaill**amment**, puissant – puiss**amment**, prudent – prud**emment**, différent – différ**emment**.*
Eccezioni: *lent – lentement, présent – présentement, véhément – véhémentement.*

19.3 Posizione dell'avverbio

L'avverbio si pone, in genere, dopo il verbo che esso modifica o prima dell'aggettivo o di un altro avverbio.

Gli avverbi *bien, mal, mieux, plus* (negativo), *jamais, pas, point, rien* precedono, di solito, il verbo all'infinito.

▸ *Tu aurais pu* **mieux** *faire.*
Il a juré de ne **plus** *revenir.*
Elle vent **tout** *faire et ne sait* **rien** *faire.*

Gli avverbi *jamais, bien, mal, mieux, peut-être, déjà, point, plus, beaucoup, trop, tant, toujours, presque, à peine, tout à fait, certainement, probablement, sûrement* si mettono fra l'ausiliare e il participio passato se il verbo è al tempo composto.

▸ *Tu as* **trop** *travaillé.*
J'ai **presque** *fini.*
Nous avons **à peine** *commencé.*
Ils l'ont **certainement** *connu.*

Gli avverbi *presque, peut-être, certainement, sûrement, probablement* si mettono prima del *pas* o del *plus* nella frase negativa.

▸ *Ton père ne le croira* ***certainement*** *pas.*
Ton ami n'est ***peut-être*** *pas arrivé.*
Il ne bouge ***presque*** *plus.*

Gli avverbi *à peine, peut-être, au moins, ainsi, aussi, encore, en vain, sans doute* si possono inserire in due modi:

▸ *Tu avais* ***peut-être*** *raison.*
Peut-être avais-tu *raison* (soggetto dopo il verbo).

L'avverbio *presque* si mette sia prima sia dopo l'infinito.

▸ *Avouer qu'on n'aime pas, c'est* ***presque*** *avouer le contraire.*
Je ne comprenais pas comment tu pouvais l'approuver, l'exalter ***presque***.

In alcuni casi il senso del verbo cambia secondo il posto dell'avverbio.

▸ ***Mal*** *parler* (parlare non correttamente)
Parler ***mal*** (parlare male di...)

19.4 Uso di alcuni avverbi

19.4.1 Avverbi di quantità

Gli aggettivi italiani di quantità sono, in francese, degli avverbi seguiti sempre dalla preposizione *de.*

▸ ***Peu d'****hommes et* ***trop de*** *travail.*
Beaucoup de *patience.*

Ma si usano *du, de la, de l', des* dopo *bien*, e, anche con gli altri avverbi, quando il complemento è determinato.

▸ ***Bien du*** *travail.*
Bien des *idées.*
Beaucoup du *bien qu'il a fait a été oublié.*

Nota *Beaucoup* indica semplicemente la grande quantità, il gran numero. *Bien* è più soggettivo perché aggiunge all'idea di quantità o di numero un'idea di sorpresa, d'interesse, di soddisfazione (M. Grévisse).

Si dice tuttavia: *bien d'autres* (o *beaucoup d'autres*).

Beaucoup, peu, combien, tant, seguiti o meno da un partitivo (*beaucoup* ***de*** *personnes,* ***d'****hommes,* ***de*** *gens,* ***de*** *monde...*) o dal pronome ***en***, si usano come soggetti.

▸ ***Beaucoup*** (***de*** *gens*) *le désirent.*
Peu (***d'****hommes*) *croient à l'astrologie.*
Combien *le désirent vraiment?*
Il y ***en*** *a* ***beaucoup*** *qui le disent.*
Il y ***en*** *a* ***peu*** *qui le veulent.*

Beaucoup, riferito a persone, si può usare anche come complemento preposizionale, attributo e complemento diretto.

▸ *Je l'ai dit* ***à beaucoup***.

Pour beaucoup *il n'y a rien à faire.*
Chez beaucoup *le travail est très important.*
Nous étions **beaucoup** *à cette fête.*
J'en connais **beaucoup** *qui prétendent avoir toujours raison.*

Beaucoup (molto) modifica un verbo o rafforza un comparativo di superiorità o d'inferiorità.
▸ *Il travaille* **beaucoup***.*
Il est **beaucoup** (anche *bien*) **plus** (*moins*) *sage que lui.*

De beaucoup si usa nei seguenti casi:

- dopo un comparativo d'aggettivo.
  ▸ *Il est plus savant que lui,* **de beaucoup***.*
  (Posto prima del comparativo d'aggettivo, *de* è facoltativo).
  ▸ *Il est* (**de**) **beaucoup** *plus savant que son frère.*
- davanti a un superlativo.
  ▸ *Il est* **de beaucoup** *le plus savant.*
- davanti a un verbo di eccellenza.
  ▸ *Il l'emporta* **de beaucoup** *sur ses rivaux.*

Nota

Con il pronome *le*, rappresentante un aggettivo, si mette *beaucoup* e non *bien*.
▸ *Aimable, il* ***l'est*** **beaucoup***.*

Il s'en faut beaucoup indica una differenza di qualità. *Il s'en faut* **de** *beaucoup* indica una differenza di quantità.
▸ *Il n'est pas si intelligent que son frère,* ***il s'en faut beaucoup****.*
Il s'en faut de beaucoup *que le nombre soit complet.*

Invece di *grand merci* oggi si dice, più frequentemente: *merci beaucoup* o *merci bien*.

Attenzione: Davanti a un aggettivo non si dice mai *beaucoup riche*, *beaucoup studieux*, ma ***très*** *riche*, ***très*** (*fort*, *bien* ecc.) *studieux*.

E si dice: ***bien*** *mieux*, ***bien*** *meilleur*, ***bien*** *moindre*, ***bien*** *pire*, ***bien*** *pis* ecc.

Da notare le frasi seguenti: *avoir* ***bien*** *faim*, (*très faim* è più popolare), ***bien*** *sommeil*, ***bien*** *froid*, o, come preferiscono i puristi e l'Accademia: *avoir* ***grand*** *faim*, ***grand*** *envie*, *faire* ***grand*** *plaisir* (molto piacere), *avoir* ***grand*** *besoin* (molto bisogno).

Assez – assez de (abbastanza), **assez... pour** (abbastanza... per, tanto... da)
Assez si usa con gli aggettivi, i verbi e gli avverbi.
▸ *Il fut* **assez** *hardi pour y aller.*
Il a **assez** *souffert.*
Cette femme chante **assez** *bien.*

Assez de seguito da un nome.
▸ ***Assez d'****argent.* / ***Assez d'****eau.* / ***Assez de*** *paroles.*

Assez... pour seguito da un infinito.
▸ *Elle n'est pas* **assez** *riche* (abbastanza, tanto ricca) ***pour*** *se permettre tout ce luxe.*

Si, aussi, tant, autant
Si, *aussi* con gli aggettivi, participi aggettivi e avverbi.

- *Un homme* ***si*** *sage,* ***si*** *estimé,* ***si*** *bien.*
  Une histoire ***aussi*** *importante.*
  Cette femme chante ***aussi*** *bien.*

Tant (tellement), *autant* si usano con i verbi.

- *Il a* ***tant*** *souffert. / Il travaille* ***tant****!*
  Il travaille ***autant*** *que personne.*

Nota

Tant e *autant* si usano con i participi passati quando questi hanno valore verbale.

- *Une femme* ***tant*** *aimée. / Il est* ***autant*** *loué que blâmé.*

Si, tant indicano l'intensità.

- *Il est* ***si*** *beau que je suis très émue.*
  Elle a ***tant*** *voyagé que maintenant elle désire se reposer.*
  Il est ***si*** *gentil et il a* ***tant*** *souffert.*

Aussi, autant indicano il paragone (con il correlativo *que*).

- *Il est* ***aussi*** *diligent* ***que*** *toi.*
- *Il travaille* ***autant que*** *toi.*

Nota

Si, tant si possono usare al posto di *aussi, autant* nelle frasi negative o interrogative.

- *Mais ira-t-elle* ***si*** *loin que ses parents?*
  "*Je ne connais rien de* ***si*** *fou qu'un peuple de sages*". (Rousseau)

Si, tant si trovano anche in alcune espressioni affermative.

- ***Si*** *peu que rien.*
  Si *peu que vous voudrez.*
  Tous ***tant*** *que nous sommes.*
  Tant *qu'il peut,* ***tant*** *qu'il veut.*

Con *aussi, si, tant, autant* accade che il secondo termine di paragone non sia espresso.

- *Une femme* ***aussi*** *charmante!*
  Un homme ***si*** *orgueilleux.*
  S'il a fait cela, j'en puis faire ***autant****.*
  Il ne joue plus avec ***autant*** *de plaisir.*

Si, tant si possono usare in maniera assoluta, senza alcun rapporto con altre idee.

- *Une* ***si*** *pénible circonstance!*
  Il a ***tant*** *d'esprit!*

Aussi con il significato di *pareillement* ("ugualmente", "anche", "pure", "ancora") si usa in una frase, dopo il nome, il pronome o il verbo.

- *Tu y étais et ton ami* ***aussi****.*
  J'y vais et lui ***aussi****.*
  Mange cela ***aussi****.*

Nota

Con la negazione, si dice *non plus* ("nemmeno", "neanche", antonimo di *aussi*).

- *Tu ne le veux pas et moi* ***non plus****.*

Autant... autant, tant... tant (tanto... altrettanto) mette in correlazione due fatti più fortemente di *autant... que*).

- ***Autant*** *tu es gai,* ***autant*** *il est triste.*
  Autant *de têtes,* ***autant*** *d'avis.*
  Tant *vaut l'homme,* ***tant*** *vaut la terre.*

Autant vaut (tanto vale, quasi) si usa in maniera assoluta, seguito da un infinito o da una proposizione introdotta da *que*.

▸ *C'est une personne finie ou* ***autant vaut.***
Autant vaut *se taire* **que de** *dire des sottises.*
Autant vaut que *vous vous taisiez.*

Si dice:
autant que possible – per quanto possibile
d'autant mieux – tanto meglio
d'autant moins – tanto meno
d'autant plus – tanto più
d'autant plus que – tanto più che
d'autant que – dato che
tant soit peu – tanto o quanto

Tant que può significare *aussi longtemps que*, *aussi loin que* (finché).

▸ *Je l'ai aidé* ***tant qu'****il a eu besoin de moi.*
Tant que *la vue peut s'étendre...*

Tant... que indica un certo rapporto o una certa proporzione fra le cose o le persone di cui si parla (tanto... quanto, così... come, sia... che).

▸ *Prenez-les tous,* ***tant*** *bons* ***que*** *mauvais.*
Les auteurs ***tant*** *anciens* ***que*** *modernes...*
Tant *les pauvres* ***que*** *les riches...*

Tant si può usare come sostantivo per designare delle cose.

▸ *Je lui dois* ***tant.***
Tant *en or,* ***tant*** *en argent.*
Il gagne ***tant*** *par jour.*
Ceci vaut ***tant,*** *cela vaut* ***tant.***

Attenzione: Per l'uso di *autant... que*, *aussi... que*, *moins... que*, *autant de... que* (*que de*) ecc. (comparativi di qualità, di quantità e di azione), vedere il capitolo sui comparativi.

Combien – combien de

Combien si usa nelle frasi interrogative dirette e indirette e nelle frasi esclamative.

▸ ***Combien*** *coûte cette revue?*
Je me demande ***combien*** *tu as dépensé.*
Combien *je suis triste!*

Combien de si usa davanti ai nomi, nelle frasi interrogative dirette e indirette e nelle frasi esclamative.

▸ ***Combien de*** *fois est-il venu?*
Demandez-lui ***combien de*** *temps il lui faut encore.*
Combien de *temps n'a-t-il pas fallu!*

Nota

Il nome, preceduto dalla preposizione *de*, segue immediatamente *combien* (*combien de fois...?*). Tuttavia, quando questo nome è un complemento diretto o quando dipende da un verbo impersonale, si può mettere dopo il verbo.

▸ ***Combien*** *avez-vous* ***d'argent****?*
Combien *y-a-t-il* ***de personnes****?*
Il est incroyable ***combien*** *cet auteur a écrit* ***d'ouvrages.***
Combien *faut-il* ***de*** *temps?*

Si dice: *Le combien est-ce?*, *Le combien sommes-nous?* – Quanti ne abbiamo oggi?

Que (*comme*), esclamativo – **que de** (*combien*), esclamativo.
Que (come, quanto).

▸ ***Que** je suis fatigué!*

Que, avverbio interrogativo o esclamativo, si può usare nel senso di *pourquoi*.

▸ **Que** *tardez-vous à le faire?*
Que *ne l'ai-je plus acheté!*

Que, con il significato di *combien*, si usa talvolta nell'interrogazione diretta.

▸ **Que** *gagnes-tu par jour?*
Que *coûte*, **que** *vaut ce bijou?*

Que de davanti a un nome (quanto – variabile).

▸ **Que de** *monde il y avait!*

De plus, davantage, le plus (di più)
De plus si usa dopo un numerale o dopo *rien*, *quelque chose*, *quelque(s) un(s)* e nel senso di *bien plus* (inoltre, per di più).

▸ *Prenez-en dix* **de plus**. / *Rien* **de plus**. / *Quoi* **de plus**?
Quelqu'un **de plus**.
Il est menteur et **de plus** (inoltre, per di più, anzi) *voleur.*
Il t'estime, **bien plus**, *il t'aime.*

Ma: **plus de** (di più, non plus)

▸ ***Plus d'****enfantillages* (non più puerilità).

Davantage – indeterminato – modifica un verbo e significa *plus*, *plus longtemps*. È spesso in relazione con *en*.

▸ *La beauté est précieuse mais la vertu l'est bien* **davantage**.
Tu devrais t'appliquer **davantage**.
Achètes-**en davantage**.

Nota *Davantage* non può modificare un aggettivo, ma può modificare il pronome neutro *le*, attributo (che rappresenta un aggettivo).

▸ *Le cadet est riche mais l'aîné* ***l'****est bien* **davantage**.

Le plus si usa al superlativo nel senso di "massimamente".

▸ *La fleur que j'aime* **le plus**...

Si dice: *beaucoup plus*, *bien plus*, *bien davantage* (molto di più), *toujours plus*, *de plus en plus* (sempre di più), *il y a plus*, *qui plus est* (c'è di più), *la plupart* (i più).

Ma si dice: *j'ai fait* **plus**, *j'ai renoncé à tout* (ho fatto di più...)
Plus (mieux, moins)... plus (mieux, moins)

▸ ***Plus** tu étudies*, ***plus** tu en sais.*
***Plus** on en a*, ***plus** on en veut.*
***Plus** je la connais*, ***plus** je l'estime.*
***Moins** on travaille*, ***moins** on a envie de travailler.*

Non plus (neppure, neanche) si usa nelle frasi negative e si mette dopo il nome, il pronome o il verbo che accompagna.

▸ *Elle ne voulait pas sortir, ni moi* **non plus**.

Pas même (neppure, neanche, nemmeno) esprime un'esclusione assoluta.

▸ *Tu ne sais* ***pas même*** *un mot d'anglais.*

Peu – senza articolo né determinativo, usato spesso come soggetto, indica un numero di persone piuttosto esiguo.

▸ *Au banquet du bonheur bien* ***peu*** *sont conviés.*
Peu *se contentent de leur sort.*

Peu – preceduto da un articolo definito o da un determinativo ha il valore di un nome.

▸ ***Le peu*** *de temps,* ***ce peu*** *de temps qu'il vous reste...*
Excusez ***mon peu*** *de mémoire.*

Le peu de, le trop de (il poco, la poca, il troppo, la troppa) esigono il verbo al singolare o al plurale, se il sostantivo al quale si rapportano è al singolare o al plurale.

▸ ***Le peu de*** *patrimoine que j'ai hérité ne* ***suffit*** *pas à couvrir les frais.*
Le peu de *leçons qu'il a prises* ***ont*** *suffi à sa préparation.*

Si dice: *peu s'en faut, peu s'en ait fallu* (manca poco, mancò poco).

▸ *Il a fini son travail ou* ***peu s'en faut.***
Peu s'en est fallu *qu'il ne se soit embarqué.*

Qualche volta si dice: *il s'en faut de peu* (manca poco, per poco, quasi).

La très grande quantité (il molto, la molta, parecchio)

▸ ***La très grande quantité*** *de pluie a abîmé la récolte.*

Les nombreux (i tanti, molti)

▸ ***Les nombreux*** *livres que tu as reçus, coûtent cher.*

Tout ce qui... Tout ce que... (quanto) nel senso di "tutto ciò che".

Tous ceux qui... que (quanti) nel senso di "tutti quelli che".

▸ *J'ai investi* ***tout ce que*** *j'avais gagné.*
Tous ceux qui *m'aiment sont auprès de moi.*

Guère (non molto, quasi, quasi mai) si usa nelle frasi negative.

▸ *Il n'est* ***guère*** *sage.*
Il n'a ***guère*** *d'argent.*
Il n'a ***guère*** *à vivre.*
Il n'est ***guère*** *plus riche que toi.*

19.4.2 Avverbi di maniera

Comme (come, siccome) – in una frase esclamativa o se vi è un'idea di paragone.

▸ ***Comme*** *il est changé!*
Fais ***comme*** *lui et non* ***comme*** *moi.*

Comment (come, in qual modo) – in una frase interrogativa diretta o indiretta e quando è seguito immediatamente da un punto interrogativo o esclamativo.

▸ *Dis-moi* ***comment*** *on peut le lui annoncer.*
Comment *pourrais-je le faire?*
Comment! *Il est parti!*
Comment? *Répète-le.*

Ainsi, comme cela, de la sorte (così, in tal modo) modificano solo il verbo.
- *Est-ce* ***ainsi*** *que tu travailles?*
  Je ne suis pas ***comme cela.***

Plutôt (una sola parola) indica la differenza (piuttosto).
- ***Plutôt*** *mourir que souffrir.*

Plus tôt (due parole) indica il tempo (più presto, prima) e si oppone à *plus tard*.
- *Je partirai* ***plus tôt*** *que prévu.*

Vite è un avverbio (presto, in fretta).
- *Venez* ***vite.***
  Au plus ***vite.*** – Al più presto.

19.4.3 Avverbi di tempo

Auparavant (prima)
- *Un mois* ***auparavant.***

Aussitôt (nel momento stesso)
- *Il arriva* ***aussitôt*** (subito).
  Aussitôt *dit,* ***aussitôt*** *fait* (detto fatto).

Nota
Aussi tôt (due parole) è un'espressione comparativa.
- *J'arriverai* ***aussi tôt*** *que possible.*

Autrefois (un tempo) – **une autre fois** (un'altra volta)
- *Les mœurs d'****autrefois.***
  Je le ferai ***une autre fois.***

Si dice: *deux, trois, quatre... à la fois* (per volta).

Bientôt (presto, subito, rapidamente)
- *Il aura* ***bientôt*** *fini.*

Bien tôt (molto, abbastanza presto)
- *Tu arrives* ***bien tôt*** *aujourd'hui.*

De suite (senza interruzione, di seguito)
- *Il ne saurait dire deux mots* ***de suite.***

Tout de suite – *sur le champs, sans délai* (immediatamente, senza indugio).
- *Donnez-le moi* ***tout de suite.***

Nota
Se si vuole esprimere l'idea di *sans interruption, l'un après l'autre*, si dice: *à la suite, tout d'une suite.*

Jamais si può usare con la seminegazione *ne* e ha senso negativo. Usato senza negazione, significa *en un temps quelconque, par hasard* (per caso).
- *Je* ***ne*** *le vois* ***jamais.***
  Si ***jamais*** *vous le rencontrez, dites-lui qu'on l'attend.*
  A-t-on ***jamais*** *entendu quelque chose de plus beau?*

Si dice:

au grand jamais – mai e poi mai
jamais de la vie – giammai
à (tout) jamais, pour jamais – per sempre
mieux vaut tard que jamais – meglio tardi che mai

Naguère (poco tempo fa, poco fa, testé, pocanzi) indica un passato piuttosto recente.

Jadis (*autrefois – une fois*) indica un passato lontano.

▸ *Les choses de* ***jadis*** *et les choses de* ***naguère****.*

Sitôt può significare *si promptement, si vite* o indicare il paragone (così presto, subito, appena).

▸ *Presque* ***sitôt*** *après son départ...*
Sitôt *le jour levé, je me mis en marche.*
Je ne finirai pas ***sitôt*** *que vous.*

Si dice:

de sitôt – prochainement – così presto
sitôt dit, sitôt fait – detto fatto
pas de sitôt – non così presto
sitôt que – dès que – non appena

Nota *Sitôt* è anche una preposizione.

Tantôt (fra poco, fra breve) – *peu après* – nella giornata, rispetto al mattino.

▸ *Nous discuterons* ***tantôt*** *de ce problème.*
Je le verrai ***tantôt****.*
À ***tantôt****.* – A presto.

Tantôt – peu avant – nella giornata, rispetto alla sera (poco fa)

▸ *Je l'ai rencontré* ***tantôt*** *dans un magasin.*

Tantôt... tantôt (talvolta... tal'altra; ora... ora).

▸ ***Tantôt*** *il pleure,* ***tantôt*** *il rit.*
Tantôt *je lis,* ***tantôt*** *j'écoute de la musique.*

Tout à l'heure (fra poco) indica che una cosa accadrà presto.

▸ *J'arriverai* ***tout à l'heure****.*
À ***tout à l'heure*** – A presto.

Tout à l'heure (poco fa) indica che una cosa è accaduta da poco.

▸ *Je vous le disais* ***tout à l'heure****.*

Tout à coup significa *soudainement* (a un tratto).

▸ ***Tout à coup*** *on entendit un fracas.*

Tout d'un coup significa *rapidement, en une seule fois.*

▸ *Il fit sa fortune* ***tout d'un coup****.*

Maintenant – à présent (ora, adesso, attualmente).

▸ *C'est* ***maintenant*** *où jamais.* – Ora o mai più.
Dès ***maintenant****.* – Fin d'ora, fin da questo momento.
À présent *la situation est moins grave.*

19.4.4 Avverbi di luogo

Alentour significa *aux environs* (intorno, d'intorno).

▸ *Il jeta un coup d'œil* ***alentour.***

Nota

Alentour si usa come sostantivo plurale (dintorni, paraggi).

▸ *Il n'y avait personne* ***aux alentours*** (nei paraggi).
Les ***alentours*** *du château.*

Dessus, dessous, dehors, dedans, alentour, auparavant si usano senza complemento.

▸ *Tu l'as mis* ***dessus*** *et il doit rester* ***dessous.***
Ils iront ***dehors*** *et nous resterons* ***dedans.***

Ma *dessus, dessous, dehors* e *dedans* prendono un complemento:

- quando sono **preceduti** da *au, par, de, en,* con i quali formano delle locuzioni prepositive.

  ▸ *Regardez* ***au-dessus de*** *la table.*
  Ces garçons ont sauté ***par-dessus*** *le mur.*

- quando sono **in contrasto**: sono spesso legati da *et, ni, ou.*

  ▸ *On le cherchait* ***dedans et*** (***ou***) ***dehors*** *de la maison.*

19.4.5 Avverbi di affermazione

Oui, oui certes – mais oui (sì, sì certo, certamente – ma sì)

Si si usa per rispondere affermativamente a una domanda negativa.

▸ *Je vous dis que* ***si.***
Tu ne parles pas? – ***Si.***

Soit (la *t* si pronuncia) indica un *sì* piuttosto debole.

▸ *Tu le veux:* ***soit,*** *je le ferai.*

Voire, voire même (*vraimente, même* – invero, anche)

▸ *Ton ami était habile,* ***voire*** *retors* (scaltro).

19.4.6 Avverbi di negazione

Sull'uso degli avverbi di negazione vedere il capitolo sulla forma negativa del verbo.

19.5 Preposizioni

La preposizione è quella parte invariabile del discorso che si unisce a un nome, a un pronome, a un verbo o a un avverbio formando con essi un complemento o introducendo una subordinazione.

▸ *Je vais* ***à*** *Rome.* (complemento)
Ils se réunirent ***pour*** *décider...* (subordinazione)

Le preposizioni si possono distinguere in:

- ***propres:*** *de* (di, da), *à, en, avec, sur, pour, entre* (tra, fra) che, come sappiamo, possono essere articolate (*à, la, de la, aux, des* ecc.)
- ***impropres:*** *dedans, dehors, avant, après, sans* ecc., e anche alcuni aggettivi e participi: *voisin, concernant, attendu* ecc. L'uso delle preposizioni presenta sempre delle difficoltà in una lingua e spesso le preposizioni francesi non corrispondono affatto alle preposizioni italiane.

19.5.1 Principali preposizioni

Le preposizioni principali sono: *à*, *après*, *attendu*, *avant*, *avec*, *chez*, *concernant*, *contre*, *dans*, *de*, *depuis*, *derrière*, *dès*, *devant*, *durant*, *en*, *entre*, *envers*, *excepté*, *hormis*, *hors*, *jusque*, *malgré*, *moyennant*, *outre*, *par*, *parmi*, *passé*, *pendant*, *plein*, *pour*, *près*, *proche*, *sans*, *sauf*, *selon*, *sous*, *suivant*, *supposé*, *sur*, *touchant*, *vers*, *via*, *voici*, *voilà*, *vu*.

La *locution prépositive* è l'insieme di più parole che equivalgono a una preposizione.

19.5.2 Principali locuzioni preposizionali

Le principali locuzioni sono: *à cause de*, *à côté de*, *à défaut de*, *afin de*, *à fleur de*, *à force de*, *à l'abri de*, *à la faveur de*, *à la merci de*, *à la mode de*, *à l'égard de*, *à l'encontre de*, *à l'exception de*, *à l'exclusion de*, *à l'insu de*, *à moins de*, *à raison de*, *au dedans de*, *à défaut de*, *au-dehors*, *au-delà de*, *au-dessous de*, *au-dessus de*, *au-devant de*, *au lieu de*, *au milieu de*, *au péril de*, *auprès de*, *au prix de*, *autour de*, *au travers de*, *aux dépens de*, *aux environs de*, *avant de*, *d'après*, *d'avec*, *de chez*, *de crainte de*, *de derrière*, *de dessous*, *de dessus*, *de devant*, *de façon à*, *de manière à*, *d'entre*, *de par*, *de peur de*, *du côté de*, *en deçà de*, *en dedans de*, *en dehors de*, *en dépit de*, *en face de*, *en faveur de*, *en sus de*, *étant donné*, *faute de*, *grâce à*, *hors de*, *jusqu'à*, *jusque dans*, *loin de*, *par- dedans*, *par-dehors*, *par-delà*, *par-dessous*, *par-dessus*, *par-devant*, *par-devers*, *par rapport à*, *près de*, *proche de*, *quant à*, *vis-à-vis de*.

19.6 Posizione delle preposizioni

Le preposizioni precedono di solito il complemento, ad eccezione di *durant*, *voici*, *voilà*, che si mettono prima o dopo.

▸ *Durant sa vie. / Sa vie durant.*
Voici mon frère, voilà mes amis. / Me voici. / Les voilà.

Si dice con i pronomi: *nous voici*, *en voilà dix*, *les voici*, *te voilà* ecc.

Due preposizioni possono precedere lo stesso complemento purché costruite in maniera identica.

▸ *Elle soutient son idée* **envers** *et* **contre** *tous.*
Il y a des raisons **pour** *et* **contre** *ce projet.*

Nota

Attendu, *excepté*, *approuvé*, *supposé*, *vu*, *passé* possono precedere (variabili o invariabili) o seguire (variabili) il complemento.

▸ ***Exceptée*** *sa sœur, il n'écoute personne.*
Vu *les articles 10 et 11 du code civil, il fut condamné.*

Le preposizioni **à**, **de**, **en**:

- si ripetono, di solito, davanti a ogni complemento.
  ▸ *J'ai besoin* **de** *toi et* **de lui***.*
  Ton ami est allé **à** *Rome,* **à** *Venise et* **à** *Paris.*
  Vous avez voyagé **en** *Europe,* **en** *Asie et* **en** *Russie.*
- non si ripetono davanti a due o più aggettivi numerali.
  ▸ *Il le fera* **en deux** *ou* **trois** *jours.*
  J'ai besoin **de quatre** *ou* **cinq** *élèves.*

Sans si ripete davanti a ogni complemento ma, davanti al secondo, lo si può sostituire con *ni*.

▸ *Il reste* **sans** *boire et* **sans** *manger* o **sans** *boire* ***ni*** *manger.*

Le altre preposizioni si ripetono quando i complementi esprimono idee diverse o contrarie.

- ***Devant*** *Dieu et* ***devant*** *les hommes.*
  Pour *la vie et* ***pour*** *la mort.*
  Sur *terre et* ***sur*** *mer.*

Ma si possono sopprimere se i complementi esprimono la stessa idea.

- *Elle charme tout le monde* ***par*** *sa bonté et* (~~***par***~~) *sa douceur.*

La preposizione non si ripete mai davanti ai nomi che formano una sola espressione.

- *L'école des* ***Ponts et Chaussées*** (Genio civile).
  La fable du ***Loup et l'agneau.***
  Des ***frères et sœurs.***

19.6.1 Soppressione delle preposizioni

Le preposizioni seguenti reggono il complemento senza l'intervento di altre preposizioni:

avant	*avant le départ* – prima della partenza
après	*après toi* – dopo di te
contre	*contre toi* – contro di te
devant	*devant le tableau* – davanti al quadro
derrière	*derrière la porte* – dietro alla porta
d'ici	*d'ici 10 jours* – di qui a 10 giorni
entre (*parmi*)	*entre vous* – fra di voi
outre	*outre cela* – oltre a ciò
sans	*sans moi* – senza di me
sur	*sur vous* – sopra di voi
vers	*vers vous* – verso di voi

Si dice: *avant midi, avant les fêtes.*

Ma con un infinito: *avant* ***de*** *partir, avant* ***d'****aller se coucher.*

Si sopprime la prima *a* italiana davanti alle espressioni:
deux à deux – a due a due
goutte à goutte – a goccia a goccia
peu à peu – a poco a poco

19.7 Uso di alcune preposizioni

À (*au, à la, à l', aux*) – indica l'attribuzione.

- *Je le donne* ***à*** *Paul,* ***à*** *Pierre.*

À indica il luogo (senza idea d'interiorità o la direzione ("a", "in"): ***à l'****école* – ***à la*** *maison* (ma ***dans*** *la maison* – idea d'interiorità) – ***au*** *lit* – ***à la*** *cave* – ***au*** *jardin* – ***au*** *salon* – ***au*** *collège* – ***au*** *théâtre* – ***à la*** *chasse* – ***à la*** *gare* – ***au*** *parterre* (in platea) – ***à la*** *cuisine* (in cucina) – ***à la*** *bibliothèque* – *Il aspire* ***à la*** *gloire* – *Jeter quelque chose* ***à la*** *figure* (sul viso)/ ***à la*** *tête* – *Nous sommes restés* ***au*** *seuil de la porte* – *Les poissons sont* ***au*** *fond de la mer* – *Mettre une puce* ***à l'****oreille* (senso figurato) – *Cela m'est venu* ***à l'****esprit*/***à la*** *pensée* (in mente) – *Être* ***à la*** *retraite* – *Une maladie contractée* ***au*** *service* – *Fermer la porte* ***au*** *nez* – ***à la*** *messe* – ***à la*** *mer* – ***à la*** *montagne* – ***à la*** *campagne* (in campagna) – ***à la*** *ville* (in città).

Nota

En campagne si dice delle truppe di soldati in movimento o in guerra, durante una spedizione, o di persone che sono in movimento per affari.
Dans la campagne significa "nei campi".
***En** ville* – fuori di casa: *dîner **en** ville* (cenare fuori).
Dans la ville (nella città).
À la ville – contrario di *à la campagne.*

Si dice: *être **au** bord de la mer – la foule alla **au** devant du maire – il était **à la** guerre – tomber **à la** mer / **à** l'eau,* ma *tomber **dans la** rivière / **dans un** fleuve / **dans un** bassin* e anche: ***au** nord* (a nord) / ***au** sud / **à l'**est / **à l'**ouest, **au** levant / **au** couchant* (a ponente) / ***au** midi* (au sud: a mezzogiorno).
Ma ***à** midi* (alle dodici, a mezzogiorno).

À (*au, à la, aux*) davanti ai nomi di città e di nazioni: *il est, il va **à** Paris / **à** Lyon / **à** Naples / **à** Rome / **à** Venise / **aux** États Unis / **au** Brésil / **au** Japon / **au** Maroc / **au** Péru / **au** Canada / **au** Chili / **au** Bengale / **au** Danemark / **au** Mexique / **aux** Indes / **à la** Martinique / **au** Piémont* ecc.

Si dice: *jeter une chose **à la** figure* (sul viso) / ***à la** tête – fermez la porte **au** nez – mettre la main **au** (sul) feu – cela m'est venu **à l'**esprit / **à la** pensée* (in mente) – mettre *une puce **à l'**oreille* (senso figurato) – *être **à la** retraite* (in pensione) – *une maladie contractée **au service** – jeter de la poudre **aux** yeux* (senso figurato).

À ("da", "di", semplice o articolata). Indica l'uso, la destinazione, lo scopo: *papier **à** lettres / **à** dessin – terre **à** blé / **à** vigne – poudre **à** canon – canne **à** sucre – cuiller **à** thé – arbres **à** fruits – une épingle **à** cravate – des souliers **à** lacets / **à** bouton / **à** élastique – un service **à** thé / **à** café / **à** liqueurs – une armoire **à** livres / **à** linge – boîte **à** thé – boîte **aux** lettres – marché **aux** fleurs / **aux** chevaux – pince **à** sucre.*

Ma si dice: *souliers **d'hommes** / **de** femmes / **d'enfants*** o *chaussures **pour** hommes / **pour** dames / **pour** enfants.*

Attenzione: *Une boîte **à** thé* (destinata a mettere del tè) – *une boîte **de** thé* (riempita di tè).

À ("da") davanti all'infinito per designare l'uso, la destinazione, la convenienza, l'opportunità: *bois **à** bruler – maison **à** vendre / **à** louer – salle **à** manger – chambre **à** coucher – machine **à** coudre – phrases **à** traduire – donnez-lui **à** manger – c'est **à** prendre ou **à** laisser* (prendere o lasciare).

À ("di") indica l'appartenenza, il possesso dopo il verbo "essere".

- *Ce livre est* à ***moi**, **à toi**, **à lui**, **à elle*** ecc.
  ***À qui** est cette maison? / – Elle est **à mon frère**.*
  ***À qui** sont ces ciseaux? / – Ils sont **à Marie Claire**.*
  *C'est son idée **à lui**, **à elle**, **à Jean**.*

À ("con", "a", "per") indica lo strumento, il mezzo: *travailler **à** l' aiguille – pêcher **à la** ligne – se battre **au** pistolet / **à l'**épée – passer **au** fil d'épée* (passare a fil di spada) – *un dessin fait **à la** plume / **au** crayon – fermer **à** clef – se prendre **aux** cheveux – un dîner éclairé **à la** bougie.*
Si dice: *Il peint **à l'**huile, **à l'**aquarelle; il dessine **au** crayon.*
Ma: *tu ne peux dessiner **avec** ce crayon, écrire **avec** ce stylo.*

À ("da", "con", "in") indica la qualità, il tratto caratteristico di una persona o di una cosa: *un monsieur **à la** barbe blanche / **à la** tête chauve / **aux** lunettes d'or – une dame **aux** yeux verts / **aux** cheveux blonds / blancs – un garçon **à l'**air égaré et **aux** cheveux ébouriffés – la dame **aux** camélias – une maison **aux** persiennes vertes – une église **à la** façade gothique.* Indica anche coloro che vendono alimentari: *l'homme **aux** laitages, la paysanne **aux** légumes.*

À ("a", "in") indica la durata, il tempo: ***au*** *XIX*[ème] *siècle* – ***à la*** *tombée du jour* – ***au*** *mois de juin* – ***au*** *printemps* (in primavera).

Ma si dice: ***en*** *été* / ***en*** *automne* / ***en*** *hiver* – ***à*** *trois heures* – ***à*** *midi* / ***à*** *minuit* – ***à la*** Noël / ***à la*** *Saint Jean* – ***au*** *cœur de l'hiver.* Con senso distributivo si dirà: *payer* ***à la*** *journée* / ***à la*** *semaine* / ***au*** *mois* / ***à l'****année.*

À ("a", "con", "in", "da") indica la maniera, il limite.

- *Galoper* ***à*** *bride abattue, ventre* ***à*** *terre.*
  Vivre **aux** *dépens des autres* (*d'autrui*).
  Se tenir ***à l'écart.***
  Invisible ***à l'****œil nu.*
  Traverser ***à la*** *nage.*
  S'habiller ***à l'****anglaise.*
  Chanter ***à l'****italienne.*
  Aller ***au*** *pas de course.*
  Faire ***à la*** *main* (fare a mano).

Ma:

- *Tenir* ***à la*** *main* (in mano).
  Être ***à la*** *merci de.*
  Faire tout ***à la*** *hâte.*
  Une place mise ***à*** *concours.*
  Prendre quelqu'un ***au*** *mot* (in parola).
  Tirer une affaire ***au*** *clair* (chiarire).
  Porter ***à la*** *connaissance.*
  Parler ***au*** *nom de quelqu'un.*

Ma:

- *Parler* ***en*** *mon / ton / son nom.*

In francese si dice:

- *Aller* ***à*** (***en***) *bicyclette,* ***à*** (***en***) *vélo.*
  Haïr ***à la*** *mort.*
  Prendre ***au*** *vol.*
  Expédier ***à*** (***en, par***) *grande* (*petite*) *vitesse.*
  À *mon grand regret.*

E:

- ***À*** *main levée* (per alzata di mano).
  Un habit ***à la*** *mode* (di moda).
  Être ***à*** *même de* (*en état de, en mesure* = in condizione di).
  Être ***au*** *régime.*
  Être ***à*** *genoux.*
  Mettre ***à*** *jour* (*un livre de comptes*).
  Chasser ***au*** *fusil,* ***au*** *chien courant.*
  Gagner son pain ***à la*** *sueur de son front.*
  À la *faveur de la nuit* (con il favore...).
  Jouer une partie ***aux*** *cartes* ma *faire une partie* **de** *cartes.*
  À la *face du monde* (di fronte a tutti).

À ("per", "in", "a", "con") indica il valore, la valutazione, il prezzo, l'ordine, la gradazione.

▸ *Un intérêt* ***à*** *dix pour cent,* ***à*** *quinze pour cent.*
Un dîner ***à*** *trente francs par personne.*
Au *poids de l'or.*
Une société ***au*** *capital de 500 millions de francs.*
Il y avait là vingt ***à*** *trente invités* (dai venti ai trenta...).

Si dice: *mot* ***à*** *mot* (parola per parola) – ***à*** *tour de rôle* (a turno) – *un* ***à*** *un* – *deux* ***à*** *deux* – *petit* ***à*** *petit* ecc.

Attenzione: *C'est un fruit* ***à*** *dix francs le kilo.* / *Cela coûte dix francs le kilo* (*le litre, le mètre...*).

Locuzioni gestite dalla preposizione *à*

à la *charge de* – a carico di
à la *faveur de* – con il favore di
à la *louange de* – in lode di
à la *main* – in mano
à la *merci de* – in balia di
à la *page* – a pagina
à la *surprise de* – con la sorpresa di
à l'*avenir* – in avvenire
à *ma* (*ta, sa...*) *grande joie, surprise, satisfaction* – con mia, tua...
à *peu de frais* – con poca spesa
à *temps* – in tempo
à *notre honte* – per nostra vergogna
à *proximité de* – in prossimità di
à (***par***) *terre* – a terra, per terra
au *bas de la page* – in fondo, in calce alla pagina
au *début,* ***au*** *commencement* – all'inizio
au *hasard* – per caso
mettre ***au*** *net* – copiare in bella
au *niveau* – a livello
au *pouvoir de* – in potere di
au *péril de* – con il pericolo di
au *prix de* – a prezzo di, a costo di
au *secours* – in soccorso
au *sortir de* – all'uscita da
à *votre aise* – a vostro agio, con comodo
de façon ***à****, de manière* ***à*** – in modo di, da

Espressioni culinarie gestite dalla preposizione *à*

café ***au*** *lait* – caffè con latte
soupe ***aux*** *oignons* – zuppa di cipolle
potage ***au*** *riz* – minestra di riso
choux ***à la*** *crème* – dolci alla crema (con la crema)
omelette ***aux*** *champignons* – frittata di funghi
sauce ***aux*** *tomates* o *sauce tomate* – salsa di pomodoro
crème ***à la*** *vanille,* ***au*** *chocolat* – crema di vaniglia, di cioccolata

De indica l'autore, l'appartenenza (*du, de la, de l', des*): "*Les fiancés*" *sont* **de** *Manzoni* – **De** *qui sont Moïse et La nuit?* – *Ils sont* **de** *Michel-Ange* – **De** *qui est cette lettre? Elle est* **de** *ma mère* – *Le siècle* **de** *Louis XIV.*

De ("di", "con", "in") indica la causa, il mezzo, lo strumento: *Elle a le cœur noyé* **de** *chagrin* – *Il fut touché* **de** *compassion* – *Cet homme est grevé* **de** *dettes* – *Il souffre* **des** *yeux* – *Il l'a frappé* **du** *pied* – *Il la cherche* **des** *yeux* – *Je l'ai vu* **de** *mes propres yeux* – **D'une** *main il tenait la fourchette,* **de** *l'autre un couteau* – *Elle joue très bien* **de la** *guitare, son père* **de la** *mandoline et son frère* **de la** *flûte* – *Ce pauvre paysan fut frappé* **de la** *foudre* – *Il défendit sa ville* **de** *son épée* – *Cet écrivain a illustré* (reso illustre) *son pays* **de** *son génie.*

De ("con", "da") indica la maniera o il mezzo (con una parte del corpo umano), il tempo: *Une œuvre faite* **de** *main de maître* – *Je l'aime* **de** *tout mon cœur* – *parler* **de** *vive voix* (a viva voce) / **d'un** *air riant* / **d'un** *ton bourru* / **d'un** *ton menaçant* – *Faire preuve* **de** *bonne volonté* – **De** *cette manière* / **de** *cette façon* / **de la** *sorte* – *On l'a retenu* **de** *vive force* – **De** *gré ou* **de** *force* (con le buone o con le cattive) – *Manger* **de** *bon appétit* – *Regarder* **du** *coin de l'œil* – *L'enfant crie* **de** *toutes ses forces* – *Il le lui montre* **du** *doigt* – *Marcher* **d'un** *bon pas* – *Je le ferai* **de** *moi-même* / **de** *toi-même* (spontaneamente, senza esortazioni).

Ma: *Je le ferai* **par** *moi-même* (senza l'aiuto di nessuno, senza fare ricorso ad altri).

- *Il n'est pas facile d'arriver* **par** *soi-même au succès.*

Si dice: **du** *vivant de mes parents* – **du** *temps de ma jeunesse folle* – **de** *nos jours* – **de** *ma vie* – **du** *matin* **au** *soir* (**depuis** *le matin* **jusqu'au** *soir*) – **de** *toute la matinée* – **du** *temps où* (dal tempo in cui) – *la révolution* **de** *48* – **de** *quatre* **à** *cinq heures* – **de** *1900* **à** *1909.*

De ("da") indica l'origine, la provenienza, la distanza, la dipendenza: *le train en provenance* **de** *Paris* – **De** *Paris à Rome* – *Il descend* **d'une** *famille noble et riche* – *Elle est* **de** *Paris.*

De ("di", "da") indica la materia, la dimensione, l'età, la quantità, il valore, la specie: *une statue* **de** *bronze* – *une robe* **de** *soie* – *une montre* **d'or** – *des gants* **de** *peau* – *une caisse large* **de** *deux mètres* – *un jardin long* **de** *35 mètres* – *un enfant âgé* **de** *trois ans* – *Il y en a eu cents* **de** *blessés* (*de* è obbligatorio dopo *en*) – *un intérêt* **de** *5 pour cent* (al 5%) – *une réduction* **de** *10%* (del...) – *On a acheté des habits, des souliers* **d'homme** / **de** *femme* / **d'***enfant* – *être décoré* **de la** *médaille* (ou **de la** *valeur*) *militaire ou civile* (al valore...).

De ("da") indica l'agente dopo i verbi passivi che esprimono un sentimento (vedi paragrafo 16.4 *Verbi passivi* a pagina 127).

Nota

Si usa *de* dopo i seguenti participi passati sebbene essi esprimano un'azione materiale: *accompagné, attaqué, atteint, connu, entouré, environné, frappé, ignoré, menacé, précédé, reçu, saisi, suivi, surmonté.*

Si usa spesso *de* con i verbi presi in senso figurato.

- *Elle fut saisie* **d'***épouvante.*

Si usa *par* per indicare un rapporto non abituale e con i verbi presi in senso proprio.

- *Cet homme est estimé même* **par** *ses ennemis.*
  Il fut saisi **par** *des agents de police.*

Si usa *par* per evitare la ripetizione della preposizione *de.*

- *Ta sœur est aimée* **de** *tout cœur* **par** *sa camarade Julie.*

Si usa *de* fra le parole *rue, avenue, place, faubourg, boulevard, école, collège, théâtre* e il nome di una città, una nazione.

▸ *Rue* **de** *Milan.*
Place **de** *Venise.*
Boulevard **de** *France.*

Ma si usa *de, de la, de l', des* se vi è un nome di fiume, un nome comune o una data.

▸ *Rue* **du** *Pô, Rue* **du** *Tibre.*
Rue **du** *Plébiscite.*
Rue **du** *XX septembre*
Place **de la** *Concorde /* **de la** *Bastille – Avenue* **de l'***Opéra,* **des** *Champs Elysées.*

Attenzione: *Rue Dante – Place Cavour – Lycée Chateaubriand – Église St. Paul – Quai Voltaire.*

Si usa *de*:

- davanti a un verbo all'infinito, soggetto logico di una frase impersonale.
  ▸ *Il est beau, il est juste* **de** *le faire.*
- davanti a *que* fra due verbi all'infinito.
  ▸ *Il est préférable* **de** *se taire* **que de** *parler.*
- dopo un indefinito seguito da un aggettivo o da un participio.
  ▸ *Je ne connais personne* **de** *plus capable,* **d'***aussi hardi que lui (qu'elle).*

Si dice:

le long **du** *fleuve,* **de la** *muraille* – lungo il fiume, il muro
le long **de la** *mer* – lungo il mare
de *quelle longueur est...?* – quanto è lungo?
de *quelle hauteur est...?* – quanto è alto?
dire oui, dire non – dire di sì, di no
il n'a pas **de** *quoi vivre* – non ha di che vivere

Par ("per", "con", "da") indica il movimento, il passaggio, il mezzo: *Pour aller à Paris, on passe* **par** *le tunnel du Simplon – Passez* **par** *là et non* **par** *ici – On passa* **par** *le bois – Envoyer* **par** *la poste – On ira* **par** *le premier train – Voyager* **par** *mer,* **par** *terre,* **par** *avion – Il a obtenu la place* **par** *ses mérites et non* **par** *l'argent ou* **par** *l'intermédiaire de son ami – Il parle* **par** *gestes – Je l'ai convaincu* **par** *mes arguments,* **par** *ce moyen,* **par** *cette lettre,* **par** *vos larmes,* **par** *la douceur –* **Par** *l'étude on apprend – L'ordre du jour fut approuvé* **par** *douze oui.*

Par ("per") indica la causa, lo stato atmosferico, l'affermazione, il giuramento: *Il l'a fait* **par** *amour,* **par** *jalousie,* **par** *curiosité,* **par** *nécessité,* **par** *envie,* **par** *habitude –* **par** *ma faute –* **par** *bonheur –* **par** *malheur –* **par** *force –* **par** *erreur –* **par** *hasard –* **par** *ce temps affreux –* **par** *cette belle journée –* **par** *35° à l'ombre – On se promena* **par** *un beau clair de lune – Faites-le* **par** *respect pour vos parents – Il en jure* **par** *sa foi,* **par** *son père.*

Par ("per", "in", "da") indica la parte con la quale si prende una cosa o una persona; indica il luogo, la distribuzione, la maniera, l'agente (se il verbo passivo esprime un'azione materiale o intellettuale): *Prenez le marteau* **par** *le manche – Il fut saisi* **par** *les cheveux* ma *se prendre* **aux** *cheveux – Errer* **par** *les champs – Elle le tenait* **par** *la main – Alignez-vous* **par** *deux – Répartir* **par** *groupes – On l'édite* **par** *chapitres – Trois fois* **par** *semaines – On paie tant* **par** *tête – 50 francs* **par** *mois – J'ai commencé* **par** *lui dire – Finir* **par** *tout pardonner – Le pont fut détruit* **par** *une inondation – Le livre a été écrit* **par** *un écrivain très célèbre – La Gaule a été conquise* **par** *Jules César.*

Locuzioni gestite dalla preposizione *par*

par *centaines* (*par milliers*) – a centinaia (a migliaia)
par *cœur* – a memoria
par *exemple* – per esempio
par *livraison* – a dispense
par *hasard* – per caso
par *lambeaux* – a brandelli
de par *la volonté du peuple* – per la volontà del popolo
de par *le roi* – in nome del re
par *les soins de* – a cura di
par *mégarde* – per inavvertenza
par *ordre de* (*sur ordre de*) – per ordine
par *paires* – a paia
par *retour du courrier* – a giro di posta
par *serment* – con giuramento
tomber **par** *terre* – cadere a terra

Pour ("per") indica lo scopo, il motivo, la destinazione, il vantaggio, il prezzo, il tempo, la reciprocità: *Il l'a fait* **pour** *toi*, **pour** *rire – Il se passionne* **pour** *les langues –* **Pour** *bien vivre il faut travailler – Il partit* **pour** *Milan – On lit* **pour** *apprendre – Il est* **pour** *beaucoup dans cette affaire – Elle n'y est* **pour** *rien – L'un passe* **pour** *un homme de talent, l'autre* **pour** *un imbécile – Il a vendu sa maison* **pour** *rien et sa villa* **pour** *trois cent mille francs – On peut le faire* **pour** *dix ans,* **pour** *toute la vie – Je l'ai commandé* **pour** *dimanche – Vivre l'un* **pour** *l'autre.*

Nota

Dopo le parole *fameux*, *célèbre* si usa:

- *pour* (causa meno seria e variabile).
  - *Cette ville est fameuse* **pour** *ses gâteaux.*
- *par* (causa seria e costante).
  - *Waterloo est célèbre* **par** *la bataille où Napoléon fut vaincu par les Anglais et les Prussiens.*
    Cette ville est fameuse **par** *ses eaux thermales.*

Si dice:

pour *l'amour de Dieu* – per l'amor di Dio
pour *cause de santé, de deuil* – per motivi di salute, di lutto
pour *cause* – per ovvie ragioni

En ("in", "a", "da") indica il luogo, la maniera, lo stato, il mezzo: *J'irai* **en** *France,* **en** *Angleterre,* **en** *Italie –* **En** *France il y a de beaux pâturages – Il est* **en** *Suisse.*

Nota

Davanti ai nomi di città e di paesi si usa *à*.

- *Il demeure* **à** *Rome.*

Si usa *dans* se si parla dell'interno della città (o di un altro luogo) con i verbi *être*, *entrer*, *pénétrer*.

- *Les troupes entrèrent* **dans** *Paris.*
  Ils sont **dans le** *jardin.*

Elle avait sa robe **en** *lambeaux – Il a toujours agi* **en** *homme prudent – Elle était habillée* **en** *blanc* (**en** *rouge,* **en** *noir,* **en** *soie*) *– Il faut payer* **en** *billets de banque – Cet homme est* **en** *service chez M. Duval – Des illustrations* **en** *couleurs – Une femme travestie* **en** *homme – En qualité de député, il peut voyager gratis* **en** *chemin de fer.*

En ("di", "in") indica la professione, il mestiere, la materia (come *de*), il tempo. Si usa dopo gli aggettivi *abondant, fécond, fertile, riche*: *docteur* **en** *médecine*, **en** *droit*, **en** *mathématiques*, **en** *chimie*.

Ma: *docteur, bachelier, licencié* **ès** *lettres*, **ès** *science*, *maître* **ès** *arts* – *peintre* **en** *bâtiments* – *négociant* **en** *étoffes* – *des meubles* **en** (*de*) *noyer* – *une grille* **en** (*de*) *fer* – *des gants* **en** (*de*) *laine*, **en** (*de*) *peau* – **en** *hiver*, **en** *été*, **en** *automne* (ma **au** *printemps*) – **en** *1900* (o **en l'an** *1900*) – **en** *dix jours* – **en** *quinze jours* – **en** *soirée* – *C'est un pays riche* **en** *minérai* – *une terre fertile* **en blé**.

Si dice:

couper **en** *morceaux* – tagliare a, in pezzi
fondre **en** *larmes* – sciogliersi in lacrime
se noyer **dans les** *larmes* – sciogliersi, struggersi in lacrime

Attenzione: ***Au contact*** *de...* – ***en contact*** *avec...*

- *Au contact* **de** *l'air.*
  Je ne suis plus en contact **avec** *lui.*

Avec ("con") indica la compagnia, lo strumento, il mezzo, la maniera, la materia: *Je vais sortir* **avec** *maman* – *Elle est* **avec** *ses amies* – *J'ai taillé le crayon* **avec** *le canif* – *Tu écrivais* **avec** *mon stylo* – *Il vivait* **avec** *peu d'argent* – *Prends-le* **avec** *les doigts* – *Le vin se fait* **avec** *le raisin* – *Sa robe est faite* **avec** *une étoffe de soie* – *Elle s'habille toujours* **avec** *élégance* – *Il nous accueille toujours* **avec** *joie* – *Ce garçon étudie* **avec** *diligence*.

Nota

La preposizione italiana "con", che serve per esprimere il complemento di maniera, non si traduce in francese (in italiano si può sostituire con il gerundio "avendo").

- *Elle parlait* (con, avendo) *les larmes aux yeux.*
  Tout le monde regardait, bouche bée.
  Il entra, le chapeau sur la tête, le sourire aux lèvres.

Avec e *par* indicano il mezzo, lo strumemto ma *avec* ha più forza di *par*.

- *On l'a tué* **avec** *une épée.*
  C'est **par** *son intervention qu'on a pu partir.*

Dans ("in", "tra") indica il luogo (nome determinato), la maniera, il tempo (al futuro). Si usa davanti ai nomi determinati (da articoli, possessivi, dimostrativi, numerali): **dans l'***Italie septentrionale* – **dans la** *France méridionale* – **dans les** *journaux* – *Il l'avait* **dans la** *bouche*, **dans la** *main* – *Tu es* **dans l'***erreur* – **dans l'***espoir* – **dans l'***attente* – **dans le** *but de* – **dans l'***idée* (**avec** *l'idée*) – *On le fera* **dans** *trois jours*, **dans** *deux semaines*, **dans** *trois mois* – **dans** *mon livre* – **dans** *leur école* – **dans** *cette école*.

Si dice indifferentemente: **en** o **dans** *ce siècle* – **en** o **dans** *ce jour* – **dans** o **en** *notre âme* – **en** o **dans** *mon absence* – **en** o **dans** *ce moment*.

Dès ("fin da", "da") indica il luogo, il tempo (presente, futuro e passato), purché l'azione duri ancora: **dès** *maintenant*, **dès** *à présent* – **dès** *ce moment* – **dès** *l'an passé* – **dès** *notre enfance* – **dès** *le trente du mois prochain* – **dès** *le seuil on vit tout*.

Depuis ("da") indica il tempo, il luogo: **depuis** *le* (*du*) *matin jusqu'au* (*au*) *soir* – **depuis** (*de*) *Rome jusqu'à* (*à*) *Milan* – **depuis** *lors je ne l'ai plus vu* – **depuis** *son retour* – *Qu'est-il arrivé* **depuis?**

Chez ("da", "presso") in casa, nella bottega, nell'ufficio di qualcuno, nelle opere di qualche scrittore o artista, nel paese di qualche popolo ecc.: **chez** *moi*, **chez** *toi*, **chez** *elle* – **chez** *Georges* – **chez** *mon ami* – **chez** *les Dupont* – *Chacun est maître* **chez** *soi* (a casa propria) – *Le* **chez soi** ("home" in inglese) *est le goût dominant des Anglais* – **Chez** *nous, Italiens ou Français, les modes se* *succèdent* – **Chez** *la plupart des jeunes gens...* – **Chez** *Hugo l'image est puissante* – **Chez** *les Chinois la vie est devenue plus facile* – **Chez** *les peuples du Nord, les traditions populaires sont très appréciées.*

Sur ("su", "sopra", "verso", "in", "da", "a") indica il luogo, il tempo, la maniera: ***sur*** *le bord du fleuve* – ***sur*** *la place* – *Elle embrassa son fils* ***sur*** *le front* – ***Sur*** *le soir* (verso sera) *ils allèrent au cinéma* – *J'arrivai au village* ***sur*** *les quatre heures* – *Il savait sa leçon* ***sur*** *le bout du doigt* – *Il entra dans le salon, le chapeau* ***sur*** *la tête.*

Si dice:

graver ***sur*** *bois* – incidere nel legno
sur *papier timbré* – su carta bollata

Sous ("sotto", "con") indica il luogo, il tempo, la maniera: ***sous*** *mes yeux* – ***sous*** *le bras* – ***sous*** *les armes* (o ***sous*** *les drapeaux*) – ***sous*** *prétexte de faire* (col) – ***sous*** *peu* (fra poco) – ***sous*** *serment* (sotto giuramento).

Entre ("fra", "tra") indica la reciprocità, lo spazio di luogo o di tempo fra due o più cose o persone determinate: ***entre*** *lui et moi* – ***entre*** *mon cousin et moi* – ***Entre*** *l'Italie et la France il y a les Alpes* – ***entre*** *10 heures et 10 heures et demie* – ***entre*** *la vie et la mort* – *Au musée il y a de beaux tableaux; j'ai vu,* ***entre*** *autres, celui de mon peintre préféré* – *Soit dit* ***entre*** *nous* – ***Entre*** *amis, il arrive souvent qu'on fasse de la polémique* - *Il finira* ***entre*** *les* (*aux*) *mains de la justice.*

Attenzione: *Il y eu cent blessés,* ***tant*** *hommes que femmes* (ci furono cento feriti *tra* uomini e donne). *À part moi, en moi-même* (*tra* me...).

▸ *Je me le disais* ***à part moi.***

Parmi ("tra", "fra") si usa parlando di una massa, di un gruppo considerevole, davanti a un nome o pronome al plurale o davanti a un singolare collettivo: *Je l'ai trouvé* ***parmi*** *les livres,* ***parmi*** *mes papiers,* ***parmi*** *vos lettres* – ***parmi*** *les vivants* – ***parmi*** *les élèves* – ***parmi*** *eux* – ***parmi*** *la foule* – ***parmi*** *les écrivains.*

Vers ("verso") indica la direzione materiale, il tempo: *J'allais* ***vers*** *lui* – *Il leva les yeux* ***vers*** *le ciel* – ***vers*** *la fin du siècle* – ***vers*** *la fin de la semaine* – ***vers*** *les dix heures du matin* – ***vers*** *midi* – ***vers*** *minuit.*

Envers ("verso") indica un rapporto morale e significa *à l'égard de*: *Il fut ingrat* ***envers*** *son bienfaiteur* – *Il faut être compréhensif* ***envers*** *les malheureux.*

Voici ("ecco") indica la cosa o la persona più vicina, la cosa che si sta per dire: ***Voici*** *le livre que je voulais te donner* – *Me* ***voici*** *prête* – *Nous* ***voici*** – *Les* ***voici*** – ***Voici*** *la vérité: je ne peux plus t'accompagner.*

Voilà ("ecco") indica la cosa o la persona più lontana, ciò che si è appena detto: ***Voilà*** *ma mère* – *Vous* ***voilà*** *enfin satisfaits* – ***Voilà*** *qui est dit* (ecco detto) – ***Voilà*** *qui est fait* (ecco fatto).

Uso di alcune locuzioni prepositive

Auprès de ("presso", "in confronto") indica la prossimità con un'idea di sentimento, di assiduità, il paragone, la presenza abituale.

▸ *Je suis heureux seulement* ***auprès de*** *toi.*
Je ferai valoir ton idée ***auprès de*** *lui.*
Ton malheur n'est rien ***auprès du*** *mien.*

Près de ("vicino", "circa", "presso") indica la vicinanza materiale nello spazio e nel tempo.

▸ *J'ai une maison* ***près de*** *(auprès de) la rivière.*
Il y a ***près d'****une heure que je suis là.*
Cela s'est passé il y a ***près de*** *quatre ans.*
Il est ***près de*** *partir,* ***près d'****achever son ouvrage,* ***près de*** *se marier.*

Attenzione: Bisogna dire *ambassadeur* ***auprès de*** *Sa Sainteté,* ***auprès de*** *la reine d'Angleterre.*

D'après ("da", "conforme") indica la causa, l'origine, l'imitazione di qualcosa presa come modello.

▸ ***D'après*** *ce que tu m'as confié, je le tiens pour vrai.*
D'après *nature* (dal vero).
Peindre ***d'après*** *nature.*
D'après *Platon* (secondo Platone).
D'après *moi* (secondo me).

À travers ("attraverso") indica il passaggio libero.

▸ ***À travers*** *la plaine.*

Au travers ("attraverso") indica il passaggio con ostacoli.

▸ *Le navire passa* ***au travers*** *des écueils.*

Durant ("durante") indica la durata senza interruzione.

▸ *Il ne bougea pas de chez lui* ***durant*** *tout l'été.*

Pendant ("durante", "per") indica la durata suscettibile d'interruzione o un momento di questa durata.

▸ *Il a étudié* ***pendant*** *trois heures.*
Il est sorti ***pendant*** *la cérémonie.*
Mon amie restera avec moi ***pendant*** *une semaine.*

Ma si dice: ***pour*** *un moment j'ai cru que j'étais millionaire.*

Nota *Durant, pendant* si possono talvolta sopprimere: *de ma vie, de mon vivant* (*durant ma vie* o *ma vie durant* – durante la mia vita).

Quant à ("per", "quanto a") si usa nel senso di *à l'égard de, pour ce qui est de.*

▸ ***Quant à*** *cette histoire, je n'y pense plus.*

Faute de, à défaut de, par manque de ("per", "in mancanza di").

▸ *Il est tombé,* ***faute d'attention.***
Il est mort, ***faute de*** *secours* (à défaut, par manque de).
A défaut *de train, on prendra un taxi.*
Faute de *grives, on mange des merles.*

19.8 Congiunzioni

La congiunzione è una parola invariabile che serve a collegare due parole, due gruppi di parole o due proposizioni. Le congiunzioni si distinguono in:

- congiunzioni **coordinative** che servono a collegare due elementi della stessa natura (nomi, verbi, proposizioni): *et, ou, ni, mais, or, car, donc.* Esse possono essere sostituite da avverbi, che hanno al tempo stesso funzione di avverbio e di determinazione: *que, de même que, or, soit... soit.*

- congiunzioni **subordinative** che servono a congiungere una proposizione subordinata alla proposizione dalla quale essa dipende: *parce que, de façon que, puisque, attendu que.*

19.8.1 Congiunzioni di coordinazione

Principali rapporti che indicano le congiunzioni e le locuzioni congiuntive:

- *union, liaison: et, ni, jusqu'à ce que, ainsi que, aussi bien que, de même que, non moins que.*
- *cause: car*
- *conséquence: donc, pourtant, ainsi que, c'est pourquoi.*
- *transition: or, or donc.*
- *opposition, restriction: mais, et, aussi bien que, à moins de, sinon.*
- *alternative: ou, soit... soit, soit... ou, ou que.*
- *explication: à savoir que, soit que.*

19.8.2 Congiunzioni di subordinazione

Principali rapporti indicati dalle congiunzioni e locuzioni congiuntive subordinate:

- *cause: comme, parce que, puisque, attendu que, vu que, étant donné que, d'autant que, sous prétexte que.*
- *but: afin que, pour que.*
- *conséquence: que, de sorte que, en sorte que, de façon que, de manière que, si bien que, tellement que.*
- *concession, opposition: bien que, si que, quoique, encore que, alors que, lors même que, quand même, malgré que, sans que, tandis que, loin que, au lieu que.*
- *condition, supposition: si, au cas où, au cas que, en cas que, soit que, si ce n'est que, supposé que, à condition que, moyennant que, pourvu que, à moins que, si tant est que.*
- *temps: quand, lorsque, comme, avant que, alors que, dès lors que, tandis que, depuis que, dès que, après que, aussitôt que, sitôt que, jusqu'à ce que, le plus tôt que, pendant que, en attendant que, à mesure que.*
- *comparaison: comme, de même que, ainsi que, autant que, plus que, moins que, non moins que, selon que, suivant que, comme si.*

La **locuzione congiuntiva** è l'insieme di parole equivalenti a una congiunzione.

19.8.3 Principali locuzioni congiuntive

Le principali locuzioni sono: *à condition que, afin que (à ce que), ainsi que, alors que, à mesure que, à moins que, après que, à proportion que, au cas où, au fur et à mesure que, au lieu que, à savoir que, aussi bien que, aussitôt que, attendu que, autant que, avant que, bien que, cependant que, comme si, d'autant que, d'autant plus que, de ce que, de manière que, de même que, de peur que, depuis que, de sorte que, dès que, encore que, en sorte que, étant donné que, excepté que, jusqu'à ce que, loin que, lors même que, malgré que, moins que, moyennant que, où que, outre que, parce que, pendant que, plutôt que, pour autant que, pour que, pourquoi, pourvu que, quand même, sans que, sauf que, selon que, si ce n'est que, si tant est que, soit que, sitôt que, suivant que, supposé que, tandis que, tant que, vu que.*

19.9 Posizione della congiunzione

In genere le congiunzioni si mettono prima delle parole, dei gruppi di parole, delle proposizioni che esse collegano ad altre parole o ad altre proposizioni. Alcune congiunzioni coordinative quali *donc, en effet, pourtant, cependant* si mettono talvolta nel corpo della proposizione, talvolta alla fine.

▸ *Je vois le bien, je l'aime: le mal,* ***pourtant****, me séduit.*
Ce départ va la gêner. Il est nécessaire, ***cependant****.*

Aussi
Si mette all'inizio della frase quando indica una conseguenza, una conclusione.

▸ ***Aussi** finit-il par le recevoir* (soggetto dopo il verbo).

Si mette dopo la parola o le parole che esso collega ad altri verbi quando significa *pareillement* (ugualmente).

▸ *Moi **aussi**, j'ai vu cette pièce.*
*Hier tu es arrivé en retard et aujourd'hui **aussi**.*
*Démolir n'est pas tout, il faut **aussi** reconstruire.*

19.10 Uso di alcune congiunzioni

Ni equivale a *et* con una negazione. Si usa generalmente prima o dopo la particella *ne*.

Ni serve a unire delle proposizioni negative o termini diversi di una proposizione negativa.

▸ *Nous **ne** voulons, **ni ne** devons, **ni ne** pouvons faire cela.*
*Elle **n'a ni** père **ni** mère.*
*Elle **n'est ni** intelligente **ni** studieuse.*
***Ni** l'or **ni** l'argent **ne** peuvent nous rendre heureux.*

Ni serve a unire due proposizioni subordinate che dipendono dalla stessa proposizione principale negativa.

▸ *Je **ne** crois pas qu'il vienne **ni** même qu'il pense à venir.*

Ni **non** può essere seguito dalla preposizione *sans*. Bisogna dire: *sans... ni* o *sans... sans*.

▸ ***Sans** force **ni** courage* (o ***sans** force et **sans** courage*).

Ou si usa nelle frasi affermative.

▸ *Vaincre **ou** mourir.*
*La force **ou** la vertu.*

Non si dirà alla forma negativa: *la douceur ou la force ne pourront l'aider.*

Ma si dirà: ***ni** la douceur **ni** la force **ne** pourront l'aider.*

Que è la congiunzione di subordinazione per eccellenza e si usa spesso per evitare la ripetizione di una locuzione congiuntiva: *avant que, afin que, à moins que.*

▸ ***Afin qu'il** dise et **qu'il** fasse.*

Si usa anche per evitare le congiunzioni *comme, quand, lorsque, puisque, quoique, si, comme si*, già espresse nella prima proposizione. *Que* esige il verbo allo stesso modo della congiunzione che sostituisce. Se sostituisce *si*, il verbo si deve mettere al congiuntivo.

▸ ***Comme** il était tard et **qu'on** craignait un orage, il fallut s'en aller.*
***Quand** on est jeune et **qu'on** se porte bien, on est toujours heureux.*
***Si** vous le rencontrez et **que** vous lui **parliez**, dites-lui ce qui se passe.*

Que può sostituire:

- *pourquoi* interrogativo all'inizio di una frase.
  ▸ ***Que** n'es-tu venu plus tôt?*
- *combien* esclamativo.
  ▸ ***Que** vous êtes jolie!*
- *avant que, afin que, à moins que, pour que, sans que, depuis que, puisque, de telle façon que...*
  ▸ *Approchez **que** (afin que) je vous serre la main.*

Que ripetuto, è talvolta usato col valore di *soit que...*

▸ *Mais* **que** (*soit que*) *dorénavant on me blâme, on me loue,* **qu'on** *dise quelque chose ou* **qu'on** *ne dise rien, cela m'est égal.*

Que si usa prima del verbo al congiuntivo che intende esprimere un imperativo (ordine, voto, desiderio).

▸ ***Qu'****il parte sur le champ!*
Que *Dieu le veuille!*
Oh! ***Qu'****il puisse le faire!*

Attenzione: *que de* traduce l'italiano "che" tra due infiniti.

▸ *Je préfère souffrir* **que de** *me soumettre* (*que* da solo si usa raramente).

Nota

In italiano, qualche volta, si sopprime la congiunzione "che" quando questa unisce due verbi, il secondo del quale è al congiuntivo. In francese la congiunzione *que* non si sopprime mai.

▸ *Je crois* **qu'***il n'a rien fait* (credo [che] non abbia fatto niente).

Malgré que (*bien, quoique*)

▸ *Je suis sortie,* **malgré que** *le temps menaçait.*

Nota

Malgré que non è accettato dai puristi: questa locuzione, frequente nella lingua familiare, entra sempre più spesso nella lingua letteraria. *Malgré que* si usa con il verbo *avoir* unito al pronome *en.*

▸ ***Malgré qu'****il* ***en ait*** *assez, il persévère.*

Si dice: *malgré moi, toi* ecc. (mio, tuo... malgrado) – *Malgré ses parents* (contro il volere dei suoi).

Pendant que indica la simultaneità di due azioni senza idea di contrasto.

▸ ***Pendant que*** *j'écrivais, je pensais à toi.*

Tandis que (*alors que, au lieu que*) indica la simultaneità fra due azioni opposte. Si usa spesso nel senso di *au lieu que*.

▸ *Tu t'amuses* **tandis que** *tu devrais étudier.*
Elle est tranquille **tandis que** *son frère est inquiet.*

Cependant que (piuttosto arcaico e unicamente letterario), vale *pendant que*.

▸ ***Cependant que*** *Marie et sa tante cueillaient des fleurs, j'entretenais les enfants.*

Tant que ("finché") si usa nel senso di *pendant tout le temps que* ed esige i due verbi all'indicativo o al condizionale.

▸ *Il le fera* **tant qu'***il pourra.*
J'attendrais **tant que** *tu voudrais.*

Jusqu'à ce que ("finché") si usa nel senso di *jusqu'au moment où* e regge, generalmente, il congiuntivo.

▸ *Tu resteras ici* **jusqu'à ce que** *tu* **aies** *terminés tes devoirs.*

Ma con l'indicativo, per indicare un fatto "reale", si usa più frequentemente *jusqu'au moment où.*

▸ *Il a étudié* **jusqu'au moment où** *son père est arrivé.*

Parce que si usa nelle risposte e per indicare il motivo, la ragione di una cosa.

▸ *Pourquoi pleures-tu?* **Parce que** *j'ai perdu mon bracelet.*
Je n'ai pu t'écrire **parce que** *j'ai été malade.*

Nota Invece di *parce que* si usa *de ce que* con alcuni verbi che esprimono la gioia, lo stupore, il dolore, il rimpianto (*remercier*, *regretter*, *informer*, *être content*, *être heureux*, *se plaindre*, *se réjouir*).
▸ *Je me plains* **de ce que** *tu n'as pas répondu à ma lettre* (**parce que**...).
Je suis heureux **de ce qu'***il est guéri* (**parce qu'il**...).

Car ("perché", "ché", "giacché", "poiché") si usa dopo un imperativo e per introdurre la prova o la ragione di un fatto.
▸ *Dépêche-toi* **car** *le train va partir.*
Travaillez **car** *le temps presse.*
Il est chez lui **car** *je viens de lui parler au téléphone.*

Pour que, **afin que** ("affinché")
▸ *Je le lui dis* **pour qu'***il le sache.*
Il l'a prévenu **afin qu'***il puisse se décider.*

Au lieu de ("invece")
▸ *Vous rêvez* **au lieu de** *réfléchir.*

Au lieu que indica la sostituzione (*en place de*).
▸ *Vous lui avez écrit* **au lieu qu'***il fallait lui parler directement.*
Ma si preferisce: *vous lui avez écrit* **alors qu'***il fallait lui parler...*

Au contraire ("cioè", "invece", "anzi", "viceversa") indica l'opposizione e significa *tout autrement.*
▸ *Il s'attendait à être mal reçu*, **au contraire**, *on l'a très bien accueilli.*

C'est-à-dire indica spiegazione.
▸ *Les mathématiques*, **c'est-à-dire** *la science des nombres.*

À savoir è utilizzato nelle enumerazioni.
▸ *Il a deux autres frères*, (**à**) **savoir** *Charles et Paul.*

Quoique (una sola parola) è sinonimo di *bien que* (sebbene, quantunque).
▸ **Quoiqu'***il soit enrhumé, il a voulu sortir.*

Quoi que (due parole) – *quelque chose que* (qualunque cosa) – *quelle que soit la chose que.*
▸ **Quoi qu'***on fasse...*
Quoi que *j'aie pu dire.*
Quoi qu'*il advienne*, **quoi qu'***il arrive* (qualunque cosa accada, avvenga).

Encore que significa *bien que*, *quoique* (sebbene, quantunque). È usato più raramente e si trova soprattutto nella lingua letteraria.
▸ **Encore qu'***il soit jeune, il ne laisse pas d'être sérieux.*

Soit... soit, soit... où (più raro), **soit que... soit que, soit que... ou que** indicano l'alternanza ("o... o", "sia... sia", "sia... che")
▸ **Soit** *mon père*, **soit** *ma mère te recevra.*
Soit qu'*il pleuve*, **soit qu'***il fasse beau* (**ou qu'***il fasse beau*), *on ira.*

Quand (bien) même, au cas où, lors même que, alors que, alors même que e **quand** (nel senso di *quand même*) hanno il valore di *même si* (anche se, quand'anche) ed esigono il verbo al condizionale.

▸ *Il n'était pas fâché* ***alors qu'il*** *aurait dû l'être.*
Quand même *je le* ***dirais*** (dicessi), *cela ne servirait à rien.*

Si (se) esprime il dubbio, il motivo, la condizione; regge l'indicativo e si apostrofa soltanto davanti a *il*, *ils*.

▸ *Vous me demandez* ***s'il est*** (sia) *parti.*
Si *elle* ***venait***, (venisse), *tout le monde serait content.*
Si *tu* ***savais*** (sapessi), ***si*** *vous* ***saviez*** (sapeste)...
Si *tu* ***étudies*** (studi o studierai), *tu seras reçu.*

Si regge il presente dell'indicativo mentre l'italiano "se" regge, spesso, il futuro.

▸ ***Si*** *tu le* ***veux*** (vuoi o vorrai) *je serai là.*

19.11 Interiezioni

L'interiezione è come una specie di urlo che si lancia nel discorso per esprimere un moto dell'anima, uno stato di pensiero, un ordine, un avvertimento, un appello.
Una locuzione interiettiva è un gruppo di parole equivalenti a una *interjection*.
Le interiezioni possono essere:

- semplici grida o delle onomatopee.
  ▸ *Ah! Hem! Heu! Hum! Ohé! Ouais! Ouf! Bah! Fi! Pouah! Chut! Hola! Psitt!*
- dei nomi soli, accompagnati da un epiteto o dipendenti da una proposizione.
  ▸ *Attention! Courage! Ciel! Juste ciel! Bonté divine! Ma parole! Par exemple!*
- degli aggettivi usati da soli o accompagnati da un avverbio.
  ▸ *Bon! Bravo! Tout doux!*
- degli avverbi o delle locuzioni avverbiali.
  ▸ *Bien! Comment! Eh bien! En avant!*
- delle forme verbali (soprattutto imperativi).
  ▸ *Allons! Gare! Halte! Tiens! Ça suffit! Vois-tu (voyez vous)! Dis donc!*
- delle frasi intere.
  ▸ *Fouette cocher! Va comme je te pousse! Vogue la galère!*

19.11.1 Principali interiezioni

Le principali interiezioni sono: *Adieu! Ah! Aïe! Allô! Bah! Bon! Bravo! Ça! Chiche! Chut! Crac! Doucement! Eh! Euh! Fi! Fichtre! Gare! Ha! Hé! Hein! Hélas! Hem! Ho! Holà! Hom! Horreur! Hosanna! Hourra! Hum! Là! Ô! Oh! Ohé! Ouf! Paf! Pan! Patatras! Pif! Pouah! Pst! Quoi! Sus! Va! Vivat! Zut!*

19.11.2 Principali locuzioni interiettive

Le principali locuzioni sono: *Ah! ça – À la bonheur! – Bonté divine – Hé bien! – Hé quoi! – Fi donc – Grand Dieu! – Ho! ho! – Mon Dieu! – Juste ciel! – Là! là! – Ma foi! – Par exemple! – Quoi donc! – Ta ta ta! – Tout beau! – Tout doux!*

Esercizi

Segni della lingua scritta

1. **Écrivez les *voyelles* de l'alphabet français.**

2. **Écrivez les *consonnes* de l'alphabet français.**

3. **À l'aide du dictionnaire:**

a. **Sur les mots suivants mettez l'*accent aigu*, comme il convient.**
etat, qualite, nationalite, litterature, etoile, verite, elephant, severite, alles, conge, vendanges, chantes, commandes, cree, cederai, preferees, congediees

b. **Sur les mots suivants mettez l'*accent grave*, comme il convient.**
regle, eleve, velocipede, riviere, creme, fidele, lumiere, cede, achetent, emmene, se promene, leve, levent, unieme, probleme

c. **Sur les mots suivants mettez l'*accent circonflexe*, comme il convient.**
baton, ame, age, ile, fete, fenetre, tete, pole, batir, diplome, extreme, infame, aumone, drole, controle, bleme, pate, cote

4. **Faites la *division en syllabes* des mots suivants.**
apprenons, formation, syllabique, craindre, rester, crochet, boîte, parenthèses, apostrophe, accent, rieuse, suspension, exclamation, ennoblir, blanche, maigrelet, voyelles, arythmie, arrière, préfixe, italien, italienne, aligner, algèbre, jouaient

5. **Choisissez *six* mots ayant une voyelle avec le *tréma* et *six* noms ayant des mots liés par un *trait d'union*.**

Nome

1. **À l'aide du dictionnaire:**

a. **Indiquez le *genre* des mots suivants.**
bergère, canon, poupée, fromage, abeille, vin, tableau, raisin, bonheur, montagne, chaleur, docteur, biche, printemps, agneau, saveur, été, ouvrière, fleur, couleur, montre, horloge, pensée, faute, minuit, calme, fruit, arbre, chemin, midi, cheminée, déjeuner, âge, étude, compas, règle, sac, cartable, dent, crayon, gomme, affaire, front, lèvre, départ, dimanche, mer, année, drapeau, jeunesse, enfant, enfance, gens

....

....

....

....

....

b. **Donnez le *féminin* des mots suivants.**
papa, homme, fils, oncle, neveu, frère, cousin, petit-fils, maître, grand-père, parrain, monsieur, compagnon, camarade, élève, écolier, ami, auteur, beau-frère, beau-père, président, empereur, avocat, docteur, écrivain, roi, prince, professeur, duc, comte, baron, juif, préfet, héros, serviteur, gouverneur, directeur, instituteur, jeune homme, gendre, peintre

....

....

....

....

c. **Donnez le *masculin* des prénoms suivants.**
Jeanne, Pauline, Joséphine, Henriette, Julie, Charlotte, Antoinette, Claudine, Lucienne, Françoise, Louise

....

....

2. ***Masculin* ou *féminin?* Soulignez le mot juste.**

a. Il a des bras *longs / longues*.
Le beau / belle Paris attire beaucoup de touristes.
Donne-moi *ce / cette* feuille de papier.
Je ne connais pas *son / sa* pensée.
Le / la haine est un mauvais sentiment.
Julienne est *un / une* enfant tranquille.
Cette femme est *mon / ma meilleur/e* aide.
L'aigle est *fier / fière* et *courageux/se*.
Cette insigne représente *le / la* Aigle *noir/e* de Prusse.
Bossuet, écrivain français, orateur sacré et évêque, fut surnommé *le / la* Aigle de Meaux.
Il en a vu de *tous / toutes* les couleurs.

Cette écharpe est d'*un / une beau / belle* couleur rouge.
Mon / ma plus *grand / grande* délice, c'est une belle promenade à la campagne.
Quels / quelles délices pour ma petite sœur les gâteaux!
Ce / cette foudre a fait des victimes.
Cicéron fut *un / une* véritable foudre d'éloquence.
Le / la garde champêtre n'est pas *resté / restée* sur le qui-vive.

b. Nous avons passé *le / la* Noël à la montagne.
Venise est *beau / belle.*
Des gens sont *arrivés/es* hier.
Ce sont des jeunes gens toujours *élégants / élégantes.*
Ce sont les *meilleurs/es* gens que j'ai *connus / connues.*
Tout / Toute Paris s'intéresse à ce débat politique.
Ta mère est *un / une excellent/e* peintre.
M. me *le / la* Préfète est la femme du Préfet.
C'est M. me Villeneuve *le / la Préfet/e* de cet arrondissement.
C'est un homme très gentil, certes ce n'est pas *un / une* aigle.
Mon père a *tout/e* l'œuvre de Molière.
Vous travaillez à *un / une grand/e* œuvre.
Les frères Abbagnani sont de *fameux/ses* gens de mer.
On dit que les Turcs ou *le / la* gent qui porte le turban, sont des gens *dur / dures* et impitoyables.
On a psalmodié et chanté *un / une ancien/ne* hymne *religieux/se.*
Jésus célébra (*la*) Pâque(*s*).
(*La*) Pâque(*s*) aux Roses.

3. Traduisez.

a. Le Mans, città della Francia, è importante per il suo famoso autodromo. ....

....

Le Havre, grande porto sulla riva destra dell'estuario della Senna, fu quasi completamente distrutta durante la Seconda Guerra mondiale e ora è tutta ricostruita. ....

....

Nella bella Siviglia fu inaugurata una grande mostra universale (*universelle*). ....

....

Tutti (*tout le monde*) amano visitare la bella Roma e la grande Parigi. ....

....

Tokio, con il suo centro modernissimo (*très moderne*) e i suoi vasti parchi, è molto curata ed elegante. ....
Tutta Roma era accorsa allo spettacolo dei tre tenori. ....

....

Tutta Bangkok era in festa per il compleanno della regina Sirikit. ....

....

b. La signora Duval è una grande scrittrice. ....
Quella bella dottoressa in legge è candidata alle prossime elezioni. ....

....

Nel nostro paese le pittrici, le dottoresse (medici), le donne in carriera in genere, non mancano di certo. ....
Questo oratore è un'aquila. ....

Quel nobile aveva fatto dipingere un'aquila spiegata sulla porta del suo palazzo. ....

Napoleone primo portò le sue aquile vittoriose in tutte le capitali d'Europa. ....

Il colore di questo giornale è ancora indeciso. ....
Le sue labbra erano di un bel colore rosa. ....
Ecco una bella coppia di amici. ....
Una coppia di polli è sufficiente (*suffit*) per il nostro pranzo. ....

Formazione del plurale

1. **Mettez au *pluriel.***
homme, femme, fenêtre, vitre, table, voiture, bœuf, rivière, aurore, fleuve, herbe, abri, époux, nez, croix, marquis, brebis, chameau, bambou, oiseau, jeu, feu, genou, hibou, cadeau, agneau, banc, cerf, stylo, logis, trou, veau, thorax, mouton, automobile, cheveu, caillou, landau, heureux, jaloux, cheminée, bijou, sou, nouveau, beau, bleu, vieux, fou, idéal, val, final, éventail, vantail, soupirail, glacial, ciel, travail, émail, natal, matinal, œil, fatal, aïeul, drapeau, lieu, journal, général, château, détail

2. **Mettez au *singulier.***
fleurs, étoiles, fruits, douleurs, forêts, haies, héros, rubis, gants, noisettes, pays, billes, cadenas, noix, oranges, villageois, bronzes, époux, bois, rivages, tapis, poids, pois, bijoux, joyaux, jeux, joujoux, ciels de tableaux, cieux étoilés, œils-de-perdrix, aïeux romains, yeux de femme

3. **Corrigez les phrases suivantes.**
Le bons père. ....
Les petit jardin. ....
Les grandes chambre. ....
Les perdrix rouge et le perdrix grise. ....
Les nez camard. ....
Les pattes des animal domestique. ....
Les général intrépide. ....
Le carnavaux animés. ....
Des régal exquis. ....
Des aspects théâtral. ....
Les repas frugal. ....

Les chacal sont des espèces de chien. ....

Elle a reçu de beaux bijous. ....

Il fait chaud, ouvrez les vantails et donnez-nous des éventaux. ....

....

Admirez les beau cieux de ce tableau et les beau ciel étoilés. ....

....

Les canals sont des cours d'eau artificiels. ....

Les travails (*lavori*) sont pénibles. ....

Nos aïeuls les Romains conquirent le monde. ....

Voilà des joujous pour tes petits frères. ....

4. **Trouvez un *synonyme* à chacun des mots suivants et formez le *pluriel*.**
courage, historiette, bataille, logis, terreur, gaieté, tristesse, injure, portion, cime, rivage, auberge, drapeau, festin, auto, motif, vitesse, agriculteur, barbarie, accident, métier, indigence, défaut, secours, voleur

....

....

5. **Corrigez, si nécessaire, les mots en *caractère gras*.**
Les **Bourbon** ont régné en France, en Espagne et en Italie. ....

Cornélie était la mère des **Gracques**. ....

Les **Corneille**, les **Molière**, les **La Fontaine** ont illustré le dix-septième siècle. ....

....

Avec Henri IV commence la dynastie des **Bourbon**. ....

Les deux **Corneille** sont nés à Rouen. ....

Achète trois **Odyssée** et quatre **Hamlet**. ....

Le musée du Louvre est riche en **Raphaël**, en **Poussin**, en **Picasso**. ....

....

Les **Vallier** habitent Marseille. ....

J'ai entendu deux **opéra** de Verdi. ....

Des **dilettante** ont joué des **allégro** sur nos deux **piano**. ....

Dans les lettres à vos supérieurs évitez les **post-scriptum**. ....

Tu diras cinq **pater** et six **ave**. ....

Ce sont de véritables **gentleman**. ....

6. **Mettez au *pluriel* les mots suivants.**
le sourd-muet, l'oiseau-mouche, le porte-feuille, le tire-lire, un chou-fleur, un coffre-fort, l'hôtel-Dieu, l'arc-en-ciel, le sous-préfet, le bain-marie, un timbre-poste, le contre-pied, le sous-sol, un porte-objet, le rouge-gorge, un procès verbal, un tire-bouchon, un coq-à-l'âne, un pied-à-terre, un porte clef, un garde-chasse, un tête-à-tête, une grand'messe, une robe orange, une jupe marron, un chef-lieu, une arrière-garde, un après-midi

....

....

....

....

7. **Traduisez.**

a. I tre Curiazi e due degli Orazi perirono combattendo per la loro patria. ....

....

I Borboni hanno regnato nelle due Sicilie. ....

Mio zio possiede due Picasso e tre De Chirico. ....

Pochi paesi possono vantare dei Pascal e dei Molière. ....

I Romanov regnarono in Russia dal (*de*) 1613 al 1762. ....

I Duval, che abitavano nella villa accanto, hanno cambiato casa. ....

La Francia è fiera dei (*de*) suoi Corneille, dei Molière, dei Racine... ....

Nella biblioteca paterna ho trovato tre *Candide* di Voltaire e due *Phèdre* di Racine. ....

Difficilmente dei poeti epici sono dei Virgilio e degli Omero. ....

b. In quella chiesa erano appesi degli ex-voto. ....
Nelle tue lettere fai un grande uso di post-scriptum. ....
Per penitenza dovrai recitare 10 Pater e 10 Ave. ....
Quegli Inglesi sono dei veri gentiluomini. ....
È importante avere i duplicati di quei documenti. ....

Le due Guinee producono (del) cotone, tabacco, caffè, indaco. ....

Quelle due dilettanti hanno suonato bene i loro a solo. ....
Io conservo tutte le mie agende. ....
I granai sono generalmente illuminati dagli (*par les*) occhi di bue. ....

I passaporti sono necessari per alcuni viaggi all'estero. ....

Se hai male agli occhi usa dei paralumi. ....
I cieli delle province del Sud sono luminosi. ....

c. Metti (*mets*) degli attaccapanni nell'anticamera. ....
La facciata di quella chiesa ha dei bassorilievi. ....
Le banche hanno delle solide casseforti. ....
La mia segretaria ha spedito le lettere senza i francobolli. ....
In Giappone non si accettano (*on n'accepte pas*) le mance. ....
In Thailandia abbiamo ammirato dei tessuti fantasia in seta blu, nocciola, marrone, cremisi, porpora, verde ecc. ....

In quell'archivio troverete ciò che cercate (*ce que vous cherchez*). ....

Una volta, al tramonto, nei piccoli paesi si (*on*) suonava il vespro. ....

Nella casa dei nonni ci sono (*il y a*) ancora due bellissimi (*très*) guardaroba in noce. ....

Articolo

1. **Placez l'*article défini* et l'*article indéfini* devant chacun des noms suivants.**
.... école, ... professeurs, ... élèves, ... élève (*f.*), ... élève (*m.*), ... bancs, ... tableau noir, ... torchon, ... craie, ... bureau, ... fauteuil, ... journal de classe, ... lunettes, ... corbeille à papier, ... cartable, ... armoires, ... portemanteaux, ... lampe, ... plafond, ... parquet ou carrelage, ... cartes géographiques, ... radiateur, ... interrupteur, ... cahier, ... écoliers, ... camarades, ... héros (*sing.*), ... héros (*pl.*), ... haine, ... harpe, ... habileté, ... homme, ... feuille, ... papier, ... cabane, ... plume, ... haine, ... époux, ... plat, ... assiette, ... âge, ... renard, ... poulet, ... tigre, ... ours, ... crayon, ... mouche, ... moustique, ... héritage, ... ingénieur, ... horloge, ... héroïne, ... hauteur, ... champignon, ... blaireau, ... planète, ... vague, ... phare, ... volcan, ... fusée, ... trous, ... nacre, ... centime, ... fleur, ... engin

2. **Remplacez les points par un des articles *le*, *la*, *les*.**
.... *cris des animaux*
.... chien aboie, ... brebis bêle, ... bœufs mugissent, ... poule caquette ou glousse, ... cochons grognent, ... cheval hennit, ... loups hurlent, ... dindon glougloute, ... ânes braient, ... grenouille coasse, ... corbeau croasse, ... pie jase ou jacasse, ... chat miaule, ... petits poulets piaulent, ... pigeon roucoule, ... tourterelle gémit, ... lion rugit, ... serpents sifflent, ... renards glapissent, ... merle siffle ou flûte, ... rossignols chantent, ... tigre râle, ... hirondelles gazouillent, ... coq chante, ... moineaux pépient, ... mouche bourdonne, ... aigles trompettent, ... cerf brame, ... éléphants barètent (ou barrissent)

3. **Mettez les noms suivants au *singulier* et faites-les précéder de l'*article défini*.**
.... éléphants, ... hippopotames, ... éventails, ... hérissons, ... ânes, ... hommes, ... haricots, ... aigles, ... omnibus, ... hameçons, ... ardoises, ... arbres, ... yeux, ... hannetons, ... amandes, ... hôtels, ... hameaux, ... arsenaux, ... oiseaux, ... hiboux, ... animaux, ... hangars, ... aérostats, ... hirondelles, ... émaux, ... horloges, ... autruches, ... harengs, ... abricots, ... nez, ... bas

4. **Dans les exercices *n. 1* et *n. 3* soulignez et analysez les mots qui commencent par *h*: expliquez la différence entre un *h muet* et un *h aspiré*.**

5. **Corrigez.**
une monde, un bœufs, de renard, la professeur, une professeur, le élève, l'héros, l'haie, l'hêtre, le table, la carrelage, un'âme, un'élève, le bancs, la haine, le craie, l'hauteur, la élévation, la héroïne, le horloge, la fauteuil, le armoire, un armoire, le corbeille à papier, la écureuil, la hirondelle, une été, le honneur, le douleur, le vapeur

....

....

....

6. **Traduisez.**

a. lo zio, il cugino, la cugina, la professoressa di francese, la compagna di Marco, una storia facile

....

b. Mio zio è un ingegnere. ....
Garibaldi è l'eroe dei due mondi. ....
La poltrona di mio padre. ....
La lavagna è utile. ....
I banchi sono vuoti. ....
I ragazzi dormono (*dorment*). ....
Ecco il gesso. ....

7. Dans le texte suivant analysez les mots en *italique* (corsivo).

Au téléphone, un dimanche matin...
Paul téléphone à son ami Claude: "Allô, je suis Paul. Qui est *à l'*appareil?"
Adrienne (sœur *de* Claude et amie *de* Paul): "Je suis Adrienne, ça va Paul?"
Paul: "Oui, Adrienne, merci e toi?"
Adrienne: "Très bien Paul, merci. Tu désires parler *avec* Paul?"
Paul: "Oui, s'il te plaît (*per favore*). Merci beaucoup."
Adrienne: "*De* rien Paul. J'appelle Claude. *Au* revoir."
Paul: "Au revoir, Adrienne."
Claude arrive: "Allô, Paul. Tu as *des* projets *pour* aujourd'hui (*oggi*)?"
Paul: "Oui, je vais *à la* campagne *dans* l'après midi. Tu viens *avec* moi?"
Claude: "Oui, nous y allons *à* bicyclette?"
Paul: "Oui et *au* retour *de la* promenade nous allons *au* cinéma. Ça te va?"
Claude: "Oui, fort bien. Christian vient *avec* nous?"
Paul: "Non, il va *chez* Valérie *avec* Marc."
Claude: "Bon, *à* tout *à l'*heure, donc. Je serai bientôt prêt."

8. Traduisez les mots italiens.

Per il peuple. ....
Sulla maison. ....
Al livre. ....
Con toi. ....
Con elle. ....
A lui. ....
Di mon frère. ....
Une conversation fra deux copains. ....
Vous allez a école. ....
Le chien est nel jardin. ....
Paul téléphone a Claude, all'ami, al copain. ....
Claude parle con Paul dell'ami, del copain. ....
Paul parle agli amici, dei projets di Claude. ....
Le chat est sulla chaise. ....
Le professeur est dietro il bureau. ....
L'élève est davanti al(la) tableau noir. ....
Les tableaux sont sulle parois. ....
Le tapis est sotto les pieds. ....
Le compas est sul banc. ....
Les livres et le cahiers degli écoliers sont nella cartable. ....
Le téléphone est sul table. ....
Les fleurs sont nel vase. ....

Le vase est dietro il téléphone. ....

La gare est visible sulla droite del ponte. ....

Con la belle saison tout se transforme nella nature. ....

Cette région était sotto la domination autrichienne. ....

Le cinéma se trouve sulla gauche del boulevard. ....

9. Remplacez les points par une *préposition* ou un *article contracté*.

J'ai donné ma revue .... Paul.

C'est une idée .... mon frère.

Nous sommes partis .... nos amis.

Il y a une hypothèque .... cette villa.

Je l'ai trouvé .... ton cartable.

Elle est allée .... Italie et .... France, mais surtout .... Italie .... Sud et .... France méridionale.

Il me faut un équipement .... aller .... cheval.

J'ai ta lettre .... les yeux.

Le journal .... professeur est .... le bureau.

Les cartes géographiques sont .... armoire.

Nous l'avons demandé .... proviseur et .... professeurs.

Le magnétophone est un appareil .... enregistrement et .... reproduction .... sons .... bande magnétique.

Il était .... la vie et la mort.

J'ai trouvé ta photo .... les souvenirs de famille.

Je pense toujours .... lui .... tendresse.

Je l'ai vue .... la foule.

C'est un secret .... toi et moi.

Le professeur écrit .... tableau noir.

Les professeurs .... ce lycée sont sévères.

Le chien .... Claude aime se reposer .... divan ou .... lit.

Il aime se promener (*passeggiare*) .... arcades (*portici*).

Le feu couve .... la cendre.

10. Faites correspondre les mots de la première colonne avec ceux de la deuxième.

1 La gomme et le crayon	est	**a.** derrière le bureau.
2 Les cahiers	sont	**b.** sous la table.
3 Pierre		**c.** dans la trousse.
4 Le professeur		**d.** avec ses copains.
5 Le chat		**e.** devant le tableau noir.
6 André		**f.** sur la table.

11. Traduisez.

I chiodi della scarpa. ....

I raggi del sole. ....

Le acque dei ruscelli. ....

I contadini alla festa. ....

I banchi di coralli. ....

Gli smalti del museo. ....

I lavori dei campi. ....

I quadri del salotto. ....
Gli spauracchi dei bambini. ....
Le vele sul mare. ....
Gli ordini dei caporali. ....
Il terrore dei boschi. ....
Le forbici del sarto. ....
Il telefono è sul tavolo. ....
I fiori sono nel vaso, sul davanzale della finestra. ....
Gli occhiali del professore sono sulla scrivania. ....
Il professore parla agli alunni. ....
La casa di Lea è sulla collina. ....
Una farfalla è sul fiore dell'acacia. ....
Cesare e Annibale sono i grandi capitani dell'antichità. ....
I Franchi si coprivano (*couvraient*) con la pelle degli orsi uccisi (*tués*). ....
....
All'estremità del ramo vi è (*il y a*) un pettirosso. ....
Le tigri sono temibili anche nelle gabbie. ....
La vanità è sorella della stupidità e la pigrizia madre dei vizi. ....
....
Le ostriche sono sugli scogli del mare. ....

12. Corrigez.

a. à le téléphone, au mer, à le cinéma, de l'héros, de l'harpe, du homme, de la histoire, de les cadeaux pour toi, du table, de le chocolat, du enfant, de le livre, du horloge, de ami, de la amie, de les camarades, dans l'journal de le professeur

....
....
....

b. La découverte est souvent l'effet de l'hasard. ....
La fenaison a lieu à le mois de juin, la moisson à le mois d'août. ....
....
Les vendanges se font à la fin de le mois de septembre. ....
....
À la école, un élève reçoit (*riceve*) le "carnet des notes" (*pagella*). ....
....
À le collège et à le lycée c'est le "bulletin de notes". ....
....

13. Dans les lectures suivantes (*les repas*) soulignez et analysez les *articles partitifs*.

a. *Le petit déjeuner* (7.30 – 8 heures)
Sur la table il y a de tout: du café, du lait, du thé, du pain grillés (ou des biscottes) pour les tartines, des croissants, du sucre, du beurre et de la confiture.
Maman: "Tu veux du café au lait, Christian?"
Christian: "Oui, maman, je veux du café au lait avec des croissants."
Maman: "Et toi, Yvonne?"
Yvonne: "Je ne veux pas du café au lait, mais du thé chaud et des tartines avec du beurre et de la confiture."

b. *Le déjeuner à la cantine* (midi et demi – 13 heures)
Christian et Paul mangent des croque-monsieur.
Paul: "J'ai soif. Je prends du coca-cola et toi Christian?"
Christian: "Je préfère un peu d'orangeade. À propos, où est ma sœur Yvonne? Tu l'as vue Paul?"
Paul: "Oui, elle est allée à la piscine avec des camarades."

c. *Le goûter* (4.30 – 5 heures de l'après midi, 16.30 – 17 heures)
Maman: "Veux-tu goûter, Jean?"
Jean: "Oui, maman, merci."
Maman: "Veux-tu des biscuits?"
Jean: "Non, je ne veux pas des biscuits, je préfère du gâteau."
Maman: "Tu veux du thé?"
Jean: "Non, je ne veux pas du thé, je préfère du chocolat."

d. Dans la lecture suivante placez l'*article partitif* devant les noms en *italique*.
Le dîner (ou *souper*, 7,30 – 8 heures du soir, 19,30 – 20 heures)
Christian et Yvonne aident leur mère à mettre le couvert. Ce soir à dîner ils ont des invités. Sur la belle nappe brodée ils disposent, en bel ordre: .... *assiettes*, plates et creuses, ... *fourchettes*, ... *couteaux*, ... *cuillers*, ... *verres*, ... *corbeilles* à pain.
Christian: "Où sont les vins, maman?"
Maman: "Là, sur la table roulante il y a tout: .... *bouteilles* de vin, ... *eau* minérale et le nécessaire pour assaisonner la salade verte: .... *sel*, ... *vinaigre*, ... *huile*."
Christian: "C'est une bonne idée la table roulante!"
Maman: "Oui, faute de domestiques..."
Yvonne: "Quel est le menu, maman?"
Maman: "Le voilà: .... *hors-d'œuvre* (melon, jambon), consommé Célestine, ... *filet* de sole aux champignons, ... *gigot* de mouton rôti garni de haricots verts et de pommes de terre. Comme dessert: .... *fromages* variés, ... *fruits* de saison et .... *gâteaux* (.......... *choux* à la crème et .... *mousse* au chocolat)."
Yvonne: "Oh, tout ça me fait venir l'eau à la bouche."
On entend sonner: "Les invités sont arrivés."
"Bon appétit tout le monde!!!"

14. Traduisez les *mots italiens*.
Nous mangeons (*mangiamo*) della viande. ....
Maman prépare degli hors-d'œuvre. ....
Christian ne mange pas delle tartines mais dei croissants. ....
Yvonne ne mange pas dei croissants mais delle tartines. ....
Jean ne veut pas del thé mais del chocolat. ....
Il veut del gâteau. ....
Christian ne veut pas del chocolat. ....
Marc veut del thé. ....

15. Transformez selon l'exemple.
▸ Sur la table il y a **de la** viande.
Sur la table il n'y a pas **de** viande.

Maman a mis **du** lait, du café
Maman n'a mis **ni** ....

Christian mange **des** tartines et boit **du** thé.
Christian ne mange pas .... tartines et ne boit pas .... thé.

Yvonne mange **des** croissants.
Yvonne ne mange pas .... croissants.

Sur la table il y a **de la** salade et **du** poulet.
Sur la table il n'y a **ni** ....

16. Complétez.

Je ne bois pas .... lait, mais .... chocolat.
Tu ne bois pas .... vin, mais .... l'eau.
Il ne boit pas .... eau, mais .... orangeade.
Nous ne buvons pas .... café, mais .... thé.
Vous ne buvez pas .... thé, mais .... café.
Il ne boivent pas .... orangeade, mais .... coca-cola.

17. Traduisez.

Egli mangia biscotti o tartine con burro e marmellata. ....
Yvonne ha molta volontà e poco coraggio. ....
Egli ha tante zie e tanti zii. ....
Essi bevono sempre della buona birra. ....
Mangiamo (*Nous mangeons*) volentieri pollo e patatine fritte ma non mangiamo pane. ....
....
Io compro (*achète*) libri ma non compro riviste straniere (*étrangères*). ....
....
Egli ha denaro ma non ha amici. ....
Voi avete spesso belle idee. ....
Preferisco del buon tè. ....
Esco spesso con amici e amiche. ....
Christian studia con diligenza e tanta costanza. ....
Mio padre non beve né tè, né caffè, né latte. ....
Ella è senza amici. ....
Ho fame e tanta sete. ....
Abbiamo visitato città molto (*très*) belle con parchi immensi e giardini stupendi. ....
....

18. Complétez.

Le boucher vend .... viande et le boulanger .... pain.
Le pâtissier a .... gâteaux, ... brioches et .... pâtisseries de toute sorte.
J'ai acheté .... sucre, ... café, ... poivre, ... fruits confits et .... marrons glacés.
J'ai encore .... tabac.
J'ai encore .... bon tabac.
Je n'ai plus .... tabac.
Elle a acheté .... allumettes.
Elle n'a pas acheté .... allumettes.
As-tu acheté .... souliers? – Oui, j'ai acheté .... souliers étroits.
Yvonne ne pratique pas .... sport.
Elle a passé .... belles vacances au Canada.

La télé passe .... documentaires intéressants.
On aime beaucoup écouter .... disques de Chopin.
On ne voit pas toujours .... beaux films au festival du cinéma.
L'Italie fournit .... beaux marbres.
L'Allemagne et l'Angleterre fabriquent .... bière excellente ....
La Hongrie produit .... blés superbes.
La France et l'Italie donnent .... bons vins.
On voit, en Normandie, ... gras pâturages et .... pommiers nombreux.
L'Orient fabrique .... tapis magnifiques.
On trouve, en Afrique centrale, ... vastes déserts, ... lacs et .... forêts immenses.
C'est une femme qui a .... culture.
Elle ne lit que .... œuvres littéraires et scientifiques.
Cet enfant ne mange que .... viande.
Alain ne fume pas .... cigarettes italiennes mais .... cigarettes anglaises.
Achète-moi (*comprami*) .... petits pois, je les aime beaucoup.
Maman prépare .... hors-d'œuvre.
Maman ne prépare pas .... hors-d'œuvre.
Devant l'école on voit (*si vedono*) souvent .... jeunes filles et .... jeunes hommes.
Vous avez beaucoup .... courage et peu .... constance.
Je l'ai répété bien .... fois.

19. Composez cinq phrases *partitives* avec *ni ... ni* et cinq phrases avec *sans*.

20. Composez dix phrases avec les adverbes de quantité *beaucoup, bien, peu, trop, tant, plus, moins, assez, combien.*

21. Composez dix phrases où l'on emploie (*si usa*) *avec* suivi d'un nom abstrait ou d'un complément circonstanciel.

▸ *Avec soin* (forme adverbiale).
Avec des amis (complément de compagnie).

22. Traduisez.

a. La Toscana produce (*produit*) vino eccellente. ....
Roma ha monumenti incomparabili. ....
Quando ho sete non bevo acqua, ma tè freddo. ....
Essi hanno pochi mezzi (*ressources*) ma tanta fortuna (*chance*). ....
....
Ci resta (*Il nous reste*) poco tempo. ....
Me lo sono chiesto (*je me le suis demandé*) molte (*bien*) volte. ....
....
C'è sempre molta (troppa, poca, abbastanza) gente (*mondem*). ....
....
Oggi ho meno lavoro perché c'è (*il y a*) meno gente. ....
Ella studia con intelligenza e senza sforzo. ....
Yvonne e Christian apparecchiano la tavola con cura: con bicchieri di (*en*) cristallo, con posate (*couverts*) d'argento ecc. ....
....

b. Mangia senza fare tante storie. ....

Mio zio vive (*vit*) solo, non vuole (*il ne veut*) né parenti, né amici. ....

....

Hai fame? Mangia quelle (*ces*) tartine con burro e marmellata. ....

....

Hai sempre sonno. ....

Non hai (*n'as-tu pas*) vergogna (*honte*)? ....

Ragazzi e ragazze si affollano (*se pressent*) all'entrata del cinema. ....

....

Non ho (*je n'ai pas*) tempo, devo (*je dois*) uscire. ....

Leggo (*je lis*) sempre con piacere Baudelaire e Verlaine. ....

Studenti, professionisti, casalinghe, operai parteciparono (*participèrent*) a quella (*cette*) manifestazione. ....

....

Uso dell'articolo

23. Corrigez, si nécessaire, les *articles* et les *prépositions* en *italique*.

a. J'ai lu *Les Fiancés du* Manzoni et la *Correspondance du* Giusti. ....

....

Le Pétrarque et *le* Boccace sont de grands poètes. ....

....

Laurent premier, dit le "Magnifique", fut un membre très célèbre de l'illustre famille *de* Médicis.

....

Le "Racine" d'*Athalie* est encore supérieur *au* "Racine" de *Phèdre*. ....

....

Ce matin nous avons rencontré *les* Vallier qui partaient pour Dijon. ....

....

*L'*Eugène Jonesco, dramaturge contemporain, est un auteur d'avant-garde. ....

....

À la famille *de* Stuarts appartiennent plusieurs souverains d'Écosse et d'Angleterre. ....

....

Hier soir on a joué *du* Mozart mais surtout *du* Rossini. ....

....

Les Guise furent des catholiques fanatiques. ....

....

b. *La* Milan d'aujourd'hui, comme toutes les villes d'ailleurs, est différent de *la* Milan de jadis.

Héritier *du* Mazarin, Louis quatorze voulut continuer sa politique. ....

....

Les sculptures *du* Canova sont les plus représentatives du néo-classicisme. ....

....

La Janine est une femme très intelligente. ....

Le David est une statue célèbre *du* Donatello, *du* Michel-Ange, *du* Pollaiuolo, mais il y a d'autres David: *le* David, roi d'Israël (1010-970 a. C.), *le* David, roi d'Écosse (1084-1153), *les* David peintres: *le* flamand Gérard David (1460-1527), le français Louis David, peintre de Napoléon et chef de l'école néo-classique (1748-1825), *un* David compositeur

(1810-1876) et *le* David d'Angers, statuaire français (1788-1856), auteur du fronton du Panthéon. ....

....

....

....

....

c. Il enleva *le* pardessus et s'assit en face de moi. ....
Vous devez contrôler à page... ....
Jean Luc a parié qu'il traverserait à la nage tout ce lac. ....
Mes élèves, préparez-vous à écrire *sous* dictée. ....
Le siècle *de* Roi Louis quatorze a été appelé le "Siècle d'or" *de* France. ....
Quelles sont les limites à Sud et à Est de l'Allemagne? ....
Es-tu allé à messe? – Non, je suis allé à chasse. ....
On vous a accordé un intérêt *du* 9%. ....

24. Traduisez.

a. La sabbia del Nilo nascondeva (*cachait*) le uova di coccodrillo. ....

....

Noi troviamo il platino nel Messico, nel Brasile, nella California. ....

....

In Giappone, come in Cina e in tanti altri paesi dell'Estremo Oriente, le vecchie tradizioni cedono a poco a poco alle mode occidentali. ....

....

Ho letto la "Corrispondenza" di Voltaire con Caterina di Russia. ....

....

Il Leopardi è un poeta romantico. ....
La Luisa è una ragazza di grande avvenire. ....
Ai saldi ho comprato due gonne sulle quali (*sur lesquelles*) mi hanno fatto (*on m'a fait*) uno sconto del 30%. ....
Siamo stati (a) vedere il sepolcro dell'Alfieri. ....
A proposito, hai mai letto *I Sepolcri* del Foscolo? ....
Il Corneille delle ultime opere non è più il Corneille del "Cid". ....

....

L'*Atala* di Chateaubriand è una creatura tenera e dolce. ....

....

b. Gli Aristotele, i Platone, ma anche i Rousseau e i Voltaire hanno un posto importante nella storia della filosofia. ....

....

Quell'opera del Michelangelo non è tra le migliori. ....

....

Gli Este, appartenenti a una delle più illustri famiglie principesche italiane (*italiennes*), governarono (*gouvernèrent*) a lungo Ferrara, Modena e Reggio. ....
Essi protessero (*protégèrent*) l'Ariosto e il Tasso. ....
Noi dobbiamo al Marconi molte scoperte. ....
Hitler ha creduto di essere il Napoleone dei suoi (*de ses*) tempi. ....

....

Alla Malmaison, residenza dell'imperatrice Joséphine dopo il suo divorzio, vi sono (*il y a*) molte opere del Canova. ....

....

La Malibran era una grande cantante di origine spagnola, nata a Parigi. ....

....

La Beauvoir è stata (*a été*) la moglie de J.P. Sartre. ....

Le Pompadour e le Du Barry hanno sempre esercitato una grande influenza sui re e sui governi. ....

I Flaubert, i Taine restano sempre dei grandi maestri. ....

Le opere del Benedetto Croce hanno esercitato una grande influenza sul pensiero italiano contemporaneo. ....

Il suo metodo si ispira a Hegel. ....

L'Alceste del *Misantropo* di Molière rappresenta l'uomo collerico ma dalla (*à la*) sincerità inflessibile. ....

Aggettivo qualificativo

Formazione del femminile

1. **Soulignez et analysez les *adjectifs qualificatifs* dans la lecture suivante.**

Le lis et le papillon

"Admirez l'azur de mes ailes
disait au lis majestueux
un papillon présomptueux
où trouver des couleurs plus vives et plus belles?"
Le lis lui répondit: "Insecte vil et fier,
d'où te vient cet orgueil étrange?
As-tu donc oublié qu'hier,
reptile encore obscur, tu rampais dans la fange?

(*D'après* Claude Augé)

2. **Mettez au *féminin*.**

joli, bavard, gris, sourd, noir, bleu, obscur, honnête, mauvais, solide, fin, fertile, parfait, loyal, niais, vert, tendre, sucré, intrépide, vrai, égal, délicat, triste, exact, sale, charitable, parfumé, agité, entier, guerrier, ambigu, léger, exigu, instructif, capricieux, roux, rouge, fugitif, net, plaintif, faux, oisif, merveilleux, naïf précieux, mou, fou, bas, nul, muet, maladif, victorieux, tel, mignon, nouveau, pareil, italien, bref, roman, dévot, lapon, débiteur, naturel, épais, parisien, gras, paysan, gentil, timide, aimable, noir, exclusif, avantageux, discret, orageux, bon, indiscret, chargé, cruel, actif, complet, habile, dernier, grossier, fier, difficile, amer, mineur, sot, majeur, inférieur, rêveur, vengeur, exigu, initiateur, créateur, antérieur, admirateur, alsacien, inquiet, inspecteur, docteur, professeur, serviteur, prince, écrivain, poète, sec, beau, franc, accusateur, bénin, malin, long, neveu, nouveau, public, sauveur, gai, peintre

....

....

....

....

....

....

3. **Mettez au *masculin*.**

belle, grande, importante, cousine, facile, difficile, habile, brève, capricieuse, active, première, allée, finie, écolière, furieuse, fausse, épouse, préfixe, douce, rousse, rouge, ambiguë, gentille, cruelle, sotte, basse, grasse, muette, lapone, nippone, exiguë, idiote, inférieure, débitrice, menteuse, actrice, chanteuse, cantatrice, comtesse, pécheresse, pêcheuse, tigre, hôtesse, bénigne, charmeresse, charmeuse, fraîche, grecque, publique, compagne, servante, résolue, absoute, folle, maligne, vieille, nouvelle, caduque, ogresse, chasseuse, longue, ambassadrice, juive, jumelle

....

....

....

....

....

....

4. **Transformez au *féminin* (aidez-vous du dictionnaire).**

Le garçon diligent. ....
Un homme inquiet. ....
Un ami généreux. ....
Un enfant délicat. ....
Le bélier doux. ....
Le chat vif. ....
Un oncle veuf. ....
Le grand-papa paternel. ....
Le dieu de l'amour. ....
Le prince mineur. ....
Le voyageur turc. ....
Le chanteur grec. ....
Un artiste apprécié. ....
Un peintre alsacien. ....
Un compagnon grossier. ....
Un acteur gras. ....
Un garçon malin. ....
Un tiers. ....
Un pécheur fou. ....
Un Juif français. ....
Un appartement contigu. ....
Un enfant sot. ....
Un délai préfix. ....

5. **Transformez au *masculin*.**

L'écolière obéissante. ....
L'impératrice sévère. ....
La directrice habile. ....
Une Juive polonaise. ....
La jeune fille majeure. ....
La robe abîmée. ....
L'épouse trahie. ....
La maison contiguë. ....

La dernière année. ....
La bête cruelle. ....
Une femme grosse et gentille. ....
Une comtesse orgueilleuse. ....
Une poétesse fameuse. ....
Une tigresse féroce. ....
Une femme menteuse. ....
Une cantatrice étrangère. ....
La langue grecque. ....
La jumelle de Marie. ....
La bonne vieille femme. ....
La belle chanteuse. ....
La langue juive et la langue laponne. ....

6. Mettez au *féminin* les phrases suivantes.

Tu as un ami en moi. ....
Le berger mène les moutons à la montagne. ....
Le causeur s'arrêta à ce point. ....
Des paysans se rendaient (*si recavano*) à la foire. ....
Le marchand a vendu un poulet. ....
Le lion était dans une cage en fer. ....
Le héros de cette fable était un prince. ....
Je rencontre toujours un mendiant qui demande des sous. ....
....
J'ai vu un linot dans son nid. ....
Le moqueur était impitoyable. ....
L'acteur gagna une fortune. ....
Jean est le fils d'un ouvrier. v
Le menteur pâlit (*impallidì*) à cette objection. ....
Le directeur des cours rédigea un programme de conférences. ....
....
Le boudeur change de mine. ....
Jean est mon ami. ....
Le roi arrivera demain. ....
Monsieur le baron est chez l'ambassadeur d'Espagne. ....
....
Les devins ne savent pas plus que nous l'avenir. ....
Voilà un garçon bien sage. ....
Est-ce que votre mari est là? ....
Monsieur X est témoin dans cette affaire. ....
Mon père était peintre. ....
Est-ce que ton oncle est l'auteur de cet article? ....
À la tête de cette abbaye il y a un père abbé. ....

7. Faites accorder les *adjectifs* en *italique*.

Mes camarades sont *imprudent*. ....
Les lapins sont *timide*. ....
Les Romains portèrent leurs armes jusque dans les forêts *épais* de la Germanie. ....

Cette dame a les dents *blanc.* ....
Il ne faut jamais avoir des opinions *exclusif.* ....
Les pouvoirs *exécutif* sont *chargé* d'appliquer les lois. ....
Les Romains portaient des toges *blanc.* ....
Cette saison n'est pas *bénin.* ....
Les parties *supérieur* du palais sont *crevassé.* ....
Ces routes sont *poudreux.* ....
C'est une question *épineux.* ....
Il gravit cette côte *dangereux.* ....
J'ai reçu une *long* lettre et j'ai répondu par une *court.* ....
Donnez-moi un verre d'eau *frais*, s'il vous plaît. ....
Ces jeunes filles portaient des robes *vert.* ....
J'aime beaucoup les figues *sec.* ....
Je lui ai demandé de *franc* explications. ....
Il faut (*bisogna*) quelquefois tenir compte de l'opinion *public.* ....
Nos récréations *favori* sont la marche et la musique. ....
Les médecins avaient pensé à une fièvre *malin.* ....
La langue *grec* est difficile à apprendre. ....
La femme *turc* ne porte pas de voile. ....

8. Remplacez les points par l'*adjectif* convenable.

▸ le plomb est *lourd*

le tigre est ...., la vipère est ...., le verre est ...., l'eau de la mer est ...., la montagne est ...., le torrent est ...., l'âne est ...., le chameau est ...., le chien est ...., l'agneau est ...., la terre est ...., la neige est ...., l'herbe est ....

9. Ajoutez *deux noms* à chacun des *adjectifs* qualificatifs suivants.

▸ **blanc**: *argent* blanc, *voix* blanche
noir: *habit* noir, *perle* noire

blanc – noir – dur – droit – utile – fidèle – rouge – doux – léger – leste – fertile – amer – grand – riche – lourd – agréable – vaste

10. Ajoutez *deux adjectifs qualificatifs* à chacun des noms suivants.

▸ **vent**: vent *frais*, vent *violent*
mer: mer *calme*, mer *agitée*

hiver – été – clocher – encre – pain – ruban – ciel – œufs – conte – oiseau – dent – couteau – âne – soleil – âme – interprète

11. Donnez le *contraire* des adjectifs qualificatifs écrits en *italique*.

Caractère *gai*	Tempérament *fort* ....
Travail *facile*	Corridor *étroit* ....
Élève *laborieux*	Maître *indulgent* ....
Bœuf *maigre*	Contrée *riche* ....
Eau *trouble*	Homme *jeune* ....
Soleil *levant*	Histoire *ennuyeuse* ....
Pays *chaud*	Chasseur *maladroit* ....
Devoir *long*	Ligne *verticale* ....

12. Associez (aggiungete) à chaque *substantif* de la colonne de *gauche*, l'*adjectif* de la colonne de *droite* qui lui convient le mieux.

Tigre, homme	carnivore, carnassier
Anecdote, mode	risible, ridicule
Serpent, champignon	vénéneux, venimeux
Repas, élégance	frugal, sobre
Temps, pays	aride, sec
Rivière, pluie	torrentueuse, torrentielle
Sirop, tissu, plomb	lourd, épais, serré
Saut, écueil, insecte	dangereux, nuisible, périlleux

13. Remplacez les mots en *italique* par un *adjectif*.

La douceur *de la mère.* ....

L'oiseau *de nuit.* ....

Une société *de musique.* ....

La clémence *du roi.* ....

L'armée *de la nation.* ....

La présomption *de l'ignorance.* ....

La rosée *du matin.* ....

Un regard *de dédain.* ....

Les paroles *de la flatterie.* ....

Le conseil *d'ami.* ....

Le lilas *du printemps.* ....

Une épreuve *de photographie.* ....

14. Dans les lectures suivantes remplacez les *titres* de la maniée indiquée.

a. "Jacqueline et Miraut" par "Jacques et Mireille".

Jacqueline et Miraut sont de vieux amis. Jacqueline est une petite fille et Miraut un gros chien. Miraut est beaucoup plus fort et plus grand que Jacqueline. En posant les pattes de devant sur les épaules de l'enfant, il la domine de la tête et du poitrail.

Il pourrait (*potrebbe*) l'avaler en trois bouchées, mais il sait, il sent qu'une force est en elle, et pour petite qu'elle est (*che sia*), elle est précieuse. Elle l'admire à sa manière.

Jacqueline, de son côté (*da parte sua*), trouve Miraut admirable. Elle voit (*vede*) qu'il est fort et elle admire sa force. Elle voit qu'il est bon et elle admire sa bonté.

(*D'après* Anatole France)

b. "Le petit garçon et l'écho" par "La petite fille et l'écho".

Un beau petit garçon, blanc, frais et léger, jouait dans un pré. Il se mit à crier: Ho! Ho!" et il entendit les mêmes mots sortir d'un bosquet voisin. Surpris l'enfant s'écria: "Qui es-tu?". Sur quoi (*al che*) la voix répondit: "Qui es-tu?". Furieux, le jeune garçon reprit (*riprese*): "Tu es un sot" et la voix répéta aussitôt: "Tu es un sot".

Fou de colère, l'enfant courut se plaindre (*corse a lamentarsi*) à sa mère. Celle-ci (*questa*) comprit (*capì*). "Mon fils – dit elle – si au lieu d'être querelleur, tu avais été (*fossi stato*) bon, gentil, poli, le bosquet aurait été de même (*sarebbe stato lo stesso*) à ton égard. Souviens-toi (*ricordati*) que la conduite des autres, envers toi, sera toujours l'écho de la tienne".

15. Traduisez.

a. La casa grande. ....

La villa piccola. ....

La lezione facile. ....
Il fiore profumato. ....
Il grande dolore. ....
La lezione importante. ....
Le conferenze importanti ma lunghe. ....
La sposa felice. ....
Le alunne negligenti. ....
La prima della classe. ....
L'ultima arrivata. ....
La musica gradevole. ....
Un'idea eccellente. ....
Una regia (*mise en scène*) molto abile. ....
Una scrittrice fantasiosa e bizzarra. ....
Oggi le investigatrici, le dottoresse (in medicina), le scrittrici, le imprenditrici, le soldatesse, le professoresse, le pittrici sono aumentate rispetto al passato. ....
....
Andiamo dall'indovina (*allons consulter*). ....
Ella sarà sempre una debitrice insolvibile. ....
Maria Callas è stata (*a été*) una grande cantante. ....
Molte cantanti di musica leggera sono anche cantautrici. ....
Sono (*ce sont*) giovani vedove graziose, vispe e gaie. ....
La sua (*la sienne*) è l'unica vera proposta concreta e seria. ....

b. Resta cheta. ....
La stagione è benigna. ....
Il campo era cinto da siepi spesse. ....
Egli si servì (*se servit*) di un foglio di carta molto spesso. ....
Grasse quaglie e graziose pernici sbucarono (*débouchèrent*) dalle siepi spinose. ....
....
Nelle parti basse le acque morte imputridiscono (*pourrissent*). ....
Le acque dei laghi sono fresche e limpide. ....
Le fragole sono rosse. ....
I guerrieri franchi avevano la capigliatura rossa. ....
I Druidi, secondo Plinio, erano vestiti (*vêtus*) di tuniche bianche. ....
....
La Savoia è montagnosa. ....
Nantes è una grande città commerciale. ....
Non lontano dalla città vi è (*il y a*) una pianura sabbiosa; la strada per arrivarvi (*y arriver*) è pericolosa. ....
Quella professoressa è severa ma giusta. ....
In autunno il grappolo d'uva è dolce e dorato. ....
La sua gatta è maligna, ladra e falsa. ....
La parte occidentale della Francia è bassa. ....
Questa insalata è appetitosa. ....

c. La storia antica è ricca di episodi. ....
Si accoglie (*on accueille*) sempre con gioia il nuovo anno. ....
La guerra era l'occupazione favorita dei Galli. ....

Una vita oziosa è piena di pericoli. ....

I denti da latte sono denti caduchi. ....

La porta della casa è chiusa. ....

L'odore dei fiori è inebriante. ....

L'alta montagna è coperta di neve. ....

Questa favola è spiritosa e istruttiva. ....

L'odio rende l'anima inquieta. ....

La brezza del mare era fresca. ....

La vecchia città era parata a festa (*pavoisée pour une fête*). ....

Quella preghiera risvegliò (*réveilla*) in lei un pensiero pio. ....

La civetta ha gli occhi rotondi e la voce stridula. ....

Portatemi (*apportez-moi*) una birra migliore. ....

La descrizione era piuttosto ambigua. ....

Gradi dell'aggettivo qualificativo

16. Remplacez les points par un *comparatif* d'égalité, de supériorité, d'infériorité.

▸ La maison de Pierre est *aussi* (*plus*, *moins*) vieille *que* la maison de Christian
Tu as *autant de* (*plus de – moins de*) défauts *que de* qualités (*que* Pierre).

J'avais un cousin .... riche .... moi.
Elle a .... patience .... orgueil.
Ils sont .... sages .... leurs parents.
Nous avons .... amis .... parents.
Ta sœur est .... belle .... toi.
Elle a .... classe .... sa mère.
Jean et Christian étudient .... leurs amis.
Je travaille .... lui.
Pierre aime les sciences .... les langues.
La mère et la fille sont .... gentilles .... leurs autres parents.
Marianne a .... volonté .... son frère.
Vous parlez l'anglais .... couramment .... nous.
J'aime .... la mer .... la montagne.
Cet auteur est .... fameux aux États-Unis .... en Europe.
Il voyage .... souvent .... son directeur.
Ce costume coûte .... cher .... cette blouse.
Cet artiste a .... génie .... humour.
Y avait-il .... filles .... garçons?
Ce gâteau est .... exquis .... cette glace.
Cette année on a eu (*si sono avuti*) .... accidents .... l'année passée.
La pièce qu'on a jouée hier est .... intéressante .... amusante.
J'ai photographié .... paysages .... monuments.
Cette famille avait jadis .... soucis .... à présent.
La bibliothèque de ce pays est .... active .... celle d'une grande ville.
C'est un film .... beau .... instructif.
J'ai acheté une villa .... belle .... la tienne.
Tu as fait .... fautes .... que ton ami Jean-Luc.
Pour la supporter il lui faut .... patience .... prudence.

17. Dans les phrases de l'exercice n. 16 remplacez *aussi ... que* (*comparatif de qualité*) par *autant que.*

▸ La maison de Pierre est *aussi* belle *que* celle de Christian.
La maison de Pierre est belle *autant que* celle de Christian.

18. Dans l'exercice n. 16 *choisissez* cinq comparatifs *d'égalité* et mettez-les à la forme négative.

19. Dans l'exercice n. 16 *choisissez* cinq comparatifs *de supériorité* et *d'infériorité* et renforcez-les au moyen de *beaucoup, bien, encore, infiniment, un peu.*

20. Formez le *superlatif relatif* et le *superlatif absolu* selon le modèle.

▸ Je suis un homme modeste. *le plus* (*le moins*) modeste – *très* modeste
Sa cousine est belle. ....
Cet exercice est facile. ....
Leurs enfants sont sages. ....
Ces pilotes sont habiles. ....
Louis est son fidèle collaborateur. ....
Ce professeur est indulgent. ....
Son amie est sincère. ....
Cet arbre est haut. ....
Cette ville est fameuse. ....

21. Dans la suivante lecture de Buffon distinguez les *comparatifs* des *superlatifs.*

Les animaux

"Les plus doux, les plus innocents, les plus tranquilles des animaux sauvages passent leur vie dans nos campagnes; ceux qui sont plus défiants, plus farouches, s'enfoncent dans les bois; d'autres se creusent des demeures souterraines, se réfugient dans les cavernes les plus profondes ou gagnent les sommets des montagnes les plus inaccessibles; enfin les plus féroces, ou plutôt les plus fiers, n'habitent que les régions les plus désertes, aux climats les plus brûlants où l'homme, aussi sauvage qu'eux, ne peut leur disputer l'empire. Ces animaux sauvages et libres sont peut-être, de tous les êtres vivants, les moins sujets aux altérations de tout genre. Ils choisissent la nourriture la plus convenable, le climat le plus favorable. Ils sont très attachés au bois où ils sont nés: c'est une patrie qu'ils ne quittent que lorsqu'ils n'y peuvent plus vivre en sûreté. L'homme est leur plus cruel ennemi: les autres animaux leur sont moins redoutables; ils sont aussi forts, aussi adroits, et s'ils ne peuvent les éviter, ils sont aussi rusés qu'eux pour les combattre, aussi bien armés pour se défendre. Mais que peuvent-ils contre l'homme qui sait les trouver sans les voir, et les abattre sans les approcher?"

22. Complétez.

C'est un hobby .... important pour lui.
Son hobby .... important est le sport.
Vous êtes des élèves .... assidus, ... assidus de ma classe.
J'habite une ville tranquille, ... tranquille de la province.
Cette pièce est .... vaste, ... vaste de mon appartement qui est pourtant .... spacieux.
C'est le chien .... beau et d'une race .... rare de cette foire canine.
J'ai fait de .... longs voyages dans ma vie; j'ai visité .... belles villes de cette nation .... intéressante.

Christine a perdu sa .... belle poupée, ... belle qu'elle possédait.
Cet arbre est haut, mais c'est .... haut de la forêt.
Chantal est une amie sincère, elle est toutefois .... sincère de mes amies.
Le blé est .... utile, ... utile des céréales.
Il fut .... déçu de sa conduite mais .... satisfait de son succès.
C'est une discothèque .... bruyante, ... bruyante que j'ai fréquentée.
Ce sont des personnes .... intelligentes et .... sensibles, ... intelligentes et sensibles que j'ai rencontrées chez Jean et Louise.

23. Traduisez les mots italiens.

La France n'a pas eu migliore roi di Louis XIV. ....
Il est minore di moi. ....
La fausse pitié est peggiore del mépris. ....
Mon frère est maggiorenne depuis trois ans. ....
Ma sœur est maggiore di me. ....
La distance n'est ni maggiore ni minore. ....
Il faut maggiore bonté et minore orgoglio. ....
Le Pape est souvent appelé le Massimo Pontife. ....
Le maggiore salue ses soldats. ....
"Frères minori" est le nom porté par tous les Franciscains. ....
C'est une sonate en do minore. ....
Mon frère maggiore fréquente l'Académie Militaire. ....
Voyager par avion est très commode, il n'y a pas maggiore danger que voyager par mer ou par le train. ....
Mes parents américains ont été très enthousiastes de notre lac Maggiore. ....
....
C'était forza maggiore. ....
Il entend le minore bruit. ....
Ce maggiore (*cavalleria*) est désormais en retraite. ....
C'est le peggiore de ses ennemis. ....
André est le migliore élève de ma classe. ....
Ce gâteau est più buono que celui (*quello*) de l'autre jour. ....
Il n'est più buono a nulla. ....

24. Composez douze phrases: six au *superlatif relatif* et six au *superlatif absolu* avec les adjectifs suivants: *intéressant, habile, joli, féroce, cher, agile, correct, injuste, fameux, écouté, léger, curieux.*

25. Composez quinze phrases avec les mots suivants: *majeur, mineur, aîné, cadet, maximum, minimum, plus grand, plus petit, moindre, le plus petit, meilleur, pire, le meilleur, très mal, très bien.*

26. Traduisez.

a. La natura è più bella dell'arte. ....
Il Rodano è meno lungo del Danubio. ....
La lepre è più agile della volpe. ....
Le acque del Po sono inquinate quanto quelle di molti altri (*d'autres*) fiumi. ....
....

Racine è grande al pari di Corneille. ....
Il lupo è meno astuto ma più avido della volpe. ....
Sua nipote abita nell'ala più grande della casa, che è grandissima, tanto grande quanto quella in cui (*où*) abitavano i suoi (*ses*) genitori. ....

....

Sull'altare maggiore vi erano (*il y avait*) molti bei fiori. ....

....

Marco era il maggiore dei fratelli e, all'epoca, già maggiorenne. ....

....

L'Orsa Maggiore e l'Orsa Minore sono costellazioni molto note. ....

....

Yvonne è la minore delle figlie e Chantal è la maggiore. ....

....

I Cartaginesi avevano più navi dei Romani. ....
Gli Spartani avevano tanto orgoglio quanto gli Ateniesi. ....

....

Vi è meno nebbia a Parigi che a Londra. ....

b. Lo Stato Maggiore era al completo. ....
La lince e l'aquila hanno migliori occhi del cane. ....
Le coste dell'Asia minore furono colonizzate dai (*par les*) Greci. ....

....

La fondazione di Marsiglia è anteriore all'arrivo dei Romani in Gallia. ....

....

Il capriolo ha meno forza del cervo ma ha più grazia e vivacità. ....

....

Oggi ho speso meno di ieri. ....
Egli è minore di me. ....
È (*c'est*) un maggiore di fanteria. ....
Il montone è un animale stupidissimo. ....
Il grano è il più nobile dei cereali. ....
La tartaruga è lentissima. ....
L'oro non è (*n'est pas*) il più prezioso dei metalli. ....
Il cane è fedelissimo all'uomo. ....
Egli fu arcicontento del suo successo. ....
L'amor proprio è il maggiore adulatore. ....
Gli adulatori sono spesso i peggiori nemici. ....
La spesa minima è di duemila euro. ....

c. La ragione del più forte non è sempre la migliore. ....
La vita degli Esquimesi è sempre stata durissima. ....
La carne del maiale è assai gustosa. ....
Il bambino era graziosissimo e, sebbene assai vivace, non ci dava il minimo fastidio. ....

....

Io sono molto contenta dei tuoi (*de tes*) risultati. ....
È una casa abbandonata da (*depuis*) più di venti anni. ....
In questa classe ci sono più di 25 allievi. ....
Gianluca è molto meno sensibile di suo fratello. ....

Questo lavoro è di gran lunga più interessante dell'altro. ....

....

Spende sempre più danaro e la sera rientra sempre molto più tardi. ....

....

Mio zio ha infine comprato una macchina molto più bella con più di quattro porte. ....

....

Abbiamo speso più di cento euro. ....

d. Questa libreria può (*peut*) contare più di mille libri. ....
Per me lo studio delle lingue straniere è di gran lunga più facile di quello della matematica (*celui des mathématiques*). ....
Monsieur Albert è un ottimo pianista; ha suonato magistralmente una sinfonia in do maggiore e una sinfonia in si minore. ....
I frati minori di quel convento sono partiti per una missione nel (*au*) Kenia. ....

....

La tua (*ton*) azione è stata peggiore della sua (la *sienne*). ....

....

Suo padre è ricoverato in una clinica dell'Ospedale Maggiore. ....

....

Questo direttore ha una maggiore competenza nel campo dei titoli di Stato. ....

....

Questa (*cet*) estate ho passato le vacanze sul lago Maggiore, mentre (*tandis que*) mia sorella è partita per l'Asia minore. ....

....

La maggiore delle sorelle è sposata, la minore si sposerà l'anno prossimo. ....

....

La temperatura massima non ha superato i 30 gradi. ....

e. Il condannato ha avuto il massimo della pena. ....
Disgraziatamente bisogna pagare la tariffa massima. ....
Mariolina ha avuto in regalo un bel cagnolino. ....
In quel villino laggiù abitano i miei nonni. ....
Ecco le casette in (*en*) legno per il tuo presepe. ....
Il mio fratellino ama fare collezione di francobolli. ....
Perché vai in giro con quel cappellone e quelle scarpacce? ....

....

State lontano da quel cagnaccio, è cattivo e ringhioso. ....
Quella ragazzina ha uno sguardo maliziosetto. ....
È (*c'est*) una stanzetta graziosa, come la padroncina. ....
Dove vai (*où vas-tu*) con quel librone? – Nella saletta accanto. ....

....

Enrichetta è proprio una bella bimba. Ha la boccuccia rosea e un nasetto all'insù. ....

....

Nel nostro giardinetto abbiamo un'aiuola di fiorellini gialli. ....
Quel bambino è palliduccio. ....
Prendi (*prends*) quelle tazzine e dei cucchiaini. ....

f. Un bel dramma di Rostand è *L'Aquilotto*. ....

Nel cortiletto trovammo un gattino affamato e tremante. ....
Quel ragazzaccio è indomabile. ....
È un ragazzino vispo e intelligente. ....
Nel salone c'è un finestrone centrale. ....
È lontanuccio, che ne (*en*) pensi? (*penses-tu?*). ....
Grazioso il tuo anellino. È (*est-ce*) un regalo? ....
Quella vecchietta passa di qui (*par ici*) ogni giorno. ....
Il compito era difficilino. ....
Dammi (*donne-moi*) dei pezzetti di pane per quelle povere bestioline. ....
Che (*quelle*) giornataccia, oggi non esco (*je ne sors pas*). ....
Non sopporto più quella bestiaccia. ....

Accordo dell'aggettivo qualificativo

27. Faites accorder, si nécessaire, les adjectifs e*n italique*.

a. Les hiboux et les chouettes sont des oiseaux *nocturne*. ....
La guerre a causé la misère et la ruine *générale* de ces belles contrées. ....
Elle s'habille avec un goût et une classe *parfait*. Sa classe et son goût sont *remarquable*. ....
Elle a eu un père et une mère très *affectueux*. ....
Sa tante et son oncle ont été très *généreux*. ....
Ce palais et cette maison sont *grand*. ....
Vous portez des souliers et des bottines trop *grand*. ....
Cette dame était vêtue d'une robe *bleu clair*. ....
Ce bouquet se compose de roses et d'œillets *odorant*. ....
Va m'acheter du coton et de la laine *blanc*. ....
La plume et le duvet sont *léger*. ....
J'ai acheté des gants *marron*, des chaussettes *jaune* et des cravates *vert*. ....

b. La fouine, comme le vautour, l'aigle, etc. est *mangeur* d'oiseaux. ....
Il n'y a pas de bonheur ou de fortune qui soient *éternel*. ....
Va acheter un pyjama ou une veste (*d'intérieur*) *large* et *flottant*. ....
Elle a toujours eu envers lui une dévotion, une abnégation *surprenant*. ....
Cet écolier a montré un zèle, une application *étonnant*. ....
La plupart de mes amis sont déjà *parti*. ....
À l'improviste voilà apparaître une foule de manifestants plus *compacte* que la veille. ....
Nous vîmes (*vedemmo*) une foule d'étrangers *originaire* de divers pays. ....
Nous avons acheté des étoffes *bleu marine*, *vert*, *jaune*, *écarlate* et *rose*. ....
J'ai besoin d'une paire de bas couleur *chair*. ....
À la fin la protagoniste tombe raide *mort*. ....

c. C'est une école pour des enfants *sourd-muet* et *aveugle-né*. ....
Vous avez cueilli des fruits *aigre-doux*. ....
Cette *nouveau-née* est la *premier-né*. ....
J'ai trouvé la poésie à l'*avant-dernier* page de ce volume. ....
La table était dressée à l'ombre d'une treille avec dessus des pots de fleurs *frais-cueilli*. ....
On a très bien mangé et bu des vins *nouveau-percé*. ....
Les invités étaient des personnes *haut-placé* et *tout-puissant*. ....
Cette robe coûte vraiment *cher*. ....

Cette femme est très jolie mais elle a l'air *méchant*. Sa fille, au contraire a l'air (*d'être*) *bon*. ....
Achetez ces fauteuils, ils ont l'air *confortable*. ....
Ces fruits ont l'air *bon*. ....
Je t'envoie, *ci-joint*, la copie de la lettre que je viens de recevoir. ....
Veuillez nous retourner les quittances *ci-inclus*. ....

d. Tu n'as qu'à examiner les notes *ci-joint*. ....
Les *demi-mesures* ne servent à rien. ....
Cette bouteille est à *demi-consumée*. ....
On se verra à dix heures et *demi*. ....
C'est un jardin trois fois et *demi* plus large que le tien. ....
L'horloge du Sénat sonne les heures et les *demi*. ....
Elle était *demi*-vêtue. ....
On a commémoré les *feu* magistrats assassinés dans ce massacre. ....
Feu mon amie se maria très jeune. ....
Feu les ducs Windsor prirent (*presero*) ce nom après l'abdication du roi Edouard VIII, en 1936. ....
Nous sommes *fort* de son appui. ....
On vous a envoyé *franc* de port, les marchandises ci-dessous détaillées. ....
Vous recevrez la marchandise commandée, *franc* de port. ....
J'ai un très beau souvenir de ma *grand*-mère. ....
Cela ne vaut pas *grand-chose*. ....
La vue de ce chien fit *grand* peur aux enfants. ....

e. Il est resté à *mi*-chemin avec sa voiture. ....
"La *mi*-carême est le Jeudi de la troisième semaine de carême que l'on célèbre par des mascarades" (Larousse). ....
La petite gitane, qui s'en allait les pieds *nu*, demandait l'aumône à tous les automobilistes qui s'arrêtaient aux sémaphores. ....
Elle était accompagnée de son petit frère, lui aussi *nu* pieds. ....
Elle était immobile, les yeux *grand* ouverts. ....
La *grand* salle de l'appartement est située tout près de l'entrée. ....
Les enfants étaient très fatigués, ils avaient surtout *grand* faim. ....
Le petit avait de bonbons *plein* les poches. ....
Tâchez de ramasser le plus de vêtements *possible* pour les gens pauvres de ce continent. ....
Leurs prévisions étaient *proche* de la vérité. ....
Ses *proche* parents ne savent encore rien de son départ. ....

Complementi dell'aggettivo qualificativo

28. Complétez avec la *préposition* convenable.
Ce fut une période riche .... événements difficiles.
Je t'en prie, sois respectueux .... lui si tu veux qu'il t'aide.
Ma grand-mère a été toujours indulgente .... mon oncle cadet.
Malgré les bienfaits reçus, ce jeune homme a été toujours ingrat .... ses grands parents.
Ne sois pas trop sévère .... tes élèves, surtout .... les moins doués.
Est-ce que nous avons aujourd'hui des orateurs comparables .... Cicéron, le plus éloquent des orateurs romains?
Cette tour est haute .... trois cents mètres.

La terrasse de cette maison est large .... dix mètres.
On l'a enfin trouvé dans un puits profond .... huit mètres.
Ce fut un plaisir mêlé .... légère tristesse.
Il a été traître .... ses idées et .... ses idéals.
Comment peux-tu être si naïve .... accepter tous ces cadeaux et ne pas penser à une contrepartie?

29. Traduisez.

a. Abbiamo fatto la conoscenza di una giovane donna e di un ragazzo francesi. ....

La villa, come il giardino, era molto grande. ....
La virtù, come l'onore, non è più in certi casi apprezzata come una volta. ....

Dapprima lampi e tuoni, poi un temporale, una tempesta sempre più violenta. ....

Bisogna riconoscere che il suo impegno, la sua perseveranza è stata eccezionale. ....

La maggior parte dei presenti approvò le modifiche proposte. ....

Un buon numero di alunni, gli ultimi arrivati, fu (furono) smistato altrove. ....

Comprati un cappotto o un vestito grigio, possibilmente grigio-chiaro. ....

Mia sorella ha comprato un paio di scarpe nere e un paio di scarpe marrone. ....

Mi piacciono tutte le verdure ma soprattutto i fagiolini e l'insalata verde. ....

Il topazio di quell'anello è di un bel verde acqua. ....

b. Questa neonata è stupenda. ....
Ella ci accolse (*accueillit*) con un'espressione agrodolce. ....

Abbiamo festeggiato solennemente la presenza dei neo-eletti. ....

Andandosene (*en s'en allant*), hanno lasciato porte e finestre spalancate. ....

C'è già il rialzo dei prezzi: frutta e verdura costano più care di ieri. ....

Marie Anne ha finalmente un bell'aspetto e soprattutto ha l'aria meno stanca e preoccupata.

Abbiamo pagato cara la nostra fiducia. ....
Quando si è impegnata come te, prima o poi, i risultati sono evidenti. ....

Finalmente abbiamo visto chiaro in questa faccenda. ....
La casa ha l'aria di essere fresca e accogliente. ....
Acclusa, troverete copia della lettera del mio locatario. ....
Vi mandiamo, qui accluse, le fatture della merce spedita. ....

La lettera, qui acclusa, vi fornirà le informazioni richieste. ....

....

c. La Prima Guerra mondiale è chiamata anche Grande Guerra. ....

....

In Francia la strada maestra o principale si dice... ....
È la Messa solenne. ....
Parlava a mezza voce e osservava i presenti con gli occhi socchiusi. ....

....

I nostri defunti parenti avevano una grande fortuna. ....
Questa lettera non è stata affrancata. ....
Le merci saranno spedite franco porto. ....
Datemi, per favore, mezza libbra di burro. ....
Ti aspetto da (*depuis*) un'ora e mezza. ....
I ragazzi andavano a piedi nudi sulla sabbia. ....
Mangio meno carne possibile. ....
I miei parenti più prossimi sono in Venezuela. ....
Ormai siamo prossimi a partire. ....

d. Il mio professore possiede una libreria ricca di opere d'arte. ....
Lo stile di quello scrittore abbonda di parole e di espressioni inutili. ....

....

Il sottosuolo di quel paese è ricco di minerali preziosi. ....
Sii affabile con loro (*eux*) e meno severo verso gli altri. ....
Il mio abito non è neppure lontanamente paragonabile al tuo (*au tien*). ....
La terra è paragonabile a una palla. ....
A Tokyo vi è una torre, che è una imitazione della Torre Eiffel di Parigi. Questa è alta 300 metri. La torre di Tokio è alta 309 metri (nove in più), ma la "copia" non è nemmeno lontanamente paragonabile a quella che è una delle più grandi attrazioni di Parigi. ....

....

....

La stanza è lunga 5 metri e larga. ....

Aggettivo e pronome possessivo

Aggettivi

1. **Dans la lecture suivante soulignez et analysez les *adjectifs possessifs*.**
Pendant la classe de dessein
Le professeur à Michel: "Tu as ton matériel de dessin?"
Michel ouvre son sac et regarde: "Oui, Monsieur, j'ai tout: mon papier à dessin, mes crayons, ma gomme, mon compas, ma règle, mes crayons de couleur".
Isabelle à Julie (tout bas): "Tu as le nécessaire (ton matériel) pour les cours d'aujourd'hui?
Julie regarde dans son cartable: "Voilà mon livre et mon cahier de mathématiques, mon livre et mon cahier de français mais, hélas! J'ai oublié mon livre de géographie!"
Isabelle: "Moi, j'ai oublié mes crayons de couleur. Alors, tu me prêtes tes crayons de couleur et je te donne mon livre de géographie".

2. Remplacez les points par un *adjectif possessif.*

Elle va chez .... dentiste.
Ta chemise est dans .... armoire.
Marc va au Lycée, dans .... classe il y a 25 élèves.
Où est .... magnétophone? – Il est dans .... chambre.
Est-ce que .... sac est pratique? – Oui, ...sac est très pratique.
Elle est déçue, ... amie Christine ne vient plus aujourd'hui.
Une mère aime .... enfants.
Respectez .... parents.
Étudie bien .... leçon.
Les élèves soigneux tiennent .... cahiers propres.
Fais bien .... devoirs.
Le professeur corrige les devoirs de .... élèves.
Le lion bat .... flancs avec .... queue.
.... enfants, soyez gentils.
L'ouvrier reçoit .... salaire.
Avoue .... fautes.
Le chien est fidèle à .... maître.
Corrigeons-nous de .... défauts.
Chaque âge a .... plaisirs.
Ils seront récompensés selon .... mérites.
.... chers amis, chacune de .... actions sera observée et jugée.
Les pigeons font .... nids sous le toit de .... maison.
Employons bien .... temps.
.... amis ont besoin de .... aide.
Elle ne peut t'accompagner, ... voiture est en panne.
Madame Duval est partie avec .... enfants.
Je l'ai vue de .... (........) yeux.
Demain il nous fera connaître .... opinion.
.... amie Yvonne m'a dit de te saluer.
Ils viendront exposer .... projets.
Tu as consulté François. Est-ce que .... idée est intéressante?
Un jour je te raconterai .... histoire.
Tu as oublié .... promesse.
Ils ont gardé toutes .... traditions.
Il neige, prends .... fourrure.
Il a désavoué .... idées.

3. Transformez selon le modèle.

a. Un/une de mes élèves. → *mon* élève

Une de ses idées. ....
Un de vos repas. ....
Une de tes soirées. ....
Un de tes chiens. ....
Une de ses cravates. ....
Un de leurs parents. ....
Une de vos voitures. ....
Un/une de mes camarades. ....
Un de nos soucis. ....

b. *Mon* oncle vit en Espagne. → *Un de mes* oncles vit en Espagne.

Ton tableau est dans ma chambre. ....
Sa tante arrive demain. ....
Notre professeur est très sévère. ....
Votre discours a été apprécié. ....
Leur cousine est très belle. ....
Je te donne ma rose. ....
Mon ami l'a prêté à son camarade. ....
Ma tante américaine m'a invité à New York. ....
Jean Louis est allé s'occuper de sa propriété en Normandie. ....

c. Voilà *mon* livre. → Voilà *un de mes* livres.

C'est ma faute. C'est une ....
C'est son bijou. ....
Donne-moi ta raquette. ....
Tu peux louer ton appartement. ....
Notre fils est parti hier. ....
Vous lisez votre auteur préféré. ....
Avez-vous loué votre maison? ....
Nous avons votre valise. ....
Elle a renversé le café sur sa jupe. ....

4. Répondez affirmativement.

Est-ce que *ta* montre est en retard? – Oui, *ma* montre est en retard.
Est-ce que ton chien a atteint la morve? ....
Est-ce que vous y êtes allés avec vos enfants? ....
Va-t-il passer son examen? ....
Avez-vous reçu votre paquet? ....
As-tu bu ton thé? ....
Est-ce que votre valise est en cuir? ....
Acceptez-vous nos conseils et notre appui? ....

5. Mettez au *singulier* les phrases suivantes.

Nous avons nos repas à midi. ....
Ils ont vendu hier leur maison. ....
Nous devons (*je dois*) corriger toujours vos fautes. ....
Où sont leurs parents? ....
Vous devez (*tu dois*) admettre vos torts. ....
Elles sont arrivées avec leurs bagages. ....
Ont-ils accepté leur propos? ....
Ont-ils passé leurs examens? ....
Avez-vous commencé votre travail? ....
Nous avons commencé nos études. ....
Nous avons acheté nos cartables, nos crayons de couleur, nos compas, notre papier à dessin, notre atlas et notre dictionnaire. ....

6. Complétez avec *Monsieur*, *Madame*, *Mademoiselle* ou *dame*, *demoiselle*, etc.

.... le baron
.... la comtesse

Mes compliments à .... votre mère.
La .... qui a chanté hier est un célèbre soprano.
...................................., lisez, s'il vous plaît, ce commentaire.
.... est sortie.
.... reçoit le lundi.
.... Dubois sont allés au théâtre.
.... Rousset sont leurs nièces.
Qui est ce ....?
Cette .... aux cheveux blonds est très intéressante.
.... Vidal? Ils ont exposé une des plus belles collections de tableaux.

7. Traduisez.

a. La mia amica. ....
La mia anima. ....
Ascolta fanciullo mio. ....
La copertina del tuo libro. ....
La tua abilità. ....
Coraggio, ragazzi miei. ....
La sua amica. ....
La tua eccellente idea. ....
Cari amici miei. ....
Il collare del tuo cane. ....
Fare il proprio dovere. ....
L'indirizzo dei suoi genitori. ....
Il signor Carlo. ....
La signorina Maria. ....

b. La signora non è in casa. ....
I signori Dubois ricevono (*reçoivent*) il lunedì. ....
Ecco il signore che ho conosciuto ieri. ....
Quella signorina dai (*aux*) capelli lunghi e biondi è la mia più cara amica. ....
Quella signora aveva mentito. ....
Il signore che vedete (*que vous voyez*) è il padre della signorina che canta. ....
L'ho visto con i miei propri occhi. ....
Ha rinnegato le proprie idee. ....
L'ha fatto con (*de*) le proprie mani. ....
Un suo parente gli ha promesso il suo aiuto. ....
È (*c'est*) una sua idea. ....
Quel giovanotto ci ha lasciato il suo indirizzo. ....
La sua onestà è assoluta. ....
Pascal fece (*fit*), nella sua giovinezza, importanti scoperte scientifiche. ....
Una loro fattoria è in vendita. ....
Queste signorine sono francesi. ....
Quella signora è la madre di Yvette. ....
Bevo (*je bois*) il caffè e scappo. ....
Metti (*mets*) gli occhiali e leggi (*lis*) ciò che tuo figlio ti scrive (*écrit*). ....
Un mio amico mi parlava ieri di certi suoi progetti. ....
La signora baronessa ha messo all'asta tre dei suoi magnifici quadri. ....
Il coccodrillo depone le uova nelle sabbie brucianti delle rive fluviali. ....

Il signore che abita al secondo piano? L'ho visto andare via. ……
Le signorine dell'ufficio aspettano la tua relazione. ……
Amico mio, prima di decidere, consulta il tuo avvocato. ……
Mio padre è quel signore con i capelli brizzolati. ……
La sua emozione era grande. ……
Un mio compagno ha rotto il vetro della finestra. ……
Va bene, accetterò (*j'accepterai*) solo un tuo consiglio. ……

Pronomi

8. Remplacez les mots en italique par le *pronom possessif*.

J'ai dépensé tout mon argent, as-tu encore *ton argent?* ……
J'ai reçu votre lettre, avez-vous reçu *ma lettre?* ……
Mes cousins ont passé leurs examens avec succès, vos cousins ont-ils passé *leurs examens* aussi? ……
Nous suivons vos conseils mais vous ne suivez pas *nos conseils.* ……
Vous blâmez sa conduite: *votre conduite* est-elle meilleure? ……
J'ai mes secrets, qui n'a pas *ses secrets?* ……
Les sages conservent leurs amis et les fous perdent *leurs amis.* ……
La Garonne a sa source dans les Pyrénées et le Rhône a *sa source* dans les Alpes. ……
Je te prêterai mon livre et tu me prêteras *ton livre.* ……
Pierre a accepté mes services et il me refuse *ses services.* ……

9. Substituez au pronom l'*adjectif possessif*.

▸ *Le mien*	*mon* cheval
Le nôtre	…… chien
La sienne	…… adresse
Le tien	…… canari
La leur	…… voiture
La mienne	…… rose
Les miennes	…… fleurs
Les leurs	…… chaises
Le vôtre	…… téléphone
Le leur	…… déjeuner
La vôtre	…… mère
La sienne	…… architecture

10. Substituez le *pronom* à l'adjectif possessif, comme dans l'exemple.

▸ *Ma* voiture est rouge.	*La mienne* est rouge.
Son pays est l'Italie.	…… est l'Italie.
Notre chien est fidèle.	…… est fidèle.
Leur correspondance est intéressante.	…… est intéressante.
Ses parents sont en retard.	…… sont en retard.
J'ai visité leur villa.	J'ai visité …….
Ils ont apprécié leur conduite.	Ils ont apprécié …….
Je partage ton idée.	Je partage …….
Voilà son adresse.	Voilà …….
Mes vacances sont terminées.	…… sont terminées.

Je m'amuse à vos fêtes.	Je m'amuse ....
Je pense toujours à mes enfants.	Je pense toujours ....
Leurs yeux brillaient de colère.	.... brillaient de colère.
Je le dirai à ses parents.	Je le dirai ....
On n'a pas touché à tes bijoux.	On n'a pas touché ....
L'inconnu tira son épée	L'inconnu tira ....
Je vous offre ma collaboration.	Je vous offre ....
Sa cousine est vraiment belle.	.... est vraiment belle.
Leurs enfants sont sages.	.... sont sages.
Son intelligence est exceptionnelle.	.... est exceptionnelle.

11. Remplacez les points par le *pronom possessif* convenable.

Parlez-vous de sa voiture? – Oui, je parle ....
Tu n'as pas pris ton cartable, tu as pris .... car je ne le trouve pas.
Nous avons mangé notre gâteau, avez-vous fini ....?
Quelle est ton idée? – .... est de laisser tout tomber.
Nous avons passé nos vacances à la montagne. Où avez-vous passé ....?
Est-ce que tu parles de mes discours? – Oui, je parle ....
Mon rôle? On le préfère ....
Je n'ai pas touché à tes bijoux. Pourquoi as-tu touché ....?
Je parlerai à mon heure, vous parlerez ....

12. Traduisez.

Mia cugina e la tua arrivano sempre in ritardo. ....
Le nostre e le vostre amicizie sono importanti. ....
La sorte di questi infelici mi consola della mia. ....
La tua felicità è la mia. ....
I nostri scritti sono mediocri, i loro sono migliori. ....
Quando parla dei romanzi moderni, egli vanta sempre i suoi. ....
....
Guardate quei minatori e paragonate il loro lavoro al vostro. ....
....
Accetto solo i rimproveri dei miei. ....
Portate la mia lettera al sig. Vallier. ....
Il tuo e il mio parere non contano. ....
L'impiegato ha confuso le mie e le tue carte. ....
Metti (*mets*) il cappello, prendi (*prends*) la cartella e vattene (*va-t-en*). ....
....
L'ho fatto con (*de*) le mie proprie mani. ....
Di chi è questa casa? – È nostra. ....
La tua sorte e la mia sono nelle sue mani. ....
Parto (*pars*) con i miei per Venezia. ....
La signora e la signorina Ducrot hanno visitato quella esposizione. ....
....
Quel signore è sempre solo. ....
Quelle signorine sono invitate. ....
Spiacente, la signorina non è in casa. ....
Il signor marchese è in ritardo. ....

Questo romanzo è di Zola. ....
Questi quadri sono di Picasso. ....
Di chi è quel cane? – È del signore che abita al quarto piano. ....
....
Di chi è quel libro? – È del mio compagno di banco. ....
Non è tuo? – No, non è mio. ....
Questo compasso è il tuo o il suo? – No, non è né il mio, né il suo. ....
....
Di chi è quell'articolo? – Di Carlo B. ....
Bello questo quadro! È tuo o di tuo fratello? ....
Il libro di poesie è (appartiene) di mio fratello. ....
Questa agenda è sua (di lei). ....
I giornali sono suoi (di lui). ....
La casa è loro (di essi). ....
Saremo (*serons*) da te questa sera alle otto (*à huit heures*). ....
Studio con Paul e vado spesso a casa sua. ....
Andiamo spesso a casa sua (di lei). ....
Si incontrano spesso a casa delle signorine Rousset. ....
Vado subito dal medico. ....
Siamo sempre tanto felici di andare dai nonni. ....
Egli ha studiato all'Università di Parigi. ....
Lavora presso un notaio. ....
È impiegato presso la Prefettura. ....
Ho un gran mal di testa. ....
La gamba lo fa soffrire sempre. ....
Gli hanno tagliato i biondi capelli. ....
Voi lo farete (*ferez*) a vostro rischio e pericolo. ....
La vostra del 18 corrente mi ha veramente sorpreso. ....
Salutami i tuoi. ....
I miei sono all'estero. ....
Bisogna (*il faut*) distinguere il mio dal tuo. ....
Vorrei (*voudrais*) la tua e la sua foto. ....

Aggettivo e pronome dimostrativo

Aggettivi

1. Remplacez les points par l'*adjectif démonstratif* convenable.

a. .... vieillard, ... homme, ... collège, ... habits, ... habitation, ... instruments, ... héros, ... bourgeon, ... jardins, ... horloge, ... épi, ... hameau, ... hameçon, ... œillets, ... oasis, ... œil, ... hasard, ... mur, ... maison, ... fondement, ... balcon, ... façade, ... voûtes, ... entrée, ... vestibule, ... cour, ... escalier, ... palier, ... marches, ... rampe, ... rez-de-chaussée, ... entresol, ... logement, ... antichambre, ... salon, ... salle à manger, ... salle de séjour, ... corridor, ... chambres à coucher, ... cabinet de travail, ... salle de bains, ... portes, ... cheminée, ... fenêtre, ... volets, ... appartement, ... cuisine, ... fourneau, ... potager, ... plafond, ... parquet, ... vitres, ... carreaux, ... généraux, ... orange, ... incendie, ... image, ... éventail, ... oiseau

b. .... joli bateau, ... vertes prairies, ... eau limpide, ... arbre sauvage, ... hardi matelot, ... élèves diligents, ... ouvrier fatigué, ... film à diapositives

2. Corrigez si nécessaire.
ce ami, cette ami, cet professeur, ces institutrices, ces gens-là, ce arbre, ce élève, ces instituteurs, cette affaire, cette raisin, cette fruit, ces maison, ce fleur, cette front, ce dent, ces dents, ce lèvre, ce châteaux, ce autel, ce canne, ce cerises, ce exercice, ce œil, ce héros, ce hameçon, ces pois, ce étranger, cette rue, ce homme, cet enfant, ce travail, ce émail, cet hasard

....

....

....

....

3. Mettez au *singulier*.

a. Ces fêtes nationales. CETTE FÊTE NATIONAL
Ces vieux hommes. CE VIEIL HOMME
Ces amiraux et ces généraux. CE AMIRAL ET CE GÉNÉRAL
Ces fleurs odorantes. CE FLEUR ODORANTE
Ces animaux sauvages. CE ANIMAL SAUVAGE
Ces bals animés. CE BAL ANIMÉ
Ces horloges exactes. CE HOROLOGE EXACTE ×
Ces hameaux délabrés. CE HAMEAU DÉLABRÉS ×
Ces oncles maternels. CET ONCLE MATERNEL ×
Ces pêches veloutées. CE PÊCHE VELOUTÉE ×
Ces aigles rapides. CET AIGLE RAPIDE
Ces bœufs patients. CE BOEUF PATIENT
Ces idées exactes. CET IDÉE EXACTE ×
Ces beaux joujoux. CE BEL JOUJOUX ×
Ces petits cailloux. ....
Ces émaux rouges. ....
Ces travaux fatigants. ....
Ces tuyaux longs. ....
Ces beaux hommes. ....
Ces belles femmes. ....
Ces enfants joyeux. ....
Ces hasards inattendus. ....
Ces souliers étroits. ....
Ces employés travailleurs. ....
Ces bas déchirés. ....
Ces jardins fleuris. ....
Ces repas préparés. ....
Ces yeux gris. ....
Ces mains robustes. ....
Ces tremblements de terre effrayants. ....
Ces habits neufs. ....

b. Ces dames sont très élégantes. ....
Ces garçons ne vont (*va*) pas à l'école. ....

Ces maçons construisent (*construit*) les maisons. ....
Ces amis vont à la montagne. ....
Ces instituteurs nous (*ci*) donnent l'instruction. ....
Ces amies vont à la mer. ....
Ces copains arrivent demain. ....
Ces régions sont industrialisées. ....
Ces exercices sont plutôt difficiles. ....
Ces fleurs sont très parfumées. ....

4. Complétez avec un *adjectif démonstratif*, puis mettez au *pluriel*.

▸ Ne lis plus *ce* livre.
Ne lis plus *ces* livres.

.... vieux château tombe en ruine.
.... station thermale est très fréquentée.
.... chien est à .... garçon là.
J'ai rencontré .... monsieur à la conférence d'hier.
.... arbre est un chêne.
De .... fenêtre on admire un beau panorama.
Je vous parlerai de .... auteur.
On n'a pas toujours compris .... pièce de Pirandello.
Au baisser du rideau le public applaudit à tout rompre .... grand acteur.
Il pense toujours à .... période heureuse de sa vie.
.... affaire m'intéresse beaucoup, ... arrangement un peu moins.

5. Traduisez.

Quell'orologio va indietro. ....
Studia una volta per tutte questa tua lezione. ....
Codesta sua condotta ci lascia molto perplessi. ....
Aspettavo questa sua risposta. ....
Gianluca ha finalmente accettato quel posto. ....
Sono sempre stato bene in questa tua casa. ....
Amo codesti luoghi dove ti vidi (*vis*) la prima volta. ....
Mangio volentieri questa frutta e soprattutto queste mele, questa uva e quelle pere. ....
....
Quei giorni passarono presto. ....
Quella siepe costeggia la strada per due chilometri. ....
Queste anatre e quei tacchini sono scappati (*se sont échappés*) dal pollaio. ....
....
Quella volpe ha devastato quest'orto. ....
Queste donne la sanno lunga (*en savent long*). ....
Quel borgo era in fiamme. ....
La vita di quei poveri minatori è veramente dura. ....

Pronomi

6. Choisissez l'un des *pronoms démonstratifs* entre parenthèse.

La maison que j'habite est (*celle*, *celle-ci*).
La pièce que vous avez fait réparer est (*celle*, *celle-ci*) que vous admirez.

(*Ceux*, *ceux-là*) qui le disent, ont menti.
Des fables de La Fontaine, quelles sont (*celles*, *celles-là*) que vous préférez?
Retenez bien (*ceci*, *cela*): “Le travail procure l’aisance”.
Vous avez entendu (*ce*, *ceci*, *cela*) que je viens de dire.

7. Remplacez les points par un *pronom démonstratif.*

Je préfère les chats aux chiens mais .... sont plus fidèles que ....
N’écoutez pas .... qui vous flattent.
Ces mots ne sont pas .... de La Fontaine.
Évitez le mensonge et la vanité: .... éloigne l’amitié et .... tue la confiance.
.... que vous possédez n’est rien.
Parmi tous les costumes de Paul, je n’aime pas .... il a acheté à Rome.
Cette enfant n’est pas .... j’ai vue hier.
.... vous me dites, m’inquiète.
Le train de huit heures est déjà passé. Prenez .... midi.
.... n’a jamais eu faim ne peut pas comprendre.
Il s’est passé beaucoup de choses mais .... ne change rien à mes projets.
Ces melons sont très beaux, mais je vous conseille surtout ....
L’hypocrisie, je déteste ....
Dormir, j’adore ....
Marie est en retard, ... m’inquiète.
De tous vos amis, c’est .... je désire connaître.
.... compte pour moi, c’est la discrétion.
.... ils ont dit n’est pas vrai.
.... elle te parle vise à te convaincre.
Je vous renvoie à .... j’ai déjà écrit sur le sujet.
Je ne savais pas .... on l’accusait.
Vous ne voyez pas .... il fait allusion.

8. Remplacez les points par l’*adjectif* et le *pronom démonstratif* convenable.

▸ *ce* vieillard (*-ci*) et *celui-là*

.... vitres et ....
.... calamité et ....
.... livre et ....
.... avantage et ....
.... bonté et ....
.... oiseaux et ....
.... compagnon et ....
.... eau et ....
.... paysages et ....
.... langue et ....
.... ville et ....
.... fleur et ....
.... revues et ....
.... éléphant et ....
.... travaux et ....
.... offenses et ....
.... hutte et ....
.... nuit et ....
.... héroïne et ....
.... oreillers et ....
.... herbe et ....
.... vent et ....
.... feuille et ....
.... ondes et ....
.... haie et ....
.... abri et ....
.... chance et ....
.... perdreaux et ....
.... pharmacie et ....
.... atelier et ....
.... boutique et ....

9. **Mettez au *singulier* ou au *pluriel* les phrases de l'exercice n. 8.**

10. **Traduisez.**
Tra i fiori quelli che preferisco sono le rose. ....
Le parole non sono quelle di Molière. ....
Tutto ciò è ben fatto. ....
La Dordogna e la Marna sono due fiumi francesi: questa si getta nella Senna, quella nella Garonna. ....
Codesto tuo ragionamento non fa una piega (*ne fait pas un pli*). ....
Quello è mio e questo è tuo. ....
Quelli che ti amano davvero hanno il coraggio di dirti ciò che gli altri ti nascondono. ....
....
Ciò non m'interessa. ....
Dio sa (*sait*) ciò che pensi. ....
Quei loro parenti non furono in grado di provvedere a tutte le necessità. ....
Non prendere (*ne prends pas*) la mia macchina, prendi quella di tua sorella. ....
Ho potuto ammirare due delle più belle cattedrali di Francia, quella di Notre Dame a Parigi e quella di Chartres. ....
....
È vero che il metrò di Londra è più antico di quello di Parigi? ....
....
Quei miei amici sono quelli di cui (*dont*) ti ho sempre parlato, quelli che vivono negli Stati Uniti. ....
Ciò che mi piace di te è la tua bella faccia tosta (*ton toupet*). ....
Costei? Colei? Costoro? Coloro? ....

Aggettivo numerale

1. **Lisez et écrivez en toutes lettres.**
2 – 4 – 5 – 3 – 8 – 1 – 7 – 6 – 10 – 9 – 11 – 13 – 14 – 12 – 15 – 16 – 17 – 19 – 18 – 20 – 21 – 22 – 29 – 27 – 25 – 31 – 32 – 40 – 50 – 60 – 51 – 61 – 41 – 37 – 57 – 47 – 55 – 62 – 49 – 70 – 71 – 75 – 80 – 81 – 89 – 82 – 69 – 90 – 91 – 79 – 92 – 99 – 100 – 110 – 200 – 201 – 300 – 324 – 500 – 518 – 900 – 1.000 – 3.000 – 2.000 – 1.100 – 1.200 – 1300 – 5.421.000 – 1.000.000 – 2.000.000.000
....
....
....
....

2. **Lisez et écrivez en toutes lettres.**
9° – 5° – 1° – 2° – 10° – 3° – 4° – 6° – 7° – 8° – 9° – 11° – 19° – 12° – 20° – 1/2 – 17° – 21° – 22° – 25° – 30° – 50° – 51° – 55° – 60° – 61° – 62° – 65° – 1/3 – 1/4 – 1/5 – 70° – 80° – 81° – 88° – 90° – 91° – 96° – 99° – 100° – 101° – 1/6 – 2/3 – 4/5 – 5/10 – 1/7 – 1/8 – 1.000°
....
....
....

3. **Écrivez en *toutes lettres* ce qui se trouve en *chiffres*.**

L'Italie est située entre le 4° et le 16° de longitude Est et le 37° et le 47° de Latitude Nord. Elle a une superficie de 300.000 kilomètres carrés. ....

Rome fut fondée en l'an 753 avant J.C. Elle fut d'abord gouvernée par des rois; il y en eut (ve ne furono) 7. En 509 fut proclamée la république; à la tête de l'État il y avait 2 consuls. 31 ans avant J.C., l'empire fut établi par Auguste. En 330 après J.C. Constantin fonda Constantinople. ....

....

....

20 mètres, 100 centimes, 25 centimes, 105 centimes, 1.000 chevaux, 2.000 chevaux, 1.100 chevaliers, 1.300 soldats, 3.000.000 de soldats. ....

Léon X protégea les arts, les lettres et les sciences. ....

L'heure est la 24° partie du jour. ....

Le Pape Sixte V fut le contemporain de Henri IV de France. ....

Philippe II, roi d'Espagne, envoya une flotte contre l'Angleterre. ....

Richard 1er, Cœur de Lion, participa à la 3ème Croisade. ....

François 1er, roi de France, et Charles V, roi d'Espagne et empereur germanique, étaient rivaux. ....

L'Amérique fut découverte en 1492. ....

Charles V le Sage, fils de Jean II le Bon, reprit aux Anglais presque toutes les provinces qu'ils avaient conquises (1375). ....

On appelle Moyen Âge le temps qui s'est écoulé de 395 à 1453. ....

L'Europe est située entre le 30° et le 71° degré de latitude. ....

Louis XVI, Louis XVIII et Charles X ont été rois de France. ....

4. **Traduisez.**

11 – 6 = 5 ....
45 – 11 = 34 ....
111 – 95 = 16 ....
5 + 7 = 12 ....
16 + 5 = 21 ....
15 + 17 = 32 ....
5 x 6 = 30 ....
6 x 7 = 42 ....
7 x 8 = 56 ....
8 x 9 = 72 ....
49: 7 = 7 ....
10: 2 = 5 ....
36: 6 = 6 ....
30: 2 = 15 ....
1/2 ....
1/3 ....
1/4 ....
2/7 ....
2/9 ....
4/9 ....
1/5 ....
2/5 ....

5. Traduisez.

a. Quanti anni hai? – Ho 40 anni. ....
Mio nipote sfiora (*s'approche de*) la quarantina. ....
Egli è maggiore di me ma minore degli altri fratelli. ....
Quanti anni può avere quella giovane donna? – Circa trent'anni, a mio avviso. ....

....

Luigi XIV, detto Re sole, nacque nel 1637. Quando cominciò a regnare era ancora minorenne. Governò effettivamente dal 1660, dopo la morte del cardinale Mazzarino, al 1715, anno in cui morì (*mourut*) a 77 anni. Il suo regno durò 72 anni e fu definito il "Secolo d'oro di Francia". ....

....

....

Leggi e traduci (*lis et traduis*) a pag. 20 il 1°, il 2° e il 3° esercizio. ....

....

A pag. 80 leggi la prima parte della seconda poesia. ....
È un bellissimo giardino, largo 25 metri e lungo 20. ....
A quella cena eravamo in dodici. ....
I profughi arrivarono a centinaia e senza l'intervento delle autorità ne sarebbero sbarcati a migliaia. ....
Nel '600, nel '700, nell'800 e nel '900 ci sono state (*il y a eu*) molte rivoluzioni. ....

....

Nel 1789, in Francia, il Terzo Stato si oppose alla nobiltà e al clero. ....

....

La guerra dei Cento anni, tra la Francia e l'Inghilterra, durò, con qualche tregua, dal 1337 al 1453. ....
Voltaire scrisse (*écrivit*): "Ho 82 anni, 80 case da (*à*) finire e 80 sciocchezze da (*à*) fare." ....

....

b. I Cento giorni di Napoleone I durarono dal 20 marzo 1815 al 28 giugno dello stesso anno. ....

....

Anna di Bolena (*Anne Boleyn*) fu la seconda moglie di Enrico VIII d'Inghilterra. ....

....

Mio zio ha una bella macchina: una Renault 19. ....
La guerra dei Trent'anni che si concluse con il (*par le*) Trattato di Westphalia, durò dal 1718 al 1738. ....
L'equipaggio non poté (*put*) sbarcare perché rimase in quarantena. ....
Mi servono una dozzina di uova e 1/2 chilo di zucchero. ....
Quell'uomo, il primo a destra, si avvicina alla quarantina e ha un bambino di circa sette anni. L'altro avrà, di sicuro, una sessantina. ....

....

Il 20 settembre 1870 Roma fu liberata. ....
Il Monte Bianco è alto 4.810 metri. ....
La nave aveva fatto più di 20 miglia quando il comandante fu obbligato a (*de*) fermarsi. ....

....

Le *Mille e una Notte* sono una raccolta di racconti arabi. ....
Dieci decine fanno (*font*) un centinaio. ....
Gianluca era il secondo in graduatoria, Davide l'undicesimo. ....

....

Aggettivo e pronome indefinito

1. **Dans ce vieux conte *Le chasseur maladroit* analysez les *adjectifs indéfinis.***
   Un bon bourgeois, qui ne connaissait d'autres armes à feu que ses pincettes, voulut se mettre à chasser.
   Certain jour qu'il revenait bien fatigué, il rencontre un enfant qui portait un lapin vivant: "Bon! – se dit-il – cette fois j'aurai du gibier." Il achète le lapin, prend une ficelle, attache un des bouts à la patte de l'animal, l'autre bout à une branche, recule de quelques pas, met en joue et tire. Le plomb coupe la ficelle et le lapin s'enfuit à toutes jambes, à la grande stupéfaction du chasseur.

2. **Traduisez les mots italiens.**
   Ogni fourmi apportait son grain de paille. ....
   Ogni ingratitude est odieuse. ....
   Je me rase ogni deux jours. ....
   Elle est si paresseuse che ogni travail la fatigue. ....
   Qualche indiscret le lui a dit. ....
   Certi préjugés sont insupportables. ....
   Alcune caves en pierre existaient déjà près du temple de Jérusalem. ....
   ....
   Qualunque livre ferait mon affaire. ....
   Trois employés qualunque pourraient faire ce travail. ....
   Qualunque tort egli abbia, tu lui dois du respect. ....
   Qualunque siano tes projets, je t'aiderai toujours. ....
   Qualunque possa essere ta décision, je partirai. ....

3. **Traduisez.**
   La mia amica si fermava a esaminare attentamente ogni quadro. ....
   ....
   Ogni violenza è da biasimare. ....
   Il ferro può unirsi a tutti gli altri metalli. ....
   Le stesse cause producono (*produisent*) spesso gli stessi effetti. ....
   ....
   Ci vediamo (*voyons*) ogni quattro anni. ....
   Alcune tribù dell'America del Sud sono antropofaghe. ....
   Ogni cittadino dovrebbe (*devrait*) essere uguale davanti alla legge. ....
   ....
   Alcuni fiori sbocciano la notte. ....
   Cervantes (Miguel de) morì lo stesso anno e lo stesso mese di Shakespeare. ....
   ....
   Hai gli stessi gusti. ....
   Prendete (*prenez*) una decisione qualunque e non esitate. ....
   Lo vedo ogni anno. ....
   Non ho accettato alcuna proposta. ....
   Alcun progetto è stato approvato. ....
   Nessuna alunna ha accettato di partecipare alla gita. ....
   Gli altri miei parenti si trovano in Africa. ....

Esercizi

Avete altre idee da proporre? ....
Ha avuto parecchie iniziative ma ogni volta ha incontrato delle difficoltà. ....
....

4. **Remplacez l'italien par un *adjectif* ou un *pronom indéfini.***
Ogni âge a ses devoirs. ....
La terre rajeunit ogni année au printemps. ....
Donnez une place à ogni chose. ....
Seulement alcuni enfants dorment. ....
Il faut donner alcuni exemples. ....
Elle a le stesse idées que sa sœur. ....
Donnez-moi altri journaux. ....
Ogni citoyen doit obéir aux lois. ....
Nous nous voyons ogni jour. ....
Je n'ai nessuna idée. Je n'en ai nessuna. ....
Nessuno le veut. ....
Nessuno viendra. ....
Je ne vois nessuno. ....
Niente me plaît. ....
Achetez qualunque libro. Achetez-en alcuni. ....
Les affaires degli altri. ....
Fais-le connaître aux autres. ....
Vous ne pouvez parler tutti ensemble. ....
Tutti sono au courant. ....
Lo dicono, mais ce n'est pas vrai. ....
È stato fatto (lo si è fatto) souvent. ....
Hanno décidé ainsi. ....
Mi si proposa une bonne affaire. ....
Mi avevano appelé e mi avevano attendu toute la nuit. ....
....

5. **Dans le passage suivant, distinguez les *adjectifs* des *pronoms indéfinis.***
Quelques rayons de miel se trouvèrent sans maître. Les uns disaient qu'ils appartenaient aux abeilles, les autres aux frelons. Certains furent d'avis de faire juger la chose par une guêpe. Mais nul ne put mettre les parties d'accord. On prit avis d'une fourmilière; quelqu'un proposa un autre arbitre. Une abeille alors conseilla de faire travailler les frelons et les abeilles. Elle ajouta: "On verra qui sait faire, avec un suc si doux, des cellules si bien bâties... Quiconque en sera incapable n'aura pas droit à la trouvaille".
Les frelons refusèrent, montrant ainsi qu'ils n'étaient pas capables à grand-chose, sauf à s'approprier le bien d'autrui.

(*D'après* G. Cavallucci)

6. **Faites accorder, s'il y a lieu, les *pronoms indéfinis en italique.***
Les astres s'attire *les un les autres*. ....
Quelqu'un des cambrioleurs furent capturés, *d'autre* réussirent à s'enfuir. ....
Une *tel* conduite te fait honneur. ....
Les poissons se promènent dans l'eau, *les un* en désordre comme des troupeaux, *d'autre*

en bon ordre comme des soldats; *tel* s'avancent en ligne, *d'autre* se forment en triangle, *quelqu'un* en losange; *certain* vont deux par deux, *d'autres* se tiennent *tout* ensemble. ....

....

Nul n'est censé ignorer la loi. ....
Avez-vous reçu des nouvelles? – *Aucun.* ....
L'un disent blanc , *l'autre* disent noir, *personne* n'arrive à s'entendre. ....
D'aucun pensent que *tout* sera bientôt fini. ....
Chacun de ces maisons coûte une fortune. ....
On rencontre toujours *le même* personnes. ....
Quiconque, à sa place, serait heureux d'aller dans ce beau pays. ....
J'en ai connu *plusieurs* qui étaient très contents. ....
Comme *on* dit, l'appétit vient en mangeant. ....
Peut-*on* dire ou *on* ne peut dire la vérité? ....
Si *on* t'interroge, réponds. ....
Si *on* lui parle, il ne répond pas. ....

7. **Formez des phrases avec les *pronoms* suivants.**
tout, personne, quelques, aucun (e), autre (s), certain (s – e), nul (le), pas un (e), plusieurs, tel (s – le), l'un (e) l'autre, même (s), autrui, chacun (e), quelqu'un, quiconque, qui que, quel (s) qui, qui que ce soit, quoique que ce soit, n'importe qui, rien, on, tous, tout le monde, n'importe quoi, quoi que, quoique

8. **Remplacez le pronom *on* par un autre pronom: *nous*, *tu*, *il*, *quelqu'un*, *vous* etc.**
Alors, mon petit, on n'est plus triste maintenant? ....
On frappe à la porte, allez voir qui c'est. ....
La veille de Noël, on va à la Messe de minuit. ....
La "bûche de Noël" est une sorte de gâteau en forme de bûche qu'on mange justement à Noël. ....
Est-ce qu'on va à la mer le mois prochain? ....
Peut-on entrer? ....
Que dit-on de lui? ....
A-t-on dit toute la vérité? ....
On a toujours besoin de vous. ....
On lui a proposé une bonne affaire. ....
Est-on en retard? ....
Est-on en avance? ....
On me demande toujours vos nouvelles. ....
On nous a reçu avec tous les honneur. ....
Quand on a faim et surtout soif, on ne comprend rien. ....

9. **Remplacez les pronoms personnels *nous*, *vous*, etc. et les autres pronoms *quelqu'un*, *certain-e*, etc. par le pronom *on*.**
Quelqu'un va le mettre au courant, tôt ou tard. ....
Le 24 décembre nous allons à la Messe de minuit. ....
Elles ont fait ce qu'elles ont pu. ....
Eh bien, allons-nous nous promener maintenant? ....
Calme-toi, nous arrivons immédiatement. ....
Tous ont dit qu'il a tort. ....

Esercizi

Vous aimez justement être à l'abri des dangers éventuels. ....
Monsieur, quelqu'un a apporté ce paquet pour vous. ....
Ma chère, tes jeunes gens te demandent. ....
Et alors, êtes-vous sûr de vouloir le faire? ....
Pouvons-nous parler enfin? ....

10. Traduisez.

a. Non mi aspetto (*attends*) alcuna ricompensa. ....
L'altra mia sorella è più giovane di me. ....
Abbiamo comprato altri due appartamenti. ....
In verità, ho altro da offrirle. ....
Vuoi (*veux*) niente altro? ....
Scrivere e parlare non sono la stessa cosa. ....
Io ho seguito i suoi consigli e ci sono (*ai*) riuscito; tu fa (*fais*) lo stesso. ....
....
Hanno la stessa età. ....
Ho alcune proposte da (*à*) farti. ....
Nessuno parlava. ....
Nessuno di noi lo aveva visto. ....
Si faceva (*faisait*) tale rumore. ....
Prendete (*prenez*) qualunque oggetto. ....
Ogni allieva può partecipare alla gara di nuoto. ....
Dicono che l'onorevole è partito. ....
Io mi alleno ogni giorno. ....
L'uva è un frutto preziosissimo: si (*le*) mangia fresca, si (*le*) preme per fare il vino, si (*le*) conserva e si (*le*) esporta secca. ....
....
Non potete (*pouvez*) parlare tutti insieme. ....
Ogni quattro anni abbiamo un anno bisestile. ....
Lo dicono ma non ci credo (*crois*). ....
Ritornate ciascuno al vostro posto. ....
Che ognuno si occupi dei fatti propri. ....

b. Sono certo che nessuno di voi lo permetterebbe (*permettrait*). ....
Certe persone erano sicure, altre no. ....
Quelli che non sono contenti di nessuno sono quegli stessi di cui (*dont*) nessuno è contento.
....
Gli aeroliti presentano sempre gli stessi caratteri, qualunque siano i luoghi e la data della loro caduta. ....
Ogni condizione ha le sue responsabilità. ....
Nessuna religione esalta la donna quanto quella cristiana. ....
....
Per quanto ricchi siano, fra poco perderanno tutto. ....
Tale padre, tale figlio. ....
Le notizie sono contradditorie: chi dice che non vi sono vittime, chi dice invece, che pochi si sono salvati. ....
I bambini si bisticciano spesso per un nonnulla. ....

Commenta una poesia qualunque. ....
Qualunque cosa tu dica o faccia (*dises ou fasses*), io non cambierò idea. ....
....
In qualunque paese tu vada (*ailles*), rispetta gli usi e i costumi dei tuoi ospiti. ....
....
Nessuno di noi ha mai osato parlare. ....
Alcuni ci pensano da (*depuis*) parecchio tempo. ....
A qualunque ora tu venga (*viennes*), mi troverai in casa. ....
....
Il cane è tutto zelo, tutto obbedienza e tutto fedeltà verso il padrone. ....
....

Pronome e aggettivo interrogativo

1. Choisissez le *pronom interrogatif* convenable.

(*Qui*, *que*) as-tu vu hier au marché?
(*Qui*, *qu'est-ce qui*) appelles-tu?
(*Qui*, *qui est-ce qui*) a-t-il giflé?
(*Qui*, *que*) désirez-vous?
(*À qui*, *à quoi*) donneras-tu cette bicyclette?
(*De qui*, *de quoi*) ont-ils reçu ce paquet?
(*Qu'est-ce qui*, *qu'est-ce que*) cause ce bruit?
(*Qu'est-ce qui*, *qu'est-ce que*) tu fais là?
(*Qui*, *que*) a-t-on dit?
(*Avec qui*, *avec quoi*) fait-on le papier
(*Qu'est-ce qui*, *qu'est-ce que*) cette inscription latine?
Je ne sais vraiment pas (*qu'est-ce*, *ce que c'est que*) les ondes sonores.
Savez-vous (*ce que c'est que*, *qu'est-ce que*) un ordinateur personnel?

2. Remplacez les points par un *pronom interrogatif.*

.... est l'auteur de cet ouvrage?
.... est cette femme?
.... cherchez-vous ici?
.... avez-vous perdu?
.... on va penser de moi?
.... sont les amies de Christine?
.... étaient ses parents?
.... s'est passé ici?
.... ai-je fait de mal?
..........! Il n'est pas encore venu?
.... des deux a dit cela?
De .... parlez-vous?
.... de ces demoiselles est votre sœur?
.... âge avez-vous?
.... êtes-vous?

.... pensez-vous?
À .... parlez-vous?
À .... faut-il s'adresser pour le savoir?
De .... l'accuse-t-on?
.... de plus appréciable que la vie au grand air?
Savez-vous .... une comète?
Des fables de La Fontaine, ... préférez-vous?
.... cette inscription?
De .... t'occupes-tu pendant les vacances?
Dis-moi .... l'a fait.
En .... puis-je vous servir?
...........! C'est la fin du monde!
.... la zoologie?
.... que ça?
...........! Vous partez déjà?
.... sont ces garçons?
.... appeler?
À .... le dire?
Avec .... aller?
.... poète préfères-tu?
.... de ces poètes avez-vous lu les ouvrages?
.... tu veux?
.... vous prend?
De .... as-tu reçu ce calendrier?
.... de ces romanciers avez-vous fait la critique?
.... veux-tu?
À .... sert la science?
.... que ces raisonnements?
.... de ces films a-t-il fait la critique?
À .... de ces chemises faut-il faire la boutonnière?
.... t'a dit de ne pas parler?

3. **Traduisez.**
Chi ha mandato questa lettera? ....
Chi cercate? ....
Quali diritti avete voi? ....
Quali sono le sue speranze? ....
Che fai? ....
Chi ha letto il giornale di oggi? ....
Che cosa gli dirò domani? ....
Che potrà (*pourra*) mai dirgli per calmarlo? ....
Di che può vantarsi? ....
Che farete (*ferez*)? ....
Che vi piace? ....
Che desiderate? ....
Quale fu la sua risposta? ....
Che cosa mise (*mit*) per stanare la lepre? ....
E che! Non sei ancora partito? ....

Che cos'è la gloria? ....
A che pro rinviare? ....
Di che ti sei accorto? ....
Chi conosci (*connais*) della sua famiglia? ....
Che cosa sono queste grida? ....
Chi ha detto di non parlare? ....
Quale di queste teorie vi appassiona di più (*davantage*)? ....
Quale paese d'Oriente visiteresti volentieri? ....
Quale? ....
A chi scrivi (*écris*)? ....
Di chi parli? ....
Io non so più che dire. ....
Vi spiegherò cos'è la cediglia. ....
Di che vi lamentate? ....
A che pensi? ....
Che cos'è questo fracasso? ....
Io non lo farò (*ferai*). ....
E chi allora? ....
Chi mi chiama? ....
A chi dirlo? ....
Ignoro chi può (*peut*) farlo. ....
Di quale (sentenza) parli? ....
A quale (problema) alludi? ....
Con quale (denaro) pensa di pagare? ....
Chi (quale) di voi (ragazze) l'ha invitata? ....
Tu vuoi (*veux*) sapere cos'è la filosofia e cos'era un tempo l'astronomia. ....
....
Che? Te ne vai già? ....
Che vi è di nuovo? ....
Che vi è di più bello di un ballo al chiaro di luna? ....
Non sappiamo (*savons*) che dire, che fare, che rispondere. ....
Oh, che bugiardi! ....
Che bel tempo! Andiamo a fare una passeggiata. ....
Chi è quell'uomo? ....
Che cosa ci propone? ....

Pronome personale

1. **Remplacez les points par les *pronoms sujets* convenables.**
.... t'ai demandé si .... veux du pain ou des biscuits.
.... n'avons jamais pu nous habituer à cette cuisine.
Aimez .... le vin muscat? – .... n'en bois jamais.
.... prendrons des glaces.
Connais-.......... l'histoire de France?
.... croient réussir mais .... pense qu'.......... se trompent.
.... désirons nous instruire.

Faut-........ que .... vous rappelle votre promesse?
.... ai dû travailler beaucoup pour finir ma composition car .... était très difficile; et toi, as-........ fini la tienne?
Mes sœurs ne sont pas venues, ... ont été retenues par la couturière.
.... m'a dit qu'........ aime beaucoup voyager.
.... n'avons pas eu de chance dans cette affaire.
Où êtes-........ allés hier soir? – .... sommes allés au cinéma.
A-t-........ écrit à son père? – Oui, ... lui a écrit hier.
À peine viendront-........, appelez-moi.
Sans doute a-t-........ manqué le train (sans doute .... manqué le train).

2. Traduisez.

Vieni e studia. ....
Andate a (*au*) teatro? ....
Va subito a (*à l'*) scuola. ....
Non importa, lo farai (*feras*) comunque. ....
Dio non voglia che abbiate ragione. ....
Egli va, viene, riparte. ....
Parla tanto, ma non conclude niente. ....
No, non piangeva, rideva (*riait*) a crepapelle. ....
Mi ha detto che l'ha fatto e lo farà ancora. ....
Quel cane abbaia o dorme. ....
È ricercata da tutti perché è sempre disponibile. ....
Non preoccuparti, non mi annoio, anzi mi diverto moltissimo. ....
....
L'obice omicida si leva, cade, scoppia e spezza tutto. ....
Partite o non partite? ....
Forse lo rifarà, che ne pensi? ....
Non andare (*ne va pas*) – gli disse – potresti (*pourrais*) pentirtene. ....
....
"Così sia", ella concluse. Salutò l'assemblea e uscì. ....
Appena fu entrato, un applauso generale lo accolse. ....
Egli è riuscito, credo, a realizzare quel suo progetto. ....
Potessi accettare la vostra offerta! ....
Ma come spiegare la provenienza di tanto denaro? ....
Era pur graziosa quella bimba! ....
Invano si affrettarono per arrivare in tempo. ....
Così i creditori furono costretti a rinunciare. ....
In questa villa, la Malmaison, è vissuto Napoleone con Giuseppina. ....
....
Ecco la lettera che ha scritto tua sorella. ....
Il signore desidera gin o wisky? ....
Mia cara signorina, mi permette di accompagnarla? ....
Buongiorno, signora Duval, è libera questa sera? ....
Può ricevermi se non La disturbo? ....
Vostra Eminenza stia tranquilla: è stato provveduto a tutto. ....
....

3. Complétez.

Qui est-ce? – C'est ....
C'est .... qui t'ai appelé au téléphone.
Je voulais te dire que mon frère et ...., ... partirez bientôt.
C'est toujours le même refrain: .... reste à la maison et .... ne fais que sortir tous les soirs.
Ni ...., ni .... (............) ne pouvez y aller.
Qui arrive demain soir? – .... ou ....
– .... faire cela à ton meilleur ami?
On a tout raconté à ta sœur mais .... d'insister qu'on lui cache encore quelque chose.
.... partirons tous: .... pour les États-Unis, ... pour Londres.
.... le feras bien ...., j'en suis sûr.
.... et ton ami (............) m'avez rendu un grand service et .... vous en serai toujours reconnaissant.
.... le voyait assez bien, ... le voyais moins distinctement.
Il arrive souvent que .... dors et .... est déjà sortie.
Oh, mon père n'est plus ....
.... qui travaille a besoin de se distraire, ...seule peut le convaincre.
Que puis-faire? Mes seuls amis sont ....
C'était ta mère? – Oui c'était ....
Eh bien, c'est .... qui l'ai écrit et publié.
Il ne doit que lui en parler .... même, au plus tôt.
.... Marie, ... devrais le faire.
.... aussi .... sommes d'accord.
.... aussi y prendront part.

4. Traduisez.

Chi ha concluso l'affare, tu o loro? – Io. ....
Essi, che hanno redatto il regolamento, sono responsabili di tutto. ....
....
Tu e tua sorella farete presto un viaggio in Sicilia. ....
Carlo ed io troviamo tutto questo fuori luogo. ....
Io ingannarvi? Io che ho ricevuto da voi un così grande aiuto? ....
Se non sei soddisfatto di questo risultato andiamo insieme, tu ed io, dal magistrato e parliamone direttamente con lui. ....
....
Quest'uomo ed io abbiamo gli stessi gusti. ....
Aspettiamo Gian Luca e suo cugino, sono essi che devono (*doivent*) decidere. ....
....
Dove andremo l'estate prossima? – Io certamente al mare, lui, forse, in montagna. ....
....
Anch'io preferisco il mare. ....
Ci penserò io a informarlo. ....
Parlagli tu, ti prego. ....
Da quel giorno sono cambiati, non sono più loro. ....
Noi soli eravamo là. ....
Avete finito? Allora voi potete andare, essi, invece, devono rimanere ancora un po'. ....
....
Ebbene, sono io che ti accuso. ....

È tuo padre? – Si, è lui! ....
Va bene, gli scriverò io. ....
Egli solo mi capisce. ....
Anche noi li aiuteremo. ....
Tutti noi sentimmo il colpo, io più chiaramente, essi più vagamente. ....
....
Tu, che sei sempre in viaggio, dovresti riposarti di più. ....
....

5. Remplacez les points par les *pronoms compléments* convenables.

Je .... dis qu'ils sont d'accord.
Les verres? Il .... a mis sur la table.
On .... (à moi) donna une assiette et une cuiller.
Tu ne dois pas .... servir de ce couteau.
Il demande la salière: donnez-.......... aussi la poivrière et l'huilier.
Vous avez cassé cette tasse, probablement en .... essuyant.
Voici une cafetière neuve, lavez-.......... avant de vous .... servir.
Donnez-.......... (à eux) ce qu'ils demandent.
Marie, apporte-.......... la pelle de la cuisine.
Je vais .... montrer les souliers que j'ai achetés.
Ce miroir .... a échappé de la main et s'est brisé en tombant.
Je .... prie, va chez ma mère et dis-.......... de ne pas m'attendre.
Si vous avez du bon vin, envoyez-.......... en cinquante litres.
Ne .... (à mes amis) dites pas que je suis venue.
Répondez-.......... (à votre ami) immédiatement.
Écrivez-.......... (à votre mère) sans retard.

6. Répondez aux questions suivantes selon l'exemple.

▸ Vous connaissez ma mère? – Oui, nous *la* connaissons.

As-tu vu le dernier film de...? – Oui, ...
Ont-ils appelé Jasmine? – ....
Avez-vous parlé à Christian et à sa sœur? – ....
As-tu rencontré Charles? – ....
Avez-vous vu mes parents? – ....
A-t-il acheté son dernier disque? – ....
As-tu parlé à ton professeur? – ....
A-t-il écrit à son amie? – ....
Chantal a-t-elle téléphoné à ses parents? – ....
Est-ce que Jacques a tout raconté à Sylvie? – ....

7. Choisissez les *pronoms* entre parenthèses.

Quel joli panier! Voulez-vous (*le me*, *me le*) donner?
Apportez-moi du papier. – Je (*le vous*, *vous le*) apporterai.
Je (*vous le*, *le vous*) ai déjà dit.
Il y a plusieurs jours que j'ai recommandé à ma domestique de laver le parquet mais elle ne (*se le*, *le se*) rappelle jamais.
Si vous avez une lampe de poche, apportez (*la moi*, *moi la*).
Il n'y a plus de vin, il faudra en acheter, rappelez (*le vous*, *vous le*).

Il y a là un bon fauteuil: mettez (*vous y*, *y vous*).
Vous avez lu cette histoire, résumez (*la moi*, *moi la*).
Voici les cahiers de vos camarades: distribuez (*les leur*, *leur les*).
Le paroles de flatterie sont les pires poisons: défiez (*vous en*, *en vous*).
J'ai besoin de vos marchandises: envoyez (*les moi*, *moi les*) le plus tôt possible.
Ces compagnies sont mauvaises, éloignez (*vous en*, *en vous*).

8. Transformez selon l'exemple.

a. Je voudrais du papier timbré. → J'*en* voudrais.
Voulez-vous du café? .... voulez-vous?
Sylvie a acheté des journaux. ....
Veux-tu des frites? ....
Claude a des cigarettes. ....
Je mangerai des croissants. ....

b. Elle m'a prêté son collier. → Elle *me l'*a prêté.
Je lui achète un appareil photo. ....
Je rends la clé à mon frère. ....
Nous faisons un cadeau à nos parents. ....
Ils ont montré leurs tableaux à nos amis. ....
Jacques va te prêter sa voiture. ....

c. Tu m'accompagnes au théâtre. → Tu *m'y* accompagnes.
Je vais à Paris. ....
Nous t'emmenons à la gare. ....
Je pense toujours à cette histoire. ....
Tu peux compter sur moi. ....
Nous avons renoncé à le connaître. ....

9. Mettez à l'*impératif* et transformez.

▸ Tu me prêtes ton livre? → Prête-*le-moi.*
Nous allons au cinéma. → Allons-*y*.

Tu vas à la gare. ....
Nous achetons des disques à Sylvie. ....
Vous me parlez de son affaire. ....
Tu y vas tout de suite. ....
Tu t'en vas tout de suite. ....
Vous lui parlez de cette rencontre. ....

10. Traduisez les mots italiens.

Ils l'ont fait pour me e pour loro (essi). ....
On a souvent besoin d'un plus petit que sé. ....
Elle avait ses enfants autour de sé. ....
Il faut veiller sur sé. ....
L'aimant attire le fer à sé. ....
Le crime traîne après sé le châtiment. ....
Ces sots parlent toujours de sé. ....

Chacun pour sé. ....

Les projets en sé. ....

Elle parlait de toi avec loro (esse). ....

Nous l'offrîmes à tous: à lei, à lui, surtout à loro (essi). ....

11. Remplacez les point par *soi, lui, elle, eux, elles* suivant le cas.

Ces gens-là ont travaillé pour ....

Personne ne dit du mal de ....

On s'excuse toujours ....-même

Votre père ne travaille que pour ....

Nul n'est prophète chez ....

Votre tante réunit chez .... l'élite de la société.

Un ami sincère est un autre ....

Cette jeune fille travaille pour ....-même.

N'aimer que ...., ne vivre que pour ...., telle est la devise de l'égoïste.

Quand les enfants étudient, ce n'est pas pour le maître qu'ils travaillent, mais bien pour ....

12. Traduisez.

a. Ti dico di fare così. ....

Tu li metterai in alto. ....

Tu ti diverti sempre. ....

Voi li incontrate spesso. ....

Tu hai parlato loro ieri sera. ....

Io le parlerò domani. ....

Se l'occasione si presenta, afferratela per i (*aux*) capelli. ....

Ella riferì loro ciò che vide. ....

È (*il est*) inutile (*de*) farvi delle raccomandazioni, le dimenticate così presto! ....

....

Se ricevete notizie, pensate a informarcene. ....

Dove lo conducete (*conduisez*)? ....

Me li darete subito. ....

Parlategli domani. ....

Non gli parlate. ....

Datemi sue notizie al più presto. ....

Sono qui per servirvi. ....

Dategli da mangiare. ....

Aspetta fino a domani per dirle tutto. ....

Volete accompagnarli voi? ....

Luigi XIV amò troppo la guerra e se ne pentì. ....

Se siete ragionevoli, dimostratelo con i fatti. ....

Sii indulgente con loro se vuoi che essi lo siano con te. ....

....

La Spagna regalò una prigione a Colombo che le aveva dato il mondo. ....

....

I vostri fratelli hanno pensato a loro e al loro avvenire. ....

Andate (a) prendere (*chercher*) i vostri lavori e mostrateceli. ....

....

Se hai ricevuto gli ultimi romanzi, mostrameli. ....

Se non è onesto, non farlo (*fais*).
Se me lo impongono, devo obbedire loro.
Quelle merci, pagategliele in contanti.
Se ti domanda i giornali, daglieli.
Se hai quel libro, prestamelo.
Ci vado.
Ci andrò.
Ci andrei.
Vi andrebbero.
Vacci.
Vattene.
Dammelo.

b. Parlamene.
Mi ci ritrovo.
Gliene daranno.
Parlategliene.
Parlatene loro.
Io ne parlai loro.
Voi ne deste loro.
Parlatemene.
Ti consiglio di non pensarci più.
Ciascuno lavori per sé.
La franchezza è buona in sé ma ha i suoi eccessi.
L'inondazione ha lasciato dietro di (*après*) sé sabbia e ciottoli.

L'avaro crede di accumulare per sé ma accumula per i suoi eredi.

Il caffè è un'ottima bevanda ma non ne abusate.
Il miele era scoperto e un nugolo di mosche vi si attaccò.

Avvicinati affinché possa (*puisse*) vederti.
Lagnati della tua pigrizia e non della tua sorte.
Tuo padre è indulgente, ma non devi abusarne.
Puoi parlargliene apertamente.
Parlagliene apertamente.
Tu puoi contentartene.
Compratelo, se credi (*crois*).
Lasciatemelo dire.
Lasciamelo fare.
Ella lavora per me ma anche per loro (essi).
Partiremo con voi e con loro (esse).
Non parlate male di lui.
Alzati, è tardi.
Posso vederti sabato prossimo?
Non posso comunicarti niente perché non ho notizie.

Dicendomi ciò, mi rendi felice. ....
Non ditegli nulla, vi prego. ....
Non parlarmi di ciò. ....
Noi potevamo (*pouvions*) dargli tutto ciò che voleva. ....
Li abbiamo fatti chiamare noi. ....
Lasciami dire. ....
Lasciagli fare ciò che vuole. ....
Si fa sempre i fatti suoi. ....
Si sono presi tutto. ....
Questi mobili? Se li è fatti lui. ....
Prenditi (*prends*) una vacanza, ne hai proprio bisogno. ....

Pronome relativo

1. Soulignez et analysez les *pronoms relatifs* dans les phrases suivantes.
L'homme qui parle est le président de la société.
Les devoirs que je fais sont difficiles.
L'air que nous respirons est pollué.
La persévérance est le chemin par lequel on arrive au but.
On prend les manières des personnes avec lesquelles on vit.
La famille dont vous parlez est très influente.
L'effort, auquel il a été soumis, l'a fatigué.
La douceur est une vertu sans laquelle on ne saurait plaire.

2. Traduisez les mots italiens.

a. L'homme che travaille là-bas est mon père. ....
La jeune fille che tu as rencontrée hier soir est ma meilleure amie. ....
Voilà un mouton che est bien gras. ....
Les touristes che nous avons accompagnés sont des Américains. ....
La petite fille che il caresse est sa nièce. ....
Les films di cui il parla avec enthousiasme, à mon avis, ne valent pas grand chose. ....
L'amie, alla quale tu as confié ton secret, n'est pas trop fiable. ....
Voilà le tableau si rare per il quale ils se sont battus à cette vente aux enchères. ....
Ce poète, di cui tout le monde connaît la valeur, a gagné le dernier prix littéraire. ....
Mon père, la cui santé a toujours été excellente, nous a donné des soucis dernièrement. ....
Voilà l'homme, del cui pouvoir personne ne doute. ....
Ma mère, per la cui sérénité je ferai n'importe quoi, n'accepte aucun conseil. ....

b. La villa dove il habite est trop grande pour lui. ....
C'est la ville per dove nous sommes passés. ....
Il est parti justement le jour in cui il devait nous recevoir. ....
La famille, da cui elle descend, est la plus ancienne de la région. ....
Ciò di cui je parle, ne devrait pas vous laisser indifférent. ....
In che puis-je vous être utile? ....
A che pro mentir puisque je t'ai vu avec elle? ....

Elle voudrait savoir a che tu penses. ....

Ciò a cui je pense est un secret. ....

Che? Vous partez déjà? ....

Il gagne juste di che vivre. ....

Chi dirait cela mentirait. ....

Dites-moi di che vous riez. ....

Chi n'est pas satisfait n'a qu'à parler. ....

J'ai rencontré la sœur de Charles che (*qui* ou *laquelle?*) suit (segue) mon cours. ....

Je te parle du mari de ma nièce che (*qui* ou *lequel?*) est employé de banque. ....

3. Remplacez les points par le *pronom relatif* convenable.

a. Donnez-moi les lunettes .... sont sur la table.

La leçon .... nous étudions est facile.

J'ai connu personnellement l'acteur .... vous parlez.

Le village vers .... nous allons, n'est pas loin.

Nous apprécions les activités .... vous vous intéressez.

Voilà le jardin autour .... on a fait élever ce mur.

La maison .... vous habitez est vraiment jolie.

Les secours, sur .... je comptais, ne sont pas arrivés.

L'hypocrite est un être .... il faut se méfier.

La famille .... elle descend est honorable.

Ce .... est difficile, c'est d'être persévérant.

Ce .... je vois m'étonne.

Voilà la montagne .... descend ce fleuve.

Ma mère es la seule personne pour le bonheur .... je ferais tout.

C'est un homme dans la parole .... il faut croire.

.... es-tu passé? ....

L'état .... il se trouve m'inquiète.

Ce .... tu penses me rend heureux

Je suis enthousiaste de ce .... tu t'occupes.

Il y a une édition de ce roman .... (*qui* ou *laquelle?*) se vend très bien.

b. C'est à eux .... je m'adresse.

Je me souviens encore du jour .... je l'ai rencontrée.

Je vois souvent le frère de Christine .... (*qui* ou *laquelle?*) est en classe avec moi.

.... lit, ... écrit, ... regarde la télé: tous, de quelque façon occupent leur temps.

C'est M.me Curie .... a gagné le prix Nobel en 1911.

As-tu vu la voiture .... nous venons d'acheter?

Je n'ai pas bien compris ce .... tu m'as dit ce matin au téléphone.

Est-ce la jeune fille .... tu me parlais?

Paris? C'est la ville .... j'irai le plus volontiers.

À .... le dirais-je?

C'est la maison .... j'adresse souvent ma pensée.

L'enfant, ... tous parlaient et .... on a intéressé tant d'autorités, a enfin retrouvé ses parents.

Tu connais bien le boucher chez .... nous avons acheté les côtelettes de veau.

Vous ferez réchauffer le ragoût .... on n'a pas touché hier.

On hache d'abord la viande avec .... on fait des boulettes.

4. **Composez six phrases avec *que, pronom relatif* et six phrases avec *que, conjonction.***
▸ Suis les conseils *qu'* il te donne.
Veux-tu *qu'* il t'aide?

5. **Composez six phrases avec *qui* et six phrases avec *qu'il.***
▸ L'ami *qui* m'a appelé au téléphone ce matin, me l'a confirmé.
C'est la lecture *qu'il* préfère.

6. **Traduisez.**

a. La bella donna è una pianta che ha del veleno. ....
Gli animali, sui quali l'autore ha scritto questo libro, sono poco conosciuti. ....
....
Il ragazzo a cui alludi, lo conosco (*connais*) bene. ....
Ecco la vecchia villa a cui sono state fatte importanti riparazioni. ....
....
Vi presento il regista il cui film ha vinto l'Oscar. ....
Mio figlio, la cui salute è sempre eccellente, si è ammalato proprio in questa occasione.
....
....
Marco ha venduto la casa che suo padre comprò per lui. ....
....
Non dimenticheremo mai le persone che ci offrirono il loro aiuto in quella circostanza e alla cui generosità fu affidata la nostra sorte. ....
....
Parlateci del film che avete visto e che tutti dicono essere interessante. ....
....
Quel signore, con il quale mi avete visto parlare ieri, è il direttore della Banca d'America. ....
....

b. È una persona della cui parola ci si può (*on peut se*) fidare. ....
In Inghilterra ci sono molte miniere da cui si estrae il carbon fossile. ....
....
È (*il est*) utile e piacevole (*de*) apprendere di che si nutrono gli uccelli di quel lontano continente.
....
....
Hai trascurato di dargli una risposta, nella qual cosa hai mancato. ....
....
I popoli del Terzo mondo non hanno di che vivere. ....
La chiesa in cui entrammo era scura e umida. ....
L'anno in cui nacqui era bisestile. ....
Cesare fu ucciso da (*par*) coloro che aveva beneficato. ....
Tuo fratello, della cui devozione non ho mai dubitato, mi ha promesso che mi seguirà ovunque io vada. ....
....
Quel leone fu preso nelle reti da cui i suoi ruggiti non potettero (*purent*) liberarlo. ....
....
Chi ha fatto ciò sarà punito. ....
Chi vivrà vedrà (*verra*). ....
Fu ascoltato un solo testimone che confermò i fatti. ....
....

Verbi ausiliari

1. **Dans la lecture suivante...**
a. **soulignez et analysez (indiquez le mode et le temps) les verbes *être* et *avoir*.**
b. **mettez les verbes à l'*imparfait* de l'*indicatif* ou du *subjonctif*, selon le sens.**

"Un gros rat est plus méchant et presque aussi fort qu'un jeune chat; il a les dents de devant longues et fortes; le chat mord (*mordait*) mal, et comme il ne se sert (serve; *servait*) guère que de ses griffes, il faut (bisogna; *il fallait*) qu'il soit non seulement vigoureux mais aguerri.
La belette, quoique plus petite, est un ennemi plus dangereux, et que le rat redoute (teme; *redoutait*), parce qu'elle le suit (segue; *suivait*) dans son trou: le combat dure (*durait*) quelquefois longtemps, les forces sont au moins égales mais l'emploi des armes est différent: le rat ne peut (può; *pouvait*) blesser qu'à plusieurs reprises et par les dents de devant; lesquelles sont plutôt faites pour ronger que pour mordre et qui, étant posées à l'extrémité du levier de la mâchoire, ont peu de force; tandis que la belette mord de toute la mâchoire avec acharnement et qu'au lieu de démordre, elle suce (succhia; *suçait*) le sang de l'endroit entamé; aussi le rat succombe-t-il (*succombait*) toujours".

(*D'après* Buffon)

2. **Dans la lecture suivante mettez au *conditionnel présent* les verbes *auxiliaires*.**

"Je n'irai pas me bâtir une villa en campagne, et mettre au fond d'une province les Tuileries devant mon appartement.
Sur le penchant de quelque colline bien ombragée, j' (*avoir*) une petite maison rustique, une maison blanche avec des contrevents verts.
J' (*avoir*) pour cour une basse-cour et pour écurie une étable avec des vaches. J' (*avoir*) un potager pour jardin et pour parc un joli verger. Les fruits, à la discrétion des promeneurs, ne (*être*) ni comptés ni cueillis par mon jardinier, et mon avare magnificence n'étalerait point aux yeux des espaliers superbes auxquels à peine on osât toucher. Là je rassemblerais une société d'amis, plus choisie que nombreuse.
Tous les airs de la ville (*être*) oubliés et, devenus villageois au village, nous nous trouverions livrés à des amusements divers. L'exercice et la vie active nous feraient un nouvel estomac et de nouveaux goûts.
Tous nos repas (*être*) des festins. Le service n' (*avoir*) pas plus d'ordre que d'élégance; la salle à manger (*être*) partout, on (*avoir*) le gazon pour table et pour chaise; les bords de la fontaine serviraient de buffet, et le dessert pendrait aux arbres".

(*D'après* J.-J. Rousseau)

3. **Conjuguez...**
a. **le verbe *avoir* à tous les temps.**
b. **le verbe *avoir* en le faisant suivre d'un *substantif* différent pour chaque personne et pour chaque temps.**

▸ J'ai un chat, tu as un chien...
J'avais des souliers, tu avais une chemise...
J'eus une bonne nouvelle, tu...

4. **Conjuguez...**
a. **le verbe *être* à tous les temps.**
b. **le verbe *être* en ajoutant un *adjectif* différent à chaque personne et à chaque temps.**

▸ Je suis fort, tu es capable...
J'étais faible, tu étais robuste...
Je fus content, tu...

5. Les verbes *avoir* et *être* sont à l'infinitif, faites-les accorder au temps indiqué.

Tes parents *être* (condit. prés.) très heureux si tu travaillais mieux. ....
Avoir (impér.) la bonté de me prêter votre livre. ....
Avoir (impér.) l'obligeance de me dire à quelle heure je dois t'attendre. ....
Il *être* (imparf. ind.) juste qu'il *être* (imparf. subj.) puni, puisqu'il *avoir* (imparf. ind.) désobéi.
....
J'espère que vos efforts *être* (futur simple) couronnés de succès. ....
Si vous *être* (imparf. ind.) venus avec nous, vous *être* (cond. prés.) satisfaits de votre promenade.
....
Vous *avoir* (ind. prés.) payé ces vases trop chers; partout ailleurs vous les *avoir* (cond. passé) pour beaucoup moins. ....
Ce jeune homme-là *être* (fut. simple) un littérateur distingué, tandis que ceux-ci ne *être* (fut. simple) jamais que des écrivains publics. ....
Si j'*avoir* (imparf. ind.) travaillé avec plus d'ardeur, j'*avoir* (cond. prés.) fini plus tôt que toi.
....
Ma lettre *être* (ind. prés.) partie aujourd'hui, et mon départ n'*avoir* (fut. simple) lieu que demain.
....
N'*avoir* (impér.) pas peur, Mesdames, il n'y *avoir* (ind. prés.) aucun danger. ....
Être (impér.) bons envers les animaux. ....
Être (impér.) certain que tu réussiras si tu travailles beaucoup. ....
Personne ne veut croire que cet enfant *avoir* (plus-que-parfait subj.) la force de s'opposer à cette violence. ....

6. Remplacez les points par *être* ou *avoir*.

Je .... allée chez le dentiste.
Le télégramme .... arrivé comme j'allais me mettre à table.
Nous .... sortis avant toi.
Ils .... acheté une très belle villa à la mer.
J'avais couru pour arriver à temps mais le train .... parti.
Comme il .... tombé une averse inattendue, j'.......... tout mouillé.
La pluie a duré tout le temps que je .... restée chez le coiffeur.
Le braconnier .... vu venir le garde-chasse.
Les meubles que nous .... vus chez ce marchand ne nous .... pas plu.
Il m'.......... regardé et ne m'.......... pas reconnu.
Il y a longtemps que je l'.......... prévenu.
Oui je .... en voyage et ne rentrerai que dans quelques jours.
Tu .... vu ce spectacle? Il .... vraiment intéressant
Nous .... si heureux!

7. Traduisez.

a. Dio è stato e sarà sempre. ....
Al principio egli disse (*dit*) : "Che la luce sia" e la luce fu. ....
....
Vuoi sapere se saremo qui domani? ....

Abbiamo avuto un ospite illustre. ....

Ebbi una buona notizia. ....

Il ragazzo avrà avuto bei regali. ....

Sarebbe un buon figliolo se non avesse (imperf. ind.) la passione del gioco. ....

....

Sii paziente, ti prego! ....

Avresti avuto il premio per la migliore composizione se non fossi (imperf. ind.) stato così precipitoso. ....

Saremo sempre a vostra disposizione. ....

Siamo pronti a partire. ....

Siamo obiettivi nel nostro giudizio; tutto sommato (*tout compte fait*) avevano ragione. ....

....

Siate gentili, aiutateci a risolvere questo caso. ....

Avrete una bella soddisfazione. ....

Grazie, saremmo stati rapinati senza il vostro intervento. ....

....

Il libro sarebbe stato migliore con le illustrazioni. ....

Peccato, avrebbero avuto il nostro palco a teatro. ....

Siamo stati obbligati a partire. ....

Non credo (*crois*) che queste pesche siano mature. ....

b. Non penso che abbiano avuto del danaro. ....

Avremmo riunito una bella somma. ....

Saremmo stati ricevuti dal Ministro. ....

Il nostro dovere sarebbe stato di aiutarlo. ....

Io qui dichiaro che essi ebbero torto. ....

Abbi cura di questi ragazzi. ....

Abbiate pietà della mia emicrania. ....

Ogni popolo ha i suoi monumenti religiosi: i Cinesi hanno le pagode, i Turchi hanno le moschee, i Cattolici hanno le chiese, gli Ebrei hanno le sinagoghe. ....

....

È (*il est*) necessario che abbiate il coraggio di farlo. ....

Non credo che abbia voglia di uscire. ....

Non siate ostili; se volete, voi ed io saremo amici. ....

Tu pensi che una persona così dabbene abbia potuto tradire la nostra e la sua causa? ....

....

È necessario che siate più attivi. ....

Un giorno il tuo lavoro sarà ricompensato. ....

Desidererei (*désirerais*) che voi foste presente alla rappresentazione. ....

....

Desidero che siate presenti alla cerimonia. ....

La prateria fu inondata dal (*par*) fiume. ....

c. Quando il lupo ebbe divorato l'agnello si sdraiò (*s'allongea*) sotto l'albero. ....

....

Il miserabile era stato preso dal rimorso. ....

State tranquilla signora, la borsa è stata ritrovata. ....

Siamo stati in Cina tre volte, e voi? ....

Avete avuto qualche momento di scoraggiamento durante la settimana che avete trascorso (*passée*) in Oriente? ....
Saremo soddisfatti quando avremo raggiunto lo scopo. ....
Non siate mai troppo severi, abbiate anzi indulgenza per quelli che non hanno la vostra sensibilità e intelligenza. ....
Abbi il coraggio di ammettere i tuoi errori. ....
Essi non avranno mai ciò a cui aspirano e non saranno mai quello che essi desiderano (di) essere. ....
Le città di Ercolano, Pompei e Stabia furono distrutte dalle lavi e le ceneri del Vesuvio. ....
Se siete buoni avrete la torta che ho preparato. ....
Quel vaccino è stato scoperto già da (*depuis*) alcuni anni. ....

Verbi del primo gruppo (in -*er*)

1. **Dans la lecture suivante mettez les verbes du *1er groupe* et les *auxiliaires* au *présent* de l'*indicatif.***
   Jeanne d'Arc à Chinon
   "La grande salle du château regorgeait de monde; les haleines la chauffaient, ni plus ni moins qu'à toute audience que donnait le roi; elle présentait cet aspect de halle, de cohue, familier aux courtisans. C'était le soir; cinquante torches brûlaient sous les solives peintes....; des seigneurs tout armés, au nombre de trois cents, se pressaient, selon la coutume aulique, poussaient, arrondissaient (*arrondissent*) les coudes et l'huissier donnait de la verge sur les têtes.
   Averti que la Pucelle arrivait, le roi Charles s'enfonça dans la foule des seigneurs. Jeanne fut introduite par le comte de Vendôme. Robuste, le cou puissant et court, la poitrine ample, autant qu'il y pouvait paraître sous la jaque, elle portait petits draps, c'est-à-dire braies comme les hommes. Ce qui devait (*doit*) surprendre, plus encore que ses chauffes, c'était sa coiffure. Un chaperon de laine sur la tête, elle montrait ses cheveux noirs coupés en sébile, à la manière des varlets (*valets*). Les femmes de tout âge et de toute condition prenaient (*prennent*) grand soin de tirer leurs cheveux sous le hennin, la coiffe, le voile, de manière qu'il n'en passât pas un fil. Et cette crinière libre sur une tête féminine était, pour le temps, une chose étrange".

   (*D'après* Anatole France)

2. **Conjuguez les verbes *chanter* et *étudier* affirmativement.**

Ortografia dei verbi del primo gruppo

3. **Conjuguez...**
   a. **les verbes *avancer, commencer, allonger, abréger* à l'*imparfait* de *l'indicatif* et au *passé simple.***
   b. **à l'*indicatif présent* et au *futur simple* les verbes *geler, rappeler, celer, ficeler, ensorceler, jeter, acheter, fureter, feuilleter, épousseter.***
   c. **aux trois personnes singulières de l'*indicatif présent*, au *futur simple* et au *conditionnel* les verbes *mener, semer, lever, élever, soulever, interpréter, répéter, modérer, espérer, succéder.***

d. **à l'*indicatif présent*, au *futur simple* et au *subjonctif présent* les verbes *employer*, *déployer*, *nettoyer*, *appuyer*, *ennuyer*, *essuyer*, *essayer*, *balayer*, *payer*.**

4. Dans l'exercice qui suit, les verbes sont à l'infinitif, mettez-les au temps indiqué.

a. Je *regarder* comment tu *dessiner* (ind. prés). ....
Je me *rappeler* (ind. prés.) que tu *déchirer* (passé indéfini) cette lettre. ....
Il faut que vous *payer* (subj. prés.) vos dettes. ....
Il faut que nous le *prier* (subj. prés.) de nous rendre ce service. ....
....
Je ne voudrais pas qu'il *négliger* (subj. imp.) ses devoirs. ....
....
Lorsque tu *parler* (passé indéfini) on t'*écouter* (passé ind.) attentivement. ....
Je *désirer* (ind. prés.) que vous m'*expédier* (subj. présent) ces marchandises par chemin de fer.
....
Envoyer-moi (impér.) de vos nouvelles le plus tôt possible. ....
La nouvelle que je vous *communiquer* (passé défini) hier, *être* (passé indéf.) démentie ce matin.
....
Cette enfant se *déshabituer* (futur simple) de parler patois. ....
Cette voiture *rouler* (imp. ind.) à vive allure quand l'autre qui venait en sens contraire la *heurter* (passé défini) avec force. ....
L'élève *interroger* (part. passé), se *troubler* (passé défini) et *bredouiller* (passé défini) sa leçon mal apprise. ....

b. Lorsque je *mériter* (ind. prés.) de bonnes notes, mes parents me *récompenser* (ind. prés.). ....
....
Il faut que ce travail s'*exécuter* (subj. prés.) rapidement. ....
Si le temps est beau nous nous *préparer* (futur simple) pour sortir. ....
Puisque vous avez un procès, il faut que vous *consulter* (subj. prés.) un bon avocat. ....
Avez-vous *retrouver* (part. passé) le couteau que vous *laisser* (plus-que-parfait ind.) sur la table de la cuisine? ....
Auriez-vous *accepter* (part. passé) si on vous l'*donner* (plus-que parfait subj.). ....
Qui trop *embrasser* (ind. prés) mal étreint. ....
Montrer-toi (impér.) gentil et complaisant envers eux. ....
Nous *réprimander* (passé défini) les élèves négligents. ....
Il est utile que tu *cultiver* (subj. prés.) ton jardin; tu y *récolter* (condit. prés.) de beaux légumes.
....
Fais bien tes comptes, ne te *tromper* (impér.) pas. ....
Je *rentrer* (futur simple) quand j'*montrer* (futur ant.) à mes amis les principaux monuments de la ville. ....
Chercher (impér.) et vous *trouver* (futur simple). ....
Dans ce voyage vous *rencontrer* (futur simple) des personnes sympathiques. ....

5. Dans l'exercice qui suit, les verbes sont à l'infinitif, mettez-les au temps indiqué.

a. Le miroir *refléter* (ind. prés.) la lumière. ....
Le linge *sècher* (ind. prés) mieux au soleil qu'à l'ombre. ....
Le temps *alléger* (futur simple) tout chagrin. ....
Le roseau *courber* (part. passé) par le vent, *se relever* (futur simple) bientôt. ....
Tout chemin, dit un proverbe, *mener* (ind. prés.) à Rome. ....

Le blé *lever* (ind. prés.) avant l'hiver et *végéter* (ind. prés) sous la neige.
Ce commerçant *céder* (cond. prés.) son magasin à de bonnes conditions.
Je *commencer* (imparfait indic.) à croire que vous ne viendriez plus.
La surface de la mer *étinceler* (ind. prés.) au soleil.
Les oiseaux *becqueter* (futur simple) les fruits si vous ne mettez un épouvantail qui les *éloigner* (futur simple), peut-être.
Ne *forcer* (impér.) point notre talent, nous ne ferions rien avec grâce, a dit La Fontaine.
Il pleut et l'eau *ruisseler* (ind. prés.) dans la rue; si la pluie augmente, elle *ruisseler* (futur simple) bien plus fort.

b. La maison *menacer* (part. prés.) de crouler, il fallut bien qu'il *déloger* (subj. imp.).
Ne *feuilleter* (impér.) pas ce livre sans le lire.
C'est en *forger* (part. prés.) qu'on devient forgeron.
Si nous *enfoncer* (ind. prés.) trop ce clou, nous ne pourrons plus le retirer.
Mais si, nous l'*enlever* (futur simple) avec ces grosses tenailles.
J'*employer* (ind. prés.) ordinairement du détersif.
Il faut que vous *essuyer* (subj. prés.) ces verres avant de les mettre à table.
Essuyer (impér.), n'époussetez pas!
L'inondation *ravager* (passé déf.) tout sur son passage.
Si vous *étudier* (imparf. ind.) mieux, vous *réciter* (cond. prés.) vos leçons avec plus d'assurance.
Au cinéma on *projeter* (ind. prés.) les images sur l'écran.
S'ils avaient du temps, ils *étiqueter* (cond. prés.) encore toutes ces bouteilles.
Pour faire cette démonstration, il faut que tu t'*appuyer* (subj. présent) sur le théorème précédent.

6. Traduisez.

a. Penso, dunque sono.
Paolo comprerà una macchina Fiat.
Chi dice che la ricchezza non contribuisce alla felicità?
Il lago gela in inverno.
Le ore liete passano presto.
Porta il mio saluto ai tuoi.
Suggella questa lettera.
Il giorno succede alla notte.
Mangiammo buoni tartufi.
Chiama il portinaio.
Telefoneremo per avere sue notizie.
Ti ringrazio per i bei romanzi che mi hai mandato (i).
Speravo di persuaderlo.
Indicatemi i capitoli che avete studiato (i).
Termina la traduzione prima di uscire.
Quella storiella era stata inventata.
Sviluppate bene questo argomento prima di passare all'altro.

Accettai la sua proposta a malincuore. ....

Evitiamo la ripetizione delle parole a meno che la ripetizione non dia più forza al pensiero.
....

Egli impiega saggiamente il suo denaro. ....

I Fenici hanno inventato, si dice, la scrittura alfabetica. ....

Il portinaio spazza il cortile. ....

Vi pagherò subito. ....

La necessità è un giogo abbastanza pesante sotto il quale noi spesso pieghiamo. ....
....

È necessario che ci mandiate subito vostre notizie. ....

b. Il leone e la tigre regnano da (*en*) padroni nei luoghi che essi abitano. ....
....

Tu mi annoi. ....

Gianluca si scoraggiò e abbandonò l'impresa. ....

I Galli assediarono il Campidoglio. ....

La pioggia continua ha devastato il giardino. ....

Il gatto mangiò il topo. ....

Cominciamo l'esercizio. ....

Cominciammo a litigare. ....

Lo piegheremo alla nostra volontà. ....

Gli astronomi annunziarono l'apparizione della cometa. ....

Il sole sorge alle sette. ....

Voi disturbaste (*déranger*) i vicini con quel chiasso. ....

Vi annoiate? ....

Mi dispiace, lo so (*sais*) che in classe ti annoi alla lezione di quel professore. ....
....

Archimede diceva (*disait*): "Se avessi un punto d'appoggio solleverei il mondo". ....
....

Tu sfogli quella rivista ma non leggi (*lis*) niente. ....

Il duca protesse la città con torri e bastioni. ....

Socrate esercitò la sua anima alla pazienza. ....

Quel dolore gli abbreviò la vita. ....

Rinunciamoci, è meglio. ....

Mangiammo con grande appetito. ....

Pulisci (*nettoyer*) bene la tua scrivania. ....

Li condurrò (*emmener*) con piacere (a) visitare quei monumenti. ....
....

Posseggo solo questa casetta. ....

Verbi del secondo gruppo (in *-ir*)

1. Dans la lecture suivante...

a. soulignez les verbes du *2ème groupe* et mettez-les à l'*infinitif*.

b. conjuguez les mêmes verbes à l'*imparfait* de *l'indicatif*.

"Le renard jouit d'une grande réputation d'habileté: ce que d'autres animaux n'accomplissent que par la force, il le fait par la ruse, et réussit le plus souvent. Il se tapit au bord des bois, non loin du terrier où il s'établit pour élever et nourrir ses petits. Averti par le chant des coqs et les cris des volailles, il franchit les clôtures ou agrandit quelque fente, s'aplatit, se glisse et finit par envahir la basse-cour qu'il ravage: il saisit sa proie qu'il va enfouir en quelque endroit qu'il retrouvera plus tard, se hâte de revenir en chercher une autre, jusqu'à ce que le jour l'avertisse qu'il faut fuir et ne plus revenir".

(*D'après* Buffon)

2. Conjuguez le verbe *saisir* en ajoutant un complément différent pour chaque personne.

▸ Je saisis mon verre, tu saisis ton couteau, il saisit son parapluie...

3. Faites accorder les verbes au temps indiqué.

À ces mots il se *radoucir* (passé défini). ....

Obéir (impér.) maintenant, si vous voulez qu'on vous *obéir* (subj. prés.) plus tard. ....

....

Si vous ne prenez pas vos lunettes fumées, le soleil vous éblouir (futur simple). ....

....

Le mensonge est *avilir* (part. prés.). ....

Les oranges et les citrons *mûrir* (ind. prés.) tôt dans notre pays. ....

Je vous envoie ce tonneau pour que vous le *remplir* (subj. prés.) de vin et me le *retourner* (subj. prés.) immédiatement. ....

On vous *avertir* (futur simple) de l'heure du départ. ....

Les touristes *franchir* (passé indéf.) la montagne. ....

L'huile *rancir* (ind. prés.) en *vieillir* (part. prés.). ....

En lisant, vous *enrichir* (futur simple) la mémoire. ....

Si ces acteurs étaient braves on les *applaudir* (cond. prés.). ....

Pendant l'orage de gros nuages noirs *obscurcir* (passé défini) l'air. ....

Le malade *guérir* (cond. prés.) s'il était bien soigné. ....

La paresse *affaiblir* (ind. prés.) nos énergies. ....

Vous n' *affranchir* (passé indéf.) ni la lettre ni le paquet. ....

On *assainir* (passé indéf.) ces contrées marécageuses. ....

Avec un peu de patience vous *aplanir* (futur simple) ces difficultés. ....

La mère *chérir* (ind. prés.) ses enfants et ses enfants la *chérir* (ind. prés.). ....

Cette ouverture est trop étroite. *Élargir*-la (impér. 2ème pers. plur.). ....

Il faut que j'*éclaircir* (subj. prés.) cette question embrouillée. ....

4. Traduisez.

Finirete i compiti questa sera. ....

Riempiva le tasche di ciottoli che poi gettava nel fiume. ....

Io arrossivo di vergogna, egli impallidiva di collera. ....

Vi avverto: un giorno avrete bisogno di me. ....

Lo scioglimento delle nevi ingrossa i corsi d'acqua. ....

Questi contadini coltivano il loro orto e aspettano con ansia che i frutti maturino. ....

....

A destra e a sinistra, lungo il ponte, file di puntini luminosi sorgono nella notte. ....

....

Grosse nuvole oscurano il cielo. ....

All'alba l'orizzonte imbianca e le stelle impallidiscono. ......
Il leone ruggiva. ......
Le volpi gagnolano, il bue e la vacca muggiscono. ......
Scegliete bene i vostri amici. ......
Compatite i (*aux*) mali degli altri. ......
Si (*Il*) trattava di un errore di calcolo. ......
La lettura delle gesta dei cavalieri medievali nutrirono la mente di Don Chisciotte. ......
......
Non tradite la fiducia che abbiamo riposto in voi. ......
Gli alberi ingialliscono in autunno. ......
I giovani si nutrono di speranze, i vecchi di ricordi. ......

Ortografia dei verbi del secondo gruppo

1. **Traduisez.**
Odio ciò che è falso. ......
È necessario che il tuo carattere si addolcisca se non vuoi essere odiato. ......
......
Egli distribuì il pane benedetto in (*de*) una maniera solenne. ......
È un popolo benedetto da Dio. ......
La Francia era fiorente sotto Enrico IV. ......
Le arti fiorirono in Grecia in mezzo alle guerre civili. ......
Odia (impér.) l'ipocrisia e la menzogna. ......
Odio gli impostori. ......
Che mi odino purché mi rispettino. ......
Il dittatore è odiato da tutti. ......
Questi alberi fioriscono meglio se esposti al sole. ......
La Santa Vergine è benedetta fra (*entre*) le donne. ......

Verbi del terzo gruppo (modello: *recevoir*)

1. **Conjuguez le verbe *apercevoir*, en ajoutant un complément différent à chaque personne.**
▸ J'aperçois le soleil, tu aperçois le firmament, il aperçoit les nuages...

2. **Faites accorder les verbes au temps indiqué.**
J'apercevoir (passé ind.) le facteur qui sonnait à la porte. ......
Ils *recevoir* (passé défini) ma lettre. ......
Je ne *concevoir* (ind. prés.) pas votre manière de vivre. ......
Il *décevoir* (cond. prés.) mon attente. ......
Le percepteur *percevoir* (ind. prés.) et le receveur *recevoir* (ind. prés.). ......
Si nos amis venaient nous voir, nous les *recevoir* (futur simple) à bras ouverts. ......
Vous *apercevoir* (ind. prés.) la paille qui est dans l'œil de votre voisin et vous ne voyez pas la poutre qui est dans le vôtre. ......
......
Vous *concevoir* (cond. prés.) nos intentions si nous vous les expliquions. ......

Pour faire le voyage dont vous me parlez, il faudrait que je *recevoir* (subj. imparf.) de l'argent.
....

Je m'*apercevoir* (passé défini) trop tard de mon erreur. ....
Vous *décevoir* (cond. prés.) sa confiance. ....
Recevoir (impér.), mon cher ami, mes très cordiales salutations. ....
Mercredi dernier je *recevoir* (passé indéf.) un billet ainsi *concevoir* (part. passé). ....
Vous *devoir* (ind. prés.) prendre patience. ....
Nous *devoir* (cond. prés.) partir par le train de huit heures. ....
Je *devoir* (ind. prés.) tout à ma grand'mère. ....
Ils *devoir* (passé simple) se contenter. ....
Le microphone *percevoir* (ind. prés.) les sons les plus légers. ....
Il faut que chacun *concevoir* (subj. prés.) son devoir et le fasse. ....
Qu'il s'*apercevoir* (subj. prés.) ou non de mon indifférence, cela m'est égal. ....
Je voudrais bien que nous *recevoir* (subj. imparfait) de beaux cadeaux pour le premier de l'an.
....

3. Traduisez.

a. Dovetti fermarmi a casa sua. ....
Riceverete presto una risposta. ....
Lo Stato percepisce le imposte da tutti i cittadini. ....
Tu deludi le mie speranze. ....
Scorsi mio padre in un gruppo di amici. ....
Non dovevate parlare a (*de*) quel modo. ....
Vi dobbiamo riconoscenza e rispetto. ....
Scorgete quella casetta? ....
Attraverso quella nebbia fitta non scorgevamo la strada. ....
La sera scorgerai in cielo una stella più luminosa delle altre; è la stella di Venere o la stella del pastore. ....
Diceva (*disait*) di dovergli tutto. ....
Ho dovuto decidere in fretta. ....
Non scorgeresti ciò che vi è di falso nell'affare. ....
Gli devo il posto che occupo. ....
Questa valle deve il suo nome a un certo avvenimento. ....
Avevano concepito un progetto meraviglioso che però non riuscì per una serie di circostanze. ....
La nostra ragione è spesso ingannata (*décevoir*) dalle apparenze. ....
....

Si dovrebbero piantare degli alberi lungo questa strada. ....
Vi devo molto per questo servizio. ....

b. Ciò che si concepisce bene si enuncia chiaramente. ....
Ricevo oggi tutto ciò che mi era dovuto. ....
L'esercito, in quel giorno, aveva ricevuto dei rinforzi. ....
Con (*par*) questa lettera, riceverete l'autorizzazione a procedere. ....
Percepisco le mie rendite ogni sei mesi. ....
Ho ricevuto buone informazioni su quella persona. ....
Devo e dovrò sempre ricordare con gratitudine coloro che mi hanno aiutato in quella circostanza. ....

In quella occasione egli ricevette una buona accoglienza. ....

....

Spiacente, il Direttore riceve solo il giovedì. ....

Il dottore lo ha ricevuto ieri perché la sua visita era urgente. ....

....

Lo scorsi in (*dans la*) strada proprio quando dovevo prendere il taxi. ....

....

È giusto che io debba essere la vittima dei suoi capricci? ....

....

È giusto che voi dobbiate pagare per lui? ....

Non lo concepisco e non (*ni ne*) lo concepirò mai. ....

La scoperta dell'America è dovuta a Cristoforo Colombo. ....

....

A malincuore ho dovuto rispondergli di (*que*) no. ....

Verbi del terzo gruppo (modello: *rendre*)

1. Dans la lecture suivante...

a. soulignez les verbes du *3ème groupe.*

b. analysez les verbes sur le modèle de *rendre.*

"Le loir ressemble assez à l'écureuil par les habitudes naturelles; il habite comme lui les forêts, il grimpe sur les arbres, saute de branche en branche, moins légèrement à la vérité que l'écureuil qui a les jambes plus longues, le ventre moins gros, et qui est aussi maigre que le loir est gras. Cependant ils vivent tous deux des mêmes aliments; de la faîne, des noisettes, de la châtaigne, d'autres fruits sauvages font leur nourriture ordinaire.

Le loir mange aussi de petits oiseaux qu'il prend dans les nids; il ne fait point de bauge au-dessus des arbres comme l'écureuil, mais il se fait un lit de mousse de ceux qui sont creux; il se gîte aussi dans les fentes des rochers élevés, et toujours dans les lieux secs; il craint l'humidité, boit peu et descend rarement à terre; il diffère encore de l'écureuil en ce que celui-ci s'apprivoise, et que l'autre demeure toujours sauvage.

Les loirs font leurs petits en été; les portées sont ordinairement de quatre ou cinq; ils croissent vite, et l'on assure qu'ils ne vivent que six ans. Ces petits animaux sont courageux, et défendent leur vie jusqu'à la dernière extrémité; ils ont les dents de devant très longues et très fortes; aussi mordent-ils violemment; ils ne craignent ni la belette, ni les petits oiseaux de proie; ils échappent au renard, qui ne peut les suivre au-dessus des arbres; leurs plus grands ennemis sont les chats sauvages et les martes".

(*D'après* Buffon)

2. Conjuguez le verbe *attendre* en ajoutant un complément différent à chaque personne.

▸ J'attends mon père, tu attends ton ami, il attend une lettre...

3. Mettez les verbes au temps indiqué.

As-tu *vendre* (part. passé) cette propriété? ....

Je vous *rendre* (futur simple) votre argent quand je *recevoir* (futur simple) le mandat que

j' *attendre* (ind. prés). ....
Il faut que je *répondre* (subj. prés.) à la lettre que j'ai reçue. ....
Il fallait que je *répondre* (subj. imparfait) immédiatement. ....
La bouteille se cassa et le vin se *répandre* (passé défini) sur la nappe. ....
J'*attendre* (ind. prés.) que la pluie cesse. ....
On *perdre* (ind. prés.) tout en voulant trop gagner. ....
Ce joueur est désespéré parce qu'il *perdre* (passé ind.) tout son argent. ....
Mes enfants, *descendre* (impér.) lentement l'escalier. ....
Le propriétaire *descendre* (passé défini) toutes ses bouteilles de vin à la cave. ....
Il faut que vous *descendre* (subj. prés.) immédiatement, on vous *attendre* (ind. prés.). ....
Je *condescendre* (cond. prés.) à vous écouter si vous étiez moins orgueilleux. ....
Si vous taquiniez ce chien, il vous *mordre* (condit. prés.). ....
Ce vilain chat m'a griffé et *mordre* (part. passé). ....
Le bûcheron *fendre* (ind. prés.) les rondins pour en faire des bûches. ....
Si vous frappez si fort sur la glace elle se *fendre* (futur simple). ....
La neige *fondre* (ind. prés.) sous les rayons du soleil. ....
S'il faisait plus chaud, l'asphalte des rues *fondre* (cond. prés.). ....
Si la pression augmentait, la barre de fer *rompre* (cond. prés.). ....

4. Traduisez.

a. Le esperienze di Ampère resero possibile la telegrafia elettrica. ....
....
Hanno perduto una buona occasione per conoscersi. ....
La città era stata difesa da un pugno di uomini. ....
Il Giura si stende lungo la frontiera svizzera. ....
Rassicuratevi, li prenderò sotto la mia protezione. ....
Il turacciolo saltò per aria e il liquido si sparse sulla tovaglia. ....
Ci difenderemo coraggiosamente. ....
Ruppe un vaso di Faenza e dovette risarcire il danno. ....
Il terremoto fendé la montagna. ....
Quando avrai venduto il vitello, comprerai quegli attrezzi. ....
Il danaro corrompe anche gli uomini onesti. ....
Aveva interrotto gli studi classici per darsi alla musica. ....
La strada è interrotta da un fossato. ....
Non sente da quell'orecchio. ....
Intesi un rumore nell'altra camera e mi (*m'y*) precipitai. ....
Il terrore si sparse subito tra i presenti. ....
Ho espresso la mia volontà e non desisto (*en démordre*). ....
Interruppi allora i miei lavori e partii. ....
Intendevo scrivergli prima di presentarmi. ....
Quella notizia si è sparsa in un batter d'occhio. ....
Vi prego, rispondete al più presto. ....
È una persona onesta, ne rispondo personalmente. ....
Il successo rispose all'attesa. ....
Il sangue si spande dal cuore a tutte le parti del corpo. ....

b. Aspettate un po' nell'anticamera. ....
Il bambino tese le braccia al padre. ....

Una leggenda pretende che Romolo discenda dal Dio Marte. ....

Cavour ha reso grandi servizi all'Italia. ....
Daniele Manin difese Venezia contro gli Austriaci. ....
Abbiamo difeso e difenderemo sempre la verità. ....
Egli scenderà all'albergo principale. ....
Discendeva da un'oscura famiglia ed era asceso (*parvenu*) alle più alte cariche dello Stato.
....

La mia fortuna dipende dalla tua. ....
Purtroppo non rispondeva ad alcuna domanda. ....
Se rispondi in tempo alla mia lettera, l'affare potrà (*pourra*) essere concluso (*conclue*). ....

Ho aspettato finora e aspetterò ancora un po', poi salirò in macchina e partirò. ....

Si sentiva il rombo del tuono e lo scrosciare della pioggia. ....

Rendetemi ciò che vi ho dato. ....
Vi ho proibito, vi proibisco e vi proibirò sempre di frequentare certe persone. ....

Bisogna che aspettiate la sua risposta prima di decidere. ....

Vendemmo tutto, anche i mobili più pregiati. ....
Io toso le mie pecore da me (*moi-même*) e non ho vergogna di farlo. ....

Non vi confondete, siate calmo e rispondete a tutte le domande. ....

Gli Stati Uniti dipesero per lungo tempo (*longtemps*) dall'Inghilterra. ....

Verbi irregolari

Infinito in *-er*

1. **Mettez les verbes au *temps indiqué* au début de chaque paragraphe.**

Indicatif

Présent

Pendant les vacances j'*aller* passer quelques jours dans ma famille. ....
Comment! Tu lui *envoyer* une telle lettre? ....
Envoyer-vous de vos nouvelles à votre famille? ....
Elles s'en *aller* de bonne heure parce qu'elles sont attendues chez elles. ....
Nous vous *envoyer* nos meilleurs souvenirs. ....

Imparfait

Il *aller* à la gare quand un de ses employés lui remit une lettre. ....
Et pourtant nous leur *envoyer* toujours nos souhaits pour Noël. ....
Vous *envoyer*-ils leur voiture pour aller au théâtre? ....

Passé défini ou *simple*

Il s'en *aller* tout furieux. ....

Nous *envoyer* un joli cadeau aux jeunes époux qui nous avaient invités à leurs noces. ....

Comme le temps était beau ils *aller* se promener le long de la mer. ....

Est-ce que l'éditeur t'*envoyer* le livre que tu lui avais demandé? ....

Futur simple

Demain tu *aller* parler avec le Proviseur. ....

Mon fils *aller* à Orléans. ....

Elles s'en *aller* sitôt qu'elles recevront cette information. ....

Nous *envoyer* acheter les meilleurs gâteaux qu'on trouvera chez le pâtissier. ....

Le marchand *aller* à la foire du chef-lieu. ....

Vous lui *envoyer* ce paquet au plus tôt. ....

Passé indéfini ou *composé*

Je *aller* à Rome et j'ai eu le plus grand plaisir à visiter cette ville incomparable. ....

Je suppose qu'ils *renvoyer* leur voiture pour retourner à pied. ....

Mon cousin *aller* m'attendre devant le cinéma. ....

Plus-que-parfait

Ils *aller* tous à cette conférence. ....

Vous n'étiez pas à la maison quand je suis venu, où *aller* vous? ....

Nous *aller* dîner en ville. ....

Où *envoyer* vous votre secrétaire? – Je l'*envoyer* prendre les informations que vous désirez. ....

Il n'y avait personne dans les maisons, tous *aller* voir la grande revue militaire. ....

Futur antérieur

S'il n'est pas chez lui, c'est qu'il *aller* chez sa mère. ....

Quand vous *envoyer* vos enfants à la campagne, vous pourrez venir passer quelques jours chez nous. ....

Aller-vous à la messe quand je viendrai demain à huit heures? ....

Envoyer-tu ton frère chez le pharmacien quand le docteur arrivera? ....

Conditionnel

Présent

J'*aller* volontiers me promener si tu voulais m'accompagner. ....

J'*envoyer* ces livres à ton ami si j'étais sûr qu'il fût chez lui. ....

N'*aller*-vous pas visiter le musée s'il n'était pas fermé? ....

Je croyais qu'il m'*envoyer* de ses nouvelles pendant son long voyage. ....

Il a été décidé que nous *aller* passer nos vacances à la mer. ....

Passé

Je savais bien que tu *aller* au concert hier soir. ....

Nous vous *envoyer* des cartes postales illustrées si nous avions connu votre adresse. ....

Ils *aller* faire un voyage d'agrément, s'ils n'avaient pas reçu cette fâcheuse nouvelle. ....

Impératif

Envoyer-lui cet album que tu lui as promis. ....

Pierre, *aller* voir si la porte du jardin est fermée. ....

S'en *aller*, tu m'ennuies. ....

Ne vous en *aller* pas, il n'est pas encore tard. ....

S'en *aller*, nous n'avons plus rien à voir ici. ....

Subjonctif

Présent

Il faut que j'*envoyer* immédiatement ces papiers à mon notaire. ....

Il est bon que tu *aller* trouver ton avocat pour le consulter au sujet de cette affaire. ....

Je ne veux pas que mes élèves *aller* faire l'école buissonnière. ....

Pensez-vous qu'elle vous *envoyer* ce qu'elle vous a promis? ....

Je ne veux pas que tu *envoyer* cette lettre si mal écrite. ....

Il faut que nous *aller* voir notre voisin qui est si aimable. ....

2. Traduisez.

a. Tutti i fiumi vanno al mare. ....

La sua malattia va di male in peggio. ....

Questo pomeriggio manderò a chiedere sue notizie. ....

Egli mi ha fatto strane proposte ed io l'ho mandato al diavolo. ....

....

Mio padre non andrà più a caccia. ....

Dio ci manda beni e mali. ....

Andrò fino al fondo della questione. ....

Nerone mandò a morte il filosofo Seneca. ....

Questa nota ci rimanda a pagina 200. ....

Sei sicuro che sia andato a scuola? ....

Gli manderete un bel regalo. ....

Il pover'uomo fu mandato da Erode a Pilato. ....

La luna rimanda alla terra la luce che riceve dal sole. ....

Questa chiave non va nella (*à la*) serratura. ....

Gli manderemo qualcuno con il contratto. ....

Vi andrete, siatene certi. ....

b. Desidero che tu vada a chiedergli perdono. ....

Andiamo da Giulio a informarci dei prezzi. ....

Dove pensate (di) andare? ....

Tutti gli anni andavamo in (*à la*) campagna o al mare. ....

Vi manderò belle riproduzioni delle opere del Botticelli. ....

In quel buio si andava a tastoni. ....

Prossimamente me ne andrò nelle Indie. ....

La barca andava alla deriva. ....

Tutti gli anni va a Londra. ....

Questi colori vanno bene insieme. ....

Andate subito da vostro fratello e ditegli (*dites-lui*) che mi mandi senza indugio ciò che ha il dovere di restituirmi. ....

....

Andrò a Milano la settimana prossima; ti manderò delle cartoline illustrate. ....

Spediscimi, te ne prego, il pacco postale che aspetto da (*depuis*) quindici giorni. ....

Infinito in -*ir*

3. Mettez les verbes au *temps indiqué* au début de chaque paragraphe.

Indicatif

Présent

Je *venir* de l'école. ....
Nous *souffrir* qu'on dise mal de notre pays. ....
Ne réveillez pas le chat qui *dormir*, dit un proverbe. ....
Pourquoi *découvrir* vos projets? ....
Ces gens-là *tenir* l'hôtel qui est à l'entrée de la ville. ....
Je t'*offrir* ce bouquet, veux-tu l'accepter? ....
Ces fleurs *sentir* très bon. ....
L'eau *bouillir* déjà, verse-la dans la théière. ....
Je *fuir* les méchants comme la peste. ....
Le train *parcourir* cette distance en deux heures. ....
L'habitude s'*acquérir* peu à peu, puis elle *devenir* une seconde nature. ....
Les fleurs *mourir* sous la gelée. ....
Le jour *mourir*, la nuit *venir*. ....

Imparfait

De chez moi je *découvrir* le clocher de l'église. ....
Pourquoi *souffrir* ces reproches injustes sans vous justifier? ....
J'ai cru qu'il *mourir* tant l'impression a été forte. ....
Pourquoi haïssiez-vous-vous cette personne et *fuir* son approche? ....

Passé défini ou *simple*

Après nous être reposés un moment, nous *repartir* au galop. ....
Il m'avait promis monts et merveilles, mais il ne *tenir* pas sa parole. ....
Vous rappelez-vous le jour où vous *venir* me voir? ....
Il parla longtemps et je m'*abstenir* de lui répondre. ....
Aussitôt que la sonnette *retentir*, j'*ouvrir* la porte. ....
Nous *accourir* à son appel. ....
Ils *acquérir* en peu de temps une fortune considérable dans le commerce. ....
Ce grand homme *mourir* jeune. ....

Futur simple

Quand tu verras arriver ton parrain, tu *courir* à sa rencontre. ....
Je te *prévenir* quand on commencera à jouer. ....
Vous vous *repentir* de ne pas avoir écouté mes conseils. ....
Vous vous *abstenir* de tout commentaire. ....
Vous *acquérir* des connaissances utiles par l'étude du droit romain. ....
Après avoir marché toute la journée, ils *dormir* d'un sommeil profond. ....

Passé indéfini ou *composé*
Mon oncle *souffrir* longtemps d'un rhumatisme aigu. ....
On *recouvrir* l'escalier d'un tapis épais. ....
Tu *obtenir* ce que tu désirais. ....
Il y a deux ans qu'il *mourir*. ....
Il *revenir* la semaine dernière de son voyage de plaisir. ....
Il *sortir* à sept heures et n'est pas encore rentré. ....
Christophe Colomb *découvrir* l'Amérique, qui ne le sait? ....

Plus-que-parfait
Les Espagnols *conquérir* d'immenses colonies en Amérique. ....
D'abord il *consentir*, puis il s'est rétracté. ....
Si tu *acquérir* un peu d'expérience, tu ne parlerais pas ainsi. ....
Si vous *venir* plus tôt, vous auriez assisté à un spectacle intéressant. ....
Si vous vous *vêtir* plus chaudement, vous ne trembleriez pas de froid maintenant. ....

Conditionnel
Présent
Si j'allais à Paris, je *tenir* à visiter le musée du Louvre. ....
Tu *tressaillir* de joie, si je te disais la nouvelle que j'ai apprise. ....
Nous vous *offrir* d'entrer si vous n'étiez pas si pressés. ....
Je *parcourir* le monde si j'étais riche. ....
Si vous alliez le voir, il vous *accueillir* très bien. ....
Notre propriété *acquérir* une grande valeur, si elle était moins proche du chemin de fer.
....

Impératif
Venir ici, mon cher petit. ....
Ne *mentir* jamais mes enfants, le mensonge est haïssable. ....
Même devant l'ingratitude, ne vous *repentir* jamais du bien que vous avez fait. ....
Courir vite, sinon tu arriveras trop tard au rendez-vous. ....
Applique-toi et *retenir* ce que tu apprends. ....
Bonne nuit, *dormir* bien, mes amis. ....

Subjonctif
Présent
Mon père veut que je *devenir* médecin. ....
Il faut que la police *maintenir* l'ordre. ....
Voulez-vous que nous *sortir* un peu avant le dîner? ....
Croyez-vous qu'ils *revenir* bientôt? ....
Je désire que tu *concourir* pour cette place. ....
Il faut que vous *fuir* les mauvaises fréquentations. ....

4. Traduisez.
a. Per stendere la mia relazione è necessario che io raccolga le mie idee. ....
....
L'Alsazia appartiene alla Francia. ....
Se seminate, raccoglierete. ....
Quell'uomo correva come un forsennato. ....

Coglierete più ortiche che rose. ....
Ritenete bene ciò che sto per dirvi. ....
Usava sempre acqua bollita. ....
Verrete alla conferenza sul teatro moderno? ....
Non mentire e nel dubbio astieniti. ....
Non si raccoglie sempre il frutto delle proprie fatiche. ....
Teneste un discorso poco ragionevole. ....
Voi non otterrete mai niente da lui. ....
Parto volentieri per le Antille; nuovi paesaggi, nuovi climi, una nuova vita mi seducono (*me séduisent*). ....
....

b. I Franchi si servivano dell'ascia e della spada. ....
Alessandro conquistò l'Asia e morì giovane. ....
Coglieremo tutte le rose che sono fiorite questa notte. ....
Ti pentirai delle tue colpe. ....
I piloni servivano a decorare i templi degli Egiziani. ....
Non accettai le condizioni che mi offrirono. ....
Vasco de Game scoprì una nuova via per raggiungere le Indie. ....
....
Hai coperto del tuo quell'ammanco di capitale? ....
Nel 1830 il Belgio riconquistò la sua indipendenza. ....
Quando il cielo divenne sereno egli partì contento. ....
Fuggivano senza sapere dove rifugiarsi. ....
Queste parole derivano (*venir*) dal greco. ....
Vieni da me questa sera, do una cena ai miei amici più cari. ....
....
Finalmente quel mio amico ha acquisito la cittadinanza francese. ....
....

Infinito in -*oir*

5. Mettez les verbes au *temps indiqué* au début de chaque paragraphe.

Indicatif

Présent

Pouvoir-je sortir? ....
Je ne *savoir* pas si le temps est assez doux. ....
Je ne crois pas qu'il soit opportun de sortir, du moment que notre ami ne *pouvoir* recevoir. ....
La terre se *mouvoir* autour du soleil. ....
Combien *valoir* cette villa? – Nous ne le *savoir* pas exactement. ....
Je ne *s'asseoir* pas, car je suis très pressé. ....
Nous ne la *voir* pas depuis longtemps. ....
Cette traite ne *pouvoir* être payée que dans un mois. ....
Prévoir-vous ce qui arrivera si vous parlez? ....
Nous *pourvoir* de notre mieux à ses besoins. ....

Imparfait
Le récit de cette histoire *émouvoir* les auditeurs. ....
Je *vouloir* t'écrire hier mais le temps m'a manqué. ....
Il *pouvoir* faire attention en marchant et il ne serait pas tombé. ....
Votre mère *savoir*-elle que vous étiez arrivées? ....
Vous ne *prévoir* pas cette difficulté. ....
Si vous *s'asseoir* sur ce fauteuil, vous seriez mieux que sur cette chaise. ....
Elle ne *vouloir* pas sortir ce matin quand je l'ai invitée. ....
Ton fils *pouvoir* bien venir me faire une visite. ....
Nous *vouloir* venir hier, mais cela a été impossible à cause du mauvais temps. ....
Nous avions beau regarder, nous ne *voir* arriver personne. ....

Passé défini ou *simple*
Je ne *savoir* que répondre à cette demande. ....
Ils ne *pouvoir* jamais connaître toute la vérité. ....
Cette dame *s'émouvoir* de ce triste récit. ....
Les habitants *pourvoir* à tous les besoins de ces pauvres gens. ....
Je *vouloir* lui prouver qu'il avait tort. ....
Nous *s'asseoir* à l'ombre d'un arbre au bord de la route. ....
Ce succès lui *valoir* bien des félicitations. ....
Arrivés au sommet de la montagne, nous *voir* un spectacle magnifique. ....
Nous leur accordâmes tout ce qu'ils *vouloir*. ....
Ils firent tout ce qu'ils *pouvoir* pour sortir d'embarras. ....

Passé indéfini ou *composé*
Je *prévoir* cette réponse. ....
Dans le partage des biens la maison *valoir* plus qu'on ne pensait. ....
Ce n'est pas son avis qui *prévaloir* mais le mien. ....
Il *vouloir* de l'argent pour terminer l'immeuble. ....
Je *voir* de très belles choses pendant mon court voyage. ....
J'ai fait ce que je *pouvoir* à notre provision de bois pour l'hiver. ....
Vous *s'asseoir* sur une chaise qui n'est pas solide, Madame. ....

Plus-que-parfait
Voir-tu ma nouvelle bicyclette? ....
Nous *s'asseoir* sous la tonnelle, autour de la table. ....
Il me semblait que vous *pouvoir* vous arrêter en route. ....
Ces chants tristes et monotones nous *émouvoir*. ....
Nos conseils *prévaloir*. ....
Si vous *pourvoir* à ses besoins, il n'aurait pas été obligé de s'adresser ailleurs. ....
S'il *prévoir* ce qui est arrivé, il serait resté. ....
On *vouloir* enfoncer la porte puisque la clef était perdue. ....

Futur simple
Tu *vouloir* bien m'attendre un moment. ....
Nous *pouvoir* vous donner une réponse bientôt. ....
Vous *savoir* tout à l'heure la décision que nous aurons prise. ....
Il *valoir* mieux que j'apprenne bien le français plutôt que le russe. ....

Nous *voir* aux examens si vous avez travaillé durant l'année. ....
Tes parents *prévoir* toujours tes besoins et y *pourvoir* avec plaisir. ....
Vous ne *savoir* jamais penser à l'avenir. ....
Elle *vouloir* se rendre à cette convocation. ....
Nous *s'asseoir* si nous sommes fatigués. ....
Il est si paresseux qu'il ne se *mouvoir* pas si on ne l'y oblige. ....
Vous ne *savoir* jamais combien de peine vous avez coûté à vos parents. ....
Le mal ne *prévaloir* jamais sur le bien. ....

Conditionnel

Présent

Si je n'avais pas mes lunettes, je n'y *voir* pas. ....
Penses-tu que nous *pouvoir* réussir? ....
Ils ne *savoir* prendre une décision immédiate. ....
Ne *savoir*-vous pas vous passer de ce luxe? ....
Je dois répondre, parce que mon silence *équivaloir* à un blâme. ....
Je *mouvoir* le bras s'il ne me faisait pas tant souffrir. ....
Voir-tu ton ami dans le malheur sans le secourir? ....
Revoir-vous avec plaisir vos anciens camarades? ....
Ces dames *s'asseoir* volontiers parce qu'elles sont fatiguées. ....
Vous ne *pouvoir* pas compter sur la bonté des autres. ....

Impératif

Savoir modérer vos désirs. ....
Vouloir me rappeler au bon souvenir de monsieur votre père. ....
Asseoir-nous ici. ....
Revoir vos leçons avant la classe. ....

Subjonctif

Présent

Pensez-vous qu'on *pouvoir* prendre un manteau? ....
Quoique cette marchandise ne *valoir* pas grand-chose, je vous l'achèterai si vous n'êtes pas trop exigeant. ....
....
Pour que les orateurs *émouvoir*, il faut qu'ils soient émus eux-mêmes. ....
Nos parents ne sont pas arrivés sans que nous le *savoir*. ....
Je souhaite que nous nous *revoir* souvent. ....
Je désire que vous vous *asseoir* sur ce fauteuil. ....

6. Traduisez.

a. Dall'alto della montagna potemmo assistere a quello strano spettacolo. ....
....
Ciò mi è (*a*) valso un anno di lavoro. ....
La profetessa Cassandra previde le sventure dei Troiani. ....
....
Lo vide e arrossì. ....
Sono certa che le sue argomentazioni prevarranno sulle altre. ....
....

Avete provveduto alla cena di questa sera? ....
Volevo solo che ci andasse. ....
Che egli voglia fortemente e tutto riuscirà. ....
Fu promosso all'alta dignità di maresciallo di Francia. ....
Un uomo vale soprattutto per il suo carattere. ....
Chi sa dove si è nascosto. ....
Se potete sventare il loro imprudente progetto, fatelo immediatamente. ....
....
Si rifugiò in Russia, che io sappia. ....
Carlo V sapeva riparare i mali della guerra. ....

b. Un tempo la nascita prevaleva sul merito e noi avremmo visto pochi figli del popolo pervenire ad alte cariche. ....
....
Se non vuoi la mia rovina aiutami in tempo. ....
Nessuno può dire: io posso ciò che voglio. ....
Non potete nascondergli la verità. ....
Napoleone poté passare le Alpi. ....
Un saggio nemico vale più che un amico ignorante. ....
Sedemmo all'ombra del pergolato. ....
Ella previene sempre i desideri del figliolo e sa come soddisfarli. ....
....
Non vediamo la causa del suo broncio. ....
Chi vivrà (*vivra*) vedrà. ....
Sappiate evitare certe compagnie. ....
Non potremmo partire con (*par*) quel treno. ....
Sapremo vincere tutti gli ostacoli. ....
Alla fine venne a vedere la villetta. ....

Infinito in -*re*

7. Mettez les verbes au *temps indiqué* au début de chaque paragraphe.

Indicatif

Présent

De tout cela je *conclure* que vous avez tort. ....
Nous *admettre* que vous avez raison. ....
Tu *vivre* en solitaire. ....
Ce cheval *craindre* l'éperon. ....
Mauvaise herbe *croître* toujours. ....
Je ne *croire* pas que nous nous soyons trompés. ....
Sa grande éloquence *convaincre* les auditeurs. ....
Je *connaître* très bien la personne que vous voyez là-bas. ....
Tu ne *lire* pas assez de livres sérieux. ....
Tes camarades et toi vous *lire* trop de bandes dessinées. ....
Vous êtes un bavard, vous ne *se taire* jamais. ....
L'espérance *renaître* facilement dans le cœur de l'homme. ....
Ce travail *suffire* pour aujourd'hui. ....

Esercizi

Vous *écrire* illisiblement. ...

Si vous *prendre* ce chemin-là, vous risquez de vous égarer. ...

On n'aime pas les personnes qui se *plaindre* toujours. ...

Il *s'astreindre* à un régime très sévère pour guérir de sa maladie. ...

Ces enfants *faire* trop de bruit. ...

Pourquoi ne *faire* pas un peu de silence? Votre père est fatigué et a besoin de se reposer. ...

Imparfait

Je *boire* un grand verre d'eau fraîche. ...

Ils *vivre* grandement quand ils étaient riches. ...

Tu *poursuivre* un but trop difficile. ...

Tout le monde, vos ennemis mêmes, *reconnaître* votre loyauté. ...

La montagne *apparaître* au loin, noyée de nuages. ...

Vous *conduire* vous-mêmes la voiture quand elle a versé. ...

La mère *étreindre* son enfant entre ses bras. ...

Il avait tant menti qu'on ne le *croire* plus, même quand il *dire* la vérité. ...

Les herbes *croître* dans le vieux jardin abandonné. ...

Ce mathématicien *résoudre* facilement les problèmes les plus difficiles. ...

Que *faire*-vous au temps chaud? demanda la fourmi à la cigale. ...

L'enfant *apprendre* la leçon d'un air maussade. ...

Il *naître* quand son père partit pour le front. ...

La couturière *coudre* le jupon pour la dame. ...

Les maçons *construire* les murs de l'édifice. ...

Les meules du moulin *moudre* le grain. ...

Ce teinturier *teindre* l'étoffe. ...

L'indulgence exagérée de ses parents *nuire* à l'enfant. ...

J'*écrire* une longue lettre quand vous êtes entré. ...

Que *dire*-vous tout à l'heure? ...

Le pauvre homme sans ambition *vivre* content de son sort. ...

Passé défini ou *simple*

N'ayant pas soif, je ne *boire* qu'un demi verre d'eau. ...

Il *compromettre* sa fortune dans des spéculations hasardées. ...

Vous *croire* avoir raison, mais vous aviez tort. ...

Les eaux *croître* ou *décroître* rapidement. ...

Les patriarches *vivre* plusieurs siècles. ...

Ce général *vaincre* les ennemis. ...

Nos amis, que nous n'avions pas vus depuis longtemps, nous *reconnaître* immédiatement. ...

Après la visite nous les *reconduire* volontiers. ...

Ces messieurs *comprendre* tout de suite ce que je voulais dire. ...

La lumière *s'éteindre* à l'improviste. ...

Dans ce cas nous *rejoindre* la prudence à la ruse. ...

Vous *comprendre* ce que je *dire*. ...

Les vainqueurs *commettre* de grands excès. ...

Jeanne *coudre* les boutons à sa robe. ...

César *défaire* Pompée à Pharsale. ....
Victor Hugo *naître* à Besançon en 1802. ....
Ne sachant plus que répondre, ils se *taire*. ....
Il *taire* cette circonstance. ....

Futur simple
Je me *mettre* dans l'embarras si j'agis de la sorte. ....
Si tu ne cèdes pas, il s'*ensuivre* une scène pénible. ....
Nous *exclure* de la salle quiconque *faire* du bruit. ....
Par leur travail et leur économie, ils *accroître* la fortune que leur a laissée leur mère. ....
Tu *faire* cet après-midi ce que tu devais faire hier soir. ....
Je lui *écrire* de venir passer quelques jours avec moi à la campagne. ....
Je *lire* volontiers le livre que vous me prêterez. ....
Le juge *instruire* ton procès avec impartialité. ....
Ils *souscrire* certainement à notre proposition qui est avantageuse pou eux. ....
Antoine *peindre* ce tableau à l'huile. ....
En cherchant bien, je *résoudre* ce problème difficile. ....
Vous verrez, nous *vaincre* son adversité. ....
Il *écrire* de nouveaux romans. ....
Les couturières *découdre* les coutures mal faites et les *refaire*. ....
Le héros mourra mais sa gloire *survivre*. ....
Si nous le voulons fortement, nous *atteindre* notre but. ....
On les *conduire*, n'en doutez pas. ....
La ville incendiée *renaître* de ses cendres. ....
Son roman *paraître* le mois prochain. ....
Qui *vivre* verra. ....
Tu *vaincre* dans la dispute. ....

Conditionnel
Présent
Ces braves gens *croire à* tout. ....
Nous ne nous *permettre* pas de parler ainsi, si nous n'étions pas sûrs de ce que nous disons.
....
Les prophètes avaient annoncé qu'il *naître* un Sauveur. ....
Je t'*induire* en erreur, si je ne te parlais franchement. ....
Vous vous *nuire* à vous-mêmes si vous commettiez cette action. ....
Si je prenais ce sentier, je *rejoindre* plus vite mes amis. ....
Si vous étiez intelligents, vous *suivre* mes bons conseils. ....
Ils *écrire* s'ils avaient le temps. ....
Une erreur involontaire n'*exclure* pas la bonne foi. ....
Il se *taire* s'il était forcé. ....
On *reprendre* les marchandises expédiées, si elles étaient retournées immédiatement. ....
Que *faire*-vous si vous étiez attaqués? ....
Il me *plaire* de voyager à l'étranger. ....
Vous n'*apprendre* pas votre leçon si vous ne l'étudiez pas. ....
Ils *vaincre* leur paresse s'ils le voulaient bien. ....
Vivre-tu content si tu avais de la fortune? ....
Vous *plaire*-il de nous mettre au courant de cette affaire? ....

Esercizi

Impératif

Suivre ce sentier, il te mènera droit au village. ....

Boire avec modération quand tu as soif. ....

Croire bien que je suis votre ami. ....

Remettre, s'il vous plaît, cette lettre à son adresse. ....

Se taire (2ème pers. sing.) ou *dire* des choses raisonnables. ....

Traduire (2ème pers. sing.) ce texte français en italien. ....

Traduire (1ère pers. plur.) ce passage de l'"Énéide". ....

Ne vous *plaindre* pas continuellement. ....

Rejoindre immédiatement votre poste. ....

Reprendre votre argent. ....

Conduire (2ème pers. plur.) cet enfant à l'école. ....

Se conduire (2ème pers. plur.) toujours prudemment. ....

Faire votre devoir et n'hésitez pas. ....

Ne *dire* jamais du mal de votre prochain. ....

Ne *maudire* pas votre sort. ....

Refaire avec soin votre copie. ....

Éteindre la lumière, vous n'en avez plus besoin. ....

N'*exclure* pas les légumes de votre alimentation. ....

Ne *contraindre* (1ère pers. plur.) personne à faire ce qui lui déplaît. ....

Subjonctif

Présent

Il est nécessaire que je *réduire* mes frais. ....

Prenez garde que leur conduite ne *nuire* à votre réputation. ....

Il faut que l'arrondissement *élire* un député. ....

Il ne faut pas que vous *maudire* encore ce tyran-là. ....

Comment voulez-vous que je *faire* pour me tirer d'embarras? ....

Nous désirons que vous nous *décrire* vos impressions de voyage. ....

Je ne veux pas que vous *écrire* des lettres de ce genre. ....

Il faut qu'il *reprendre* les marchandises expédiées, car elles ne valent rien. ....

Croyez-vous qu'il soit nécessaire que nous *éteindre* le feu de la cheminée? ....

Vivre le roi. ....

Il ne faut pas qu'ils *boire* tant, cela leur fait du mal. ....

Qu'ils se *taire* ou qu'ils s'en aillent. ....

Qu'il *conduire* bien ou mal ses affaires, cela ne vous regarde pas. ....

Que voulez-vous que je vous *dire?* ....

Il faut que la couturière *coudre* rapidement cette robe. ....

Il n'y a personne qu'il ne *connaître* dans cette ville. ....

Faut-il qu'il s'*astreindre* à accomplir son devoir? ....

8. Traduisez.

a. Non bisogna costringerlo a fare ciò che non vuole. ....

Egli beve troppo e offusca così la sua intelligenza. ....

Questo dono non mi piace perché non ha proprio (*absolument*) nulla di originale. ....

Egli crede che nessuno se ne accorga. ....

Che ci credano o no, poco importa. ....

Facevano un gran chiasso e tutti temevano che (*qu'il ne*) fosse accaduto qualcosa di grave.

Concludo che occorre battere il proprio nemico e perdonarlo (*lui pardonner*) dopo.

Tu ridevi a crepapelle e noi, invece, non ridevamo affatto.
Egli risolvette di non occuparsi più di questo affare.
Cesare vinse i Galli.
Il signor Carlo legge bene ma traduce male.
Quella casa di Parigi produce i migliori profumi.
Quando Francesco primo fu battuto nella battaglia di Pavia, scrisse a sua madre: "Tutto è perduto fuorché l'onore".

b. Non temo la maldicenza quando la mia coscienza mi sorregge e mi loda.

Taci! Tu non sai quello che dici!
Tu distruggi così in un batter d'occhio la sua reputazione di uomo onesto.

Sappi tacere e ignorali.
Descrivimi lo spettacolo a cui hai assistito.
Avete letto i giornali di ieri? – No, io non leggo i quotidiani, preferisco le riviste.

Siate buoni e non maledite nessuno.
Non ho mai conosciuto quell'individuo e non tengo a conoscerlo.

Egli nacque in Francia ma visse in Italia.
Non scrivergli cose di cui in seguito ti pentiresti.
Che avete concluso? – Finora nulla, concluderò forse domani.

Non ridere di lui, non è generoso da parte tua.
Il mio consiglio? Vivi e lascia vivere.

Verbi difettivi

1. Conjuguez, *selon* le *sens*, les verbes en italique.
La traite est *échoir* sans que le commerçant puisse la payer.
Cet âne *braire* du matin au soir.
La fermière a *traire* les vaches.
Le petit écolier était trop *distraire*.
Des livres précieux ont été *soustraire* à la bibliothèque communale.
La viande *frire* dans la poêle.
Le poisson fut pris et *frire*.
Les petits poussins sont *éclore*.
Quand Moïse frappa le rocher, il en *saillir* une source d'eau.
Ce que vous dites, monsieur, *seoir* bien avec mes idées.

2. **Mettez au temps indiqué les mots en italique.**
L'âne *braire* (imp. ind.) si fort qu'il éveilla tout le voisinage. ....
Le vent qui *bruire* (ind. prés.), à travers les branches des arbres, produit une mélodie mélancolique. ....
Rappelez-vous que les billets à ordre que vous m'avez souscrits *échoir* (futur simple) à la fin du mois. ....
Que fait le cuisinier? – Il *frire* (ind. prés.) le poisson qu'on vient de lui apporter. ....
....
Ci-*gésir* (ind. prés.) mon pauvre ami. ....
En plein été le jour *poindre* (ind. prés.) de bonne heure. ....
L'eau *sourdre* (ind. prés.) du rocher. ....
Les vachers *traire* (futur simple) les vaches quand elles retourneront du pâturage. ....
Les carriers *extraire* (imparfait ind.) le marbre des carrières de la montagne. ....
Si je m'ennuie, je me *distraire* (ind. prés.) par la lecture. ....
Le vent *bruire* (imparfait ind.) dans la forêt où nous étions depuis deux heures. ....
Ce matin je *faillir* (passé indéf.) tomber. ....
La modestie *seoir* (ind. prés.) bien avec la jeunesse. ....

3. **Traduisez.**
Ho corso il rischio (*faillir*) di scivolare. ....
Il sole spunterà fra poco e tu potrai ammirare uno spettacolo superbo. ....
....
Quest'aria di persona saggia non ti si addice proprio. ....
L'asino raglia e il cavallo nitrisce. ....
Oggi il cuoco non ha fritto bene le patate. ....
Entrò nella città senza colpo ferire; poi nella mischia che ne seguì, fu ucciso. ....
....
Sulla tomba scrissero: "Qui giace il cavaliere...". ....
Quasi tutti i fiori che si schiudono in primavera sono odorosi. ....
....
Il fitto scade a (*à la*) S. Giovanni. ....
Il lupo e l'agnello pasceranno insieme. ....
Estraimi questa spina dalla mano. ....
Nel prato dove l'erba era già alta, delle pecore pascevano tranquillamente. ....
....

Irregolarità di alcuni verbi

Croire, *fuir*, *traire*, *voir* (et leurs composé), des verbes en *-indre*, *-soudre*, des verbes *battre*, *mettre* et des verbe en *-aître* et *-oître*

4. **Traduisez.**
Credevo di rivederti al più presto. ....
Credendo di ottenere di più, ha peggiorato una situazione già precaria. ....
....
Non scappate, è inutile. ....
Essi scappavano a gambe levate attraverso i campi. ....
Noi mungiamo le vacche la mattina presto. ....

Essi vedevano ciò che volevano vedere. ....
Quest'artista dipinge la gioia. ....
Cézanne dipingeva spesso all'aria aperta come i suoi amici impressionisti. ....
....
Mia figlia si lamentava del suo frequente mal di testa. ....
....
Vedrete, alla fine tutto si risolverà. ....
Finalmente i suoi genitori risolsero di emigrare. ....
Perché si dice "avere il cuore in gola"? ....
Se esci metti il cappotto perché fa freddo. ....
Mi metto immediatamente in comunicazione per saperne di più. ....
....
Frequentandosi si conosceranno meglio. ....
Quel bambino cresce regolarmente. ....
(Pour les exercices sur les verbes de la 1ère conjugaison en *-cer*, *-ger*, *-eler*, *-eter*, *-yer*, etc et des *verbes bénir*, *fleuri*, *haïr*, voit le chapitre sur les verbes du 1er groupe et du 2nd groupe: Orthographe des verbes...) ....

Uso dei verbi ausiliari

1. **Composez des phrases où les auxiliaires *avoir* et *être* sont employés dans les *temps composés* des autres verbes (transitifs, intransitifs, passifs, pronominaux, impersonnels).**

2. **Traduisez.**
Hanno mangiato. ....
Sono partiti, sono andati a Parigi. ....
Erano fuggiti. ....
Questa casa era dei miei nonni. ....
Siamo stati accusati di incomprensione. ....
Mio marito era in viaggio. ....
Fu curata con molto amore. ....
Era stata plagiata. ....
Abbiamo passeggiato tutta la mattina. ....
Mi sono pentita di tutto. ....
Avevamo avuto paura per lei. ....
Sono vissuti nella speranza di rivederlo prima o poi. ....
A quegli esami quasi tutti gli alunni non erano riusciti a risolvere il problema. ....
....
Ieri è piovuto tutto il giorno. ....
L'estate scorsa ha fatto molto caldo: ci sono state spesso giornate insopportabili con quasi quaranta gradi all'ombra. ....
....
Non siamo mai riusciti a saperne di più. ....

Verbi semiausiliari

1. **Composez des phrases avec les verbes *semi-auxiliaires* de *temps*, *aller + infinitif*, *venir de*, *à + infinitif*: *être en train de*; *être sur le point de*; *être près de*; *être en passe de* et avec les verbes auxiliaires de mode *pouvoir*, *devoir*.**

2. **Traduisez.**
   Stavamo per partire quando ci fu detto di non muoverci. ....
   ....
   Corremmo tutti a vedere cosa stesse accadendo. ....
   La sua situazione va migliorando. ....
   Quel rumore andava crescendo. ....
   Era appena rientrato quando una telefonata di sua madre lo costrinse a uscire di nuovo.
   ....
   Sono certa che verranno a contestarci tutto. ....
   Ho appena appreso ciò che hanno fatto. ....
   Se vi capita di passare da queste parti, venite a trovarci. ....
   Quando l'ho incontrato stava discutendo con il suo amministratore. ....
   ....
   Stiamo per andare alla cerimonia, perciò non abbiamo tempo. ....
   ....
   Il mio amico Paolo è in procinto di essere nominato direttore. ....
   ....

Forme del verbo

Negativa, interrogativa, interrogativo-negativa

1. **Dans la lecture suivante soulignez les phrases *négatives*, *interrogatives* et *interro-négatives*.**
   Caron: D'où vient que tu arrives si tard? Les hommes ne meurent-ils plus? Avais-tu oublié les ailes de ton bonnetou de ton chapeau? T'es-tu amusé à dérober? As-tu fait le Sosie? Parle donc, si tu peux.
   Mercure: J'ai été pris pour dupe; car je croyais mener dans la barque aujourd'hui le Prince Picrochole. C'eût été une bonne prise.
   Caron: Quoi! si jeune?
   Mercure: Oui, si jeune? Il avait la goutte remontée et criait comme s'il eût vu la mort de bien près.
   Caron: Eh bien! L'aurons-nous?
   Mercure: Je ne me fie plus à lui; il m'a trompé trop souvent.

   (*D'après* Fénelon)

2. **Conjuguez *oralement* à la forme *négative* et à la forme *interrogative* les verbes suivants.**

   aimer, *finir*, *recevoir*, *perdre*

3. Donnez la *forme interrogative* aux phrases suivantes.

a. Il parle, il parla, il parlera à ses amis. ....
Il aime le travail. ....
Elle chantera une romance. ....
Ils travaillent toujours. ....
Tu finis tes devoirs. ....
Vous finirez vos devoirs pour ce soir. ....

b. Il se trompe. ....
Nous marcherons. ....
Vous avez écrit. ....
Ils ont parlé. ....
Tu auras appris. ....
Il a raison. ....
Nous aurons tort. ....
Elle est triste. ....
Je suis heureux. ....
Vous avez été bien reçus. ....
Ils sont rentrés. ....
Nous irons demain. ....
Tu as bien compris. ....
Ta petite sœur aime les bandes dessinées. ....

4. Donnez aux verbes suivants la *forme interrogative*, la *forme négative* et la *forme interro-négative.*

Je chante. ....
Tu aimes. ....
Il affirme. ....
J'annonçais. ....
Elle apprend. ....
Il nous dérange. ....
Tu crois. ....
Elle hésita. ....
Vous jugez. ....
Vous lancez le nouveau roman. ....
Ils mangent avec avidité. ....
Tu interrogeas tes employés. ....
Vous ménagez vos forces. ....
Il interrompt notre discours. ....
Ce soir il y a une fête. ....
Elle aime aller à bicyclette. ....
Mes amis savent bien jouer au foot-ball. ....
Il est mince. ....
Ta chemise est bleue. ....
Ses yeux sont verts. ....
Il y a des nouvelles pour nous. ....
Elle est une enseignante italienne. ....
Son sport préféré est le ski. ....

Vous aimez la télé. ....

Elles vont chez Yvonne. ....

Je sais nager. ....

Tu peux partir ce soir. ....

Michel a onze ans. ....

Il peut le lui dire. ....

Elle a été punie trop sévèrement. ....

Tu l'as vue. ....

Vous avez besoin de nous. ....

Vous avez bien fait vos affaires. ....

J'ai contenté tout le monde. ....

5. Répondez *négativement* utilisant *pas, aucun, plus, jamais, personne, ni ... ni.*

As-tu acheté du pain? ....

Ta mère est-elle partie? ....

Est-ce que tu sors? ....

Veux-tu sortir ce soir? ....

Est-elle ici depuis longtemps? ....

Est-ce que tes amies aimeraient visiter la Cathédrale? ....

Vas-tu m'accompagner chez le médecin? ....

Est-ce qu'on va à la mer cet été? ....

Ton frère aime-t-il la mer ou la montagne? ....

A-t-elle vu quelqu'un? ....

Venez-vous toujours? ....

As-tu envie de sortir? ....

Puis-je t'offrir mon aide? ....

Mangez-vous encore? ....

Avez-vous lu l'article qui vous concerne? ....

Aimez-vous du gâteau ou de la glace? ....

Connaissez-vous des garçons ici? ....

As-tu rencontré quelqu'un à cette conférence? ....

6. Trouvez les *questions.*

Non, Christian n'a pas téléphoné ce matin. ....

Oui, je suis sortie avec Chantal et Christine. ....

Non, mes parents ne sont pas en voyage. ....

Oui, je sais que sa grand-mère habite toujours à la campagne. ....

....

Si, je l'aiderai malgré vous. ....

Oui, nous nous sommes beaucoup amusés pendant le dernier week-end. ....

Non, elle n'aime pas trop le ski, elle préfère le tennis. ....

....

Non, je ne vais pas souvent en France. ....

Non, personne n'est venu. ....

Non, je n'aime ni la télé ni la lecture. ....

Oui, je préfère sortir et aller au cinéma ou au théâtre. ....

Oui, j'aime la France et tout ce qui est français. ....

D'habitude je lis des romans policiers et des magazines. ....

Oui, j'aime tant les auteurs classiques que les auteurs romantiques. ....

....

J'apprécie surtout les écrivains français. ....
Nous sommes arrivés à dix heures. ....
Mais si, je le ferai volontiers. ....
Parce que nous n'en avons pas envie. ....
Oui, j'ai bien le temps de m'en occuper. ....
Depuis deux heures. ....
Il y a dix ans. ....

7. **Composez dix *phrases négatives* avec *ne ... pas, ne ... point, ne ... plus, ne ... rien.***

8. **Composez cinq *propositions interrogatives* en mettant le sujet *après le verbe* et dix avec la forme *est-ce que.***

9. **Composez cinq *propositions* qui soient à la fois *négatives* et *interrogatives.***

10. **Donnez la forme *interrogative* aux propositions suivantes en faisant l'*inversion* du sujet ou en employant *est-ce que.***
Tu peux partir ce soir. ....
Il peut le lui donner. ....
Il l'a puni sévèrement. ....
Il souligne à l'encre rouge les phrases incorrectes. ....
Il a perdu toute sa fortune. ....
Vous avez changé de route. ....
Il s'est étonné de l'entendre parler de cette manière. ....
Tu l'as supplié de ne plus insister. ....
Ils firent bien de se taire. ....
Ton fils est arrivé hier soir de Vienne. ....
Tu as vu des choses plus extraordinaires que celles-là. ....
Tu peux travailler également sans son aide. ....
Pierrette faisait des châteaux en Espagne. ....
Il gagne beaucoup d'argent depuis qu'il s'est établi à Paris. ....
Tu as trouvé le moyen de bien faire tes affaires et de contenter tout le monde. ....

....

11. **Conjuguez *oralement*, aux formes *négative*, *interrogative* et *interro-négative*, les verbes suivants.**

donner, engager, menacer, marchander, inventer, divaguer, devoir, fléchir, perdre

▸ Je ne donne pas, tu ne donnes pas...
Est-ce que je ne donne pas? ... Ne donnes-tu pas? ...

12. **Traduisez.**
a. Non parlo. ....
Non chiamo. ....
Parlo? ....
Parli? ....
Hai chiamato? ....

Non lo ammiro. ....
Lo ammiri tu? ....
Non lo ammiri? ....
Egli non è indulgente. ....
Siete francesi? ....
Non siete francesi. ....
Erano arrivati i vostri zii a Parigi? ....
Quando arriveremo? ....
Non avete ancora pranzato? ....
Io non ho amici in questa città. ....
Non ha forse egli detto che sarebbe venuto (*qu'il viendrait*) questa sera? ....
....
Non ripetere più simili sciocchezze e non affermare mai quello che non è. ....
....
Non parlare così. ....
Ha egli i mezzi per realizzare questo progetto? ....
Ha egli la possibilità di fare ciò che promette così facilmente? ....
....
Partite per Roma voi? ....
Avete qualche rivista da farmi leggere in viaggio? ....
Che so io? ....
Ha scritto tuo fratello? ....
Quanto costa il viaggio da Roma a Firenze? ....
Qual è il titolo del romanzo di cui ci hai tanto parlato? ....
Quando arriva il pacco dei tuoi? Non è stato ancora spedito? ....
....
Esco? ....
Sento? ....
Uscite? ....
Partite? ....
Non preferisci la solitudine alla compagnia di uno sciocco? ....
....
Non avete mai incontrato degli scocciatori? ....
Avete ritrovato la chiave? ....
Hai avuto successo? ....
Questa parola non si adopera affatto. ....
Glielo hai detto? ....
L'avrà capito? ....
Non ce lo avete detto. ....

b. Me l'hai detto? ....
Tuo padre non si è meravigliato di vederti qui? ....
Mi hai aspettato molto? ....
Non me ne hai mai parlato. ....
Esistevano, presso gli Egiziani, delle leggi che punivano la menzogna? ....
....
Hai scritto loro che arriverai nella notte? ....
Tu non hai il diritto di calunniarlo, perciò (*aussi*) astieniti dal dirne male. ....
....

Perché quest'albero è stato abbattuto? ....
È ancora qui questo libro? Non glielo restituite più? ....
....
Forse gli avrei detto tutto se non mi avesse (*avait*) minacciato. ....
....
Non tradirò mai nessuno, non dubitarne. ....
Non stimare troppo quelli che ti prodigano gratuitamente parole dolci e sorrisi lusinghieri.
....
....
Non chiedere troppo se vuoi ottenere qualcosa. ....
Non avevo visto cose così sbalorditive. ....
Non oso parlargliene. ....
L'hai più rivisto da quando hai lasciato Roma? ....
Io non cesso di scrivergli e di raccomandargli ciò che tu sai. ....
....
Non l'hanno più rivisto? ....
Non hai conoscenze a Parigi? ....
Quando è partito il nuovo ambasciatore? ....
Come si chiama il suo segretario? ....
Non hai studiato la storia antica? Perché non la studi ora? ....
....
Come respirano i pesci? ....

13. Composez des phrases où *ne* s'emploie *seul* après *que* restrictif, *de ma vie*, *âme qui vive*, etc.

14. Traduisez.

a. Non vedo che poltrone vuote. ....
Non vi è che una soluzione: accettare la sua proposta. ....
Tu non avevi che quella persona in grado di aiutarti. ....
Al dibattito non c'erano che politici e scrittori. ....
In vita mia non avevo mai sentito una cosa simile. ....
Tua sorella mi ha giurato che non lo dirà a anima viva. ....
Perché (*que*) non lo fate? ....
Sono tre anni che non è andato in vacanza; da quando praticamente non lavora più. ....
....
Prendi il pane dal fornaio a meno che la panetteria non sia già chiusa. ....
....
Sono accadute molte cose da quando non vi ho visti. ....
Bisogna informarlo prima che commetta qualche sciocchezza. ....
....
Non ci siamo visti da quattro anni. ....
Vi è qualcuno che non lo conosca? ....
Non oso chiedergli come è andata. ....
No posso accettare quelle condizioni. ....
Non vi dispiaccia, ma abbiamo l'ordine di perquisirvi. ....
....

Se non lo fai, peggio per te. ....
L'avete chiamato? – No. ....
Avete invitato quegli amici? – No. ....
Li avete chiamati o no? ....
È impulsivo, non cattivo. ....
Ha fatto quello che gli avevano detto? – Non, non l'ha fatto. ....
....
È un vero non senso. ....

b. Si tratta di lui, non di te. ....
Mi piace quella casa, non questa. ....
Questa stanza è la mia, non la sua. ....
Niente compiti, niente regalo. ....
Come state? – Non molto bene. ....
Non lo conosco e i miei nemmeno. ....
Non aveva nemmeno un parente a confortarlo. ....
Se non mi sbaglio ci siamo incontrati tre mesi fa. ....
Non si sono parlati da dieci giorni. ....
Se non fosse che sono sempre occupata! ....
Fa freddo. – Non importa, siamo ben coperti e al riparo. ....
....
Non aveva che poco tempo a disposizione. ....
In questa famiglia non vi sono che persone pigre. ....
È mancato poco che perdesse l'aereo. ....
Si preoccupa (*avoir garde*) di importunarlo. ....
Guardati bene dal contrariarmi. ....
Dio non voglia che ciò si avveri! ....
No, mille volte no! ....
Uscire con questa pioggia? No, grazie. ....
Siete tristi? – Io no. ....
È la mia opinione, non la vostra. ....
Ha bisogno di te e non di me. ....
Tu l'hai fatto per pietà e non per convinzione. ....
Non solo non fa niente, ma protesta pure. ....
Sono oggetti di lusso non indispensabili. ....
Niente denaro, niente amici, niente feste. ....

c. Amava quel quartiere di Parigi non perché fosse bello, ma perché era tranquillo. ....
....
Abbiamo mangiato delle mele non troppo mature. ....
Lo farò ma non ora. ....
Lei non vi andrà e nemmeno io. ....
Tu non lo farai e non lo farà nemmeno lei. ....
Temo, ho paura, pavento che apprenda questa notizia. ....
....
Temiamo che lo faccia quanto prima. ....
Non abbiamo paura che lo faccia. ....
Avete paura che lo faccia? ....

Non osa uscire con quel cappello per paura che gli ridano dietro. ....

....

Evitate che si incontrino. ....
State attenti (*prendre garde*) che non lo riferiscano ad altri. ....

....

Sta attento a non cadere. ....
Non neghiamo che possa essere vero. ....
Non dubito che lo si riveda quanto prima. ....
Dipende da te che vengano? ....
È più bella di quanto pensassi. ....
È meno stupido di quanto tu creda. ....
Non è meno stupido di quanto tu lo sia. ....
Per poco non ha abbandonato tutto. ....
È più ricco di quanto lo siano gli altri membri della famiglia. ....

....

Evitate che parlino di voi, nel bene e nel male. ....
State attenti a non offenderlo. ....
Sta' attenta che non ti vedano. ....

Verbi intransitivi (o neutri)

1. **Remplacez les points par l'auxiliaire *être* ou *avoir* en les mettant au temps indiqué et les faisant suivre du *participe passé* du verbe en italique.**

Indicatif

Passé indéfini ou composé

Louis .... *tomber* dans la rue.
Le roi Louis XIV .... *régner* longtemps.
Je vais attendre mon cousin qui .... *arriver* par le ferry-boat de Messine.
Nous étions si fatigués que nous .... *dormir* une partie de la journée.
Les longues années que ce vieillard .... *vivre* lui ont donné une grande expérience.
Les soldats .... *marcher* toute la nuit.
Ce grand homme .... *naître* dans une humble bourgade.
Mon grand-père .... *mourir* depuis longtemps.
Les enfants .... *fatiguer* parce qu'ils .... *courir* toute la matinée.
Valérie .... *parvenir* à écrire toute une dictée sans fautes.
Le directeur, qui .... *sortir* de bon matin, ... *revenir* dans l'après-midi.
Mon père .... longtemps *subvenir* à mes besoins.
Pauvre femme, elle .... *languir* de tristesse.

Plus-que-parfait

Le facteur .... *venir* porter une lettre.
Cet individu qui .... *contrevenir* à la loi a été arrêté.
Sitôt que l'incendie .... *éclater*, les pompiers .... *accourir*.
Cet employé qui vient de discuter .... *vieillir* dans le service.
J'ai vu votre ami Léon et j'ai trouvé qu'il .... bien *vieillir*.

Cet élève, qui vient de passer ses examens avec succès, ... *échouer* l'année dernière.
On a renfloué le navire qui .... *échouer*.
L'île, qui .... *apparaître*, ne fut plus visible deux jours plus tard.
Le chien .... *échapper* à son maître et .... *aller* jouer avec les enfants.
Nous .... *convenir* d'un rendez-vous.
Ils .... *succéder* à leur père dans la gestion de l'exploitation agricole.
Nous .... *convenir* de partir de bon matin.

2. Traduisez.

a. Questo vestito mi è costato tantissimo ma non mi è mai piaciuto. ....
....
Sono fuggiti non appena ci hanno visti. ....
Tutto ciò, in verità, mi è parso assai strano. ....
Sarebbe vissuto cento anni. ....
Egli si vanta di aver vissuto onestamente. ....
Non è mai arrossito per quello che ha fatto. ....
Era corso subito non appena aveva saputo che la bomba era scoppiata nel suo rione. ....
....
È sdrucciolata ma è riuscita a non farsi male. ....
È bastata (*d'*) una sua lettera perché (*pour que*) abbandonasse per sempre quella compagnia.
....
L'equipaggio è perito nel naufragio. ....
Quello scienziato è vissuto 10 anni nelle solitudini artiche. ....
....
La razza dei castori non è completamente scomparsa. ....
Il colpevole è arrossito a questa domanda. ....
I frutti sull'albero sono maturati. ....

b. Le messi sono ingiallite al sole. ....
L'impresa è costata cara. ....
Ciò non è dipeso da nessuno. ....
Il temporale è durato due ore. ....
La bomba è scoppiata in anticipo. ....
Questo nominativo non è mai esistito nei nostri registri. ....
....
La commedia mi è piaciuta, gli attori no. ....
Fortunatamente il suo piano è riuscito. ....
È duro, per chi è vissuto nelle agiatezze, mendicare un posto. ....
....
Era impallidito all'idea di rivedere quella persona. ....
Siamo corsi alla posta. ....
La trattativa gli è costata cara. ....
Il suo avvenire è dipeso dalle decisioni del suo tutore. ....
....
Nulla è valso a fargli cambiare idea. ....
Il nostro cagnolino è saltato dalla finestra ed è scomparso. ....
....
Perché siete impallidita? ....
In che anno è scoppiata la Rivoluzione francese? ....

c. Il discorso di quel candidato è durato più di due ore, ma sarà riuscito a convincere gli elettori? ....
Mezzogiorno è suonato ma il babbo non è ancora rientrato. ....
Il tempo è cambiato molte volte in questa settimana. ....
Che bella giornata! Il tempo è cambiato. ....
Nostro figlio è ingrassato da quando è partito. ....
Come sei dimagrita! Stai proprio bene. ....
I suoi capelli sono imbiancati. ....
Ahimè, la vena di quel poeta è inaridita. ....
La rivolta era scoppiata improvvisamente e le truppe non erano riuscite a sedarla. ....
....
L'ultimo terremoto è durato venti secondi. ....
La buona riuscita dell'impresa è dipesa dalla perfezione degli apparecchi. ....
....
Le parole del padre non sono riuscite a distoglierlo dal suo proposito. ....
....
Chi è vissuto in quei tempi può descriverne i disordini e i pericoli. ....
....

Verbi impersonali

1. Conjuguez *oralement*, à la *forme négative*, *interrogative* et *interro-négative* les verbes *tonner*, *neiger*, *falloir*, *y avoir*.

2. Mettez les verbes au temps indiqué.

a. Il *tonnerre* (ind. prés.) bien fort. ....
Pendant l'hiver il *geler* (ind. prés.). ....
L'hiver a été doux l'an dernier, il *geler* (passé indéf. nég.). ....
Pleuvoir (futur simple) demain? ....
Je ne sais, mais s'il *pleuvoir* (ind. prés.) je ne sortirai pas. ....
Il *venter* (imparfait ind.) si fort qu'on ne pouvait pas marcher dans la rue. ....
L'orage était déchaîné: il *pleuvoir*, *grêler*, *tonner* (imparfait ind.) à faire peur. ....
Il n' *pleuvoir* (passé indéf.) depuis longtemps, aussi la terre est-elle desséchée. ....
Falloir-il (ind. prés.) que je vienne vous réveiller demain matin? – Oui, il le *falloir* (futur simple) absolument, sinon je serai certainement en retard au rendez-vous. ....
Il lui *falloir* (passé défini) obéir bon gré, mal gré. ....
Quels soins *falloir*-il (passé indéf.) pour le guérir? ....
Il me *sembler* (imparfait ind.) que vous n'aviez pas écouté mes explications. ....
Il *convenir* (cond. prés) que vous fussiez plus respectueux envers vos parents. ....

b. Je ne crois pas qu'on *pouvoir* (subj. prés.) sortir aujourd'hui, il *pleuvoir* (futur simple) bientôt.
....
Tous les jours il *arriver* (ind. prés.) des accidents. ....
Il *falloir* (cond. prés.) que vous travailliez mieux à l'école. ....
Il *falloir* (passé indéf.) lui démontrer son erreur. ....

Esercizi

Sitôt qu'il *falloir* (passé défini) se cacher, il se cacha. ....

Il *falloir* (futur simple) venir me voir bientôt, je vous donnerai un beau livre. ....

Il *falloir* (cond. prés.) que vous vous corrigiez de ce vilain défaut. ....

Je ne suppose pas qu'il *falloir* (subj. prés.) s'inquiéter de sa santé. ....

Auriez-vous pensé qu'il *falloir* (subj. imparf.) employer la force pour se faire obéir? ....

....

Auriez-vous cru qu'il *falloir* (plus-que parfait subj.) en venir à cette extrémité? ....

Combien *y avoir* (ind. prés.) de kilomètres de Rome à Naples? ....

Y avoir (imparfait ind.) trois semaines qu'on ne vous voyait pas. ....

N'*y avoir* (passé indéf.) ce "meeting" dont tu m'as tant parlé? ....

3. Traduisez.

Piove. ....

Nevica. ....

Fa caldo. ....

Tuona. ....

Pioveva. ....

Lampeggiava. ....

Tuonava. ....

Tirerà vento ancora per qualche giorno. ....

È nevicato nella vostra città? ....

Fa un tempo da cani. ....

Grandina. ....

È grandinato? ....

Gela. ....

È piovuto per (*pendant*) due settimane. ....

Pioverà ancora? ....

Tira vento. ....

Fa molto freddo. ....

Quando tuona io ho paura. ....

Pioviggina. ....

Non piove più. ....

Piove a dirotto. ....

Non è piovuto. ....

Sgela. ....

Avrebbe nevicato tutta la notte. ....

Non nevicherà più. ....

È bel tempo. ....

Cade nevischio. ....

Ha gelato tutta la notte. ....

Albeggia. ....

Annotta. ....

4. Traduisez.

C'è. ....

C'è stato. ....

Ci sarà. ....

C'era. ....

Vi era stato. ....
Ci sarà stato. ....
Ci saranno. ....
Ci saranno stati. ....
C'erano stati. ....
Ci furono. ....
Che vi sia. ....
Che vi siano stati. ....
Che vi siano. ....
Ci sarà stato...? ....
Ci sarà...? ....
C'era stato...? ....
C'era stata...? ....
C'erano stati...? ....
Vi saranno stati molti...? ....
Non c'è stato nessun...? ....
Non vi sarà mai nessuno. ....
Ci sarebbe stato. ....
Non ci sarebbe stato? ....
Vi sarebbero stati...? ....
Che non ci sia stato. ....
Che non vi fosse stato. ....
Bisogna. ....
Non bisogna. ....
Bisognerà. ....
Non bisognerà...? ....
Non bisognò...? ....
Occorreva. ....
Non occorreva...? ....
Non era necessario...? ....
È necessario. ....
Bisogna. ....
Occorre che tu... ....
È occorso ricorrere a... ....
Bisognerà... ....
Occorreva... ....
Sarà occorso... ....
Occorrerà farlo? ....
Non bisognerà...? ....
Bisognava... ....
Era bisognato... ....

5. Traduisez.

a. Mancano dieci pagine a questo libro; restano proprio quelle di cui non ho bisogno. ....
Pioviggina spesso in questa città e quando non piove tira vento. ....
Sono dipesi da lui tutti gli affari trattati infruttuosamente. ....
Restano solo gli affari che riguardano i pronipoti. ....
Ieri grandinava; oggi, invece, tira vento; domani, forse, pioverà. ....

Sono avvenuti molti cambiamenti importanti. ....
Erano arrivati centomila uomini, cinquanta cannoni e ottanta mitragliatrici. ....
Sono accadute cose molto gravi in questi ultimi tempi. ....
È arrivata un'ottima compagnia teatrale con un repertorio interessante. ....
Vi è un'altra via. ....
Vi erano parecchie centinaia di persone. ....
Vi fu un momento in cui non seppi più cosa dire. ....
Vi sono stati lampi e tuoni. ....
Vi era stata una scommessa fra mio padre e mio zio. ....
Vi sarà stato qualche guasto alla macchina. ....
Ci sono ancora frutti sugli alberi? ....
Era più di un'ora che aspettavo. ....
Sapevate che vi fosse tanta distanza da questo a quel casale? ....
....

b. L'ho veduto tre giorni fa. ....
Se voi voleste (*vouliez*) ci sarebbe un modo per farla finita (*en finir*) con loro. ....
Bisogna che tu resti a casa. ....
Sono anni che tu studi lo stesso problema, ma non ti è stato ancora possibile (*de*) risolverlo.
....
Sono trent'anni che non suona più il piano. ....
Volete narrarmi ciò che accadde l'altra sera? – Preferisco non dirvelo: accaddero cose molto gravi. ....
Non dipende da voi, mio caro, il successo di questo nostro affare. ....
Venne a trovarci dieci giorni fa e poi non è più tornato. ....
I miei amici sono a Boston; vi hanno dei parenti. ....
Può esserci stato qualcosa di grave, ma io l'ignoro. ....
Piova o non piova, io non desisto dal mio progetto. ....
Sarebbe bastato dirmelo e io l'avrei aiutato: bisognava però informarmene tempestivamente. ....
Si tratta di rispondere sì o, se non intendete accettare, di rispondere no. ....
Ci dovrebbero essere ancora i manoscritti di mio padre. ....
Tua sorella è in casa? – Sì, c'è. ....

Uso di *ce* o di *il*

1. Choisissez entre *ce* et *il* (*elle*).
(*Ce – il*) n'est que par les sens que l'âme peut s'instruire.
(*Ce – il*) n'est pas un sot.
Platon disait de l'homme que (*ce – il*) était un animal à deux jambes et sans plumes.
La mort est-(*ce – elle*) un mal?
La vie est-(*ce – elle*) un bien?
Nous sommes rentrés tard, (*ce – il*) vrai.
Je suis jeune (*ce – il*) est vrai, mais aux âmes bien nées, la valeur n'attend pas le nombre des années.
Quel homme est-(*ce – il*)?

2. Choisissez le *pronom* entre parenthèses qui convient.

(*Ce – cela*) que j'aime le mieux (*il – ce*) est voyager.
Vendre la maison à présent? (*Il – ce*) serait de la folie!
L'appartement est petit, (*ce – il*) est vrai, mais pour deux personne (*il – ce*) est suffisant.
Je connais ce marchand, (*il – ce*) est un honnête homme.
Est-il sûr que vous avez fermé la porte? – (*Il – ce*) est bien sûr.
Cette chambre me conviendra mieux que l'autre, (*elle – ce*) sera moins froide.
Si l'on mettait un tapis, (*ce – il – ça*) vaudrait mieux, (*il – ce*) me semble.
L'homme que vous avez salué est (*ce – il*) votre cousin?
Quelle heure est-il? – (*Il – c'*) est dix heures.

3. Traduisez.

a. È possibile che io abbia torto. ....
È facile che tu riesca. ....
Occorre lavorare. ....
È strano che egli sia partito. ....
Non è opportuno che io le parli ora. ....
Non sarebbe stato possibile. ....
Sarà facile. ....
Che sia falso? ....
Che sia stato facile? ....
Non sarebbe onesto. ....
È accaduto un fatto strano. ....
Mi è accaduto un incidente che racconterò. ....
Non è giusto, non è onesto ciò che voi sostenete. ....
Vi domando perdono ma ciò che voi affermate non è vero. ....
....
Vostro cugino? Ah sì, lo conosco. È giudice a Verona: egli è giusto quanto onesto. ....
....
È un uomo probo, non è come suo fratello di cui tutti dicono male. ....
....
È Carlotta che bussa alla porta. ....
È la sorella della padrona di casa (*propriétaire*). ....
Era capitano del 14° Reggimento di fanteria; oggi è un direttore di banca. ....
....
È il bello solo che mi commuove. ....
Chi è questo musicista? – È quello che hai conosciuto l'altra sera in casa Benedetti. ....
....
È proprio (*bien*) lui? – Sì, è proprio lui. ....

b. È troppo, è troppo, sì, davvero, è molto!... ....
Basta così (*en voilà assez*). È così (*ça*). ....
Sono io che comando. ....
Sì, sei tu che devi obbedire. ....
Credi tu che sia giusto sacrificarsi per gli ingrati? ....
Siamo noi che l'abbiamo detto. ....
Sono però essi che lo ripetono. ....

Esercizi

Rincasiamo: è tardi. ....
Che ore sono? – Sono le due e mezzo. – Ma no! Sono le tre. ....

È giusto che tu abbia una ricompensa perché tu hai ben lavorato. ....
È necessario che io ripeta la regola? ....

Non è stato necessario che io sia tornato? ....
Non sarebbe stato necessario che io fossi partito prima? ....

È il mio figliuolo diletto. ....
Sono amici inseparabili. ....
Non sei tu che hai rotto queste lastre? ....
Fu la moglie che non volle venire in città. ....
È stato vostro padre che mi ha scritto. ....
Sono stati essi che mi hanno portato le chiavi. ....
È talvolta una grave imprudenza dormire con le finestre aperte. ....

È un bel quartiere quello che abitate? ....

c. È tardi! Federico, dimmi che ora è. – È mezzanotte? ....
Sono le otto e mezzo. ....
Avete visto che ora era quando siete venuto? – Erano le tre e mezzo. ....

Sono i vostri fratelli che vi hanno detto la verità? ....
È bello essere l'avvocato dei poveri. ....
Erano le otto quando usciste e le dieci quando rincasaste (passé indéf.) ....

È Paolo che ti chiama? – No, è Luigi. – Ma no, sono i tuoi cugini. ....

Chi è? – È tua madre. ....
Sono le sue sorelle. ....
È giusto che tu dia a tuo fratello ciò di cui egli ha bisogno, ma non è giusto che tu gli dia tutta la proprietà. ....
Non siete voi forse uno dei migliori avvocati di questa città? – È possibile, ma io spero che non sia vero. ....

È scritto in tutti i giornali di oggi. È dunque vero. ....

È un fatto raccapricciante. ....
È un avvenimento straordinario. ....
Ma no, è lo stesso che abbiamo letto nei giornali di ieri. ....

Non sei tu Alberto che hai ottenuto il premio? – Sì, sono stato io. ....

d. È giusto che chi è al potere faccia qualcosa per le classi più deboli. ....

È sempre lo stesso uomo di vent'anni fa; non è cambiato affatto. ....

....

È difficile precisare l'epoca in cui è accaduto questo fatto storico. ....

....

È possibile che egli abbia reagito. ....
È pericoloso sporgersi (*se pencher en dehors*). ....
Sono gli Americani che hanno lanciato le danze odierne. ....

....

È a voi che debbo questa vittoria. ....
Deve essere un bello spettacolo quello di cui mi parlate. ....

....

È quello dell'altra volta. ....
È il mio e non il tuo. ....
È troppo, è poco, è molto. ....
Sono loro (essi) che l'hanno voluto. ....
Ciò di cui si tratta è il mio impiego. ....
Ciò che dice è giusto. ....
Ciò che dice non è giusto. ....
Questa volta tocca a loro (essi) deporre. ....
Ciò a cui penso è una bella vacanza in Messico. ....
Sarebbe da augurarsi che tutto si risolva al più presto. ....
Volere è potere. ....
Sono io che ti ho visto. ....
Che siano state loro (esse), poco importa. ....

Coniugazione passiva

1. Conjuguez *oralement* le verbe passif *être aimé* à la forme *affirmative* et à la forme *négative*.

2. Conjuguez *oralement* le verbe passif *être blâmé* à la forme *interrogative* et à la forme *interro-négative*.

3. Transformez en phrases *passives* les phrases actives suivantes.
Charles Martel écrasa les Sarrasins à Poitiers. ....
Les Grecs ont fondé des colonies dans l'Italie méridionale. ....

....

La tempête a brisé l'ormeau. ....
Lucullus apporta à Rome les cerisiers de l'Asie Mineure. ....

....

Lesseps perça le Canal de Suez. ....
François 1er protégea les artistes italiens. ....
Franklin inventa le paratonnerre. ....
Brutus chassa les Tarquin de Rome. ....
L'armée de Napoléon franchit les Alpes au Saint-Bernard. ....

....

Archimède défendit la ville de Syracuse. ....

La marquise de Rambouillet réunissait dans son hôtel de beaux esprits. ....

....

Les Gibelins ont exilé Dante. ....

Le loup dévora l'innocent agneau. ....

César battit Pompée à Pharsale. ....

Les mers occupent les trois quarts de la surface du globe; la terre ferme occupe le reste.

....

Les Chinois ont découvert la soie bien avant nous. ....

4. Transformez en phrases *actives* les phrases passives suivantes.

Le jardin était entretenu par le jardinier avec un soin minutieux. ....

La balle de Jean fut retrouvée dans le jardin. ....

La maison n'avait pas été nettoyée hier par la servante. ....

On dit que la poudre à canon a été inventée par un moine anglais, Roger Bacon. ....

Le pauvre Petit Poucet fut abandonné dans la forêt avec ses frères. ....

J'ai été guéri par un excellent médecin. ....

Ma sœur sera bien accueillie par ma tante. ....

Ces livres ont été lu par tout le monde. ....

Cette femme a été renversée par une voiture. ....

Il a été attaqué par des brigands. ....

Les hypocrites sont détestés. ....

Ce garçon est très aimé de ses amis. ....

Il fut saisi par les gendarmes. ....

Mon cœur fut saisi de joie. ....

Nous sommes bien aimés de nos parents. ....

Il est rare qu'un homme soit estimé par ses amis et ses ennemis. ....

Le domaine est environné d'arbres. ....

5. Traduisez.

a. Non mi piacciono i romanzi scritti dalle donne. ....

Tu non hai ricevuto nulla da lei, perciò non le devi nulla. ....

....

Il mio professore è stimato da tutti. ....

I Francesi furono vinti a St. Quentin da Emanuele Filiberto. ....

....

Quella casa editrice fu fondata da un umile tipografo. ....

L'armata persiana era stata sconfitta da Temistocle. ....

Gli Austriaci furono battuti a Montebello. ....

La Gallia fu divisa da Augusto in quattro province. ....

Sagunto fu assediata da Annibale. ....

La città era stata abbandonata alla sua sorte. ....

Gli alberi più alti sono stati spezzati dalla tempesta. ....

La stampa fu scoperta da Gutenberg. ....

La risposta era stata concepita diversamente. ....

La villetta era circondata da pini. ....

Quel castello fu voluto dal conte di Provenza. ....

Fummo scoraggiati dall'insuccesso del primo tentativo. ....
Mi dispiace ma quel tuo amico fu ignorato da tutti. ....

b. Eravamo divorati da una sete ardente. ....
Le piramidi sono state fabbricate da re egiziani. ....
Questa bella romanza è stata musicata da un compositore di diciotto anni. ....
....
Simili cose sono state dette da altre persone. ....
La gloria non è raggiunta da chi ama troppo gli agi della vita. ....
....
Conosco bene tutte le pianure bagnate dalle acque del Po. ....
....
La battaglia di Torino fu vinta da Vittorio Emanuele II e dal Principe Eugenio di Savoia.
....
All'improvviso fu assalito da incontenibili rimorsi. ....
La Siberia è disseminata d'immense pianure. ....
L'alfabeto fenicio fu portato in patria da Cadmo. ....
I più bei monumenti antichi sono stati distrutti dal tempo. ....
....
Ercole e Bacco furono riconosciuti come semidei dalla Grecia, dall'Egitto e dall'Asia. ....
....
La fortuna di quella famiglia è stata sperperata dal primogenito. ....
....
Quel capitale non è stato aumentato. ....

Verbi pronominali

1. Conjuguez *oralement* le verbe *se rappeler.*

2. Conjuguez *oralement* le verbe *s'enfuir.*

3. Mettez les verbes au temps indiqué.

a. Je *se régler* (ind. prés.) selon les circonstances. ....
Nous *se réunir* (imparfait ind.) dans ce beau jardin. ....
Il était très en colère mais à la fin il *se radoucir* (pass. indéf.). ....
Je *se porter* (passé indéf.) très bien cet été, malgré la chaleur. ....
Je *se perdre* (plus-que-parfait ind.) dans les grands bois. ....
Vous *se pervertir* (futur simple) si vous fréquentez les mauvaises compagnies. ....
Ces petites filles *se travestir* (futur simple) pour aller au bal d'enfants. ....
Tu *t'imaginer* (futur ant.) cela. ....
Tu *se lever* (cond. prés.) plus tôt si tu te couchais moins tard. ....
Si tu réfléchissais sérieusement, tu *s'apercevoir* (cond. prés.) que tu as tort. ....
Si le temps eût été beau, nous *s'habiller* (cond. passé) pour sortir. ....
Se tranquilliser (impér.), mes chers parents, je suis en excellente santé. ....
Il ne faut pas que tu *s'exagérer* (subj. prés.) la difficulté de cet exercice. ....

b. Il était bien temps que tu *se divertir* (subj. imparf.) un peu, après avoir tant travaillé. ....
Croyez-vous que cet enfant *se déshabituer* (passé subj.) de mentir? ....
Il semble que tout le monde *s'entendre* (passé subj.) pour nous contrarier. ....
Quoique je *s'attendre* (subj. plus-que-parfait) à cette réponse, elle ne m'en fit pas moins de peine.
....
Il *se flatter* (imparfait ind.) de réussir. ....
S'appliquer (1ère pers. plur. impér.) à bien faire. ....
Le guide *se tromper* (passé défini) de route. ....
Il faut reconnaître que vous *se décourager* (passé indéf.) malgré tous les appuis que vous avez eus.
....
Les excursionnistes *s'extasier* (plus-que-parf. ind.) devant ce magnifique paysage. ....
Madame, *se défier* (impér.) de ces gens-là. ....
L'écolier *se rappeler* (passé défini) immédiatement cette date historique très importante. ....
En tombant Jean *se fouler* (passé indéf.) le poignet. ....

c. Vous êtes trop orgueilleux, mon cher, et vous *se rengorger* (ind. prés.) comme un paon. ....
....
Ne *s'adonner* (impér. 2ème pers. pl.) pas à la paresse. ....
L'essieu *se rompre* (pass. indéf.) et la voiture a versé. ....
Pourquoi ne *se ranger*-vous (cond. prés) pas à cette idée? ....
Tu *se couper* (passé indéf.) au doigt. ....
Je *se blesser* (passé indéf.) au pied. ....
L'aigle *s'emparer* (passé défini) de sa proie et la dévora. ....
L'enfant *se réveiller* (plus-que-parf. ind.) et s'était mis à pleurer. ....
Où *se rendre* (ind. prés.) mon ami? ....
Je *se rendre* (ind. prés.) chez le maire qui m'a fait appeler. ....
Prenez votre mouchoir et *se moucher* (impér.). ....
La jeune fille *s'agenouiller* (passé indéf.) sur le prie-Dieu. ....
Il faut que vous *se coucher* (subj. prés.) sinon vous ne *se réveiller* (futur simple) pas demain matin pour partir. ....
Vous *s'essuyer* (passé indéf.) les mains? ....

4. Traduisez.

a. Mi sono degnato ascoltarlo ma egli non dice il vero. ....
Mi sono congedato da lui dopo avergli raccomandato caldamente il vostro affare. ....
....
Scappa, scappa brav'uomo, qui ti sorprenderebbero. ....
Ella si strugge in lacrime; farebbe bene, invece, a vergognarsene. ....
....
Non andate in collera così facilmente, contate prima (*auparavant*) fino a mille. ....
....
Vi lamentate sempre, siete proprio degli ingrati. ....
Come si procura quel danaro? ....
Passeggiavo lungo il fiume quando la vidi. ....
Sono passati diversi mesi dalla sua partenza. ....
Improvvisamente il soffitto del supermercato crollò. ....
Diffida degli adulatori. ....
Pentiti delle colpe commesse e ripara al male fatto. ....

A quella vista la povera donna svenne e nessuno seppe cosa dirle. ....

....

Questa parola si è modificata con il tempo. ....
Mi sono preso la libertà di rispondergli. ....

b. Siedi e taci. ....
Egli non si pentì mai di quello che aveva fatto. ....
Un giorno dovrà pentirsene amaramente. ....
Io me ne lavo le mani. ....
Non ti lusingare di potervi riuscire. ....
Ogni speranza è svanita. ....
Stamane mi sono mangiato un bel cornetto e mi sono bevuto mezzo litro di latte e caffè.

....

Non vi arrampicate su quel cancello, non è affatto prudente. ....

....

Degnati di ascoltarlo e ricordati che la situazione è difficile per tutti. ....

....

I Cinesi si sono serviti della polvere pirica prima di noi. ....

....

Compiaciti di rispondermi. ....
Se ti ammali, peggio per te. ....
Egli si muove lentamente. ....
Il sole tramontava mentre noi scendevamo la collina. ....
Se la pensi così ti sbagli. ....
Vi sbagliate signori, non è possibile fare a meno del suo intervento. ....

....

"Eppure si muove", esclamò Galilei. ....
Perché hai taciuto? ....
Tace spesso perché è prudente. ....

c. Non vi muovete, non fate rumore, il piccolo dorme. ....
Il nostro capo cantiere si è ammalato alcuni giorni fa ed è ancora in convalescenza. ....

....

....

Ecco una donna veramente pia: si comunica ogni giorno. ....

....

Vuoi muoverti poltrone? Alzati, è tardi ....
Ella sedette presso il tavolo e scoppiò in lacrime. ....

....

La neve di questa notte si è sciolta non appena è apparso il sole. ....

....

Perché avevano taciuto? ....
Purtroppo ha avuto la stupidaggine di fidarsi dei concorrenti. ....

....

No, non mi sbaglio e vi dico che non posso fare a meno della sua collaborazione. ....

....

Egli esclamò: "Non intendo ascoltarti, sei un bugiardo". ....
Saper tacere spesso è prova di saggezza. ....

Dipingo quando il sole tramonta. ....
Vedo che non desisti dal tuo progetto. ....
Mia madre va in estasi quando sente questo valzer. ....
Il tuo amico non sbaglia quasi mai perché riflette molto. ....
....

Verbi con costruzioni particolari

1. **Composez des phrases avec les principaux *verbes* qui gèrent, selon le sens, une des prépositions *à*, *de*, *en*, *pour*, *avec*...**

2. **Composez des phrases où un verbe *transitif* peut prendre une *valeur intransitive*, des phrases où un verbe *réfléchi* peut passer à la *voix active* et des phrases où un verbe *intransitif* peut acquérir une *valeur transitive*.**

Accordo del verbo con il suo soggetto

1. **Mettez à l'*indicatif* les verbes en italique qui sont à l'infinitif en les *accordant* avec le *sujet*. Faites accorder les *adjectifs* aussi.**

a. Le théâtre et l'église *être* sur la même place. ....
Ce spectacle, cette comédie *être* fort *amusant*. ....
Loges, place de parterre, fauteuil d'orchestre, *tout être retenu* depuis la veille. ....
La toile, ainsi que le décor, *être* très *beau*. ....
La scène, y compris les coulisses, *avoir* quatre cents mètres carrés. ....
Ce n'est pas la salle mais le foyer qui *avoir* été *décoré* par ce peintre. ....
Les premières ou les secondes loges *être* la place préférée de la haute société. ....
Ni le chef d'orchestre, ni le souffleur n'*être* encore à leur place. ....
Peu de personnes *avoir* assisté à la répétition générale. ....
Beaucoup de musiciens et de chanteurs *avoir* été *engagé* pour l'orchestre et les chœurs. ....
Une troupe de comédiens *être arrivé* dans notre ville. ....
Une foule de gens se *précipiter* vers le lieu du sinistre. ....
Mon frère, ma sœur et moi *être allé* hier chez nos parents. ....
Vous et lui, par suite d'une éducation différente, n'*avoir* pas les mêmes goûts. ....

b. La colère et la précipitation *être nuisible* et ne *servir* à rien. ....
Est-ce toi, mon fils, qui *être* coupable d'une telle action? ....
Toi qui *avoir* cassé cette vitre, tu dois la payer. ....
La plupart des hommes ne *savoir* pas faire un bon usage du temps. ....
Une quantité de soleils, que nos yeux ne peuvent apercevoir, *éclairer* une quantité de mondes inconnus. ....
Ni la richesse ni la puissance ne *faire* le bonheur. ....
L'un ou l'autre *devoir* payer l'amende. ....
Je crois bien que ni Jean, ni Paul n'*être content* du résultat. ....

Le bien ou le mal se *moissonner*, selon qu'on *semer* le bien ou le mal. ....

....

L'intérêt, le plaisir, le caprice même, *tenir* souvent la place de la justice. ....

....

L'un ou l'autre *venir* ce soir. ....
La multitude des combattant *couvrir* la plaine. ....
Une multitude de malades *encombrer* l'hôpital. ....
Toi et moi ne *faire* qu'un. ....

2. Traduisez.

a. La madre e le figlie parlano tre lingue straniere. ....
Piaceri, onori, ricchezze, tutto lo lascia indifferente. ....
Lui ed io partiremo questa sera per Parigi. ....
La sua bontà, la sua estrema dolcezza, la fanno amare da tutti. ....

....

La letteratura, come la storia dell'arte, m'interessa fortemente. ....

....

Un gran numero di nemici l'aveva attaccato da ogni parte. ....

....

Un'infinità di contrattempi ci impedì di realizzare quel progetto. ....

....

Né tu, né lui avete ragione. ....
Molti lo dicono e pochi lo fanno. ....
L'affabilità, la bontà del re Enrico IV sono state celebrate in mille modi. ....

....

L'uno e l'altro hanno tentato la fortuna ma né l'uno né l'altro ci sono riusciti. ....

....

Lo sguardo e il portamento spesso rivelano il carattere. ....
La maggior parte dei padri limita il proprio dovere al mantenimento dei figli. ....

....

b. Né voi, né vostro fratello potrete essere esclusi. ....
Una quantità di formiche invase il mio vasetto di miele. ....

....

La maggior parte dei critici non è della vostra opinione. ....

....

Molti ignorano la verità di cui siete in possesso. ....
Né l'uno, né l'altro deve saperlo. ....
Questa tua forza morale, questa tua autorità varranno a spiegarne le ragioni. ....

....

Uomini, donne, vecchi, bambini, tutti furono costretti a scendere. ....

....

Sono partiti l'uno e l'altro, ma né l'uno né l'altro è tornato. ....

....

Tra i popoli dell'Antichità molti sono scomparsi senza lasciare alcuna traccia di sé. ....

....

Né tu, né lui avete capito che cosa egli esige da voi. ....

Pensare bene e parlare bene sono nulla senza fare bene. ....
Conosco l'uomo di cui parlate e posso garantirvi che il suo ingegno e la sua probità lo pongono al di sopra (*au dessus*) di ogni sospetto. ....
....

Uso dei modi e dei tempi

Modi personali. Indicativo – Congiuntivo – Condizionale

1. Mettez les verbes en italique au mode *indicatif* ou au mode *subjonctif*, suivant le sens de la phrase.

a. Pensez-vous que vous *pouvoir* venir nous voir dimanche? ....
....
Vous faites bien, tandis que vous *être* jeune, de travailler pour l'avenir. ....
....
Vous n'avez pas travaillé comme vous auriez dû et je doute que vous *pouvoir* réussir aux examens. ....
Il est possible que je *partir* demain matin. ....
Pourvu qu'il *venir* demain. ....
Je doute fort que vous *pouvoir* réussir dans cette entreprise. ....
....
Est-il vrai que la santé *être* le plus précieux des biens? ....
Saviez-vous que l'Océan *avoir* un flux et un reflux et que les mers intérieures n'en *avoir* pas?
....
....
Pensez-vous que les flots *pouvoir* être agités par le faible vent qu'il fait? ....
....
Cette plage est garantie par la montagne, de sorte que la mer y *être* toujours calme. ....
....
Quiconque *avoir* étudié la géographie, savoir que l'Italie est partagée par les Apennins, en deux versants. ....
....
Espérez-vous que ce ruisseau *fournir* assez d'eau pour faire tourner la roue de ce vieux moulin? Je suis sûr qu'il en *fournir* assez. ....
....

b. Je viendrai quand il vous *plaire*. ....
Je vous punirai à moins que vous ne *finir* pas ce tapage. ....
....
L'ombre avance à mesure que le soleil *baisser*. ....
Croyez-vous qu'il *partir?* ....
Supposé que vous *avoir* sa richesse, que feriez-vous? ....
Il est possible que le temps *s'éclaircir*. ....
Je suppose qu'il *lire* le livre que je lui ai prêté. ....
Cet élève est laborieux, j'affirmer qu'il *réussir*. ....
Croyez-vous que cet élève *être* laborieux? ....

Pour moi, je ne pense pas qu'il *réussir.* ....

Que le ciel *être* loué. ....

Que cela te *servir* de leçon. ....

Je ne suis pas sûr que mes prétentions *être* fondées. ....

Montrez-moi un chemin qui *conduire* au village. ....

Je vous dis cela afin que vous *savoir* à quoi vous en tenir. ....

....

Je suis certain qu'il *venir* après votre départ. ....

Il est certain que le temps *s'éclaircir.* ....

2. Mettez les verbes en italique au *temps demandé* par le sens de la phrase.

a. Apprenez que tout flatteur *vivre* au dépens de celui qui l'écoute (La Fontaine). ....

J'ai peine à croire qu'il *avoir* menti. ....

Pensez-vous qu'il y *consentir?* ....

Je souhaite de tout mon cœur que vous *avoir* raison. ....

Que voulez-vous que j'y *faire?* ....

Je vous tromperais si je vous *dire* que j'*avoir* bien travaillé. ....

Nous *être* heureux que vous *prendre* part à nos jeux. ....

N'*être*-vous pas satisfaits si vous *recevoir* de bonnes nouvelles de vos parents? ....

Qui *vouloir* blanchir la tête d'un nègre perdrait son temps et sa lessive. ....

Si vous *avoir* su quels ennuis il vous causerait, l'*avoir*-vous invité à passer les vacances chez vous? ....

....

Que voulez-vous qu'on *dire* si vous *agir* ainsi? ....

Que voudriez-vous qu'il *avoir* fait pour éviter cet accident? ....

Je ne nie pas qu'il en *être* ainsi. ....

On ne peut être plus effrayé que je le *être.* ....

b. Tout est préparé au cas où il *venir.* ....

Je lui pardonne quoique il *avoir* tort. ....

Tout s'est passé de façon qu'on ne *pouvoir* se plaindre. ....

J'apprends que vous *partir* demain. ....

J'ai appris que vous *partir* demain si vous le *pouvoir.* ....

Je ne pense pas que vous *partir* aujourd'hui. ....

Je ne pensais pas que vous *être* parti la veille, même si vous l'*avoir* pu. ....

Il ne pouvait comprendre qu'on *oser* l'attaquer. ....

Il semble que c'*être* un seigneur et ce n'*être* qu'un parvenu. ....

Il a demandé qu'on lui *envoyer* des livres. ....

Je ne sais si je *venir*, je viendrai si je *pouvoir.* ....

Les grands seraient inutiles sur la terre s'ils n'y *trouver* des pauvres et des malheureux. ....

....

3. Traduisez.

a. Credevo che fossimo giunti alla fine del nostro viaggio. ....

Non so se tu sia nel vero ma suppongo che tu abbia esagerato. ....

E sai di che egli si sia occupato finora? ....

No, non credo, non voglio credere che egli sia capace, possa essere capace, di tradirti. ....

....

E io invece credo che a quest'ora egli mi abbia già tradito. ....

Quando Cicerone tornò dalla Sicilia, credeva che tutti si occupassero e parlassero di lui.

Prima mi guardò, poi mi chiese cosa intendessi fare. ....
Chiunque desideri concorrere, può presentare i documenti. ....

Quand'anche venissero, non avrebbero il coraggio di parlare. ....

Quand'anche acconsentisse, non potremmo iniziare i lavori. ....

Caligola volle che i Romani gli rendessero onori divini. ....

Non credevo che sarebbe rincasato così presto. ....
Se avrai l'occasione di andare a Parigi, non dimenticherai, spero, di spedirmi quei poster.

b. Vorrei che poteste dirmi la verità. ....
Se tuo zio volesse candidarsi, potrebbe essere eletto facilmente. ....

Chiunque segue i suoi consigli non se ne pentirà mai. ....
Credevo che sareste partiti per Roma sabato e invece partite stasera. ....

È necessario che restituisca ciò che non gli appartiene. ....
Scusami per lui, ma non immaginavo che fosse capace di ciò. ....

Dicono che quel nostro amico componga dei bei versi ma io non ho mai letto le sue poesie.

Andate dove volete. ....
Quand'anche lo invitassi non verrebbe. ....
Non sapevamo che intenzioni avesse, gli chiedemmo perciò di spiegarsi chiaramente. ....

Bisogna che tu parta subito: è necessario che tu agisca energicamente e di persona (*en personne*).

c. Posso uscire? – Fa' come credi. ....
Mi auguro che tutto vada bene. ....
Supponevo che non venisse ma non che non scrivesse. ....
Credete che questa volta il vostro impiegato sia capace di fare bene ciò di cui gli avete parlato?

Egli non sapeva che saresti arrivato alle dieci di stamane; se l'avesse saputo sarebbe rimasto qui.

Gli antichi geografi non credevano che la zona torrida fosse abitata. ....

Perché mi scrivesti che saresti venuto giovedì mentre (*tandis que*) sapevi che non saresti potuto venire prima di sabato? ....

Bisognerebbe che voi ascoltaste qualche pagina della sua musica. ....

Non vorreste che ella rifacesse l'esame? ....
Fa' come vuoi. ....
Fate come credete. ....
Vorrei che te ne andassi. ....
Pensavo che sarebbe venuto. ....
Avevo pensato che sarebbe venuto. ....
È stato testé nominato Presidente di Cassazione. ....
Stavo per dirgli che non saresti più venuto. ....

Modi impersonali. Infinito

4. Composez des phrases où l'infinitif italien est traduit par:
a. l'infinitif substantivé
b. l'infinitif sans article
c. le substantif équivalent
d. l'infinitif précédé de la préposition *de*:
– infinitif de narration
– infinitif qui suit une proposition impersonnelle
e. l'infinitif précédé de *que de*
f. le gérondif, le complément circonstanciel ou la proposition circonstantielle
g. l'impératif négatif

5. Composez des phrases où l'infinitif, complément d'un verbe, est employé:
a. sans préposition
b. précédé de la préposition à
c. précédé de la préposition *de*
d. précédé de la préposition *à* ou *de*
e. *complément d'objet* direct sans préposition

6. Mettez les verbes en italique au *gérondif* (précédé ou non de *en*).
a. On hasarde de tout perdre *vouloir* trop gagner. ....
Dire ces mots, les larmes lui vinrent aux yeux. ....
On dit que l'appétit vient *manger*. ....
Ce n'est pas *fatiguer* les gens qu'on obtient d'eux ce qu'on désire. ....
Fabriquer avec des procédés plus perfectionnés, vous pourriez vendre meilleur marché. ....
....
C'est *forger* qu'on devient forgeron. ....
Le chien s'approcha *remuer* la queue. ....
Ce n'est pas *bavarder* que vous apprendrez votre leçon. ....
Attendre l'heure du dîner, j'ai été me promener dans le jardin public. ....
La grenouille, *s'enfler*, voulait ressembler au bœuf. ....
L'avare *vouloir* tout avoir, perdit tout. ....
J'ai passé une excellente soirée, *lire*. ....

b. *Partir* de bon matin, vous pourrez arriver à destination avant la nuit. ....
Tout *cheminer*, la jeune fille cueillait des fleurs. ....
Prenez garde d'être trop sévère *juger* les autres et trop indulgent envers vous-même. ....
Mon frère est tombé *courir* et il s'est blessé à la jambe. ....

Le lion, blessé, s'éloigna *rugir.* ....

Venir à votre secours, je n'ai fait que mon devoir. ....

Elle se promenait lentement, *s'arrêter* à chaque instants pour regarder les étalages aux devantures. ....

....

Je l'ai rencontré *aller* à l'école. ....

Je l'ai rencontrée *aller* à l'école. ....

Ma mère, *prendre* la lettre de dessus la table, me la donna. ....

7. Traduisez.

a. Il disperarsi come tu fai non giova nulla. ....

Lo scendere dal treno in corsa è pericoloso. ....

Temo il precipitare degli eventi. ....

Se lo studiare ti pesa, dedicati a qualche lavoro manuale. ....

Il bere, come tu fai, significa ammazzarsi lentamente. ....

È impossibile conoscere molto bene i propri simili. ....

È inutile fingere di non vederli. ....

È una vera consolazione sapere che ha ripreso le sue attività. ....

....

È giusto mostrarsi riconoscenti. ....

È savio pensare a risparmiare quando ciò è possibile. ....

Non andare via, ti prego. ....

Andai a trovare la mia amica ed ella per tutto il tempo, a parlare, a raccontare, a ripetere sempre le stesse cose. ....

....

b. Al sentirsi dire: "Il lavorare molto non è per te", egli andò su tutte le furie. ....

....

Dopo lungo discutere decidemmo che il viaggiare via mare sarebbe stato più piacevole.

....

Nel copiare il tuo manoscritto ho tralasciato ciò a cui, forse, tenevi di più (*davantage*). ....

....

Con il ripetere sempre le stesse cose finirai con l'annoiare chiunque ti ascolti. ....

....

Affermo di averlo visto ieri alle due. ....

Confesso di averlo pensato. ....

Sento di non potergli dare torto. ....

Occorrendo, farò tutto quanto è in mio potere per aiutarlo. ....

....

Essendo quest'opera di carattere scientifico tu, che sei poeta, non potrai comprenderla.

....

c. Mi impegnerò, trattandosi di lei, cui nulla posso negare. ....

Lavorando dieci ore al giorno, riuscirai sicuramente ad assolvere il compito grave che hanno voluto affidarti. ....

....

Piovendo, oggi non verremo. ....

Nevicando forte, dovrete pernottare da noi. ....

Entrando, Renzo gettò i capponi sulla tavola. ....
L'accusato, tacendo, ha nuociuto alla sua causa. ....
Egli stava studiando quando arrivai. ....
Pensando a ciò che avevo ascoltato, cambiai parere sul suo conto. ....

....
Al sentirsi rimbombar quell'ehm! nella mente, don Abbondio si pentiva anche dall'aver ciarlato con Perpetua. ....

....
Con il viaggiare s'impara molto. ....
Non essere impaziente: vedrai che, potendo, quella persona ti darà prove tangibili della sua stima. ....

Participio presente e aggettivo verbale

1. Distinguez les *participes présents* des *adjectifs verbaux* et faites accorder ces derniers.
"Ce que l'art ne saurait peindre, c'est la beauté du cours des eaux *errant* dans les solitudes de l'Amérique. Qu'on se représente des fleuves immenses, *coulant* au travers des plus épaisses forêts; qu'on se figure tous les accidents des arbres *s'élevant* sur les rives *verdoyant* de ces fleuves: des chênes-saules *tombant* de vieillesse, *baignant* leur tête chenue dans les flots *blanchissant* d'écume; des platanes d'Occident se *mirant* dans l'onde écumant, avec les écureuils et les hermines blanches *grimpant* sur leurs troncs où se *jouant* dans leurs lianes; des sycomores du Canada se *réunissant* en groupes, des peupliers de la Virginie *croissant* solitaires ou *s'allongeant* en mobile avenue; tantôt des rivières *bruyant*, *accourant* du fond du désert et *venant* former avec un fleuve, au carrefour d'une pompeuse forêt, un confluent magnifique, aux ondes *grondants*; tantôt des caractères *mugissant*, *tapissant* le flanc des monts de leurs voiles d'azur; les *riants* rivages, *fuyant*, *serpentant*, *s'élargissant*, se *resserrant*; ici des rochers *surplombant* les eaux; là de jeunes ombrages dont la cime est nivelée comme la plaine qui les nourrit; des murmures indéfinissables, *régnant* de toutes parts, des grenouilles *mugissant* comme des taureaux; d'autres *vivant* dans le tronc des vieux saules et *ressemblant* tour à tour, par le cri, au tintement de la sonnette d'une brebis et à l'aboiement d'un chien; enfin, de vastes harmonies *remplissant* les profondeurs des bois agités par le vent; puis ces concerts s'*affaiblissant* et *mourant* graduellement dans la cime de tous les cèdres et de tous les roseaux, de sorte que vous ne sauriez dire, au moment même où les bruits se perdent dans le silence, s'ils durent encore ou s'ils ne sont plus que dans votre imagination".

(*D'après* Chateaubriand)

2. Corrigez s'il y a lieu.
a. Les rameurs fendaient les eaux *écumant.* ....
On entendait au loin la mer *mugissant.* ....
Il s'avançait en *fumant* sa pipe. ....
L'aigle a les yeux *étincelant.* ....
Ce monsieur porte des cravates *changeant* de couleur et *voyant.* ....
Cette matinée musicale sera *intéressant.* ....
La semaine prochaine il y aura une soirée *dansant* chez le Préfet. ....
Voyez-vous là bas ces moutons *paissant* dans la plaine? ....

J'ai vu des troupeaux *errant* dans les prairies. ....
Ce sont des populations *errant*. ....
Le chasseur a des chiens *courant*. ....
Les chiens, *courant* après le lièvre, le prirent. ....
Les eaux *dormant* sont malsaines. ....
Les eaux *courant* vers la mer. ....
On clarifie les liquides en les *filtrant*. ....
On a des preuves *convaincant* de la culpabilité de l'accusé. ....

b. J'ai vu la marée *montant* et la marée *descendant*. ....
Il a acheté des fruits *appétissant*. ....
On voit la rosée *dégouttant* des feuilles. ....
Voyez-vous ces feuilles *dégouttant* la rosée? ....
Sa figure est *ruisselant* de sueur. ....
J'ai visité Paris et les villes *avoisinant*. ....
Les enfants *obéissant* à leurs instituteurs sont à louer. ....
Les garçons *obéissant* auront des friandises au goûter. ....
Louis est une personne *agissant*. ....
Paul est une personne *agissant* sans trêve. ....
C'est une rue *passant*. ....
Les soldats *passant* dans la rue furent acclamés. ....
Regardez les feuilles *jaunissant* emportées par le vent. ....
L'incendie, comme une marée *montant*, gagnait peu à peu les toits. ....
La foule *tremblant* regardait cette scène *angoissant*. ....
En contemplant la voute *scintillant* du firmament, on se rend compte de l'immensité de l'univers. ....

3. Traduisez.

a. Ecco una storia veramente commovente. ....
È una tragedia che commuove le persone sensibili. ....
Questi popoli erranti mi fanno pena. ....
Le acque stagnanti nocciono alla salute. ....
Questo quadro rappresenta le Muse che presiedono alla nascita di Omero. ....
....
I negri hanno i denti di un candore abbagliante. ....
Li trovammo in una capanna sbigottiti e tremanti. ....
I raggi nascenti disperdono la nebbia. ....
Egli prese un bastone con mano tremante. ....
Queste vostre idee sono stravaganti. ....
Oggi il sole è accecante. ....
Le persone ciarliere sono importune. ....
Oh, che caldo (*chaleur*) soffocante. ....
Il tuo romanzo è interessante. ....
Questi cibi non sono molto nutrienti. ....
Si sentiva la sua voce dominante quel frastuono. ....
Vi racconterò la storia divertente di un negro, pescatore di perle. ....
....

Intorno al mio giardino vi sono piante rampicanti. ....

....

I raggi nascenti del sole fugarono quella nebbia fluttuante nella pianura. ....

....

Mi piace sognare sotto il fogliame ondeggiante degli alberi. ....

....

b. Gli extra che affluiscono in gran numero da tanti paesi hanno prodotto questa crisi negli alloggi e nel lavoro. ....

....

Le acque correnti sono sane e le acque stagnanti sono nocive alla salute. ....

....

Dalla stanza attigua arrivavano risate fragorose e prolungate. ....

....

Un superiore, che incoraggi i suoi subalterni e li ami e li stimi, non può che essere egli stesso amato e stimato. ....

....

Questi calici odorosi, contenenti gocce di brillante rugiada, sono giunchiglie. ....

....

Le circostanze di fatto, risultanti dal processo, vi danno torto. ....

I vostri discorsi riflettenti lo stato attuale della crisi mondiale destano serie preoccupazioni.

....

Gli abitanti di Lione che fabbricano sete sono innumerevoli. ....

....

Le fontane, scorrenti con un dolce mormorio, formavano qua e là dei laghetti puri e chiari come il cristallo. ....

....

Il prato è coperto di fiori nascenti. ....

Il giglio elevantesi sul suo stelo augusto può veramente chiamarsi il re delle valli. ....

....

Participio passato

1. Dans le morceau suivant soulignez le *participe passé*.

Un petit coq, très vaniteux, a réuni autour de lui les jeunes hôtes de la basse-cour. Il leur vante les combats qu'il a livrés, les ennemis qu'il a provoqués, les prisonniers qu'il a ramenés en triomphe, les marques d'honneur qu'il a reçues, les belles parole qu'il a dites, l'admiration que toute la gent emplumée a éprouvée pour lui. À l'en croire, il a même effrayé les oiseaux de proie, et la femme de Renard, qui a mis un jour son museau à la porte, il l'a si fort insultée qu'elle a pris la fuite. Il a tant parlé que ses discours l'ont enroué. Mais une très vieille poule, qu'une longue expérience a mûrie, a fendu le cercle des admirateurs; d'un coup de bec elle a fait taire le fanfaron et a pris la parole à son tour pour raconter les exploits qu'il a réellement accomplis dans sa courte vie, et qui ne lui font point honneur.

(*D'après* Buffon)

2. Dans le morceau suivant faites *accorder* le *participe passé* en italique.

"Qu'elle est belle cette nature *cultivé!* Que par les soins de l'homme elle est brillante et pompeusement *paré!* Les fleurs, les fruits, les grains *perfectionné*, *multiplié* à l'infini; les espèces utiles d'animaux *transporté*, *propagés*, *augmentés* sans nombre; les espèces nuisibles *réduit*, *confiné*, *relégué*; l'or, et le fer plus nécessaire que l'or, *tiré* des entrailles de la terre, les torrents *contenu*, les fleuves *dirigé*, *resserré*; la mer même *soumis*, *reconnu*, *traversé* d'un hémisphère à l'autre; la terre accessible partout, partout *rendu* aussi vivante que féconde, les collines *chargé* de vignes et de fruits, leurs sommets *couronné* d'arbres utiles et de jeunes forêts; les déserts *devenu* des cités *habité* par un peuple immense; des routes *ouvert* ou *fréquenté*, des communications *établi* partout; mille autres monuments de puissance démontrent assez que l'homme partage l'empire de la terre avec la nature".

(*D'après* Buffon)

3. Faites *accorder* le *participe passé* en italique.

a. Ces bouteilles sont *cassé*. ....

Les hirondelles sont *parti*. ....

Après avoir été malade cette enfant est enfin *guéri*. ....

En dansant, cette dame est *tombé*. ....

Les chevaux récalcitrants sont *maintenu*, quand on les ferre, à l'aide de travails. ....

Les yeux de certains insectes sont *composé* d'un grand nombre de facettes. ....

Certaines îles de l'Océanie sont *formé* de récifs de corail. ....

La bonne nouvelle qu'il ont *reçu* leur a fait le plus grand plaisir. ....

Ils ont *reçu* une bonne nouvelle. ....

Les nids des aigles sont *bâti* sur les sommets des rochers escarpés. ....

Nous avons *cueilli* de belles roses dans notre jardin. ....

Les roses, que nous avons *cueilli* dans notre jardin, étaient très odorantes. ....

Ces garçons ont bien *dormi* toute la nuit. ....

Ces dames ont *parlé* continuellement. ....

Les neiges qu'il a *tombé* ont *recouvert* la plaine. ....

Mes amis n'ont pas *répondu* à la lettre que je leur ai écrit. ....

Est-ce vous qui avez *écrit* cette lettre? ....

À ce spectacle assistaient un grand nombre de spectateurs que la curiosité avait *attiré*. ....

b. Les cinq heures que j'ai *dormi* ont *dissipé* ma fatigue. ....

Les escaliers que j'ai *descendu* rapidement étaient glissants. ....

Les bouteilles que j'ai *descendu* à la cave étaient pleines d'excellent vin. ....

Nous avons *lu* les livres que vous nous avez *prêté*, et nous les avons *trouvé* très intéressants.

....

Les cadeaux qu'ils se sont *fait* étaient bien choisis. ....

Ils se sont *fait* des cadeaux utiles. ....

Les lettres qu'ils se sont *écrit*, pendant cette période, ont été égarées. ....

Christian et Paul se sont *écrit* de longues lettres. ....

Les paroles, qu'ils se sont *adressé*, n'étaient pas très aimables. ....

Ils se sont *adressé* des injures. ....

Je n'aime pas répéter ici toutes les paroles qu'ils se sont *dit*. ....

À la fin ces bavards se sont *tu*. ....

Ils se sont *plaint* vivement de votre manière d'agir. ....

Ils se sont *nui* en voulant nuire aux autres. ....
Ces jeunes gens nous ont *plu* beaucoup par leurs manières aimables. ....
Ils se sont *arrogé* des droits qu'ils n'avaient pas. ....
Elles se sont *blessé* dans un accident d'automobile. ....
Elles se sont *figuré* que j'étais fâché contre elles. ....

c. Les dangers qu'il se sont *imaginé* n'existent pas. ....
Les prisonniers, profitant de l'absence du gardien, se sont *échappé*. ....
Deux de nos amis se sont grièvement *blessé* à la chasse. ....
Ces jeunes gens se sont *suffi* à eux-mêmes. ....
Les murailles de Jéricho, dit la Bible, se sont *écroulé* au son des trompettes. ....
Ces oiseaux sont tombés dans le piège dont ils ne s'étaient pas *défié*. ....
Ces vases, je les ai *vu* fabriquer. ....
La romance que j'ai *entendu* chanter m'a beaucoup plu. ....
Les ouvriers, que j'ai *vu* fabriquer ces outils, étaient très habiles. ....
Elle s'est *laissé* tomber de fatigue. ....
Les chiens que j'ai *vu* passer étaient des pointers. ....
Ces arbres que j'ai *vu* grandir, je les ai *vu* couper. ....
Les candidats, que j'ai *entendu* parler, n'ont rien changé à mes opinions. ....
Je lui ai tendu la main qu'elle a *refusé* de prendre. ....
Lorsque la chenille est éclose, elle vit sur la plante qui l'a *vu* naître. ....
Si le glaive a tué bien des hommes, la langue en a *tué* bien plus. ....
Je me rappelle avec plaisir le peu de jours que j'ai *passé* chez vous. ....

d. Vous avez affligé vos parents par le peu de satisfaction que vous leur avez *donné*. ....
On a donné à ces malheureux tous les remèdes qu'ils ont *voulu*. ....
Quand vous avez fait tous les efforts que vous avez *pu*, vous n'avez rien à vous reprocher quoiqu'il arrive. ....
Vous n'avez pas eu tous les succès que j'avais *pensé* que vous obtiendriez. ....
Le peu de bonne volonté que vous avez *montré* vous a permis de réussir. ....
Le peu de leçons que vous avez *pris* vous ont permis de passer l'examen avec succès. ....
Quant à ces messieurs, je les ai *laissé* se promener seuls. ....
Voilà des choses qu'elle n'aurait pas *dû* faire. ....
Il lui a raconté toutes les histoires qu'il a *voulu*. ....
Ces commerçants n'ont pas payé toutes les sommes qu'ils auraient *dû*. ....
Autant de fruits j'ai cueilli, autant j'en ai *mangé*. ....
Le peu de succès que nous avons *eu*, nous ont découragés. ....
Et ces habits, les avez-vous *fait* brosser et repasser? ....
On ne peut que blâmer le peu d'attention que les élèves ont *mis* à faire leur devoir. ....

4. Traduisez.

a. Ho visto valli popolate di graziose casette bianche, poggi coperti di viti, rocce sospese sul corso delle acque. ....
Nuvole argentee sono sparse nel cielo. ....
Le favole che La Fontaine ha scritto hanno immortalato il suo nome. ....
Le miniere d'oro scoperte in California sono state attivamente sfruttate. ....
L'Italia è stata più volte saccheggiata dai barbari. ....

La buona notizia fu accolta festosamente. ....

I Romani hanno regnato da padroni sul mondo antico. ....

Le leggi delle Dodici Tavole erano le più perfette che i Romani avessero avuto. ....

Sono stato punito delle mie colpe nel momento stesso in cui le ho commesse. ....

Richelieu ha fatto grandi cose, ma le necessità della politica l'hanno spesso reso spietato. ....

Eschilo ha trovato la tragedia greca rozza e l'ha portata a una grande altezza. ....

Le ricchezze che Carthage aveva accumulato con il commercio passarono ai Romani. ....

Esportati nel mondo intero, i vini di Francia sono rinomati. ....

La battaglia di Salamine fu vinta dai Greci. ....

b. Abbiamo cominciato i nostri lavori di revisione. ....

Questi uccelli sono stati presi con la pania. ....

La tempesta è durata due ore. ....

Due galline erano scomparse dal pollaio. ....

La bomba è scoppiata prima del tempo. ....

È piovuto tutta la notte. ....

Si sono già pentiti delle loro malefatte. ....

I due amici si sono parlati per telefono. ....

Si sono creduti burlati e hanno protestato. ....

Sette città si sono attribuite l'onore di aver dato la luce a Omero. ....

Tutti mi hanno offerto dei servizi ma nessuno me ne ha resi. ....

I giorni si sono seguiti ma non si sono rassomigliati. ....

I Crociati attaccarono Gerusalemme dove si erano rifugiati tutti i mussulmani dei dintorni. ....

Per essere sicuri di una verità, bisogna averla intesa annunziare in una maniera chiara e positiva. ....

I cavalli che abbiamo visto correre sulla pista appartengono a suo zio. ....

c. Gli stornelli che abbiamo inteso cantare sono melodiosi. ....

I lavori che avete voluto intraprendere sono al di sopra (*au dessus*) delle vostre forze. ....

Onore ai soldati che abbiamo visto combattere per la libertà. ....

Ecco la favola in versi che mi ha dato da imparare il mio maestro. ....

L'anziano uomo amava molto i nipoti che aveva visto nascere. ....

La fortuna che egli ha ereditato ammonta a parecchie centinaia di milioni. ....

Gradisci questi funghi, li ho colti questa mattina. ....

Carlo Magno aveva ripudiato Ermengarda. ....

Hanno riso delle vostre minacce. ....

La contadina, che avevo mandato a cogliere le ciliegie, non è più tornata. ....

Ho mandato le mie disposizioni per espresso; non appena le hanno ricevute, si sono affrettati a ubbidire. ....

Gli aviatori, che tutti avevano creduto dispersi, si erano invece fermati in un'isola dell'Atlantico, a causa di un temporale. ....

....

I ladri si sono lasciati cogliere in flagrante. ....

I racconti che ho fatto pubblicare sono andati a ruba. ....

....

Parti invariabili del discorso

Preposizioni

1. Choisissez la *préposition convenant* au sens de la phrase.

Cela m'est venu (*en – à l'*) esprit.
Un monsieur (*avec – à la*) barbe noire.
La paysanne (*aux – des*) laitages.
(*Au – dans le*) XIXème siècle.
(*Entre – parmi*) la foule.
Potage (*au – de*) riz.
Accompagné (*de – par*) son père.
(*Par – avec*) cette belle journée, je ne peux rester à la maison.
(*Près – auprès*) des rivières, on voit souvent des demoiselles ou libellules.
La terre n'est plus qu'un point (*en – par*) comparaison au reste de l'univers.
(*Voici – voilà*) le secret du bonheur: se contenter de ce qu'on a.
(*Voici – voilà*) trois médecines qui ne nous trompent pas: gaîté, doux exercice et modeste repas.
La richesse n'est rien (*près de – auprès de*) la vertu.
Au sein des amis, (*près de – auprès de*) ses parents, les plaisirs sont plus doux et les malheurs moins grands.
Quand les hirondelles reviennent, les beaux jours sont (*prêt à – près de*) revenir.
Mon cousin est (*prêt à – près de*) partir pour aller (*au – dans le*) Mexique.
Regardez l'éclipse (*au travers de – à travers*) ces verres fumés.
Apprenez, mon ami, que c'est une sottise de venir se jeter (*à travers –au travers d'*) un discours.
Notre barque passa (*au travers – à travers*) des écueils.

2. Traduisez.

a. Noi partiremo dopo di voi. ....
Senza di te egli non sa disimpegnarsi. ....
Voi passeggiavate senza accorgervi che noi eravamo dietro di voi. ....

....

Suo padre era seduto accanto a lui. ....
Leggeva e passeggiava lungo il fiume tranquillamente. ....

....

Tutti hanno accettato, eccetto lui. ....
La città di Marsiglia fu fondata da una colonia di Focesi. ....

....

In quanto a questo lasciatemi fare, me ne occupo io. ....
L'oro è contenuto nel seno della terra. ....

Avvicinatevi a me e ascoltatemi bene: andate dalla vostra amica e ditele che può contare su di me. ....
Avete della carta da lettere? ....
Egli è stato un poeta fin dalla prima età. ....
Donde vieni? – Vengo da Milano e sono passato per Bologna. ....

Si compiace di parlare male dei vicini mentre è convinto di parlarne da amico. ....

Era vestito da cacciatore ma non aveva il fucile. ....
Da Venezia fino a Trieste non ha fatto altro che parlare delle opere scritte dal suo maestro e da lui stesso. ....

b. Voi siete amato dai vostri amici ma non lo siete affatto dai vostri parenti che vi conoscono meglio. ....
Vengo dalla casa del mio amico Claudio, e tu? – Io vengo dal mio barbiere. ....

Dove posso comprare in questa città dei vestiti da uomo e delle scarpe da donna? ....

Ascoltami, nel tuo interesse ti parlerò da fratello. ....
Non studia più molto dacché frequenta quel suo amico, Paolo. ....

Il vostro paese non è ricco di grano, né abbondante di frutta. ....

Non ho fumato per tre anni. ....
Salirono in macchina e se ne andarono senza neanche salutare. ....

Siate indulgenti con quei poveri ragazzi. ....
Devi studiare molto per essere in grado di superare gli esami. ....

Con il sacrificio si può superare qualunque ostacolo. ....
Passa da me questa sera, te ne prego. ....
I soldati di Carlo VIII entrarono nella città di Firenze con le armi in pugno. ....

Mi parlò con voce tremante e con le lacrime agli occhi. ....
Con un randello in mano attraversò la stanza e minacciò di picchiarci. ....

c. La trovai in chiesa che pregava, con le mani giunte. ....
Quando lo vedrai, fra tre giorni, gli dirai che tra gentiluomini non si agisce così. ....

Sei un buono a nulla: ecco ciò che penso di te. ....
Ciò che penso di te? Ecco ciò che penso di te: sei un buono a nulla. ....

Ecco il libro che hai cercato invano tutta la mattina. ....
Che tu sia rispettoso verso tutti: ecco quanto ti chiedo. ....
Andai da Livorno a Genova con il piroscafo. ....

Con questo freddo non penso che uscirò. ....
Giocarono senza posa da mane a sera. ....
Lazzaro chiedeva le briciole (*miettes*) cadute dalla tavola del cattivo ricco. ....
....
Ho dormito in treno da Modane a Parigi. ....
Da più mesi non ho avuto sue nuove. ....
Da oggi cambia l'ora legale. ....
Queste merci sono in vendita. ....
È andato a cercarlo ma è tornato senza di lui. ....
Eccomi. ....
Eccomici. ....

d. Mio malgrado. ....
A due a due. ....
Stare a letto. ....
A patto che. ....
Con la posta. ....
Con questo caldo non si può uscire. ....
È entrato con il cappello in testa. ....
Per mezzo di... ....
Con il favore della notte... ....
Con voce sommessa. ....
Chiudere a chiave. ....
Fatto a penna, a matita. ....
Caffè e latte. ....
Con aria sorridente. ....
Con un pugno, con un calcio. ....
Fare segno con la mano. ....
Seguire con gli occhi. ....
Che cosa volete dire con questo? ....
Con il pretesto di... ....
Questo anello mi viene da mia madre. ....
Portateci da bere. ....
Vestire da militare. ....
Da amico vi devo dire il vero. ....
La carestia durò due anni. ....
Da lungo tempo. ....
Da domani. ....
Fin d'allora. ....
Strumento a fiato, a corde. ....
L'uomo dai capelli neri e dalla barba lunga. ....
Calze da uomo. ....
Ho pensato talvolta fra me... ....
Nel 1940. ....
In avvenire. ....
In nome della legge. ....
In questo modo. ....

In carta bollata. ....

Ho letto per due ore. ....

Abbiamo viaggiato per dieci ore consecutive. ....

e. Questa lezione tu devi capirla e non impararla a memoria. ....

Se non sei in grado di rispondere, taci. ....

Ha osato ridergli in faccia. ....

Con lo scopo di strappargli il consenso, si era recato da lui per narrargli, con le lacrime agli occhi, una storia pietosa. ....

Egli disegna con la sinistra. ....

Per amore o per forza, devi farlo. ....

Verso mezzogiorno cadde una pioggia abbondante. ....

In quanto a me, siate pur certi che non dirò nulla. ....

In questa città il clima non è affatto piacevole: d'inverno fa molto freddo e d'estate fa troppo caldo; vi si può vivere solo in primavera; in autunno piove spesso. ....

....

....

In qualità di professore aveva diritto allo sconto del dieci per cento sull'acquisto di ogni libro.

....

Daglielo da parte mia. ....

È occupato dalle tre del pomeriggio a mezzanotte. ....

Vuoi fare una partita a scacchi? – No, a carte se vuoi. ....

Non si entra in casa d'altri con il cappello in testa. ....

Io conosco quel signore dalla barba bianca e dalle lenti d'oro. ....

In quel grande magazzino accordano lo sconto del dieci per cento. ....

Mio padre è dottore in lettere e mio fratello dottore in medicina; io, invece, sono dottore in erba. ....

....

Presto, presto, il treno parte. ....

Per favore caffè latte e pane con burro. ....

Avverbi

1. Formez les *adverbes* de *manière* avec les adjectifs suivants.

aveugle, poli, constant, commun, facile, bas, malin, rond, conforme, joli, ardent, confus, ordinaire, gros, brave, mesquin, commode, leste, savant, diffus, amer, sot, énorme, imprudent, exprès, plaintif, nul, inexorable, immense, premier, complet, obscur, naïf, beau, bruyant, fin, actif, secret, précis, fou, présent, annuel, uniforme, heureux, discret, profond, gracieux, long, maladroit, assidu, pareil, rageur, lent, doux, vigoureux, complet, cruel, innocent, chrétien, gentil, public, prompt, galant, bref, nouveau, indéfini, impuni, apparent, absolu, extérieur, plaisant, ingénu, faible, frais, grave

....

....

....

....

....

....

....

2. **Traduisez par une *préposition* et un *nom* chacun des adverbes suivants.**
▸ Naturellement – *par nature*

Préférablement, impitoyablement, gloutonnement, réciproquement, discrètement, secrètement, ingénument, confusément, promptement, annuellement, cruellement, dédaigneusement, vaillamment, méchamment, pesamment, élégamment, constamment, indépendamment, nonchalamment, bruyamment, brillamment, savamment, plaisamment, obligeamment

3. **Remplacez le nom et la préposition par l'*adjectif* et l'*adverbe* de *manière*.**
▸ Avec bruit, bruyant – *bruyamment*

en paix, avec peine, par instinct, en silence, avec facilité, avec soin, avec précipitation, avec propreté, avec modération, avec emphase, avec attention, par accident, avec vigueur, en triomphe, à pied, en cavalier, par exception, avec patience, avec étourderie, avec décence, avec amitié, en artiste, avec lenteur, avec mollesse, avec activité, avec douceur, avec froideur, avec chaleur, avec force, avec gaîté, avec subtilité, avec valeur, avec douleur, avec aigreur, avec indépendance

4. **Choisissez la *locution adverbiale* convenable.**
On ne devient jamais bon ou mauvais (*tout à coup – tout d'un coup*).
L'esprit des enfants est (*plutôt – plus tôt*) mobile qu'appliqué.
Ils saisissent rarement plusieurs idées (*de suite – tout se suite*).
Il faut vous lever (*plutôt – plus tôt*) si vous voulez arriver à temps.
La véritable docilité consiste à obéir (*de suite – tout de suite*) et de bonne grâce.
On appelle giboulées ces averses de grêle et de pluie qui tombent (*tout à coup – tout d'un coup*) au printemps.
Il est toujours facile de travailler quelques heures (*de suite – tout de suite*) en variant ses occupations.
Servez-moi mon déjeuner (*de suite – tout de suite*).
Oui monsieur, je vous apporterai les plats (*de suite – tout de suite*).
Il faut regarder (*plutôt – plus tôt*) au dessous de soi qu'au dessus pour être heureux.

5. **Traduisez.**
a. Non credete ciecamente a quelli che dicono di volervi bene, conosceteli prima profondamente e poi aspettate che alla prima occasione vi provino il loro affetto.
Il suo avvocato parlò veementemente e fu tanto convincente che la sua perorazione riscosse il plauso di tutti.
Quanto più leggerai, ragazzo mio, tanto più aprirai la mente a larghi orizzonti.
Piuttosto l'insuccesso che l'umiliazione di chiedere il suo aiuto.

A un tratto l'edificio crollò rumorosamente. ....
I soccorsi furono prodigati ma lentamente. ....
Come siete gentile, signora. ....
Come! Non avete capito che quanto più insistete nella vostra richiesta, tanto meno cercheranno di accontentarvi? ....

....

Narrami tutto ciò che vuoi ma, te ne prego, brevemente. ....

....

A ogni domanda risponde: forse, circa, probabilmente. ....

....

Non ho menomamente offeso la persona di cui parli. ....
Ti sei divertito stasera? – Non molto. ....
Neanche lui era disposto a favorirlo. – Nemmeno io. ....
Niente complimenti, niente parole superflue, questa sera voi verrete a casa mia. ....

....

Tu non ci vai? E nemmeno io, e neanche Paolo. ....

b. Dacché non mi ha risposto, non so più che pensare di lei. ....

....

Questo povero diavolo non possiede neanche un cappotto. ....

....

Bada di non sdrucciolare. ....
Impedite che venga. ....
L'hai visto? – Punto. ....
Digli di sì. ....
Sono mesi che non ci vediamo. ....
Andate lassù e dite a quei signori di smetterla di urlare. ....

....

Ovunque voi andiate, troverete una grande ospitalità. ....

....

Non è né fuori, né dentro, né sotto, né sopra: è introvabile. ....

....

Il vecchio professore era sulla cattedra e tutti gli studenti intorno. ....

....

Voglio che tu rincasi più presto. ....
Ieri l'altro ascoltai una bella conferenza sul disarmo universale. ....

....

Ecco i certificati: l'uno era sopra e l'altro era sotto. ....
Presto o tardi questa faccenda dovrà risolversi in vostro favore. ....

....

Il sig. Carlo è fuori, tornerà questa sera. ....
Sentivo una voce dall'alto e non riuscivo a riconoscerla. ....

....

Gli inquilini di sotto hanno sloggiato stanotte senza salutare nessuno. ....

....

Mio fratello è fuori di casa e non so se per mezzogiorno sarà ritornato. ....

....

È restato fuori tutta la notte. ....

c. Di quando in quando ne fa una delle sue. ....
Giù le mani! ....
Dopo domani ascolteremo le parole del grande leader. ....
....
Tosto o tardi, tutto si sconta. ....
Finalmente ho terminato questo lavoro noioso. ....
Non mi rivolgere la parola: in primo luogo diresti delle sciocchezze, in secondo luogo perché non hai il diritto di parlarmi. ....
....
Come! Non siete ancora partiti? E come avete fatto a decidere di non andare più? ....
....
Restate in piedi. ....
Andate altrove. ....
Perdoni signore, non l'ho fatto apposta. ....
Quando cesserai di essere uno sventato? ....
Quanti libri vorrei avere! ....
Quanto mi scrivi! ....
Mi stupisce enormemente. ....
Troppe domande annoiano e talvolta offendono. ....
Datemi tutto quanto mi spetta e non ne parliamo più. ....
....
Ce ne sono molti che non saprebbero rispondere a questa domanda. ....
....
Quanti fastidi, quanti grattacapi mi dai! ....
In quanti modi si può tradurre questa frase? ....
Quanto sei noioso, ragazzo mio! ....
Farò tutto quanto vorrai, purché tu mi dia tempo. ....
Tante persone, altrettanti pareri. ....
Parla tanto durante il giorno che la sera non ha più fiato. ....
....

d. Tanto tu lo ami, altrettanto egli ti odia. ....
Tanto più devi impegnarti in quanto che glielo hai promesso. ....
....
Tanti elettori, altrettanti voti. ....
Tanto gli uni quanto gli altri sono dei frequentatori assidui. ....
....
Ho letto tanto ieri che, oggi, i miei occhi sono stanchi e arrossati. ....
....
Adesso non si fa così. ....
A un tratto mi chiese sue notizie. ....
Imparate a memoria questo canto e ricordate che, per ritenere bene, bisogna dapprima capire ciò che si vuole imparare. ....
....
Presentategli subito e anticipatamente i miei più affettuosi saluti e i più vivi ringraziamenti.
....
Di mano in mano che avanzerete nello studio del francese, troverete sempre meno difficoltà.
....

Scriverà fra poco e come al solito ci racconterà a modo suo quanto gli è accaduto. ....

....

D'altronde egli non ti ha dato affatto torto. ....

Spero che quest'anno studierai molto, tanto più che hai bisogno di conseguire, al più presto, il diploma di ragioniere. ....

....

Congiunzioni

1. **Faites une liste des *conjonctions* ou *locutions conjonctives*, des *adverbes* ou *locutions adverbiales* et des *prépositions* contenues dans le morceau suivant.**

"Il m'est arrivé, l'autre soir, une chose dont je suis encore tout ému: l'événement s'est passé à Paris, dans un escalier où j'étais seul... de mon espèce, du moins, et cependant peu de drames à cinquante personnes (quand ils ne sont pas de vous) ont fait sur moi une aussi profonde impression. Est-ce à tort? Je m'en rapporte à vous, à votre jugement, à votre sentiment, surtout... Voilà le fait dans toute sa naïveté:

L'autre soir donc, j'entrai dans un hôtel du faubourg Saint-Honoré où se donnait une grande fête, un retour de noces. L'invitation était pour dix heures, et minuit sonnait à toutes les pendules sincères. Personne n'arrivait plus, personne ne sortait encore. Le large et haut escalier ressemblait à ces palais déserts et splendidement éclairés, dont nous parlent les contes d'Orient. À peine ai-je monté quelques marches qu'une grosse boule de feu tournoyante passe rapidement devant mes yeux et repasse deux fois, en me frôlant presque les tempes, puis remonte et redescend plus lourde. C'était un météore rouge, vert, jaune et de ce météore incompréhensible sortaient des cris aigus, une voix disait: *Jacquot! Jacquot! Il a bien déjeuné! Jacquot... Il est content, bien content, Jacquot!* Je m'arrête stupéfait, et je reconnais, sous ses voiles de flammes, un pauvre perroquet dévoré comme par la robe de Nessus. La malheureuse bête, échappée de sa cage, se sera sans doute approché des becs de gaz de l'escalier, le feu aura pris à son aile et aura gagné son corps avec la rapidité même de son vol!... Enfin, aux trois quarts consumé, après bien des tours dans l'air, après s'être heurté aux quatre murs de stuc, il vint tomber à mes pieds, en articulant toujours: *Il est bien content, Jacquot!* Ce déplorable oiseau, à qui l'on n'avait appris qu'une ou deux phrases et qui était obligé par routine, de se servir des paroles de la joie jusque tans les tortures de l'agonie, me fendait le cœur et j'eus la faiblesse, ou peut-être la sagesse, de ne pas entrer au bal. Il n'en fallait pas tant, aux vieux Romains, en fait d'augures, pour rentrer chez eux. Et en revenant chez moi je songeais au pauvre comédien qui doit, souvent, grimacer la joie quand il a le désespoir dans l'âme.

Ne pourrait-on pas faire du *Perroquet incendié* une fable qui ne céderait pas à beaucoup d'autres pour la moralité? Quel dommage que La Fontaine soit tout à fait mort! "

(*D'après* Émile Deschamps)

2. **Traduisez.**

Quando avrete trovato delle querce, coglietene le ghiande. ....

....

Entriamo nel bosco dove troveremo, forse, un po' d'ombra. ....

....

Finché sarete raffreddato, prenderete ogni sera una decozione di tiglio. ....

....

Camminerete fintantoché giungerete al gran pioppo che ben conoscete. ……………………

Leggerò mentre scriverete. ……………………
Ora che dovrete studiare, vi divertite. ……………………
Perché non volete venire con me? – Perché non ho tempo. ……………………

Non capisco perché studi di notte mentre potresti studiare di giorno. ……………………

Mentre ci incamminiamo, perché non mi racconti cosa è successo? ……………………

Poiché è (*il en est*) così, non parlo più. ……………………
Perché il bene vinca il male, tutti gli sforzi siano fatti. ……………………
Quando ero studente amavo poco lo studio, benché sentissi una naturale inclinazione per i libri. ……………………

Non lo rimprovererò a meno che egli non osi ancora sfidarmi. ……………………

Sento il dovere di dirle, Signora, perché non venni da Lei ieri sera. ……………………

Uno scrittore che si rispetti rilegge i suoi scritti finché non sia sicuro che non abbiano mende. ……………………

Resta a Torino finché non sia arrivata tua madre. ……………………
Vi concedo una breve vacanza finché possiate sistemare i vostri affari. ……………………

Mentre io mi sacrificavo per lui, egli non si peritava di sciupare in baldorie il denaro che gli mandavo. ……………………

Quand'anche ne parlassimo, non risolveremmo niente. ……………………

Interiezioni

1. **Faites une liste des *interjections* contenues dans le morceau suivant.**

"*Maître d'armes*: Et c'est en quoi l'on voit de quelle considération nous autres nous devons être tenus dans un Etat, et combien la science des armes l'emporte hautement sur les autres sciences inutiles, comme la danse, la musique, la...
Maître à danser: Tout beau, monsieur le tireur d'armes: ne parlez de la danse qu'avec respect.
Maître de musique: Apprenez, je vous prie, à mieux traiter l'excellence de la musique.
Maître d'armes: Vous êtes de plaisantes gens, de vouloir comparer vos sciences à la mienne!
Maître de musique: Voyez un peu l'homme d'importance!
Maître à danser: Voilà un plaisant animal avec son plastron!
Maître d'armes: Mon petit maître à danser, je vous ferais danser comme il faut – Et vous, mon petit musicien, je vous ferais chanter de la belle manière.
Maître à danser: Monsieur le batteur de fer, je vous apprendrai votre métier.
Monsieur Jourdain (au Maître à danser): Êtes-vous fou de le provoquer, lui qui entend la tierce et la quarte, et qui sait tuer un homme par raison démonstrative?
Maître à danser: Je me moque de sa raison démonstrative, et de sa tierce et de sa quarte.

Monsieur Jourdan: Tout doux! vous dis-je.
Maître d'armes: Comment? petit impertinent.
Monsieur Jourdain: Eh! mon maître d'armes.
Maître à danser: Comment? grand cheval de carrosse.
Monsieur Jourdan: Eh! mon maître à danser
Maître d'armes: Si je me jette sur vous...
Monsieur Jourdan: Doucement!
Maître à danser: Si je mets sur vous la main...
Monsieur Jourdain: Tout beau!
Maître d'armes: Je vous étrillerai d'un air.
Monsieur Jourdain: De grâce!
Maître à danser: Je vous rosserai d'une manière...
Monsieur Jourdain: Je vous prie.
Maître de musique: Mon Dieu! arrêtez-vous.
Monsieur Jourdain: Holà! Monsieur le philosophe, vous arrivez tout à propos avec votre philosophie. Venez un peu mettre la paix entre ces personnes-ci ".

(*D'après* Molière)

2. **À la place des points mettez une *interjection*.**
L'abbé de Molière était un homme simple et pauvre, étranger à tout, hors à ses travaux sur la philosophie; il n'avait point de valet et travaillait dans son lit fait de bois. Un matin il entend frapper à sa porte.
"..........! Qui va là"?
"Ouvrez". Il tire un cordon et la porte s'ouvre.
L'abbé de Molière, ne regardant point: "Qui êtes-vous?"
"Donnez-moi de l'argent". "........... de l'argent?"
"Oui, de l'argent".
"........... j'entends, vous êtes un voleur?"
"Voleur ou non, il me faut de l'argent".
"Vraiment oui, il vous en faut? .... cherchez là-dedans".
Il tend un des côtés de sa culotte; le voleur fouille: "........... il n'y a point d'argent".
"..........! non, mais il y a ma clef".
"..........! et cette clef?"
"Cette clef, prenez-la".
"..........! je la tiens".
"Allez-vous-en à ce secrétaire: ....! ouvrez".
Le voleur met la clef à un autre tiroir.
"Laissez donc, ne dérangez pas. Ce sont mes papiers: .... finirez-vous? Ce sont mes papiers: à l'autre tiroir vous trouverez de l'argent".
"Le voilà".
"..........! Prenez, fermez donc le tiroir". Le voleur s'enfuit.
"..........! monsieur le voleur; ....! fermez donc la porte ....! il laisse la porte ouverte ....! ....! quel coquin de voleur! Il faut que je me lève par le froid qu'il fait ....! le maudit voleur!".
L'abbé saute sur ses pieds, va fermer la porte et revient se mettre au travail sans penser peut-être qu'il n'avait
pas de quoi payer son dîner".

(*D'après* Chamfort)

3. **Traduisez.**

Oh, come sei insopportabile! ....

Uf! Sono stanco di voi e dei vostri capricci. ....

Ahimè! Che diranno di me? ....

Di grazia! Calmatevi e ascoltate serenamente. ....

Perbacco! ....

Largo! Lasciatemi passare. ....

Che peccato! Sarebbe riuscito se avesse fatto a modo suo. ....

Ebbene, che intendi fare? ....

Diamine! Vuoi tu che io non accontenti il mio più caro amico? ....

....

Silenzio! Non avete il diritto di parlare. ....

Misericordia! ....

Che vedo! ....

Fermi! Di qui non si passa. ....

Cielo, come è brutta! ....

Zitto! ....

Benissimo! Sono contento di voi. ....

Coraggio, ragazzi miei! ....

Basta! Non intendo più ascoltare simili banalità. ....

È possibile? Che vergogna! ....

Dio mio! Che potrò io fare ora? ....

Largo! Largo! I pompieri! ....

Aiuto! Aiuto! Ahimè. Non c'è niente da fare! ....

Ah, povera gente! Com'è triste la miseria. ....

Dalli, dalli!... ....

È un ladro, un furfante! ....

Uf, che noia! ....

Che peccato! ....

Buono! Non fare più questi scherzi! ....

Guarda, è lo stesso uomo che ieri picchiava il suo bambino. Che vergogna! ....

....

Dagli al cane! È arrabbiato. ....

Addio monti sorgenti dalle acque! ....

Arrivederci a domani. ....

Arrivederci a più tardi. ....

Aiuto! La casa è in fiamme. ....

Guai a chi mente. ....

Capperi! Come sei azzimato. ....

Evviva l'esercito! ....

È tornato improvvisamente stanotte. Possibile? ....

Gli ha pagato tutti i debiti. ....

Fole! Ecco, non voglio più sentire parlare di lui! ....

Via quest'aria malinconica! ....

Orsù cerca di rifare il problema. ....

Ohibò, già stanco di lavorare? ....

Soluzioni degli esercizi

Segni della lingua scritta

1. a, e, i, o, u, y

2. b, c, d, f, g, h, j, k, l, m, n, p, q, r, s, t, v, w, x, z

3. À l'aide du dictionnaire
a. état, qualité, nationalité, littérature, étoile, vérité, éléphant, sévérité, allés, congé, vendangés, chantés, commandée, crée, céderai, préférées, congédiées
b. règle, élève, vélocipède, rivière, crème, fidèle, lumière, cède, achètent, emmène, se promène, lève, lèvent, unième, problème
c. bâton, âme, âge, île, fête, fenêtre, tête, pôle, bâtir, diplôme, extrême, infâme, aumône, drôle, contrôle, blême, pâte, côte

4. ap-pre-nons, for-ma-tion, syl-la-bi-que, crain-dre, res-ter, cro-chets, boî-te, pa-ren-thè-ses, a-pos-tro-phes, ac-cent, rieu-se, sus- pen-sion, ex-cla-ma-tion, en-no-blir, blanche, mai-gre-let, voyel-les, a-ryth-mie, ar-riè-re, pré-fi-xe, i-ta-lien, i-ta-lien-ne, a-li-gner, al-gè-bre, jouai-ent

5. *Solutions possibles:* Moïse, contiguë, M.me de Staël, naïf, naïade, haïr
Chef-opérateur, sous-chef, médecin-chef, vingt-neuf, garde-chasse, garde-robe

Nome

1.
a. bergère (f.), canon (m.), poupée (f.), fromage (m.), abeille (f.), vin (m.), tableau (m.), raisin (m.), bonheur (m.), montagne (f.), chaleur (f.), docteur (m.), biche (f.), printemps (m.), agneau (m.), sauveur (m.), été (m.), ouvrière (f.), fleur (f.), couleur (f.), montre (f.), horloge (f.), pensée (f.), faute (f.), minuit (m.), calme (m.), fruit (m.), arbre (m.), chemin (m.), midi (m.), cheminée (f.), déjeuner (m.), âge (m.), étude (f.), compas (m.), règle (f.), sac (m.), cartable (m.), dent (f.), crayon (m.), gomme, (f.), affaire (f.), front (m.), lèvre (f.), départ (m.), dimanche (m.), mer (f.), année (f.), drapeau (m.), jeunesse (f.), enfant (m.), enfance (f.), gens (m.)
b. maman, femme, fille, tante, nièce, sœur, cousine, petite-fille, maîtresse, grand-mère, marraine, madame, compagne, camarade, élève, écolière, amie, auteur (femme), belle-sœur, belle-mère, présidente, impératrice, avocat, doctoresse, écrivain (femme), reine, princesse, professeur (femme), duchesse, comtesse, baronne, juive, préfète, héroïne, servante, gouvernante, directrice, institutrice, jeune femme, belle fille (bru), peintre (femme)
c. Jean, Paul, Joseph, Henri, Jules, Charles, Antoine, Claude, Lucien, François, Louis

2.
a. Il a des bras longs – Le beau Paris attire beaucoup de touristes – Donne-moi cette feuille de papier – Je ne connais pas sa pensée – La haine est un mauvais sentiment – Julienne est une enfant tranquille – Cette femme est ma meilleure aide – L'aigle est fier et courageux – Cette insigne représente l'Aigle noir de Prusse – Bossuet, écrivain français, orateur sacré et évêque, fut surnommé l'Aigle (m.) de Meaux – Il en a vu de toutes les couleurs – Cette écharpe est d'une belle couleur rouge – Mon plus grand délice, c'est une belle promenade à la campagne – Quelles délices pour ma petite sœur les gâteaux – Cette foudre a fait des victimes – Cicéron fut un véritable foudre d'éloquence – Le garde champêtre n'est pas resté sur le qui-vive
b. Nous avons passé la Noël à la montagne – Venise est belle – Des gens sont arrivés hier – Ce sont des jeunes gens toujours élégants – Ce sont les meilleures gens que j'ai connus – Tout Paris s'intéresse à ce débat politique – Ta mère est un excellent peintre – Madame la Préfète est la femme du Préfet – C'est Madame Villeneuve le Préfet de cet arrondissement – C'est un homme très gentil, certes ce n'est pas un aigle – Mon père a tout l'œuvre de Molière – Vous travaillez à un grand œuvre –Les frères Abbagnani sont de fameux gens de mer – On dit que les Turcs ou la gent qui porte le turban, sont des gens durs et impitoyables – On a psalmodié et chanté une ancienne hymne religieuse – Jésus célébra la Pâque – Pâques aux Roses

3.
a. Le Mans, une ville de la France, est important pour son fameux autodrome – Le Havre, grand port sur la rive droite de l'estuaire de la Seine, fut presque complètement détruit pendant la Seconde Guerre mondiale; actuellement la ville a été tout à fait reconstruite – Dans la belle Séville on inaugura une grande exposition universelle – Tout le monde aime visiter la belle Rome et le grand Paris – Tokyo, avec son centre très moderne et ses vastes parcs, est très soigné et élégant – Tout Rome avait accouru au spectacle des trois ténors – Tout Bangkok était en fête pour l'anniversaire de la reine Sirikit
b. M.me Duval est un grand écrivain – Ce beau docteur en droit est candidate aux élections prochaines – Dans notre pays les femmes peintres, les doctoresses, les femmes en carrière ne manquent certainement pas – Cet orateur est un aigle – Ce noble avait fait peindre une aigle déployée sur la porte de son palais – Napoléon premier porta ses aigles victorieuses dans toutes les capitales d'Europe – La couleur de ce journal est encore indécise – Ses lèvres étaient d'un beau couleur de rose – Voilà un beau couple d'amis – Une paire de poulets suffit pour notre dîner

Formazione del plurale

1. hommes, femmes, fenêtres, vitres, tables, voitures, bœufs, rivières, aurores, fleuves, herbes, abris, époux, nez, croix, marquis, brebis, chameaux, bambous, oiseaux, jeux, feux (fuochi), genoux, hiboux, cadeaux,

agneaux, bancs, cerfs, stylos, logis, trous, veaux, thorax, moutons, automobiles, cheveux, cailloux, landaus, heureux, jaloux, cheminées, bijoux, sous, nouveaux, beaux, bleus, vieux, fous, idéals (idéaux), vals (vaux), finals, éventails, vantaux, soupiraux, glacials (glaciaux), ciels (cieux), travaux, émaux, natals, matinals (matinaux), œils (yeux), fatals, aïeuls (aïeux), drapeaux, lieux, journaux, généraux, châteaux, détails

2. fleur, étoile, fruit, douleur, forêt, haie, héros, rubis, gant, noisette, pays, bille, cadenas, noix, orange, villageois, bronze, époux, bois, rivage, tapis, poids, pois, bijou, joyau, jeu, joujou, ciel de tableau, ciel étoilé, œil-de perdrix, aïeul romain, œil de femme

3. Le bon père – Les petits jardins – Les grandes chambres – Le perdrix rouge et le perdrix gris – Les nez camards – Les pattes des animaux domestiques – Les généraux intrépides – Les carnavals animés – Des régals exquis – Des aspects théâtraux – Les repas frugaux – Les chacals sont des espèces de chiens – Elle a reçu de beaux bijoux – Il fait chaud, ouvrez les vantaux et donnez-nous des éventails – Admirez les beaux ciels de ce tableau et les beaux cieux étoilés – Les canaux sont des cours d'eau artificiels – Les travaux sont pénibles – Nos aïeux les Romains conquirent le monde – Voilà des joujoux pour tes petits frères

4. hardiesses, petits contes, combats, habitations, frayeurs, joies, mélancolies, offenses, parties, sommets, rives, hôtelleries, étendards, banquets, voitures, raisons, rapidités, cultivateurs, férocités, malheurs, travaux, pauvretés, absences o imperfections, aides, larrons

5. Les Bourbons ont régné en France, en Espagne et en Italie – Cornélie était la mère des Gracques – Les Corneille, les Molière, les La Fontaine ont illustré le dix-septième siècle – Avec Henri IV commence la dynastie des Bourbons – Les deux Corneille sont nés à Rouen – Achète trois Odyssée et quatre Hamlet – Le musée du Louvre est riche en Raphaëls, en Poussins, en Picassos – Les Vallier habitent Marseille – J'ai entendu deux opéras de Verdi – Des dilettantes ont joué des allégro sur nos deux pianos – Dans les lettres à vos supérieurs évitez les post-scriptum – Tu diras cinq pater et cinq ave – Ce sont de véritables gentlemen

6. les sourds-muets – les oiseaux-mouches – les porte feuilles – les tire-lires – des choux-fleurs – des coffres-forts – les hôtels Dieu – les arcs-en-ciel – les sous-préfets – les bains marie – des timbre postes – les contre-pieds – les sous sols – des porte objets – les rouges-gorges – des procès verbaux – des tire bouchons – des coq-à l'âne – des pied-à-terre – des porte-clefs – des gardes-chasse – des tête-à-tête – des grand'messes – des robes orange – des jupes marron – des chefs-lieux – des arrière gardes – des après-midi

7.

a. Les trois Coriaces et deux des Horaces périrent en combattant pour leur patrie – Les Bourbons ont régné dans les deux Siciles – Mon oncle possède deux Picassos et trois De Chiricos – Peu de pays peuvent vanter des Pascal et des Molière – Les Romanov régnèrent en Russie de 1613 à 1762 – Les Duval qui habitaient dans la villa à côté ont changé de maison – La France est fière de ses Corneilles, de ses Molières, de ses Racines... – Dans la librairie paternelle j'ai trouvé trois "Candide" de Voltaire et deux "Phèdre" de Racine – Difficilement des poètes épiques sont des Virgiles et des Homères

b. Dans cette église étaient pendus des ex-voto – Dans tes lettres tu fais un grand usage de post-scriptum – Pour faire pénitence tu dois dire 10 Pater et 10 Ave – Ces Anglais sont de véritables gentlemen – Il est important d'avoir les duplicata de ces documents – Les deux Guinées produisent du coton, du tabac, du café, de l'indigo – Les deux dilettantes ont bien joué leurs solos – Je garde toutes mes agendas –Les greniers sont généralement éclairés par les œils-de-bœuf – Les passeports sont nécessaires pour quelques voyages à l'étranger – Si tu as mal aux yeux sers-toi des abat-jour – Les cieux de certaines provinces du Sud sont lumineux

c. Mets des porte-manteaux dans l'antichambre – La façade de cette église a des bas-reliefs – Les banques ont de solides coffres-forts – Ma secrétaire a expédié les lettres sans les timbres poste – Au Japon on n'accepte pas les pourboires – En Thaïlande nous avons admiré des tissus fantaisie en soie bleue, noisette, marron, cramoisie, pourpre, verte, etc. – Dans ces archives vous trouverez tout ce que vous cherchez – Une fois, au couchant, dans les petits pays on sonnait les vêpres – Dans la maison de mes grand' parents il y a encore deux très belles garde-robes en noix

Articolo

1. l'école, une école – les, des professeurs – les, des élèves – l'élève, un élève (m.), l'élève, une élève (f.) – les, des bancs – le, un tableau noir – le, un torchon – la, une craie – le, un bureau – le, un fauteuil – le, un journal de classe – les, des lunettes – la, une corbeille à papier – le, un cartable – les, des armoires – les, des porte manteaux – la, une lampe – le, un plafond – le, un parquet ou carrelage – les, des cartes géographiques – le, un radiateur – le, un interrupteur – le, un cahier – les, des écoliers – les, des camarades – le, un héros – les, des héros – la, une haine – la, une harpe – l'habileté, une habileté – le, un homme – la, une feuille – le, un papier – la, une cabane – la, une plume – la, une haie – les, des époux – le, un plat – la, une assiette – l'âge, un âge – le, un renard – le, un poulet – le, un tigre – l'ours, un ours – le, un crayon – la, une mouche – le, un moustique – l'héritage, un héritage – l'ingénieur, un ingénieur – l'horloge, une horloge – l'héroïne, une héroïne – la hauteur, une hauteur – le, un champignon – le, un blaireau – la, une planète – la, une vague – le, un phare – le, un volcan – la, une fusée – les, des trous – la, une nacre – le, un centime – la, une fleur – l'engin, un engin

2. les cris..., le chien..., la brebis..., les bœufs..., la poule..., les cochons..., le cheval..., les loups ..., le dindon..., les ânes..., la grenouille..., le corbeau..., la pie..., le chat..., les petits poulets..., le pigeon..., la tourterelle..., le lion..., les serpents..., les renards..., le merle..., les rossignols..., le tigre..., les hirondelles..., le coq..., les moineaux..., la mouche..., les aigles..., le cerf..., les éléphants...

3. l'éléphant, l'hippopotame, l'éventail, le hérisson, l'âne, l'homme, le haricot, l'aigle, l'omnibus, le hameçon, l'ardoise, l'arbre, l'œil, le hanneton, l'amande, l'hôtel, le hameau, l'arsenal, l'oiseau, le hibou, l'animal, le hangar, l'aérostat, l'hirondelle, l'émail, l'horloge, l'autruche, le hareng, l'abricot, le nez, le bas

4. N. 1: héros (sing.), héros (pl.): h aspiré avec valeur de consonne // haine: h aspiré // harpe: h aspiré // habileté: h muet avec valeur de voyelle // homme: h muet // héritage: h muet // horloge: h muet // héroïne: h muet

N. 3: hippopotames: h muet // hérissons: h aspiré // hommes: h muet // haricots: h aspiré // hameçons: h aspiré // hannetons: h aspiré // hôtels: h muet // hameaux: h aspiré // hiboux: h aspiré // hangars: h aspiré // hirondelles: h muet // horloges: h muet // harengs: h aspiré

5. un monde, un bœuf, des renards, le professeur, un professeur, l'élève, le héros, la haie, le hêtre, la table, le carrelage, une âme, une élève, les bancs, la haine, la craie, la hauteur, l'élévation, l'héroïne, l'horloge, le fauteuil, l'armoire, une armoire, la corbeille à papier, l'écureuil, l'hirondelle, un été, l'honneur, la douleur, la vapeur

6.
a. l'oncle – le cousin – la cousine – le professeur de français – la compagne de Marc – une histoire facile
b. Mon oncle est un ingénieur – Garibaldi est le héros des deux mondes – le fauteuil de mon père – Le tableau noir est utile – Les bancs sont vides – Les garçons dorment – Voilà la craie

7. Libre

8. Pour le peuple – Sur la maison – Au livre – Avec toi – Avec elle – À lui – De mon frère – Une conversation entre deux copains – Vous allez à l'école – Le chien est dans le jardin – Paul téléphone à Claude, à l'ami, au copain – Claude parle avec Paul de l'ami, du copain – Paul parle aux amis des projets de Claude – Le chat est sur la chaise – Le professeur est derrière le bureau – L'élève est devant le tableau noir – Les tableaux sont sur les parois – Le tapis est sous les pieds – Le compas est sur le banc – Les livres et les cahiers des écoliers sont dans le cartable – Le téléphone est sur la table – Les fleurs sont dans le vase – Le vase est derrière le téléphone – La gare est visible sur la droite du pont – Avec la belle saison tout se transforme dans la nature – Cette région était sous la domination autrichienne – Le cinéma se trouve sur la gauche du boulevard

9. J'ai donné ma revue à Paul – C'est une idée de mon frère – Nous sommes partis avec nos amis – Il y a une hypothèque sur cette villa – Je l'ai trouvé dans ton cartable – Elle est allée en Italie et en France mais surtout dans l'Italie du Sud et dans la France méridionale – Il me faut un équipement pour aller à cheval – J'ai ta lettre sous les yeux – Le journal du professeur est sur le bureau – Les cartes géographiques sont dans l'armoire – Nous l'avons demandé au proviseur et aux professeurs – Le magnétophone est un appareil d'enregistrement et de reproduction des sons sur une bande magnétique – Il était entre la vie et la mort – J'ai trouvé ta photo parmi les souvenirs de famille – Je pense toujours à lui avec tendresse – Je l'ai vue parmi la foule – C'est un secret entre toi et moi – Le professeur écrit sur le tableau noir – Les professeurs de ce lycée sont sévères – Le chien de Claude aime se reposer sur le divan ou sur le lit – Il aime se promener sous les arcades – Le feu couve sous la cendre

10. La gomme et le crayon sont dans la trousse – Les cahiers sont sur la table – Pierre est devant le tableau noir – Le professeur est derrière le bureau – Le chat est sous la table – André est avec ses copains

11. Les clous du soulier – Les rayons du soleil – Les eaux des ruisseaux – Les paysans à la fête – Les bancs de coraux – Les émaux du musée – Les travaux des champs – Les tableaux du salon – Les épouvantails des enfants – Les voiles sur la mer – Les ordres des caporaux – La terreur des bois – Les ciseaux du couturier – Le téléphone est sur la table – Les fleurs sont dans le vase, sur l'appui de la fenêtre – Les lunettes du professeur sont sur son bureau – Le professeur parle aux élèves – La maison de Léa est sur la colline – Un papillon est sur la fleur de l'acacia – César et Hannibal sont les grands capitaines de l'antiquité – Les Francs se couvraient avec la peau des ours tués – À l'extrémité de la branche il y a un rouge-gorge – Les tigres sont redoutables même dans les cages – La vanité est sœur de la bêtise et la paresse mère des vices – Les huîtres sont sur les écueils de la mer

12.
a. au téléphone – à la mer – au cinéma – du héros – de la harpe – de l'homme – de l'histoire – des cadeaux pour toi – de la table – du chocolat – de l'enfant – du livre – de l'horloge – de l'ami – de l'amie – des camarades – dans le journal du professeur
b. La découverte est souvent l'effet du hasard – La fenaison a lieu au mois de juin, la moisson au mois d'août – Les vendanges se font à la fin du mois de septembre – À l'école l'élève reçoit le "carnet de notes" – Au collège et au lycée c'est le "bulletin de notes"

13. Libre

14. Nous mangeons de la viande – Maman prépare des hors-d'œuvre – Christian ne mange pas des tartines mais des croissants – Yvonne ne mange pas des croissants mais des tartines – Jean ne veut pas du thé mais du chocolat – Il veut du gâteau – Christian ne veut pas de chocolat – Marc veut du thé

15. Maman a mis du lait, du café; maman n'a mis ni lait, ni café – Christian mange des tartines et boit du thé; Christian ne mange pas de tartines et ne boit pas de thé – Yvonne mange des croissants; Yvonne ne mange pas de croissants – Sur la table il y a de la salade et du poulet; sur la table il n'y a ni salade ni poulet

16. Je ne bois pas du lait, mais du chocolat – Tu ne bois pas du vin, mais de l'eau – Il ne boit pas de l'eau, mais de l'orangeade – Nous ne buvons pas du café, mais du thé – Vous ne buvez pas du thé, mais du café – Ils ne boivent pas de l'orangeade, mais du coca-cola

17. Il mange des biscuits ou des tartines avec du beurre et de la confiture – Yvonne a beaucoup de volonté et peu de courage – Il a tant de tantes et tant d'oncles – Ils boivent toujours de la bonne bière – Nous mangeons volontiers du poulet et des frites, mais non du pain – J'achète des livres mais je n'achète pas des revues étrangères – Il a de l'argent mais il n'a pas des amis – Vous avez souvent de belles idées – Je préfère du bon thé – Je sors souvent avec des amis et avec des amies – Christian étudie avec diligence et tant de constance – Mon père ne boit ni thé, ni café, ni lait – Elle est sans amis – J'ai faim et tant de soif – Nous avons visité des villes très belles avec des parcs immenses et des jardins merveilleux

18. Le boucher vend de la viande et le boulanger du pain – Le pâtissier a des gâteaux, des brioches et des pâtisseries de toute sorte – J'ai acheté du sucre, du café, du poivre, des fruits confits et des marrons glacés – J'ai encore du tabac – J'ai encore du bon tabac – Je n'ai plus de tabac – Elle a acheté des allumettes – Elle n'a pas acheté d'allumettes – As-tu acheté des souliers? Oui, j'ai acheté des souliers étroits – Yvonne ne pratique pas de sport – Elle a passé de belles vacances au Canada – La télé passe des documentaires intéressants – On aime beaucoup écouter des disques de Chopin – On ne voit pas toujours de beaux films au festival du cinéma – L'Italie fournit de beaux marbres – L'Allemagne et l'Angleterre fabriquent de la bière excellente – La Hongrie produit des blés superbes – La France et l'Italie donnent des (de) bons vins – On voit, en Normandie, de gras pâturages et des pommiers nombreux – L'Orient fabrique des tapis magnifiques – On trouve, en Afrique centrale, de vastes déserts, des lacs et des forêts immenses – C'est une femme qui a de la culture – Elle ne lit que des œuvres littéraires et scientifiques – Cet enfant ne mange que de la viande – Alain ne fume pas des cigarettes italiennes mais des cigarettes anglaises – Achète-moi des petits pois, je les aime beaucoup – Maman prépare des hors-d'œuvre – Devant l'école on voit souvent des jeunes filles et des jeunes hommes – Vous avez beaucoup de courage et peu de constance – Je l'ai répété bien des fois

19. *Solutions possibles:* Ils n'ont ni honte ni pudeur – Cet enfant ne mange ni viande ni poisson – Elle est très (molto) riche mais elle n'a ni culture ni expérience – C'est dommage, vous n'avez vu ni ce beau panorama ni ces beaux jardins – Hélas, je suis sans ressources: je n'ai ni le travail ni l'espoir d'un emploi quelconque – Tu parles sans connaître les faits – On l'a traité sans aucune indulgence – Sans une protection il ne peut aller trop loin – Je suis parti seul et sans valises: heureux et sans soucis

20. *Solutions possibles:* Il me faut beaucoup d'argent pour réaliser ce projet – Elle l'a fait bien des fois – Si vous avez un peu de patience, vous serez contentés comme d'accord – Il y a trop de contrastes entre toi et lui – Ils ont reçu tant de promesses! – Marie a acheté plus de plantes pour son jardin et moins de fleurs pour mon parterre – Elle en a reçu assez de compliments, toutefois elle n'est pas du tout satisfaite – Combien de patience pour arranger ce programme! – Elle a bien plus d'opinions que vous sur cet argument

21. *Solutions possibles:* On l'a fait avec soin – Il a été traité avec indulgence – Ce magistrat juge toujours avec justice – Cette institutrice suit ces élèves avec patience et avec une grande compétence – Nous avons appris avec joie cette nouvelle – Sortirez-vous avec des parents? – Nous avons soupé avec du lait et des biscuits – Christian aime jouer au tennis avec des personnes plus expertes que lui – Tu n'as qu'à parler avec des gens capables de bien juger – Son supérieur aime s'entretenir avec des ouvriers qui l'informent sur tout ce qu' ils font.

22.

a. La Toscane produit du vin excellent – Rome a des monuments incomparables – Quand j'ai soif je ne bois pas de l'eau mais du thé froid – Ils ont peu de ressources mais tant de chance – Il nous reste peu de temps – Je me le suis demandé bien des fois – Il y a toujours beaucoup (trop, peu, assez) de monde – Aujourd'hui j'ai moins de travail parce qu'il y a moins de gens – Elle étudie avec intelligence et sans effort – Yvonne et Christian dressent la table avec soin: avec des verres de cristal, des couverts d'argent, etc.

b. Mange sans faire tant d'histoires – Mon oncle vit tout seul, il ne veut ni parents ni amis – Tu as faim? Mange ces tartines avec du beurre et de la confiture – Tu as toujours sommeil – N'as-tu pas honte? – Des jeunes hommes et des jeunes filles se pressent à l'entrée du cinéma – Je n'ai pas de temps, je dois sortir – Je lis toujours avec plaisir Baudelaire et Verlaine – Étudiants, professionistes, ménagères, ouvriers participèrent tous à cette manifestation

Uso dell'articolo

23.

a. J'ai lu "Les Fiancés" de Manzoni et la "Correspondance" de Giusti – Pétrarque et Boccace sont des poètes italiens – Laurent premier, dit "Le Magnifique", fut un membre très célèbre de la famille des Médicis – Le "Racine" d'Athalie est encore supérieur au "Racine" de Phèdre – Ce matin nous avons rencontré les Vallier qui partaient pour Dijon – Eugène Jonesco, dramaturge contemporain, est un auteur d'avant-garde – À la famille des Stuarts appartiennent plusieurs souverains d'Écosse et d'Angleterre – Hier soir on a joué du Mozart mais surtout du Rossini – Les Guises furent des catholiques fanatiques

b. Le Milan d'aujourd'hui, comme toutes les villes d'ailleurs, est différent du Milan de jadis – Héritier de Mazarin, Louis quatorze voulut continuer sa politique – Les sculptures de Canova sont les plus représentatives du néo-classicisme – Janine est une femme très intelligente – Le David est une statue très célèbre de Donatello, de Michel-Ange, de Pollaiuolo, mais il y a d'autres David: David, roi d'Israël, (1010-970 a. C), David roi d' Écosse (1084-1153), David peintres: le flamand Gérard David (1460-1527), le français Louis David, peintre de Napoléon et chef de l'école néo-classique (1748-1825), David compositeur (1810-1876) et David d'Angers, statuaire français (1788-1856) auteur du fronton du Panthéon

c. Il enleva son pardessus et s'assit en face de moi – Vous devez contrôler à la page... – Jean Luc a parié qu'il traverserait à la nage tout ce lac – Mes élèves, préparez-vous à écrire sous la dictée – Le siècle du roi Louis XIV a été appelé le "Siècle d'or" de France – Quelles sont les limites au Sud et à l'Est de l'Allemagne? – Es-tu allé à la messe? Non je suis allé à la chasse – On vous a accordé un intérêt de 9%

24.

a. Le sable du Nile cachait les œufs de crocodile – Nous trouvons le platine au Mexique, au Brésil et dans la Californie – Au Japon, comme en Chine et en d'autres pays de l'Extrême Orient, les vieilles traditions cèdent, peu à peu, aux modes occidentales – J'ai lu la "Correspondance" de Voltaire avec Catherine de Russie – Léopardi est un poète romantique – Louise est une jeune fille qui a un grand avenir – Aux soldes j'ai acheté deux jupes sur lesquelles on m'a fait un escompte de 30% – Nous avons été visiter la sépulture de l'Alfieri – À propos, as-tu jamais lu "I Sepolcri" de Foscolo? – Le Corneille des derniers ouvrages n'est plus le Corneille du "Cid" – L' "Atala" de Chateaubriand est une créature tendre et douce

b. Les Aristote, les Platon, mais même les Rousseau et les Voltaire ont une place importante dans l'histoire de la philosophie – Cet ouvrage de Michel-Ange n'est pas l'un des meilleurs – Les Estes, appartenant à une des plus illustres familles princières italiennes, gouvernèrent longtemps Ferrara, Modène et Reggio – Ils protégèrent l'Arioste et le

Tasso – Nous devons à Marconi beaucoup de découvertes – Hitler a cru être le Napoléon de ses temps – À la Malmaison, résidence de l'impératrice Joséphine après son divorce, il y a bien des ouvrages de Canova – La Malibran était une grande cantatrice d'origine espagnole, née à Paris – La Beauvoir a été la femme de J.P. Sartre – Les Pompadour et les Du Barry ont toujours exercé une grande influence sur les rois et sur les gouvernements – Les Flaubert, les Taine restent toujours de grands maîtres – Les œuvres de Benedetto Croce ont exercé une grande influence sur la pensée italienne contemporaine – Sa méthode s'inspire à Hegel – L'"Alceste" du "Misanthrope" de Molière représente l'homme colérique mais à la sincérité inflexible

Aggettivo qualificativo

Formazione del femminile

1. ... lis majestueux... – papillon présomptueux... – couleurs plus vives et plus belles... – insecte vil et fier... – orgueil étrange... – encore obscur...

2. jolie, bavarde, grise, sourde, noire, bleue, obscure, honnête, mauvaise, solide, fine, fertile, parfaite, loyale, niaise, verte, tendre, sucrée, intrépide, vraie, égale, délicate, triste, exacte, sale, charitable, parfumée, agitée, entière, guerrière, ambiguë, légère, exiguë, instructive, capricieuse, rousse, rouge, fugitive, nette, plaintive, fausse, oisive, merveilleuse, naïve, précieuse, molle, folle, basse, nulle, muette, maladive, victorieuse, telle, mignonne, nouvelle, pareille, italienne, brève, romane, dévote, laponne, débiteuse (débitrice), naturelle, épaisse, parisienne, grasse, paysanne, gentille, timide, aimable, noire, exclusive, avantageuse, discrète, orageuse, bonne, indiscrète, chargée, cruelle, active, complète, habile, dernière, grossière, fière, difficile, amère, mineure, sotte, majeure, inférieure, rêveuse, vengeresse, initiatrice, créatrice, antérieure, admiratrice, alsacienne, inquiète, inspectrice, doctoresse, professeur, servante, princesse, écrivain, poétesse, sèche, belle, franche, accusatrice, bénigne, maligne, longue, nièce, nouvelle, publique, sauveur, gaie, peintre

3. beau, grand, important, cousin, facile, difficile, habile, bref, capricieux, actif, premier, allé, fini, écolier, furieux, faux, époux, préfix, doux, roux, rouge, ambigu, gentil, cruel, sot, bas, gras, muet, lapon, nippon, exigu, idiot, inférieur, débiteur, menteur, acteur, chanteur, chanteur, comte, pécheur, pêcheur, tigre, hôte, bénin, charmeur, charmeur, frais, grec, public, compagnon, serviteur, résous, absous, fou, malin, vieux, nouveau, caduc, ogre, chasseur, long, ambassadeur, juif, jumeau

4. La jeune fille diligente – Une femme inquiète – Une amie généreuse – Une enfant délicate – La brebis douce – La chatte vive – Une tante veuve – La grand-maman maternelle – La déesse de l'amour – La princesse mineure – La voyageuse turque – La chanteuse grecque – Une artiste appréciée – Une femme peintre alsacienne – Une compagne grossière – Une actrice grasse – Une fillette maligne – Une tierce – Une pécheresse folle – Une Juive française – Une pièce contiguë – Une enfant sotte – Une prolongation préfixe

5. L'écolier obéissant – L'empereur sévère – Le directeur habile – Un juif polonais – Le jeune homme majeur – L'habit abîmé – L'époux trahi – L'appartement contigu –L'an dernier – L'animal cruel – Un homme gros et gentil – Un comte orgueilleux – Un poète fameux – Un tigre féroce – Un homme menteur – Un chanteur étranger – L'idiome grec – Le jumeau de Marie – Le bon vieil homme – Le beau chanteur – L'idiome juif et l'idiome lapon

6. Tu as une amie en moi – La bergère mène les moutons à la montagne – La causeuse s'arrêta à ce point – Des paysannes se rendaient à la foire – La marchande a vendu un poulet – La lionne était dans une cage en fer – L'héroïne de cette fable était une princesse – Je rencontre toujours une mendiante qui demande des sous – J'ai vu une linotte dans son nid – La moqueuse était impitoyable – L'actrice gagna une fortune – Jeanne est la fille d'une ouvrière – La menteuse pâlit à cette objection – La directrice des cours rédigea un programme de conférences – La boudeuse change de mine – Jeanne est mon amie – La reine arrivera demain – Madame la baronne est chez l'ambassadrice d'Espagne – Les devineresses ne savent pas plus que nous l'avenir – Voilà une jeune fille bien sage – Est-ce que votre femme est là? – Madame X est témoin dans cette affaire – Ma mère était peintre – Est-ce que ta tante est l'auteur de cet article? – À la tête de cette abbaye il y a une mère abbesse

7. Mes camarades sont imprudents (tes) – Les lapins sont timides – Les Romains portèrent leurs armes jusque dans les forêts épaisses de la Germanie – Cette dame a les dents blanches – Il ne faut jamais avoir des opinions exclusives – Les pouvoirs exclusifs sont chargés d'appliquer les lois – Les Romains portaient des toges blanches – Cette saison n'est pas bénigne – Les parties supérieures du palais sont crevassées – Ces routes sont poudreuses – C'est une question épineuse – Il gravit cette côte dangereuse – J'ai reçu une longue lettre et j'ai répondu par une courte – Donnez-moi un verre d'eau fraîche, s'il vous plaît – Ces jeunes filles portaient des robes vertes – J'aime beaucoup les figues sèches – Je lui ai demandé de franches explications – Il faut quelquefois tenir compte de l'opinion publique – Nos récréations favorites sont la marche et la musique – Les médecins avaient pensé à une fièvre maligne – La langue grecque est difficile à apprendre – La femme turque ne porte pas de voile

8. *Solutions possibles:* Le tigre est féroce – La vipère est dangereuse – Le verre est fragile – L'eau de la mer est salée –La montagne est élevée – Le torrent est impétueux – L'âne est docile – Le chameau est bossu – Le chien est fidèle – L'agneau est doux – La terre est ronde – La neige est blanche – L'herbe est verte

9. *Solutions possibles:* Chemisier blanc, chemise blanche – Voile noir, robe noire – Cœur dur, oreille dure – Mur droit, ligne droite – Travail utile, réunion utile – Chien fidèle, amie fidèle – Mouchoir rouge, jupe rouge – Regard doux, voix douce – Aliment léger, faute légère – Voleur leste, main leste – Sol fertile, imagination fertile – Souvenir amer, bouche amère – Projet grand, idée grande – Homme riche, femme riche – Fardeau lourd, couverture lourde – Potage agréable, boisson agréable – Jardin vaste, plaine vaste

10. *Solutions possibles:* Vent chaud, vent léger – Mer profonde, haute mer – Hiver doux, hiver froid – Été chaud, été long – Clocher bronzé, clocher lourd – Encre noire, encre rouge – Pain dur, pain frais – Ruban rose, ruban blanc – Ciel nuageux, ciel limpide – Œufs frais, œufs durs – Conte fantaisiste, conte historique – Oiseau migrateur, oiseau chanteur – Dent blanche, dent saine – Couteau tranchant, couteau acéré – Âne docile, âne bâté (calzato e

vestito) – Soleil lumineux, soleil pâle –Âme tourmentée, âme sublime – Interprète jeune, interprète fiable

11. Caractère triste – Travail difficile – Élève négligent – Bœuf gras – Eau limpide – Soleil couchant – Pays froid – Devoir court – Tempérament faible – Corridor large – Maître sévère – Contrée pauvre – Homme vieux – Histoire intéressante – Chasseur habile – Ligne horizontale

12. Tigre carnassier, homme carnivore, Anecdote risible, mode ridicule – Serpent venimeux, champignon vénéneux – Rivière torrentueuse, pluie torrentielle – Repas frugal, élégance sobre – Temps sec, pays aride – Sirop épais, tissu serré, plomb lourd – Saut dangereux, insecte nuisible, écueil périlleux

13. La douceur maternelle – L'oiseau nocturne – Une société musicale – La clémence royale – L'armée nationale – La présomption ignorante – La rosée matinale – Un regard dédaigneux – Les paroles flatteuses – Le conseil amical – Le lilas printaniers – Une épreuve photographique

14.

a. Jacques et Mireille sont de vieux amis. Jacques est un petit garçon et Mireille une grosse chienne. Mireille est beaucoup plus grande et plus forte que Jacques. En posant ses pattes de devant sur les épaules de l'enfant, elle le domine de la tête et du poitrail. Elle pourrait l'avaler en trois bouchées mais elle sait, elle sent qu'une force est en lui, et pour petit qu'il est, il est précieux. Elle l'admire à sa manière. Jacques, de son côté, trouve Mireille admirable. Il voit qu'elle est forte et il admire la force. Il voit qu'elle est bonne et il admire sa bonté.

b. Une belle petite fille, blanche, fraîche et légère, jouait dans un pré. Elle se mit à crier, "Oh! Oh!" et elle entendit les mêmes mots sortir d'un bosquet voisin. Surprise l'enfant s'écria: "Qui es-tu?" Sur quoi la voix répondit: "Qui es-tu?" Furieuse la petite fille reprit: "Tu es une sotte" et la voix répéta aussitôt: "Tu es une sotte". Folle de colère l'enfant courut se plaindre à sa mère. Celle-ci comprit. "Ma fille, dit-elle, si au lieu d'être querelleuse, tu avais été bonne, gentille, polie, le bosquet aurait été de même à ton égard. Souviens-toi que la conduite des autres, envers toi, sera toujours l'écho de la tienne".

15.

a. La maison grande – La ville petite – La leçon facile – La fleur parfumée – La grande douleur – La leçon importante – Les conférences importantes mais longues – L'épouse heureuse – Les élèves négligentes – La première de la classe – La dernière arrivée – La musique agréable – Une idée excellente – Une mise en scène très habile – Une femme écrivain pleine de fantaisie et bizarre – Aujourd'hui les femmes détectives, les docteurs en médecine (o doctoresses), les femmes écrivains, les femmes entrepreneurs, les femmes soldats, les femmes professeurs, les femmes peintres sont augmentées par rapport au passé – Nous allons consulter la devineresse – Elle sera toujours une débitrice insolvable – Marie Callas a été une grande cantatrice – Bien des chanteuses de musique légère sont même des auteurs – Ce sont de jeunes veuves gracieuses, vives et gaies – La sienne est l'unique proposition concrète et sérieuse

b. Sois sage – La saison est bénigne – Le champs était entouré de haies épaisses – Il se servit d'une feuille de papier très épaisse – De grosses cailles et des perdrix gracieuses débouchèrent des haies épineuses – Dans les parties basses les eaux mortes pourrissent – Les eaux des lacs sont fraîches et limpides – Les fraises sont rouges – Les guerriers francs avaient la chevelure rousse – Les Druides, selon Pline, étaient vêtus de tuniques blanches – La Savoie est montagneuse – Nantes est une grande ville commerciale – Non loin de la ville il y a une plaine sablée; la route pour y arriver est dangereuse – Cette femme professeur est sévère mais juste – En automne la grappe de raisin est douce et dorée – Sa chatte est maligne, voleuse et fausse – La partie occidentale de la France est basse – Cette salade est appétissante

c. L'histoire ancienne est riche d'épisodes – On accueille toujours avec joie la nouvelle année – La guerre était l'occupation favorite des Gaulois – Une vie oisive est pleine de dangers – Les dents de lait sont des dents caduques – La porte de la maison est fermée – L'odeur des fleurs est enivrante – La haute montagne est couverte de neige – Cette fable est spirituelle et instructive – La haine rend l'âme inquiète – La brise de la mer est fraîche – La vieille ville était ornée pour une fête – Cette prière réveilla en elle une pensée pieuse – La chouette a les yeux ronds et la voix criarde – Apportez-moi une bière meilleure – La description était plutôt ambiguë

Gradi dell'aggettivo qualificativo

16. J'avais un cousin aussi/plus/moins riche que moi – Elle a autant/plus/de patience que d'orgueil – Ils sont aussi/plus/moins sages que leurs parents – Nous avons autant/plus/moins d'amis que de parents – Ta sœur est aussi/plus/moins belle que toi – Elle a autant/plus/moins de classe que sa mère – Jean et Christian étudient autant/plus/moins que leurs amis – Je travaille autant/plus/moins que lui – Pierre aime les sciences autant que les langues – La mère et la fille sont aussi/plus/moins gentilles que leurs autres parents – Marianne a autant/plus/moins de volonté que son frère – Vous parlez l'anglais aussi/plus/moins couramment que nous – J'aime autant/plus/moins la mer que la montagne – Cet auteur est aussi/plus/moins fameux aux États-Unis qu'en Europe – Il voyage aussi/plus/moins souvent que son directeur – Ce costume coûte aussi/plus/moins cher que cette blouse – Cet artiste a autant/plus/moins de génie que d'humour – Y avait-il autant/plus/moins de filles que de garçons? – Ce gâteau est aussi/plus/moins exquis que cette glace – Cette année on a eu autant/plus/moins d'accidents que l'année passée – La pièce qu'on a joué hier est aussi/plus/moins intéressante qu'amusante – J'ai photographié autant/plus/moins de paysages que de monuments – Cette famille avait jadis autant/plus/moins de soucis qu'à présent – La bibliothèque de ce pays est aussi/plus/moins active que celle d'une grande ville – C'est un film aussi/plus/moins beau qu'instructif – J'ai acheté une villa belle autant que la tienne – Tu as fait autant/plus/moins de fautes que ton ami Jean-Luc – Pour la supporter il lui faut autant/plus/moins de patience que de prudence

17. J'avais un cousin riche autant que moi – Ils sont sages autant que leurs parents – Ta sœur est belle autant que toi – La mère et la fille sont gentilles autant que leurs autres parents – Vous parlez l'anglais couramment autant que nous – Cet auteur est fameux aux États-Unis autant qu'en Europe – Ce costume coûte cher autant que cette blouse – Ce gâteau est exquis autant que cette glace – La pièce qu'on a joué hier est intéressante autant qu'amusante – La bibliothèque de ce pays est active autant que celle d'une grande ville – C'est un film beau autant qu'instructif

18. *Solutions possibles:* Je n'avais pas un cousin si riche (aussi) riche que moi – Nous n'avons pas autant (tant) d'amis que de parents – Marianne n'a pas tant (autant) de volonté que son frère – Cette année on n'a pas eu autant (tant) d'accidents que l'année passée – Je n'ai pas acheté une villa si (aussi) belle que la tienne

19. *Solutions possibles:* Ils sont beaucoup plus sages que leurs parents – Pierre aime les sciences bien plus que les langues – Ce costume coûte infiniment plus cher que cette blouse – Il voyage encore moins que son directeur – J'ai acheté une villa un peu moins belle que la tienne

20. Sa cousine est la plus (moins) belle, très belle – Cet exercice est le plus (moins) facile, très facile – Leurs enfants sont les plus (moins) sages, très sages – Ces pilotes sont les plus (moins) habiles, très habiles – Louis est son collaborateur le plus (moins) fidèle, très fidèle – Ce professeur est le plus (moins) indulgent, très indulgent – Son amie est la plus (moins) sincère, très sincère – Cet arbre est le plus (moins) haut, très haut – Cette ville est la plus (moins) fameuse, très fameuse

21. Les plus doux, les plus innocents, les plus tranquilles des animaux sauvages (sup. rel.)... ceux qui sont plus défiants, plus farouches (sous-entendu ... que les autres) (comp.) ... se réfugient dans les cavernes les plus profondes ou gagnent les sommets des montagnes les plus inaccessibles (sup. rel.); enfin les plus féroces, ou plutôt les plus fiers (sup. rel.), n'habitent que les régions les plus désertes, les climats les plus brûlants (sup. rel.) où l'homme, aussi sauvages qu'eux (comp. d'ég.)... Ces animaux sauvages sont souvent les moins sujets aux (sup. rel.) ... Ils choisissent la nourriture la plus convenable, le climat le plus favorable (sup. rel.). Ils sont très attachés (sup. abs.) au bois... L'homme est leur plus cruel ennemi (sup. rel.): les autres animaux leur sont moins redoutables (comp. min.); ils sont aussi forts, aussi adroits... aussi rusés qu'eux pour les combattre (comp. d'ég.)

22. C'est un hobby très important pour lui – Son hobby le plus important est le sport – Vous êtes des élèves très assidus, les plus assidus de ma classe – J'habite une ville très tranquille, la plus tranquille de la province – Cette pièce est très vaste, la plus vaste de mon appartement qui est pourtant très spacieux – C'est le chien le plus beau et d'une race très rare de cette foire canine – J'ai fait de très longs voyages dans ma vie; j'ai visité les plus belles villes de cette nation très intéressante – Christine a perdu sa très belle poupée, la plus belle qu'elle possédait – Cet arbre est très haut, mais c'est le moins haut de la forêt – Chantal est une amie sincère, elle est toutefois la moins sincère de mes amies – Le blé est très utile, le plus utile des céréales – Il fut très déçu de sa conduite mais assez satisfait de son succès – C'est une discothèque très bruyante, la plus bruyante que j'ai fréquentée – Ce sont des personnes bien intelligentes et bien sensibles, les plus intelligentes et sensibles que j'ai rencontrées chez Jean et Louise

23. La France n'a pas eu meilleur roi que Louis XIV – Il est moins jeune que moi – La fausse pitié est pire que le mépris – Mon frère est majeur depuis trois ans – Ma sœur est plus âgée que moi – La distance n'est ni majeure, ni mineure – Il faut plus de bonté et moins d'orgueil – Le Pape est souvent appelé le Grand Pontife – Le commandant salue ses soldats – "Frères Mineurs" est le nom porté par tous les Franciscains – C'est une sonate en do mineur –Mon frère aîné fréquente l'Académie Militaire – Voyager par avion est très commode, il n'y a pas plus de danger que voyager par mer ou par le train – Mes parents américains ont été très enthousiastes de notre lac Majeur – C'était force majeure – Il entend le moindre bruit – Ce commandant ou chef d'escadrons est désormais en retraite – C'est le pire de ses ennemis – André est le meilleur élève de sa classe – Ce gâteau est meilleur que celui de l'autre jour – Il n'est plus bon à rien

24. *Solutions possibles:* Ce livre est le plus intéressant de ta bibliothèque – Cet ouvrier est le plus habile pour ce travail – C'est l'enfant la plus jolie pour ce rôle – Ce tigre est l'animal le plus féroce du zoo – Marianne est mon amie la plus chère – Le lièvre est un animal très agile – C'est une personne extrêmement correcte – Socrate fut victime d'une sentence très injuste – Pavarotti a été un chanteur très fameux – Tu m'as raconté une histoire assez curieuse

25. *Solutions possibles:* Cette symphonie est en do majeur mais je préfère l'autre qui est en si mineur – Ma sœur aînée est mariée depuis trois ans – Ma sœur cadette aime beaucoup l'anglais – C'est le maximum pour lui – On offre un prix minimum pour cet appartement – Sa plus grande ambition reste l'enseignement – Il lui faut un plus petit logis — Elle est très sensible, le moindre ennui l'inquiète – Lequel de ces chiens préfères-tu? Le plus petit – Nous avons une opinion meilleure que la sienne – Il n'est pire eau que l'eau qui dort – On a choisi la meilleure collection – Ils se portent très bien mais vous vous portez très mal

26.

a. La nature est plus belle que l'art – Le Rhône est moins long que le Danube – Le lièvre est plus agile que le renard – Les eaux du Po sont aussi polluées que celles de beaucoup d'autres fleuves – Racine est aussi grand que Corneille – Le loup est moins rusé mais plus avide que le renard – Sa nièce habite dans l'aile la plus grande de la maison, qui est très grande, aussi grande que celle où habitaient ses parents – Sur le maître autel il y avait beaucoup de belles fleurs – Marc était l'aîné des frères et, à l'époque, il était déjà majeur – La Grande Ourse et la Petite Ourse sont des constellations très renommées – Yvonne est la cadette des filles et Chantal est l'aînée – Les Carthaginois avaient plus de navires que les Romains – Les Spartiates avaient autant d'orgueil que les Athéniens – Il y a moins de brouillard à Paris qu'à Londres

b. L'État-major était au complet – Le lynx et l'aigle ont de meilleurs yeux que le chien – Les côtes de l'Asie mineure furent colonisées par les Grecs – La fondation de Marseille est antérieure à l'arrivée des Romains en Gaule – Le chevreuil a moins de force que le cerf, mais a plus de grâce et de vivacité – Aujourd'hui j'ai dépensé moins qu'hier – Il est moins âgé que moi – C'est un chef de bataillon – Le mouton est un animal assez stupide – Le blé est le plus noble des céréales – La tortue est très lente – L'or n'est pas le plus précieux des métaux – Le chien est très fidèle à l'homme – Il fut extrêmement content de son succès – L'amour propre est le plus grand flatteur – Les flatteurs sont souvent les pires ennemis – La dépense minimum est de deux mille euro

c. La raison du plus fort n'est pas toujours la meilleure – La vie des Esquimaux a toujours été très dure – La viande de porc est bien savoureuse – L'enfant était très gracieux et bien qu'assez vif, il ne nous causait pas le moindre embarras – Je suis très contente de tes résultats – C'est une maison abandonnée depuis plus de vingt ans – Dans cette classe il y a plus de 25 élèves – Jean Luc est bien moins sensible que son frère – Ce travail est beaucoup plus intéressant que l'autre – Il dépense toujours plus d'argent et le soir il entre toujours beaucoup plus tard – Mon oncle a enfin acheté une voiture bien plus belle avec plus de quatre portières – Nous avons dépensé plus de cent mille euro

d. Cette bibliothèque peut compter plus de mille livres – Pour moi l'étude des langues étrangères est de beaucoup plus facile que celle des mathématiques – M. Albert est un excellent pianiste; il a joué magistralement une symphonie en do majeur et une en si mineur – Les frères mineurs de ce couvent sont partis pour une mission au Kenya – Ton action a été pire que la sienne – Son père est hospitalisé dans une clinique de l'Hôtel Dieu – Ce directeur a plus de compétence dans le domaine des titres de l'État – Cet été j'ai passé mes vacances sur le lac Majeur tandis que ma sœur est partie pour l'Asie mineure – L'aînée des sœurs est mariée, la cadette va se marier l'année prochaine – La température maxima n'a pas dépassé les trente degrés

e. Le condamné a eu le maximum de la peine – Malheureusement il faut payer le tarif maximum – La petite Marie a eu en cadeau un joli petit chien – Dans cette petite villa, là bas, habitent mes grands parents – Voilà les petites maisons en bois pour ta crèche – Mon petit frère aime faire collection de timbres – Pourquoi tu sors avec ce vilain chapeau et ces mauvaises chaussures? – Restez loin de ce mauvais chien, il est méchant et grondant – Cette petite fille a un regard un peu malicieux – C'est une jolie petite chambre, comme sa petite maîtresse – Où vas-tu avec ce gros livre? Dans la petite salle à côté – Henriette est vraiment une belle enfant. Elle a la petite bouche rose et un joli petit nez retroussé – Dans notre petit jardin nous avons un parterre de petites fleurs jaunes – Cet enfant est un peu pâle – Prends ces petites tasses et ces petites cuillers

f. Un beau drame de Rostand est l'"Aiglon" – Dans la petite cour nous trouvâmes un petit chat affamé et tremblant – Ce mauvais garçon est indomptable – C'est un petit garçon vif et intelligent – Dans la grande salle il y a une grande fenêtre centrale – C'est un peu loin, qu'en penses-tu? – Jolie ta petite bague. Est-ce un cadeau? – Cette petite vieille passe par ici tous les jours – Le devoir était un peu difficile – Donne-moi de petits morceaux de pains pour ces pauvres petites bêtes – Quelle vilaine journée, aujourd'hui je ne sors pas – Je ne supporte plus cette sale bête

Accordo dell'aggettivo qualificativo

27.

a. Les hiboux et les chouettes sont des oiseaux nocturnes – La guerre a causé la misère et la ruine générales de ces belles contrées – Elle s'habille avec une classe et un goût parfaits – Son goût et sa classe sont remarquables – Elle a eu un père et une mère très affectueux – Sa tante et son oncle ont été très généreux – Ce palais et cette maison sont grands – Vous portez des souliers et des bottines trop grands – Cette dame était vêtue d'une robe bleu clair – Ce bouquet se compose de roses et d'œillets odorants – Va m'acheter du coton et de la laine blancs – La plume et le duvet sont légers – J'ai acheté des gants marron, des chaussettes jaunes et des cravates vertes

b. La fouine, comme le vautour, l'aigle, etc. est mangeuse d'oiseaux – Il n'y a pas de bonheur ou de fortune qui soient éternels – Va acheter un pyjama ou une veste (d'intérieur) larges et flottants – Elle a toujours eu envers lui une dévotion, une abnégation surprenante – Cet écolier a montré un zèle, une application étonnante – La plupart de mes amis sont déjà partis – À l'improviste voilà apparaître une foule de manifestants plus compacte que la veille – Nous vîmes une foule d'étrangers originaires de divers pays – Nous avons acheté des étoffes bleu marine, vertes, jaunes, écarlates et roses – J'ai besoin d'une paire de bas couleur chair – À la fin la protagoniste tombe raide morte

c. C'est une école pour des enfants sourds-muets et aveugles-nés – Vous avez cueilli des fruits aigres-doux – Cette nouveau-née est le premier né – J'ai trouvé la poésie à l'avant-dernière page de ce volume – La table était dressée à l'ombre d'une treille avec dessus des pots de fleurs fraîches cueillies – On a très bien mangé et bu des vins nouveau percés – Les invités étaient des personnes haut-placées et toutes puissantes – Cette robe coûte vraiment cher – Cette femme est très jolie mais elle a l'air méchant. Sa fille, au contraire a l'air (d'être) bonne – Achetez ces fauteuils, ils ont l'air confortables – Ces fruits ont l'air bons – Je t'envoie, ci-jointe, la copie de la lettre que je viens de recevoir – Veuillez nous retourner les quittances ci-incluses

d. Tu n'as qu'à examiner les notes ci-jointes – Les demi-mesures ne servent à rien – Cette bouteille est à demi-consumée – On se verra à dix heures et demie – C'est un jardin trois fois et demie plus large que le tien – L'horloge du Sénat sonne les heures et les demies – Elle était demi-vêtue – On a commémoré les feus magistrats assassinés dans ce massacre – Feu mon amie se maria très jeune – Feu les ducs de Windsor prirent ce nom après l'abdication du roi Edouard VIII en 1936 – Nous nous portons fort de son appui – On vous a envoyé, franc de port, les marchandises ci-dessous détaillées – Vous recevrez la marchandise commandée franche de port – J'ai un très beau souvenir de ma grand-mère – Cela ne vaut pas grand-chose – La vue de ce chien fit grand peur aux enfants

e. Il est resté à mi-chemin avec sa voiture – "La mi-carême est le Jeudi de la troisième semaine de carême que l'on célèbre avec des mascarades" (Larousse) – La petite gitane, qui s'en allait les pieds nus, demandaient l'aumône à tous les automobilistes qui s'arrêtaient au sémaphore – Elle était accompagnée de son petit frère, lui aussi nu-pieds – Elle était immobile, les yeux grand ouverts – La grand-salle de l'appartement est située tout près de l'entrée – Les enfants étaient très fatigués, ils avaient surtout grand-faim – Le petit avait de bonbons plein les poches – Tâchez de ramasser le plus de vêtements possible pour les gens pauvres de ce continent – Leurs prévisions étaient proches de la vérité – Ses proches parents ne savent encore rien de son départ

Complementi dell'aggettivo qualificativo

28. Ce fut une période riche en événements difficiles – Je t'en prie, sois respectueux envers lui si tu veux qu'il t'aide – Ma grand'mère a été toujours indulgente à l'égard de mon oncle cadet – Malgré les bienfaits reçus, ce jeune homme a été toujours ingrat avec ses grands parents – Ne sois pas trop sévère envers tes élèves, surtout envers les moins doués – Est-ce que nous avons aujourd'hui des orateurs comparables à Cicéron, le plus éloquent des orateurs romains? – Cette tour est haute de trois cents mètres – La terrasse de cette maison est large de dix mètres – On l'a enfin trouvé dans un puits profond de huit mètres – Ce fut un grand plaisir mêlé de légère tristesse – Il a été traître à ses idées et à ses idéals – Comment peux-tu être si naïve d'accepter tous ces cadeaux et ne pas penser à une contrepartie?

29.

a. Nous avons fait la connaissance d'une jeune femme et d'un garçon français – La villa, comme le jardin, était très grande – La vertu, comme l'honneur, n'est plus dans certains cas appréciée comme jadis – D'abord éclairs et tonnerres, puis un orage, une tempête toujours plus violente – Il faut reconnaître que son engagement, sa persévérance a été exceptionnelle – La plupart des présents approuva les modifications demandées – Un bon nombre d'élèves, les derniers arrivés, furent triés ailleurs – Achète-toi un manteau ou un habit gris, possiblement gris-clair – Ma sœur a acheté une paire de souliers noirs et une paire de souliers marron – J'aime tous les légumes mais surtout les haricots verts et la salade verte – Le topaze de cette bague est d'un beau vert d'eau

b. Cette nouveau-née est magnifique – Elle nous accueillit avec une expression aigre-douce – Nous avons fêté solennellement la présence des nouveaux élus – En s'en allant ils ont laissé portes et fenêtres grand ouvertes – Il y a déjà la hausse des prix: fruit et légumes coûtent plus cher qu'hier – Marie-Anne a finalement un bel aspect et surtout a l'air moins fatigué et soucieux – Nous avons payé cher notre confiance – Quand on est engagée comme toi, tôt ou tard, les résultats sont évidents – Enfin nous avons vu clair dans cette histoire – La maison a l'air d'être fraîche et accueillante – Ci-inclus, vous trouverez copie de la lettre de mon locataire – Nous vous envoyons, ci-jointes, les factures de la marchandise expédiée – La lettre ci-incluse vous fournira les informations demandées

c. La Première Guerre mondiale est appelée aussi Grande Guerre – En France la grand-rue ou rue principale se dit la grand-route. C'est la grand-messe – Elle parlait à mi-voix et observait les présents les yeux mi-clos – Nos feus parents possédaient une grande fortune – Cette lettre n'a pas été affranchie – Les marchandises seront expédiées franches de port – Donnez-moi s'il vous plaît, une demi livre de beurre – Je t'attends depuis une heure et demie – Les garçons allaient les pieds nus sur le sable – Je mange moins de viande possible – Mes parents les plus proches sont au Venezuela – Désormais nous sommes proche de partir

d. Mon professeur possède une bibliothèque riche en œuvres d'art – Le style de cet écrivain abonde en mots et en expressions inutiles – Le sous-sol de ce pays est riche de minéraux précieux – Sois affable avec eux et moins sévère avec les autres – Mon habit n'est pas le moins du monde comparable au tien – La terre est comparable à une boule – À Toke il y a une tour, qui est une imitation de la Tour Eiffel de Paris. Celle-ci est haute de 300 mètres. La tour de Toke est haute de 309 mètres (neuf mètres de plus) mais la "copie" n'est pas, le moins du monde, comparable à celle qui est l'une des plus grandes attractions de Paris – La chambre est longue de cinq mètres et large de quatre

Aggettivo e pronome possessivo

Aggettivi

1. ... "Tu as *ton* matériel... Michel ouvre *son* sac... «Oui monsieur, j'ai tout: *mon* papier à dessein, *mes* crayons, *ma* gomme, *mon* compas, *ma* règle, *mes* crayons de couleur». ... «Tu as le nécessaire... (*ton*) matériel...» Julie regarde dan *son* cartable: «Voilà *mon* livre et *mon* cahier de mathématiques, *mon* livre et *mon* cahier de français..."
Isabelle: "Moi, j'ai oublié *mes* crayons de couleur. Alors, tu me prêtes *tes* crayons de couleurs et je te donne *mon* livre de géographie."

2. Elle va chez son dentiste – Ta chemise est dans ton armoire – Marc va au lycée, dans sa classe il y a 25 élèves – Où est mon magnétophone? Il est dans notre chambre – Est-ce que ton sac est pratique? Oui, mon sac est très pratique – Elle est déçue, son amie Christine ne vient plus aujourd'hui – Une mère aime ses enfants – Respectez vos parents – Étudie bien ta leçon – Les élèves soigneux tiennent leurs cahiers propres – Fais bien tes devoirs – Le professeur corrige les devoirs de ses élèves – Le lion bat ses flancs avec sa queue – Mes enfants, soyez gentils – L'ouvrier reçoit son salaire – Avoue tes fautes – Le chien est fidèle à son maître – Corrigeons-nous de nos fautes – Chaque âge a ses plaisirs – Ils seront récompensés selon leurs mérites – Mes chers amis, chacune de nos actions sera observée et jugée – Les pigeons font leurs nids sous le toit de notre maison –Employons bien notre temps – Nos amis ont besoin de notre aide – Elle ne peut t'accompagner, sa voiture est en panne – Madame Duval est partie avec ses enfants – Je l'ai vue de mes propres yeux – Demain il nous fera connaître son opinion – Mon amie Yvonne m'a dit de te saluer – Ils viendront exposer leurs projets – Tu as consulté François. Est-ce que son idée est intéressante? – Un jour je te raconterai mon histoire – Tu as oublié ta promesse – Ils ont gardé toutes leurs traditions – Il neige, prends ta fourrure – Il a désavoué ses idées

3.

a. son idée – votre repas – ta soirée – ton chien – sa cravate – leur parent – votre voiture – mon, ma camarade – notre soucis

b. Un de tes tableaux est dans ma chambre – Une de ses tantes arrive demain – Un de nos professeurs est très sévère – Un de vos discours a été apprécié – Une de leurs cousines est très belle – Je te donne une de mes roses – Mon ami l'a prêté à un de ses camarades – Une de mes tantes américaines m'a invité à New York – Jean Louis est allé s'occuper d'une de ses propriétés en Normandie

c. C'est une de mes fautes – C'est un de ses bijoux – Donne-moi une de tes raquettes – Tu peux louer un de tes appartements – Un de nos fils est parti hier –Vous lisez un de vos auteurs préférés – Avez-vous loué une de vos maisons? – Nous avons une de vos valises – Elle a renversé le café sur une de ses jupes

4. Oui, mon chien a atteint la morve – Oui, nous y sommes allés avec nos enfants – Oui, il va passer son examen – Oui, nous avons reçu notre paquet – Oui, j'ai bu mon thé – Oui, notre valise est en cuir – Oui, nous acceptons vos conseils et votre appui

5. J'ai mon repas à midi – Il a vendu hier sa maison – Je dois corriger toujours tes fautes – Où sont ses parents? – Tu dois admettre tes torts – Elle est arrivée avec ses bagages – A-t-il accepté son propos? – A-t-il passé ses examens? – As-tu commencé ton travail? – J'ai commencé mes études – J'ai acheté mon cartable, mes crayons de couleur, mon compas, mon papier à dessein, mon atlas et mon dictionnaire

6. Monsieur le baron – Madame la comtesse – Mes compliments à madame votre mère – La dame qui a chanté hier est un célèbre soprano – Monsieur, lisez s'il vous plaît, ce commentaire – Mademoiselle est sortie – Madame reçoit le lundi – Messieurs Dubois sont allés au théâtre – Mesdemoiselles Rousset sont leurs nièces – Qui est ce Monsieur? – Cette demoiselle aux cheveux blonds est très intéressante – Messieurs Vidal? – Ils ont exposé une des plus belles collections de tableaux

7.

a. Mon amie – Mon âme – Écoute, mon enfant –La couverture de ton livre – Ton habilité – Courage, mes enfants – Son amie – Ton excellente idée – Mes chers amis – Le collier de ton chien – Faire son (propre) devoir – L'adresse de ses parents – Monsieur Charles – Mademoiselle Marie

b. Madame n'est pas chez elle – Messieurs Dubois reçoivent le lundi – Voilà le Monsieur que j'ai connu hier – Cette demoiselle aux cheveux longs et blonds est ma plus chère amie – Cette dame avait menti – Le monsieur que vous voyez est le père de la demoiselle qui chante – Je l'ai vu de mes propres yeux – Il a renié ses idées – Elle l'a fait de ses propres mains – Un de ses parents lui a promis son aide – C'est une de ses idées – Ce jeune homme nous a laissé son adresse – Son honnêteté est absolue – Pascal fit, dans sa jeunesse, d'importantes découvertes scientifiques – Une de leurs fermes est en vente – Ces demoiselles sont françaises – Cette dame est la mère d'Yvette – Je bois mon café et me sauve – Mets tes lunettes et lis ce que ton fils t'écrit – Un de mes amis me parlait hier de certains de ses projets – Madame la baronne a mis aux enchères trois de ses magnifiques tableaux – Le crocodile dépose ses œufs dans les sables bruyants des rivages fluviaux – Le Monsieur qui habite au deuxième étage? Je l'ai vu sortir – Les demoiselles de ton bureau attendent ta relation – Mon ami, avant de décider, consulte ton avocat – Mon père est ce monsieur aux cheveux grisonnants – Son émotion était grande – Un de mes camarades a cassé la vitre de la fenêtre – D'accord, j'accepterai seulement un de tes conseils

Pronomi

8. J'ai dépensé tout mon argent, as-tu encore le tien? – J'ai reçu votre lettre, avez-vous reçu la mienne? – Mes cousins ont passé leurs examens avec succès, vos cousins ont-ils passé les leurs aussi? – Nous suivons vos conseils mais vous ne suivez pas les nôtres – Vous blâmez sa conduite, la vôtre est-elle meilleure? – J'ai mes secrets, qui n'a pas les siens? – Les sages conservent leurs amis et les fous perdent les leurs – La Garonne a sa source dans les Pyrénées et le Rhône a la sienne dans les Alpes – Je te prêterai mon livre et tu me prêteras le tien – Pierre a accepté mes services et il me refuse les siens

9. notre chien, son adresse, ton canari, leur voiture, ma rose, mes fleurs, leurs chaises, votre téléphone, leur déjeuner, votre mère, son architecture

10. Le sien est l'Italie – Le nôtre est fidèle – La leur est intéressante – Les siens sont en retard – J'ai visité la leur –Ils ont apprécié la leur – Je partage la tienne – Voilà la sienne – Les miennes sont terminées – Je m'amuses aux vôtres – Je pense toujours aux miens – Les leurs brillaient de colère – Je le dirai aux siens – On n'a pas touché aux tiens – L'inconnu tira la sienne –Je vous offre la mienne – La sienne est vraiment belle – Les leurs sont sages – La sienne est exceptionnelle

11. Parlez-vous de sa voiture? Oui, je parle de la sienne – Tu n'as pas pris ton cartable, tu as pris le mien car je ne le trouve pas – Nous avons mangé notre gâteau, avez-vous fini le vôtre? – Quelle est ton idée? La mienne est de laisser tout tomber – Nous avons passé nos vacances à la montagne. Où avez-vous passé les vôtres? – Est-ce que tu parles de mes discours? Oui, je parle des tiens –Mon rôle? On le préfère au sien – Je n'ai pas touché à tes bijoux. Pourquoi as-tu touché aux miens? – Je parlerai à mon heure, vous parlerez à la vôtre

12. Ma cousine et la tienne arrivent toujours en retard – Nos amitiés et les vôtres sont importantes – Le sort de ce malheureux me console du mien – Ton bonheur est le mien – Nos écrits sont médiocres, les leurs sont meilleurs – Quand il parle des romans modernes, il vante toujours les siens – Regardez ces mineurs et comparez leur travail au vôtre – J'accepte seulement les reproches des miens – Portez ma lettre à Monsieur Vallier – Mon avis et le tien ne comptent pas – L'employé a mêlé mes cartes et les tiennes – Mets ton chapeau, prends ton cartable et va-t-en – Je l'ai fait de mes propres mains – À qui est cette maison? Elle est à nous – Ton sort et le mien sont dans ses mains – Je parts avec les miens pour Venise – Madame et Mademoiselle Ducrot ont visité cette exposition – Ce Monsieur-là est toujours seul – Ces demoiselles sont invitées – Désolé, Mademoiselle n'est pas chez elle – Monsieur le marquis est en retard – Ce roman est de Zola – Ces tableaux sont de Picasso – À qui est ce chien? Il est au monsieur qui habite au quatrième étage – À qui est ce livre? Il est à mon camarade de banc – N'est-il pas à toi? Non, il n'est pas à moi – Ce compas est le tien ou le sien? Non, il n'est ni le mien ni le sien – De qui est cet article? Il est de Charles B. – Beau ce tableau! Est-il de toi ou de ton frère? – Le livre de poésies est à mon frère – Cette agenda est à elle – Ces journaux sont à lui – La maison est à eux – Nous serons chez toi, ce soir, à huit heures – J'étudie avec Paul et vais souvent chez lui – Nous allons souvent chez elle – Ils se rencontrent souvent chez Mesdemoiselles Rousset – Je vais immédiatement chez le médecin – Nous sommes toujours très heureux d'aller chez nos grands-parents – Il a étudié à l'Université de Paris – Il travaille chez un notaire – Il est employé à la Préfecture – J'ai un grand mal de tête – La jambe le fait souffrir toujours – On lui a coupé les blonds cheveux – Vous le ferez à vos risques et périls – La vôtre du 18 courant m'a vraiment surpris – Salue-moi les tiens – Les miens sont à l'étranger – Il faut distinguer le mien du tien – Je voudrais ta photo et la sienne

Aggettivo e pronome dimostrativo

Aggettivi

1.

a. ce vieillard, cet homme, ce collège, ces habits, cette habitation, ces instruments, ce héros, ce bourgeon, ces jardins, cette horloge, cet épi, ce hameau, ce hameçon, ces œillets, cette oasis, cet œil, ce hasard, ce mur, cette maison, ce fondement, ce balcon, cette façade, ces voûtes, cette entrée, ce vestibule, cette cour, cet escalier, ce palier, ces marches, cette rampe, ce rez-de-chaussée, cet entresol, ce logement, cette antichambre, ce salon, cette salle à manger, cette salle de séjour, ce corridor, ces chambres à coucher, ce cabinet de travail, cette salle de bains, ces portes, cette cheminée, cette fenêtre, ces volets, cet appartement, cette cuisine, ce fourneau, ce potager, ce plafond, ce parquet, ces vitres, ces carreaux, ces généraux, cette orange, cet incendie, cette image, cet éventail, cet oiseau

b. ce joli bateau – ces vertes prairies – cette eau limpide – cet arbre sauvage – ce hardi matelot – ces élèves diligents – cet ouvrier fatigué – ce film à diapositives

2. cet ami, cette amie, ce professeur, ces institutrices, ces gens-là, cet arbre, cet (o cette) élève, ces instituteurs, cette affaire, ce raisin, ce fruit, ces maisons, cette fleur, ce front, cette dent, ces dents, cette lèvre, ces châteaux, cet autel, cette canne, ces cerises, cet exercice, cet œil, ce héros, ce hameçon, ces pois, cet étranger, cette rue, cet homme, cet enfant, ce travail, cet email, ce hasard

3.

a. Cette fête nationale – Ce vieil homme – Cet amiral et ce général – Cette fleur odorante – Cet animal sauvage – Ce bal animé – Cette horloge exacte – Ce hameau délabré – Cet oncle maternel – Cette pêche veloutée – Cet aigle rapide – Ce bœuf patient – Cette idée exacte – Ce beau joujou – Ce petit caillou – Cet émail rouge – Ce travail fatigant – Ce tuyau long – Ce bel homme – Cette belle femme – Cet enfant joyeux – Ce hasard inattendu – Ce soulier étroit – Cet employé travailleur – Ce bas déchiré – Ce jardin fleuri – Ce repas préparé – Cet œil gris – Cette main robuste – Ce tremblement de terre effrayant – Cet habit neuf

b. Cette dame est très élégante – Ce garçon ne va pas à l'école – Ce maçon construit les maisons – Cet ami va à la montagne – Cet instituteur nous donne l'instruction – Cette amie va à la mer – Ce copain arrive demain – Cette région est industrialisée – Cet exercice est plutôt difficile – Cette fleur est très parfumée

4. Ce vieux château tombe en ruine – Ces vieux châteaux tombent en ruine // Cette station thermale est très fréquentée – Ces stations thermales sont très fréquentées // Ce chien est à ce garçon-là – Ces chiens sont à ces garçons-là // J'ai rencontré ce monsieur à la conférence d'hier – J'ai rencontré ces messieurs à la conférence d'hier // Cet arbre est un chêne – Ces arbres sont des chênes // De cette fenêtre on admire un beau panorama – De ces fenêtres on admire de beaux panoramas // Je vous parlerai de cet acteur – Je vous parlerai de ces acteurs // On n'a pas toujours compris cette pièce de Pirandello – On n'a pas toujours compris ces pièces de Pirandello // Au baisser du rideau le public applaudit à tout rompre ce grand acteur – Au baisser du rideau le public applaudit à tout rompre ces grands acteurs // Il pense toujours à cette période heureuse de sa vie – Il pense toujours à ces périodes heureuses de sa vie // Cette affaire m'intéresse beaucoup, cet arrangement un peu moins – Ces affaires m'intéressent beaucoup, ces arrangements un peu moins

5. Cette montre retarde – Étudie une fois pour toutes cette leçon – Sa conduite nous laisse très perplexes – J'attendais sa réponse – Jean Luc a enfin accepté cette place – J'ai été toujours bien dans ta maison – J'aime ces lieux où je te vis la première fois – Je mange volontiers ce fruit et surtout ces pommes, ce raisin et ces poires – Ces jours passèrent vite – Cette haie côtoie la route le long de deux kilomètres – Ces canards et ces dindons se sont échappés du poulailler – Ce renard a ravagé ce potager – Ces femmes en savent long – Ce bourg était en flammes – La vie de ces pauvres mineurs est vraiment dure

Pronomi

6. La maison que j'habite est celle-ci – La pièce que vous avez fait réparer hier est celle que vous admirez – Ceux qui le disent ont menti – Des fables de La Fontaine, quelles sont celles que vous préférez? – Retenez bien ceci: "Le travail procure l'aisance" – Vous avez entendu ce que je viens de dire

7. Je préfère les chats aux chiens mais ceux-ci sont plus fidèles que ceux-là – N'écoutez pas ceux qui vous flattent – Ces mots ne sont pas ceux de La Fontaine – Évitez le mensonge et la vanité: celle-ci éloigne l'amitié et celui-là tue la confiance – Ce que vous possédez n'est rien – Parmi tous les costumes de Paul, je n'aime pas ceux qu'il a acheté à Rome – Cette enfant n'est pas celle que j'ai vue hier – Ce que vous me dites m'inquiète – Le train de huit heures est déjà passé, prenez celui de midi – Celui qui n'a jamais eu faim ne peut pas comprendre – Il s'est passé beaucoup de choses mais cela ne change rien à mes projets – Ces melons sont très beaux, mais je vous conseille surtout celui-là – L'hypocrisie, je déteste cela – Dormir, j'adore ça – Marie est en retard, cela m'inquiète – De tous vos amis, c'est celui-là que je désire connaître – Ce qui compte pour moi, c'est la discrétion – Ce qu'ils ont dit n'est pas vrai – Ce dont elle te parle vise à te convaincre – Je vous renvoie à ce que j'ai déjà écrit sur le sujet – Je ne savais pas ce dont on l'accusait – Vous ne voyez pas ce à quoi il fait allusion

8. Ces vitres et celles-là – Cette calamité et celle-là – Ce livre et celui-là – Cet avantage et celui-là – Cette bonté et celle-là – Ces oiseaux et ceux-là – Ce compagnon et celui-là – Cette eau et celle-là – Ces paysages et ceux-là – Cette langue et celle-là – Cette ville et celle-là – Cette fleur et celle-là – Ces revues et celles-là – Cet éléphant et celui-là – Ces travaux et ceux-là – Ces offenses et celles-là – Cette hutte et celle-là – Cette nuit et celle-là – Cette héroïne et celle-là – Ces oreillers et ceux-là – Cette herbe et celle-là – Ce vent et celui-là – Cette feuille et celle-là – Ces ondes et celles-là – Cette haie et celle-là– Cet abri et celui-là – Cette chance et celle-là – Ces perdreaux et ceux-là – Cette pharmacie et celle-là – Cet atelier et celui-là – Cette boutique et celle-là

9. Cette vitre et celle-là – Ces calamités et celles-là – Ces livres et ceux-là – Ces avantages et ceux-là – Ces bontés et celles-là – Cet oiseau et celui-là – Ces compagnons et ceux-là – Ces eaux et celles-là – Ce paysage et celui-là – Ces langues et celles-là – Ces villes et celles-là – Ces fleurs et celles-là – Cette revue et celle-là – Ces éléphants et ceux-là – Ce travail et celui-là – Cette offense et celle-là – Ces huttes et celles-là – Ces nuits et celles-là – Ces héroïnes et celles-là – Cet oreiller et celui-là – Ces herbes et celles-là – Ces vents et ceux-là – Ces feuilles et celles-là – Cette onde et celle-là – Ces haies et celles-là – Ces abris et ceux-là – Ces chances et celles-là – Ce perdreau et celui-là – Ces pharmacies et celles-là – Ces ateliers et ceux-là – Ces boutiques et celles-là

10. Parmi les fleurs, celles que je préfère sont les roses – Les mots ne sont pas ceux de Molière – Tout cela est bien fait – La Dordogne et la Marne sont deux fleuves français: celle-ci se jette dans la Seine, celle-là dans la Garonne – Ton raisonnement ne fait pas un plis – Celui-là est à moi et celui-ci est à toi – Ceux qui t'aiment vraiment ont le courage de te dire ce que les autres te cachent – Cela ne m'intéresse pas – Dieu sait ce que tu penses – Leurs parents ne furent pas capables de pourvoir à toutes les nécessités – Ne prends pas ma voiture, prends celle de ta sœur – J'ai pu admirer deux des plus belles cathédrales de France, celle de Notre Dame à Paris et celle de Chartres – Est-il vrai que le métro de Londres est plus ancien que celui de Paris? – Mes amis sont ceux dont je t'ai toujours parlé, ceux qui vivent aux États-Unis – Ce que j'aime de toi est (c'est) ton toupet – Celle-ci? Cette femme-là? Ces individus-ci? Ces hommes-là?

Aggettivo numerale

1. Deux, quatre, cinq, trois, huit, un, sept, six ,dix, neuf, onze, treize, quatorze, douze, quinze, seize, dix-sept, dix-neuf, dix-huit, vingt, vingt et un, vingt-deux, vingt-neuf, vingt-sept, vingt-cinq, trente et un, trente-deux, quarante, cinquante, soixante, cinquante et un, soixante et un, quarante et un, trente-sept, cinquante-sept, quarante-sept, cinquante-cinq, soixante-deux, quarante-neuf, soixante-dix, soixante-et-onze, soixante-quinze, quatre-vingts, quatre-vingt-un, quatre-vingt-neuf, quatre-vingt-deux, soixante-neuf, quatre-vingt-dix, quatre-vingt-onze, soixante-dix-neuf, quatre-vingt-douze, quatre-vingt-dix-neuf, cent, cent dix, deux cents, deux cent un, trois cents, trois cent vingt-quatre, cinq cents, cinq cent dix-huit, neuf cents, mille, trois mille, deux mille, onze cents (plus rarement mille cent), mille deux cents (douze cents), mille trois cents (treize cents), cinq millions quatre cent vingt-et-un, un million, deux milliards

2. Neuvième, cinquième, premier (unième), deuxième (second-e), dixième, troisième, quatrième, sixième, septième, huitième, neuvième, onzième, dix-neuvième, douzième, vingtième, un demi (une demie) une moitié, dix-septième, vingt et unième, vingt-deuxième, vingt-cinquième, trentième, cinquantième, cinquante et unième, cinquante-cinquième, soixantième, soixante et unième, soixante-deuxième, soixante-cinquième, un tiers, un quart, un cinquième, soixante-dixième, quatre-vingtième, quatre-vingt-unième, quatre-vingt-huitième, quatre-vingt-dixième, quatre-vingt-onzième, quatre-vingt-seizième, quatre-vingt-dix-neuvième, centième, cent unième, un sixième, deux tiers, quatre cinquièmes, cinq dixièmes, un septième, un huitième, millième

3. L'Italie est située entre le quatrième et le seizième de longitude Est et le trente-septième et le quarante-septième de Latitude Nord. Elle a une superficie de trois cent mille kilomètres carrés – Rome fut fondée en l'an sept cent cinquante-trois avant J.C. Elle fut d'abord gouvernée par des rois; il y en eut sept. En l'an cinq cent cinquante-neuf fut proclamée la république; à la tête de l'État il y avait deux consuls. Trente et un ans avant J.C., l'empire fut établi par Auguste. En l'an trois cent trente après J.C. Constantin fonda Constantinople – Vingt mètres, cent centimes, vingt-cinq centimes, cent cinq centimes, mille chevaux, deux mille chevaux, onze cents chevaliers, mille trois cents soldats, trois mille de soldats – Léon dix protégea les arts, les lettres et les sciences – L'heure est la vingt-quatrième partie du jour – Le Pape Sixte Quint fut le contemporain de Henri quatre de France – Philippe deux, roi d'Espagne envoya une flotte contre l'Angleterre – Richard premier, Cœur de Lion participa à la troisième Croisade – François premier, roi de France, et Charles Quint, roi d'Espagne et empereur germanique, étaient rivaux – L'Amérique fut découverte en mille quatre cent quatre-vingt-douze – Charles cinq le Sage, fils de Jean deux le Bon, reprit aux Anglais pressque toutes les provinces qu'ils avaient conquises (mille trois cent soixante-quinze) – On appelle Moyen Âge le temps qui s'est écoulé de trois cent quatre-vingt-quinze à mille quatre cent cinquante-trois – L'Europe est située entre le trentième et le soixante-onzième degré de latitude – Louis seize, Louis dix-huit et Charles dix ont été rois de France

4. Onze moins six égale cinq – Quarante-cinq moins onze égale trente-quatre – Cent onze moins quatre-vingt-quinze égale seize – Cinq et sept font douze – Seize et cinq font vingt et un – Quinze et dix-sept font trente-deux – Cinq fois six font trente – Six fois sept font quarante-deux – Sept fois huit font cinquante-six – Huit fois neuf font soixante-douze – Quarante-neuf divisé par sept donne sept – Dix divisé par deux donne cinq – Trente-six divisé par six donne six – Trente divisé par deux donne quinze – Un demi – Un tiers – Un quatrième – Deux septièmes – Deux neuvièmes – Quatre neuvièmes – Un cinquième – Deux cinquièmes

5.

a. Quel âge as-tu? J'ai quarante ans – Mon neveu s'approche de la quarantaine – Il est plus âgé que moi mais il est plus jeune que les autres frères – Quel âge peut avoir cette jeune femme? À peu près trente ans, selon moi – Louis quatorze, dit le Roi Soleil, naquit en seize cent trente-sept. Quand il commença à régner il était encore mineur. Il gouverna effectivement de seize cent soixante, après la mort du cardinal Mazarin, à dix-sept cent quinze, quand il mourut, à l'âge de soixante-dix. sept ans. Son règne dura soixante-douze ans et fut défini le "Siècle d'or de France" – Lis et traduis à la page vingt le premier, le deuxième et le troisième exercice – À la page quatre-vingt lis la première partie de la seconde poésie – C'est un très beau jardin, large de vingt-cinq mètres et long de vingt – À ce dîner nous étions douze – Les réfugiés arrivèrent par centaines et, sans l'intervention des autorités, il en serait débarqué par milliers – Au dix-septième, au dix-huitième, au dix-neuvième et au vingtième siècles il y a eu beaucoup de révolutions – En dix-sept cent quatre vingt neuf, en France le Tiers état s'opposa à la noblesse et au clergé – La guerre de Cent ans, entre la France et l'Angleterre, dura, avec quelque trêve, de treize cent trente-sept à quatorze cent cinquante-trois – Voltaire écrivit: "J'ai quatre-vingt-deux ans, quatre-vingts maisons à achever et quatre-vingts bêtises à faire"

b. Les Cent jours de Napoléon premier durèrent du vingt mars dix-huit cent quinze au vingt-huit juin de la même année – Anne Boleyn fut la deuxième femme de Henri huit d'Angleterre – Mon oncle a une belle voiture: une Renault dix-neuf – La guerre de Trente ans, qui se conclut par le Traité de Westphalie, dura de dix-sept cent dix-huit à dix-sept cent trente-huit – L'équipage ne put débarquer parce qu' il resta en quarantaine – J'ai besoin d'une douzaine d'œufs et d'un demi kilo de sucre – Cet homme, le premier à droite, s'approche de la quarantaine et a un enfant de, à peu près, sept ans. L'autre aura, assurément, une soixantaine – Le vingt septembre dix-huit cent soixante-dix Rome fut libérée – Le Mont Blanc est haut de quatre mille huit cent dix mètres – Le navire avait parcouru plus de vingt milles, quand le commandant fut obligé de s'arrêter – Les "Mille et une nuits" sont un recueil de contes arabes – Dix dizaines font une centaine – Jean Luc était le deuxième dans la liste, David le onzième

Aggettivo e pronome indefinito

1. ... d'autres armes... Certain jour... l'autre bout à... recule de quelques pas... à toutes jambes...

2. Chaque fourmi apportait son grain de paille – Toute ingratitude est odieuse – Je me rase tous les deux jours – Elle est si paresseuse que tout travail la fatigue – Quelque indiscret le lui a dit – Certains préjugés sont insupportables – Quelques caves en pierre existaient déjà près du temple de Jérusalem – N'importe quel livre ferait mon affaire – Trois employés quelconques pourraient faire ce travail – Quelque tort qu'il ait, tu lui dois du respect – Quels que soient tes projets, je t'aiderai toujours – Quelle que puisse être ta décision, je partirai

3. Mon amie s'arrêtait à examiner chaque tableau – Toute

violence est à blâmer – Le fer peut s'unir à tous les autres métaux – Les mêmes causes produisent souvent les mêmes effets – Nous nous voyons tous les quatre ans – Quelques tribus de l'Amérique du Sud sont anthropophages – Tout citoyen devrait être égal devant la loi – Quelques fleurs s'épanouissent dans la nuit – Cervantes (Miguel de) mourut la même année et le même mois que Shakespeare – Tu as les mêmes goûts – Prenez une décision quelconque et n'hésitez pas – Je le vois tous les ans – Je n'ai accepté aucune proposition – Aucun projet n'a été approuvé – Aucune élève n'a accepté de participer à la promenade – Mes autres parents se trouvent en Afrique – Avez-vous d'autres idées à me proposer? – J'ai eu plusieurs initiatives mais chaque fois j'ai rencontré des difficultés

4. Chaque âge a ses devoirs – La terre rajeunit chaque année au printemps – Donnez une place à chaque chose – Seulement quelques enfants dorment – Il faut donner quelques exemples – Elle a les mêmes idées que sa sœur – Donnez-moi d'autres journaux – Tout citoyen doit obéir aux lois – Nous nous voyons chaque jour – Je n'ai aucune idée. Je n'en ai aucune – Personne ne le veut – Personne ne viendra – Je ne vois personne – Rien ne me plaît – Achetez un livre quelconque. Achetez-en quelques-uns – Les affaires d'autrui – Fais-le connaître aux autres – Vous ne pouvez parler tous ensemble – Tout le monde est au courant – On le dit, mais ce n'est pas vrai – On l'a fait souvent – On a décidé ainsi – On me proposa une bonne affaire – On m'avait appelé et l'on m'avait attendu toute la nuit

5. "Quelques (agg.) rayons de miel... Les uns (pron.) disaient... Les autres (pron.) aux frelons. Certains (pron.) furent... Mais nul ne (pron.) put... On (pron.) prit... quelqu'un (pron.) proposa un autre (agg.) arbitre... On (pron.) verra... Quiconque (pron.) en sera incapable... le bien d'autrui (pron.)

6. Les astres s'attirent les uns les autres – Quelques uns des cambrioleurs furent capturés, d'autres réussirent à s'enfuir – Une telle conduite te fait honneur – Les poissons se promènent dans l'eau, les uns en désordre comme des troupeaux, d'autres en bon ordre comme des soldats; tels s'avancent en ligne, d'autres se forment en triangle, quelques uns en losange; certains vont deux par deux, d'autres se tiennent tous ensemble – Nul n'est censé ignorer la loi – Avez-vous reçu des nouvelles? Aucune – Les uns disent blanc, les autres disent noir, personne n'arrive à s'entendre – D'aucuns pensent que tout sera bientôt fini – Chacune de ces maisons coûte une fortune – On rencontre toujours les mêmes personnes – Quiconque, à sa place, serait heureux d'aller dans ce beau pays – J'en ai connu plusieurs qui étaient très contents – Comme l'on dit, l'appétit vient en mangeant – Peut-on dire ou ne peut-on pas dire la vérité? – Si l'on t'interroge, réponds – Si on lui parle, il ne répond pas

7. *Solutions possibles:* Tout élève doit respecter ses professeurs – Personne ne l'acceptera – As-tu accepté quelques invitations? Non, je n'en ai accepté aucune – D'autres l'ont fait hier matin – Certains de mes meilleurs amis ne sont plus dans ce pays – Nulle femme ne supporterait ces violences – Pas une de vos nièces ne lui ressemble – Il a visité plusieurs pays de l'Australie – Telle est sa décision et l'une et l'autre doivent l'accepter – Nous sommes partis le même jour – Il oublie souvent les exigences d'autrui – Chacun de ces livres coûte cinq francs – Quelqu'un doit le lui dire – Quiconque le protège est en danger – Qui que vous soyez, j'ai confiance en vous – Quel qu'il soit je dois lui parler – Ton amie en parle à qui que ce soit – Nous ferons quoique ce soit pour elle – N'importe qui peut la substituer – Je ne comprends rien de ce qu'ils disent – Il s'amuse à des riens – On l'a dit et répété bien des fois – Tous ses électeurs l'ont soutenu – Ses électeurs étaient tous présents – Tout le monde a accepté son projet – On ferait pour lui n'importe quoi – Quoi qu'ils pensent, nous irons à cette conférence – Quoiqu'il ne soit pas riche, il est toujours généreux envers ceux qui sont plus pauvres que lui

8. *Solutions possibles:* Alors, mon petit, tu n'es plus triste maintenant? – Quelqu'un frappe à la porte, allez voir qui c'est – La veille de Noël nous allons à la Messe de minuit – La «bûche de Noël» est une sorte de gâteau en forme de bûche que nous mangeons justement à Noël – Est-ce que vous allez à la mer le mois prochain? – Pouvons-nous entrer? – Que disent-ils de lui? – Ont-ils dit toute la vérité? – Nous avons toujours besoin de vous – Ils lui ont proposé une bonne affaire – Sommes-nous en retard? – Est-ce que nous sommes en avance? – Elles me demandent toujours vos nouvelles – Ils nous ont reçu avec tous les honneurs – Quand j'ai faim et surtout soif je ne comprends rien

9. On va le mettre au courant, tôt ou tard – Le 24 décembre on va à la Messe de minuit – On a fait ce qu'on a pu – Eh bien, on va se promener maintenant? – Calme-toi, on arrive immédiatement – On a dit qu'il a tort – On aime justement être à l'abri des dangers éventuels – Monsieur, on a porté ce paquet pour vous – Ma chère, on te demande – Et alors, est-on sûr de vouloir le faire? – Peut-on parler enfin?

10.

a. Je ne m'attends aucune récompense – Mon autre sœur est plus jeune que moi – Nous avons acheté deux autres appartements – En vérité j'ai autre chose à lui offrir – Ne veux-tu rien d'autre? – Écrire et parler ne sont pas la même chose – J'ai suivi ses conseils et j'y ai réussi; toi, fais la même chose – Ils ont le même âge – J'ai quelques propos à te faire – Personne ne parlait – Aucun de nous ne l'avait vu – On faisait un tel bruit! – Prenez un objet quelconque – Toute élève peut participer au match de natation – On dit que le député est parti – Je m'entraîne tous les jours – Le raisin est un fruit très précieux: on le mange frais, on le presse pour faire le vin, on le garde et on l'exporte sec – Vous ne pouvez parler tous ensemble – Tous les quatre ans nous avons une année bissextile – On le dit mais je n'y crois pas – Retournez chacun à votre place – Que chacun s'occupe de ses propres affaires

b. Je suis certain que aucun d'entre vous ne le permettrait – Ces personnes étaient sûres, d'autres non – Ceux qui ne sont contents de personne, sont les mêmes dont personne n'est content – Les aérolithes présentent toujours les mêmes caractères, quels que soient le lieu et la date de leur chute – Chaque condition a ses responsabilités – Aucune religion n'exalte la femme autant que la religion chrétienne – Quelque riches qu'ils soient, sous peu ils vont tout perdre – Tel père, tel fils – Les nouvelles sont contradictoires: certains disent qu'il n'y a pas de victimes, d'autres, au contraire disent que peu de gens se sont sauvés – Les enfants se disputent souvent pour des riens – Commente une poésie quelconque – Quoi que tu dises ou fasses je ne vais pas changer d'idée – Dans n'importe quel pays tu ailles, respecte les usages et coutumes de tes hôtes – Aucun de nous n'a jamais eu le courage de parler – Quelques uns y pensent depuis longtemps – À n'importe quelle heure tu viennes, tu me trouveras chez moi – Le chien est tout zèle, tout obéissance et toute fidélité à son maître

Pronome e aggettivo interrogativo

1. Qui as-tu vu hier au marché? – Qui appelles-tu? – Qui a-t-il giflé?– Que désirez-vous? – À qui donneras-tu cette bicyclette? – De qui ont-ils reçu ce paquet? – Qu'est-ce qui cause ce bruit? – Qu'est-ce que tu fais là? – Qu'a -t-on dit? – Avec quoi fait-on le papier? – Qu'est-ce que cette inscription latine? – Je ne sais vraiment pas ce que c'est que les ondes sonores – Savez-vous qu'est-ce qu'un ordinateur personnel?

2. Qui est l'auteur de cet ouvrage? – Qui est cette femme? – Que cherchez-vous ici? – Qu'avez-vous perdu? – Qu'est-ce qu'on va penser de moi? – Qui sont les amies de Christine? – Qui étaient ses parents? – Qu'est-ce qui s'est passé ici? – Qu'ai-je fait de mal? – Quoi! Il n'est pas encore venu? – Lequel des deux a dit cela? – De qui parlez-vous? – Laquelle de ces demoiselles est votre sœur? – Quel âge avez-vous? – Qui êtes-vous? – Que pensez-vous? – À qui parlez-vous? – À qui faut-il s'adresser pour le savoir? – De quoi l'accuse-t-on? – Quoi de plus appréciable que la vie au grand air? – Savez-vous qu'est-ce qu'une comète? – Des fables de La Fontaine, laquelle préférez-vous? – Qu'est-ce que cette inscription? – De quoi t'occupes-tu pendant les vacances? –Dis-moi qui l'a fait – En quoi puis-je vous servir? – Quoi! C'est la fin du monde! – Qu'est-ce que la zoologie? – Qu'est-ce que ça? – Quoi! Vous partez déjà? Qui sont ces garçons? – Qui appeler? – À qui le dire? – Avec qui aller? – Quel poète préfères-tu? – Duquel de ces poètes avez-vous lu les ouvrages? – Qu'est-ce que tu veux? – Qu'est-ce qui vous prend? – De qui as-tu reçu ce calendrier? – Duquel de ces romanciers avez-vous fait la critique? – Lequel veux-tu? – À quoi sert la science? – Qu'est-ce que c'est que ces raisonnements? – Duquel de ces films a-t-il fait la critique? – À laquelle de ces chemises faut-il faire la boutonnière? – Qui t'a dit de ne pas parler?

3. Qui a envoyé cette lettre? – Qui cherchez-vous? (Qui est-ce que vous cherchez?) – Quels droits avez-vous? – Quels sont ses espoirs? – Que fais-tu? – Qui a lu le journal d'aujourd'hui? – Qu'est-ce que je lui dirai demain? – Que pourra-t-elle jamais lui dire pour le calmer? – De quoi peut-il se vanter? – Que ferez-vous? – Qu'est-ce qu'il vous plaît? – Qu'est-ce que vous désirez? – Quelle fut sa réponse? – Qu'est-ce qu'il mit pour lever le lièvre au gîte? – Eh quoi! Tu n'es pas encore parti? – Qu'est-ce que la gloire? – À quoi bon renvoyer? – De quoi t'es-tu aperçu? – Qui connais-tu de sa famille? – Qu'est-ce que c'est que ces cris? – Qui t'a dit de ne pas parler? – Laquelle de ces théories vous passionne davantage? – Quel pays de l'Orient visiteriez-vous volontiers? – Lequel? – À qui écris-tu? – De qui parles-tu? – Je ne sais plus que dire – Je vous expliquerai ce que c'est que la cédille – De quoi vous plaignez-vous? – À quoi penses-tu? – Qu'est-ce que ce fracas? – Je ne le ferai pas – Et qui alors? – Qui m'appelle? – À qui le dire? – J'ignore qui peut le faire – De laquelle parles-tu? – Auquel fais-tu allusion? – Avec lequel est-ce qu'il pense de payer? – Laquelle de vous l'a invitée? – Tu veux savoir ce qu'est la philosophie et ce qu'était un temps l'astronomie – Quoi! Tu t'en vas déjà? – Qu'est-ce qu'il y a de nouveau? – Quoi de plus beau qu'un bal au clair de lune? – Nous ne savons que dire, que faire, quoi (que) répondre – Oh, les menteurs! – Quel beau temps! Allons faire une promenade – Qui est cet homme? – Qu'est-ce qu'il nous propose?

Pronome personale

1. Je t'ai demandé si tu veux du pain ou des biscuits – Nous n'avons jamais pu nous habituer à cette cuisine – Aimez-vous le vin muscat? Je n'en bois jamais – Nous prendrons des glaces – Connais-tu l'histoire de France? – Ils croient réussir mais je pense qu'ils se trompent – Nous désirons nous instruire – Faut-il que je vous rappelle votre promesse? – J'ai dû travailler beaucoup pour finir ma composition car elle était très difficile; et toi, as-tu fini la tienne? – Mes sœurs ne sont pas venues, elles ont été retenues par la couturière – Elle m'a dit qu'elle aime beaucoup voyager – Nous n'avons pas eu de chance dans cette affaire – Où êtes-vous allés hier soir? Nous sommes allés au cinéma – A-t-il écrit à son père? Oui, il lui a écrit hier – À peine viendront-ils, appelez-moi – Sans doute a-t-il manqué le train (sans doute il a manqué le train)

2. Viens et étudie – Allez-vous au théâtre? – Va immédiatement à l'école – N'importe, tu le feras quand-même – À Dieu ne plaise que vous ayez raison – Il va, vient, repart – Il parle tant mais il ne conclut rien – Non, il ne pleurait pas, il riait comme un bossu – Elle m'a dit qu'elle l'a fait et qu'elle le fera encore – Ce chien aboie ou dort – Elle est recherchée de tout le monde car elle est toujours disponible – Ne t'en fais pas, je ne m'ennuie pas, au contraire je m'amuse beaucoup – L'obusier meurtrier se lève, tombe, éclate et rompt tout – Es-ce que vous partez ou ne partez pas? – Peut-être le refera-t-il, qu'en penses-tu? – Ne va pas, lui dit-il, tu pourrais t'en repentir – "Ainsi soit-il", conclut-elle. Elle salua l'assemblée et sortit – À peine fut-il entré, un applaudissement général l'accueillit – Il est réussi, je crois, à réaliser ce projet – Puissé-je accepter votre offre! – Mais comment expliquer la provenance de tant d'argent? – Était-elle jolie cette enfant! – En vain se pressèrent-ils pour arriver à temps – Ainsi les créanciers furent-ils obligés d'y renoncer – Dans cette villa, la Malmaison, a vécu Napoléon avec Joséphine – Voilà la lettre que ta sœur a écrit – Monsieur désire-t-il du gin ou du whisky? – Chère mademoiselle, est-ce que vous me permettez de vous accompagner? – Bonjour Madame Duval, êtes-vous libre ce soir? – Pouvez-vous me recevoir si je ne vous dérange pas? – Que votre Éminence soit tranquille: on a pourvu à tout

3. Qui est-ce? C'est moi – C'est moi qui t'ai appelé au téléphone – Je voulais te dire que mon frère et toi vous partirez bientôt – C'est toujours le même refrain: moi, je reste à la maison et toi tu ne fais que sortir tous les soirs – Ni toi ni elle (vous) ne pouvez y aller – Qui arrive demain soir? Elle ou lui? – Toi faire cela à ton meilleur ami? – On a tout raconté à sa sœur mais elle d'insister qu'on lui cache encore quelque chose – Nous partirons tous: eux pour les États-Unis, moi pour Londres – Tu le feras bien toi, j'en suis sûr – Toi et ton ami (vous) m'avez rendu un grand service et moi je vous en serai toujours reconnaissant – Il le voyait assez bien, moi je le voyais moins distinctement – Il arrive souvent que toi tu dors et elle est déjà sortie – Oh, mon père n'est plus lui – Lui qui travaille a besoin de se distraire, elle seule peut le convaincre – Que puis-je faire? Mes seuls amis sont eux – C'était ta mère? Oui, c'était elle – Eh bien, c'est moi qui l'ai écrit et publié – Il ne doit que lui en parler lui-même, au plus tôt – Toi Marie, tu devrais le faire – Nous aussi nous sommes d'accord – Eux aussi y prendront part

4. Qui a conclus l'affaire, toi ou eux? Moi. – Eux, qui ont rédigé le règlement, sont responsable de tout – Ta sœur et toi (vous) ferez bientôt un voyage en Sicile – Charles et moi (nous) trouvons cela hors de propos – Moi vous tromper? Moi qui ai reçu de vous une aussi grande aide? – Si tu n'es pas satisfait de ce résultat, allons ensemble, toi et moi, chez le magistrat et parlons-en directement avec lui – Cet homme et moi (nous) avons les mêmes goûts – Nous attendons Jean Luc et son cousin, ce sont eux qui doivent décider – Où irons-nous l'été prochain? Moi certainement à la mer, lui, peut être, à la montagne – Moi aussi je préfère la mer – Je penserai moi-même à l'informer –Parle-lui toi-même, je t'en prie – Depuis ce jour ils sont changés, ils ne sont plus eux (mêmes). – Nous seuls étions là – Avez-vous fini? Alors vous, vous pouvez aller, eux, au contraire, doivent rester encore un peu – Eh bien, c'est moi qui t'accuse – C'est ton père? Oui, c'est lui – Très bien, je lui écrirai moi même – Lui seul me comprend – Nous aussi nous les aideront – Nous tous entendîmes le coup, moi plus clairement, eux plus vaguement – Toi, qui es toujours en voyage, tu devrais te reposer davantage

5. Je te dis qu'ils sont d'accord – Les verres? Il les a mis sur la table – On me donna une assiette et une cuiller – Tu ne dois pas te servir de ce couteau – Il demande la salière: donnez-lui aussi la poivrière et l'huilier – Vous avez cassé cette tasse, probablement en l'essuyant – Voici une cafetière neuve, lavez-la avant de vous en servir – Donnez-leur ce qu'il demande – Marie, apporte-moi la pelle de la cuisine – Je vais te montrer les souliers que j'ai achetés – Ce miroir m'a échappé de la main et s'est brisé en tombant – Je te prie, va chez ma mère et dis-lui de ne pas m'attendre – Si vous avez du bon vin, envoyez m'en cinquante litres – Ne leur dites pas que je suis venue – Répondez-lui immédiatement – Écrivez-lui sans retard

6. Oui, je l'ai vu – Oui, ils l'ont appelée – Oui, nous leur avons parlé – Oui, je l'ai rencontré – Oui nous les avons vus – Oui il l'a acheté – Oui, je lui ai parlé – Oui, il lui a écrit – Oui, Chantal leur a téléphoné – Oui, Jacques lui a tout raconté

7. Quel joli panier! Voulez-vous me le donner? – Apportez-moi du papier. Je vous l'apporterai – Je vous l'ai déjà dit – Il y a plusieurs jours que j'ai recommandé à ma domestique de laver le parquet mais elle ne se le rappelle jamais – Si vous avez une lampe de poche, apporte-la-moi – Il n'y a plus de vin, il faudra en acheter, rappelez-le-vous – Il y a là un bon fauteuil, mettez-vous-y – Vous avez lu cette histoire, résumez-la-moi – Voici les cahiers de vos camarades: distribuez-les-leur – Les paroles de flatterie sont les pires poisons: défiez-vous-en – J'ai besoin de vos marchandises, envoyez-les-moi le plus tôt possible – Ces compagnies sont mauvaises, éloignez-vous-en

8.
a. En voulez-vous? – Sylvie en a acheté – En veux tu? – Claude en a – J'en mangerai
b. Je le lui achète – Je la lui rends – Nous leur en faisons un – Ils les leur ont montrés – Jacques va te la prêter
c. J'y vais – Nous t'y emmenons – J'y pense toujours – Tu y peux compter – Nous y avons renoncé

9. Vas y – Achetons-les-lui – Parlez m'en – Vas-y tout de suite – Va-t-en tout de suite – Parlez-lui-en

10. Ils l'ont fait pour moi et pour eux – On a souvent besoin d'un plus petit que soi – Elle avait ses enfants autour d'elle – Il faut veiller sur soi – L'aimant attire le fer à soi – Le crime traîne après soi le châtiment – Ces sots parlent toujours d'eux – Chacun pour soi – Les projets en eux-mêmes – Elle parlait de toi avec elles – Nous l'offrîmes à tous: à elle, à lui, surtout à eux

11. Ces gens-là ont travaillé pour eux (mêmes) – Personne ne dit du mal de soi – On s'excuse toujours soi-même – Votre père ne travaille que pour lui – Nul n'est prophète chez soi – Votre tante réunit chez elle l'élite de la société – Un ami sincère est un autre soi – Cette jeune fille travaille pour elle-même – N'aimer que soi, ne vivre que pour soi, telle est la devise de l'égoïste – Quand les enfants étudient, ce n'est pas pour le maître qu'ils étudient mais bien pour eux (mêmes)

12
a. Je te dis de faire ainsi – Tu les mettras en haut – Tu t'amuses toujours – Vous les rencontrez souvent – Tu leur as parlé hier soir – Je lui parlerai demain – Si l'occasion se présente, saisissez-la aux cheveux – Elle leur rapporta ce qu'elle vit – Il est inutile de vous faire des recommandations, vous les oubliez si vite! – Si vous recevez des nouvelles, pensez à nous en informer – Où le conduisez-vous? – Vous me les donnerez immédiatement – Parlez-lui demain – Ne lui parlez pas – Donnez-moi ses nouvelles au plus tôt – Je suis ici pour vous servir – Donnez-lui à manger – Attends jusqu'à demain pour lui dire tout – Voulez-vous les accompagner vous-mêmes? – Louis XIV aima trop la guerre et s'en repentit – Si vous êtes raisonnables, démontrez-le avec les faits – Sois indulgent envers eux si tu veux qu'ils le soient avec toi – L'Espagne fit cadeau d'une prison à Colombo qui lui avait donné le monde – Vos frères ont pensé à eux-mêmes et à leur avenir – Allez chercher vos travaux et montrez-les-nous – Si tu as reçu les derniers romans, montre-les-moi – Si cela n'est pas honnête, ne le fais pas – S'ils me l'imposent, je dois leur obéir – Ces marchandises, payez-les-lui, argent comptant – Si elle te demande les journaux, donne-les-lui – Si tu as ce livre, prête-le-moi – J'y vais – J'irai – J'irais – Ils iraient – Vas y – Va-t'en – Donne-le-moi
b. Parle m'en – Je m'y retrouve – Elles lui en donneront – Parlez lui en – Parlez leur en – Je leur en parlai – Vous leur en donnâtes – Parlez m'en – Je te conseille de ne plus y penser – Que chacun travaille pour soi – La franchise est bonne en soi mais elle a ses excès – L'inondation a laissé après soi (du) sable et (des) cailloux – L'avare croit accumuler pour lui mais il accumule pour ses héritiers – Le café est une boisson excellente mais n'en abusez pas – Le miel était découvert et une nuée de mouches s'y attacha – Approche-toi pour que je puisse te voir – Plains-toi de ta paresse, non de ton sort – Ton père est indulgent mais toi tu ne dois pas en abuser – Tu peux lui en parler ouvertement – Parle-lui-en ouvertement – Tu peux t'en contenter – Achète-le-toi, si tu crois – Laissez-le-moi dire – Laisse-le-moi faire – Elle travaille pour moi mais même pour eux – Nous partirons avec vous et avec elles – Ne parlez pas mal de lui – Lève-toi, il est tard – Puis-je te voir samedi prochain? – Je ne peux te communiquer rien parce que je n'ai pas de nouvelles – En me disant cela, tu me rends heureux – Ne lui dites rien, je vous en prie – Ne me parle pas de cela – Nous pouvions lui donner tout ce qu'il voulait – Nous les avons fait appeler nous-mêmes – Laisse-moi dire – Laisse-lui faire ce qu'il

veut – Il s'occupe toujours de ses affaires – Ils ont tout pris – Ces meubles? Il les a fait par lui-même – Prends une vacance, tu en as vraiment besoin

Pronome relativo

1. L'homme qui parle... – Les devoirs que je fais... – L'air que nous respirons... – ... le chemin par lequel on arrive... – ... personnes avec lesquelles... – La famille dont vous parlez... – L'effort, auquel il a été... – ... une vertu sans laquelle...

2.

a. L'homme qui travaille là-bas est mon père – La jeune fille que tu as rencontrée hier soir est ma meilleure amie – Voilà un mouton qui est bien gras – Les touristes que nous avons accompagnés sont des Américains – La petite fille qu'il caresse est sa nièce – Les films dont il parle avec enthousiasme, à mon avis, ne valent pas grand chose – L'amie à laquelle tu as confié ton secret n'est pas trop fiable – Voilà le tableau si rare pour lequel ils se sont battus à cette vente aux enchères – Ce poète, dont tout le monde connait la valeur, a gagné le dernier prix littéraire – Mon père, dont la santé a toujours été excellente, nous a donné des soucis dernièrement – Voilà l'homme du pouvoir duquel personne ne doute – Ma mère, pour la sérénité de laquelle je ferai n'importe quoi, n'accepte aucun conseil

b. La villa où il habite est trop grande pour lui – C'est la ville par où nous sommes passés – Il est parti justement le jour où il devait nous recevoir – La famille dont elle descend est la plus ancienne de la région – Ce dont je parle, ne devrait pas vous laisser indifférents – En quoi puis-je vous être utile? – À quoi bon mentir puisque je t'ai vu avec elle? – Elle voudrait savoir à quoi tu penses – Ce à quoi je pense est un secret – Quoi? Vous partez déjà? – Il gagne juste de quoi vivre – Qui dirait cela mentirait – Dites-moi de quoi vous riez – Celui qui n'est pas satisfait n'a qu'à parler – J'ai rencontré la sœur de Charles laquelle suit mon cours – Je te parle du mari de ma nièce lequel est employé de banque

3.

a. Donnez-moi les lunettes qui sont sur la table – La leçon que nous étudions est facile – J'ai connu personnellement l'acteur dont vous parlez – Le village vers lequel nous allons, n'est pas loin – Nous apprécions les activités dont vous vous intéressez – Voilà le jardin autour duquel on a fait élever ce mur – La maison où vous habitez est vraiment jolie – Les secours sur lesquels je comptais, ne sont pas arrivés – L'hypocrite est un être dont il faut se méfier – La famille dont elle descend est honorable – Ce qui est difficile, c'est d'être persévérant – Ce que je vois m'étonne – Voilà la montagne de laquelle descend ce fleuve – Ma mère est la seule personne pour le bonheur de laquelle je ferais tout – C'est un homme dans la parole duquel il faut croire – Par où es-tu passé? – L'état dans lequel il se trouve m'inquiète – Ce que tu penses me rend heureux – Je suis enthousiaste de ce dont tu t'occupes – Il y a une édition de ce roman laquelle se vend très bien

b. C'est à eux que je m'adresse – Je me souviens encore du jour que (où) je l'ai rencontrée – Je vois souvent le frère de Christine, laquelle est en classe avec moi – Qui lit, qui écrit, qui regarde la télé: tous, de quelque façon, occupent leur temps – C'est M.me Curie qui a gagné le prix Nobel en 1911 – As-tu vu la voiture que nous venons d'acheter? – Je n'ai pas bien compris ce que tu m'as dit ce matin au téléphone – Est-ce la jeune fille dont tu me parlais? – Paris? C'est la ville où j'irai le plus volontiers – À qui le dirais-je? – C'est la maison à laquelle j'adresse souvent ma pensée – L'enfant, dont tous parlaient et pour lequel on a intéressé tant d'autorités, a enfin retrouvé ses parents – Tu connais bien le boucher chez lequel (qui) nous avons acheté les côtelettes de veau – Vous ferez réchauffer le ragoût auquel on n'a pas touché hier – On hache d'abord la viande avec laquelle on fait des boulettes

4. *Solutions possibles:* L'arbre que tu vois est un chêne – Les amis que je vais rencontrer arrivent de l'Angleterre – C'est la villa que ma cousine vient d'acheter – Selon mon ami Frédéric, le roman que j'ai acheté n'est pas trop intéressant – L'orateur qu'on avait invité ne peut plus venir – Les informations que nous avons reçues ont été confirmées – Je te dis et te répète que tu as tort – Attendons qu' il ne pleuve plus – Ils pensent que cela est possible – Tu crois qu'il a raison? – Je suis certain que Christine le fera – Marc est convaincu que ses camarades seront d'accord avec lui

5. *Solutions possibles:* La personne qui parle est un député – Les élèves qui sont partis pour ce voyage rentreront dimanche prochain – L'amie qui arrivera demain veut visiter notre ville – Ma mère, qui ne supporte pas la télé, préfère lire un bon livre – Toi, qui te plains toujours, devrais être plus optimiste – Mes parents, qui sont souvent en voyage, ont préféré pour cette année des vacances plus tranquilles – Voulez-vous qu'il y participe? – Je suis sûr qu'il le fera – Tout le monde attend qu'il commence – Ma petite sœur aime qu'il (son père) lui raconte une fable avant de s'endormir – Qu'il le fasse ou non, ça m'est égal! – Espérons qu'il vienne!

6.

a. La belladone est une plante qui a du poison – Les animaux, sur lesquels l'auteur a écrit ce livre, sont peu connus – Le garçon à qui tu fais allusion, je le connais bien – Voilà la vieille villa à laquelle on a fait d'importantes réparations – Je vous présente le metteur en scène dont le film a gagné l'Oscar – Mon fils, dont la santé a toujours été excellente, est tombé malade tout juste dans cette occasion – Marc a vendu la maison que son père acheta pour lui – Nous n'oublierons jamais les personnes qui nous offrirent leur aide dans cette circonstance et à la générosité desquelles on confia notre sort – Parlez-nous du film que vous avez vu; tout le monde dit qu'il est intéressant – Ce monsieur, avec lequel (avec qui) vous m'avez vu parler hier, est le directeur de la Banque d'Amérique

b. C'est une personne de la parole duquel on peut se fier – En Angleterre il y a beaucoup de mines desquelles on extrait la houille – Il est utile et agréable d'apprendre de quoi se nourrissent les oiseaux de ce continent lointain – Tu as négligé de lui donner une réponse, ce en quoi tu as manqué – Les peuples du Tiers monde n'ont pas de quoi vivre – L'église où (dans laquelle) nous entrâmes était obscure et humide – L'année où (dans laquelle) je naquis était bissextile – César fut tué par ceux auxquels il avait fait du bien – Ton frère, de la dévotion duquel je n'ai jamais douté, m'a promis qu'il me suivra partout où j'irai – Ce lion fut pris dans les filets desquelles ses rugissements ne purent le libérer – Celui qui a fait cela, sera puni – Qui vivra, verra – On écouta un seul témoin qui confirma les faits

Verbi ausiliari

1. **a.** et **b.**
"Un gros rat était presque aussi fort qu'un jeune chat; il avait les dents de devant longues et fortes; le chat mordait mal, et comme il ne se servait guère que des griffes, il fallait qu'il fût non seulement vigoureux, mais aguerri. La belette, quoique plus petite, était un ennemi plus dangereux, et que le rat redoutait, parce qu'elle le suivait dans son trou: le combat durait quelquefois longtemps, les forces étaient au moins égales mais l'emploi des armes était différent: le rat ne pouvait blesser qu'à plusieurs reprises et par les dents de devant; lesquelles étaient plutôt faites pour ronger que pour mordre et qui, étant posées à l'extrémité du levier de la mâchoire, avaient peu de force; tandis que la belette mordait de toute la mâchoire avec acharnement et qu'au lieu de démordre elle suçait le sang de l'endroit entamé; aussi le rat succombait-il toujours. (Buffon)

2. "Je n'irais pas... Sur le penchant de quelques collines j'aurais une petite maison... J'aurais pour cour une basse-cour... J'aurais un potager pour jardin... Les fruits ... ne seraient ni comptés ni... Tous les airs de la ville seraient oubliés et, devenus... Tous nos repas seraient des festins. Le service n'aurait pas plus d'ordre...; la salle à manger serait partout, on aurait le gazon pour table... (J. J. Rousseau)

3. Libre

4. Libre

5. Tes parents seraient très heureux si tu travaillais mieux – Ayez la bonté de me prêter votre livre – Aie l'obligeance de me dire à quelle heure je dois t'attendre – Il était juste qu'il fût puni, puisqu'il avait désobéi – J'espère que vos efforts seront couronnés de succès – Si vous étiez venus avec nous, vous seriez satisfaits de votre promenade – Vous avez payé ces vases trop chers; partout ailleurs vous les auriez eu pour beaucoup moins – Ce jeune homme-là sera un littérateur distingué tandis que ceux-ci ne seront jamais que des écrivains publics – Si j'avais travaillé avec plus d'ardeur, j'aurais fini plus tôt que toi – Ma lettre est partie aujourd'hui, et mon départ n'aura lieu que demain – N'ayez pas peur Mesdames, il n'y a aucun danger – Soyez bons envers les animaux – Sois certain que tu réussiras si tu travailles beaucoup – Personne ne veut croire que cet enfant eût la force de s'opposer à cette violence

6. Je suis allé chez le dentiste – Le télégramme est arrivé comme j'allais me mettre à table – Nous sommes sortis avant toi – Ils ont acheté une très belle villa à la mer – J'avais couru pour arriver à temps, mais le train était parti – Comme il était tombé une averse inattendue, j'étais tout mouillé – La pluie a duré tout le temps que je suis restée chez le coiffeur – Le braconnier avait vu venir le garde-chasse – Les meubles que nous avions vus chez ce marchand ne nous avaient pas plu – Il m'a regardé et ne m'a pas reconnu – Il y a longtemps que je l'ai prévenu – Oui, je suis en voyage et ne rentrerai que dans quelques jours – Tu as vu ce spectacle? Il est vraiment intéressant – Nous sommes si heureux!

7.
a. Dieu a été et sera toujours – Au début il dit: "Que la lumière soit!" et la lumière fut – Veux-tu savoir si nous serons ici demain? – Nous avons eu un hôte illustre – J'eus une bonne nouvelle – Le garçon aura eu de beaux cadeaux – Il serait un bon fils s'il n'avait pas la passion du jeu – Sois patient, je t'en prie! – Tu aurais eu le prix pour la meilleure composition si tu n'avais pas été si précipité – Nous serons toujours à votre disposition – Nous sommes prêts à partit – Soyons objectifs dans notre jugement; tout compte fait ils avaient raison – Soyez gentils, aidez-nous à résoudre ce cas – Vous aurez une belle satisfaction – Merci, nous aurions été dévalisés sans votre intervention – Le livre aurait été meilleur avec les illustrations – Dommage, ils auraient eu notre loge au théâtre – Nous avons été obligés à partir – Je ne crois pas que ces pêches soient mûres
b. Je ne pense pas qu'ils aient eu de l'argent – Nous aurions réuni une belle somme – Nous aurions été reçus par le Ministre – Notre devoir aurait été de l'aider – Je déclare ici qu'ils eurent tort – Aie soin de ces garçons – Ayez pitié de ma migraine – Chaque peuple a ses monuments religieux: les Chinois ont leurs pagodes, les Turcs ont leurs mosquées, les Catholiques ont leurs églises, les Juifs ont leurs synagogues – Il est nécessaire que vous ayez le courage de le faire – Je ne crois pas qu'il ait envie de sortir – Ne soyez pas hostiles; si vous voulez, vous et moi serons amis – Tu penses qu'une personne si comme il faut ait pu trahir notre cause et la sienne? – Il est nécessaire que vous soyez plus actifs – Un jour ton travail sera récompensé – Je désirerais que vous fussiez présents à la représentation – Je désire que vous soyez présents à la cérémonie – La prairie fut inondée par le fleuve
c. Quand le loup eut dévoré l'agneau, il s'allongea sous l'arbre – Le misérable avait été pris par le remords – Soyez tranquille madame, votre sac a été retrouvé – Nous avons été en Chine trois fois et vous (mêmes)? – Avez-vous eu quelque moment de découragement pendant la semaine que vous avez passée en Orient? – Nous serons satisfaits quand nous aurons poursuivi notre but – Ne soyez jamais trop sévères; ayez, au contraire, de l'indulgence envers ceux qui n'ont pas votre sensibilité et votre intelligence – Aie le courage d'admettre tes fautes – Ils n'auront jamais ce à quoi ils aspirent et ne seront jamais ce qu'ils désirent être – Les villes d'Herculanum, Pompéi et Stabies furent détruites par les laves et les cendres du Vésuve – Si vous êtes sages, vous aurez le gâteau que je vous ai préparé – Ce vaccin a été découvert depuis déjà quelques années

Verbi del primo gruppo (in *-er*)

1. *Jeanne d'Arc à Chinon*
"La grande salle du château regorge de monde; les haleines la chauffe, ni plus ni moins qu'à toute audience que donne le roi; elle présente cet aspect de halle, de cohue, familier aux courtisans. C'est le soir; cinquante torches brûlent sous les solives peintes...; des seigneurs tout armés, au nombre de trois cents se pressent, selon la coutume aulique, poussent, arrondissent les coudes et l'huissier donne de la verge sur les têtes.
Averti que la Pucelle arrive, le roi s'enfonce dans la foule des seigneurs. Jeanne est introduite par le comte de Vendôme. Robuste, le cou puissant et court, la poitrine ample, autant qu'il y peut paraître sous la jaque, elle porte petits draps, c'est-à-dire braies comme les hommes. Ce qui doit surprendre, plus encore que ses chauffes, c'est sa coiffure. Un chaperon de laine sur la tête, elle montre ses cheveux noirs coupés en sébiles, à la manière des varlets (valets). Les femmes de tout âge et de toute condition prennent grand soin de tirer leurs

cheveux sous le hennin, la coiffe, le voile, de manière qu'il n'en passe pas un fil. Et cette crinière libre sur une tête féminine est, pour le temps une chose étrange. (*D'après* Anatole France)

2. Libre

Ortografia dei verbi del primo gruppo

3. **a.**, **b.**, **c.** et **d.** Libre

4.

a. Je regarde comment tu dessines – Je me rappelle que tu as déchiré cette lettre – Il faut que vous payiez vos dettes – Il faut que nous le priions de nous rendre ce service – Je ne voudrais pas qu'il négligeât ses devoirs – Lorsque tu as parlé on t'a écouté attentivement – Je désire que vous m'expédiiez ces marchandises par chemin de fer – Envoyez-moi de vos nouvelles le plus tôt possible – La nouvelle que je vous communiquai hier a été démentie ce matin – Cette enfant se déshabituera de parler patois – Cette voiture roulait à vive allure quand l'autre, qui venait en sens contraire, la heurta avec force – L'élève interrogé se troubla et bredouilla sa leçon mal apprise

b. Lorsque je mérite de bonnes notes mes parents me récompensent – Il faut que ce travail s'exécute rapidement – Si le temps est beau nous nous préparerons pour sortir – Puisque vous avez un procès il faut que vous consultiez un bon avocat – Avez-vous retrouvé le couteau que vous aviez laissé sur la table de la cuisine? – Auriez-vous accepté si on vous l'eût donné? – Qui trop embrasse mal étreint – Montre-toi gentil et complaisant envers eux – Nous réprimandâmes les élèves négligents – Il est utile que tu cultives ton jardin; tu y récolterais de beaux légumes – Fais bien tes comptes, ne te trompe pas – Je rentrerai quand j'aurai montré à mes amis les principaux monuments de la ville – Cherchez et vous trouverez – Dans ce voyage vous rencontrerez des personnes sympathiques

5.

a. Le miroir reflète la lumière – Le linge sèche mieux au soleil qu'à l'ombre – Le temps allégera tout chagrin – Le roseau courbé par le vent se relèvera bientôt –Tout chemin, dit un proverbe, mène à Rome – Le blé lève avant l'hiver et végète sous la neige – Ce commerçant céderait son magasin à de bonnes conditions – Je commençais à croire que vous ne viendriez plus – La surface de la mer étincelle au soleil – Les oiseaux becquetteront les fruits si vous ne mettez un épouvantail qui les éloignera, peut-être – Ne forçons point notre talent, nous ne ferions rien avec grâce, a dit La Fontaine – Il pleut et l'eau ruisselle dans la rue; si la pluie augmente, elle ruissellera bien plus fort

b. La maison menaçant de crouler, il fallut bien qu'il délogeât – Ne feuillette pas ce livre sans le lire – C'est en forgeant qu'on devient forgeron – Si nous enfonçons trop ce clou, nous ne pourrons plus le retirer – Mais si, nous l'enlèverons avec ces grosses tenailles – J'emploie ordinairement du détersif – Il faut que vous essuyiez ces verres avant de les mettre à table – Essuyez, n'époussetez pas! – L'inondation ravagea tout sur son passage – Si vous étudiiez mieux, vous réciteriez vos leçons avec plus d'assurance – Au cinéma on projette les images sur l'écran – S'ils avaient du temps, ils étiquetteraient encore toutes ces bouteilles – Pour faire cette démonstration, il faut que tu t'appuies sur le théorème précédent

6.

a. Je pense, donc je suis – Paul achètera une voiture Fiat – Qui dit que la richesse ne contribue pas au bonheur? – Le lac gèle en hiver – Les heures heureuses passent vite – Porte mes salutations aux tiens – Cachète cette lettre – Le jour succède à la nuit – Nous mangeâmes de bonnes truffes – Appelle le concierge – Nous téléphonerons pour avoir ses nouvelles – Je te remercie pour les beaux romans que tu m'as envoyés – J'espérais le persuader – Indiquez-moi les chapitres que vous avez étudiés – Achève la traduction avant de sortir – Cette petite histoire avait été inventée – Développez bien cet argument avant de passer à l'autre – J'acceptai à contre cœur sa proposition – Évitons la répétition des mots à moins que la répétition ne donne plus de force à la pensée – Il emploie sagement son argent – Les Phéniciens ont inventé, dit-on, l'écriture alphabétique – Le concierge balaie la cour – Je vous payerai tout de suite – La nécessité est un joug assez lourd sous lequel, souvent, nous ployons – Il est nécessaire que vous nous envoyiez au plus tôt vos nouvelles

b. Le lion et le tigre règnent en maîtres dans les lieux qu'ils habitent –Tu m'ennuies – Jean Luc se découragea et abandonna l'entreprise – Les Gaulois siégèrent le Capitole – La pluie continuelle a ravagé le jardin – Le chat mangea le rat – Commençons l'exercice – Nous commençâmes à nous disputer – Nous le ploierons à notre volonté – Les astronomes annoncèrent l'apparition de la comète – Le soleil se lève à sept heures – Vous dérangeâtes vos voisins avec ce fracas – Est-ce que vous vous ennuyez? – Je suis désolé, je sais bien qu'en classe tu t'ennuies à la leçon de ce professeur – Archimède disait: "Si j' avais un point d'appui, je soulèverais le monde" – Tu feuillettes cette revue mais tu ne lis rien – Le duc protégea la ville avec des tours et des bastions – Socrate exerça son âme à la patience – Cette douleur lui abrégea la vie – Renonçons-y, c'est mieux – Nous mangeâmes avec un grand appétit – Nettoie bien ton bureau – Je les emmènerai avec plaisir visiter ces monuments – Je possède seulement cette petite maison

Verbi del secondo gruppo (in *-ir*)

1.

a. Le renard jouit, jouir – n'accomplissent, accomplir – et réussit, réussir – se tapit, tapir – Il s'établit, s'établir – et nourrir – averti, avertir – il franchit, franchir – s'aplatit, aplatir – et finit, finir – par envahir – il saisit, saisir – va enfouir, aller enfouir – avertisse, avertir

b. Libre

2. Libre

3. À ces mots il se radoucit – Obéissez maintenant, si vous voulez qu'on vous obéisse plus tard – Si vous ne prenez pas vos lunettes fumées, le soleil vous éblouira – Le mensonge est avilissant – Les oranges et les citrons mûrissent tôt dans notre pays – Je vous envoie ce tonneau pour que vous le remplissiez de vin et me le retourniez immédiatement – On vous avertira de l'heure du départ – Les touristes ont franchi la montagne – L'huile rancit en vieillissant – En lisant vous enrichirez votre mémoire – Si ces acteurs étaient braves on les applaudirait – Pendant l'orage de gros nuages noirs obscurcirent l'air – Le malade guérirait s'il était bien soigné – La paresse affaiblit nos énergies – Vous n'avez pas affranchi ni la lettre ni le paquet – On a assaini ces contrées marécageuses – Avec un peu de patience vous aplanirez ces difficultés

– La mère chérit ses enfants et ses enfants la chérissent – Cette ouverture est trop étroite. Élargissez-la – Il faut que j'éclaircisse cette question embrouillée

4. Vous finirez vos devoirs ce soir – Il remplissait ses poches de cailloux que puis il jetait dans le fleuve – Moi je rougissais de honte, lui pâlissait de colère – Je vous avertis: un jour vous aurez besoin de moi – La fonte des neiges grossit les cours d'eau – Ces paysans cultivent leur potager et attendent avec anxiété que les fruits mûrissent – À droite et à gauche, le long du pont, des rangées de petits points lumineux surgissent dans la nuit – De gros nuages obscurcissent le ciel – À l'aube l'horizon blanchit et les étoiles pâlissent – Le lion rugissait – Les renards glapissent, le bœuf et la vache mugissent – Choisissez bien vos amis – Compatissez aux maux d'autrui – Il s'agissait d'une faute de calcul – La lecture des exploits des chevaliers médiévaux nourrirent l'esprit de don Quichotte – Ne trahissez pas la confiance que nous avons placée en vous – Les arbres jaunissent en automne – Les jeunes gens se nourrissent d'espoirs, les vieillards de souvenirs

Ortografia dei verbi del secondo gruppo

5. Je hais ce qui est faux – Il est nécessaire que ton caractère s'adoucisse si tu ne veux pas être haï – Il distribua le pain benit d'une manière solennelle – C'est un peuple béni de Dieu – La France était florissante sous Henri IV – Les arts florirent en Grèce au milieu des guerres civiles – Hais l'hypocrisie et le mensonge – Je hais les imposteurs – Qu'on me haïsse mais qu'on me respecte – Le dictateur est haï par tout le monde – Ces arbres fleurissaient mieux s'ils étaient exposés au soleil – La Sainte Vierge est bénie entre les femmes

Verbi del terzo gruppo (modello: *recevoir*)

1. Libre

2. J'ai aperçu le facteur qui sonnait à la porte – Il reçut ma lettre – Je ne conçois pas votre manière de vivre – Il décevrait mon attente – Le percepteur perçoit et le receveur reçoit – Si nos amis venaient nous voir nous les recevrons à bras ouverts – Vous apercevez la paille qui est dans l'œil de votre voisin et vous ne voyez pas la poutre qui est dans la vôtre – Vous concevriez nos intentons si nous vous les expliquions – Pour faire le voyage dont vous me parlez, il faudrait que je reçusse de l'argent – Je m'aperçus trop tard de mon erreur – Vous décevriez sa confiance – Reçois , mon cher ami, mes très cordiales salutations – Mercredi dernier j'ai reçu un billet ainsi conçu – Vous devez prendre patience – Nous devrions partir par le train de huit heures – Je dois tout à ma grand'mère – Il durent se contenter – Le microphone perçoit les sons les plus légers – Il faut que chacun conçoive son devoir et le fasse – Qu'il s'aperçoive ou non de mon indifférence, cela m'est égal – Je voudrais bien que nous reçussions de beaux cadeaux pour le premier de l'an

3.
a. Je dus m'arrêter chez elle – Vous recevrez bientôt une réponse – L'État perçoit les impôts par tous les citoyens – Tu déçois tous mes espoirs – J'aperçus mon père dans un groupe d'amis – Vous ne deviez pas parler de cette façon – Nous vous devons de la reconnaissance et du respect – Vous apercevez-vous de cette petite maison-là? – À travers cette brume épaisse nous n'apercevions pas la route – Le soir tu apercevras dans le ciel une étoile plus lumineuse que les autres; c'est l'étoile de Vénus ou l'étoile du berger – Elle disait de lui devoir tout – J'ai dû décider en toute hâte – Tu ne t'apercevrais pas de ce qu'il y a de sombre dans cette affaire – Je lui dois la place que j'occupe – Cette vallée doit son nom à un certain événement – Ils avaient conçu un projet merveilleux qui, toutefois, ne réussit pas à cause d'une série de circonstances – Notre raison est souvent déçue par les apparences – On devrait planter des arbres le long de cette route – Je vous dois beaucoup pour ce service
b. Ce qu'on conçoit bien s'énonce clairement – Je reçois aujourd'hui tout ce qui m'était dû – L'Armée, ce jour-là, avait reçu des renforcements – Par cette lettre vous recevrez l'autorisation à procéder – Je perçois mes rentes tous les six mois – J'ai reçu de bonnes informations sur cette personne – Je dois et je devrai rappeler toujours avec gratitude tous ceux qui m'ont aidé dans cette circonstance – Dans cette occasion il reçut un bon accueil – Je regrette, Monsieur le Directeur reçoit seulement le jeudi – Le médecin l'a reçu hier parce que sa visite était urgente – Je l'aperçus dans la rue justement quand je devais prendre le taxi – Est-il juste que je doive être la victime de ses caprices? – Est-il juste que vous deviez payer pour lui? – Je ne le conçois ni ne je le concevrai jamais – La découverte de l'Amérique est due à Christophe Colombo – À contre cœur j'ai dû lui répondre que non

Verbi del terzo gruppo (modello: *rendre*)

1.
a. "Le loir... Cependant ils vivent... d'autres fruits sauvages font leur.... qu'il prend... il ne fait point... fait... font... Ils croissent vite... ils ne craignent ni la belette... qui ne peut les suivre
b. descend (descendre)... et défendent (défendre)... aussi mordent-ils (mordre)...

2. Libre

3. As-tu vendu cette propriété? – Je vous rendrai votre argent quand je recevrai le mandat que j'attends – Il faut que je réponde à la lettre que j'ai reçue – Il fallait que je répondisse immédiatement – La bouteille se cassa et le vin se répandit sur la nappe – J'attends que la pluie cesse – On perd tout en voulant trop gagner – Ce joueur est désespéré parce qu'il a perdu tout son argent – Mes enfants, descendez lentement l'escalier – Le propriétaire descendit toutes les bouteilles de vin à la cave – Il faut que vous descendiez immédiatement, on vous attend – Je condescendrais à vous écouter si vous étiez moins orgueilleux – Si vous taquiniez ce chien, il vous mordrait – Ce vilain chat m'a griffé et mordu – Le bûcheron fend les rondins pour en faire des bûches – Si vous frappez si fort sur la glace, elle se fendra – La neige fond sous les rayons du soleil – S'il faisait plus chaud, l'asphalte des rues fondrait – Si la pression augmentait, la barre de fer romprait

4.
a. Les expériences d'Ampère rendirent possible la télégraphie électrique – Ils ont perdu une bonne occasion pour se connaître – La ville avait été défendue par une poignée d'hommes – Le Jura s'étend le long de la frontière suisse – Rassurez-vous, je les prendrai sous ma protection – Le bouchon sauta en l'air et le liquide se répandit sur la nappe – Nous nous défendrons cou-

rageusement – Il rompit un vase de Faenza et dut le dédommager – Le tremblement de terre fendit la montagne – Quand tu auras vendu le veau, tu achèteras ces outils – L'argent corrompt même les hommes honnêtes – Il avait interrompu les études classiques pour s'adonner à la musique – La route est interrompue par un fossé – Il n'entend pas de cette oreille – J'entendis un bruit dans l'autre chambre et m'y précipitai – La terreur se répandit tout de suite parmi les présents – J'ai exprimé ma volonté et n'en démords pas – J'interrompis alors mes travaux et partis – J'entendais lui écrire avant de me présenter – Cette nouvelle s'est répandue en un clin d'œil – Je vous prie, répondez au plus tôt – C'est une personne honnête, j'en réponds personnellement – Le succès répondit à l'attente – Le sang se répand du cœur à toutes les parties du corps

b. Attendez un peu dans l'antichambre – L'enfant tendit les bras à son père – Une légende prétend que Romulus descende du Dieu Marte – Cavour a rendu de grands services à l'Italie – Daniel Manin défendit Venise contre les Autrichiens – Nous avons défendu et nous défendrons toujours la vérité – Il descendra au Grand hôtel – Il descendait d'une famille obscure et était parvenu aux charges les plus élevées de l'État – Ma fortune dépend de la tienne – Malheureusement il ne répondait à aucune demande – Si tu réponds à temps à ma lettre, l'affaire pourra être conclue – J' ai attendu jusqu'à maintenant et j'attendrai encore un peu, puis je monterai en voiture et partirai – On entendait le grondement du tonnerre et le crépitement de la pluie – Rendez-moi ce que je vous ai donné – Je vous ai défendu, je vous défends et je vous défendrai toujours de fréquenter certaines personnes – Il faut que vous attendiez sa réponse avant de décider – Nous vendîmes tout, même les meubles de grande valeur – Je tonds mes moutons par moi-même et je n'ai pas honte à le faire – Ne vous confondez pas, restez tranquille et répondez à toutes les questions – Les États-Unis dépendirent pour longtemps de l'Angleterre

Verbi irregolari

Infinito in *-er*

1. *Indicatif*

Présent: Pendant les vacances je vais passer quelques jours dans ma famille – Comment! Tu lui envoies une telle lettre? – Envoyez-vous de vos nouvelles à votre famille? – Elles s'en vont de bonne heure parce qu'elles sont attendues chez elles – Nous vous envoyons nos meilleurs souvenirs

Imparfait: Il allait à la gare quand un de ses employés lui remit une lettre – Et pourtant nous leur envoyions toujours nos souhaits pour Noël – Vous envoyaient-ils leur voiture pour aller au théâtre?

Passé défini: Il s'en alla tout furieux – Nous envoyâmes un joli cadeau aux jeunes époux qui nous avaient invités à leurs noces – Comme le temps était beau ils allèrent se promener le long de la mer – Est-ce que l'éditeur t'envoya le livre que tu lui avais demandé?

Futur simple: Demain tu iras parler avec le Proviseur – Mon fils ira à Orléans – Elles s'en iront, sitôt qu'elles recevront cette information – Nous enverrons acheter les meilleurs gâteaux qu'on trouvera chez le pâtissier – Le marchand ira à la foire du chef-lieu – Vous lui enverrez ce paquet au plus tôt

Passé indéfini: Je suis allé à Rome et j'ai eu le plus grand plaisir à visiter cette ville incomparable – Je suppose qu'ils ont renvoyé leur voiture pour retourner à pied – Mon cousin est allé m'attendre devant le cinéma

Plus-que-parfait: Ils étaient allés tous à cette conférence – Vous n'étiez pas à la maison quand je suis venu, où étiez-vous allés? – Nous étions allés dîner en ville – Où aviez-vous envoyé votre secrétaire? Je l'avais envoyée prendre les informations que vous désirez – Il n'y avait personne dans la maison, tous étaient allés voir la grande revue militaire

Futur antérieur: S'il n'est pas chez lui, c'est qu'il sera allé chez sa mère – Quand vous aurez envoyé vos enfants à la campagne, vous pourrez venir passer quelques jours chez nous – Serez-vous allés à la messe quand je viendrai demain à huit heures? – Auras-tu envoyé ton frère chez le pharmacien quand le docteur arrivera?

Conditionnel

Présent: J'irais volontiers me promener si tu voulais m'accompagner – J'enverrais ces livres à ton ami si j'étais sûr qu'il fût chez lui – N'iriez-vous pas visiter le musée s'il n'était pas fermé? – Je croyais qu'il m'enverrait de ses nouvelles pendant son long voyage – Il a été décidé que nous irions passer nos vacances à la mer

Passé: Je savais bien que tu serais allé au concert hier soir – Nous vous aurions envoyé des cartes postales illustrées, si nous avions connu votre adresse – Ils seraient allés faire un voyage d'agrément s'ils n'avaient pas reçu cette fâcheuse nouvelle

Impératif

Envoie-lui cet album que tu lui as promis – Pierre, va voir si la porte du jardin est fermée – Va-t-en, tu m'ennuies – Ne vous en allez pas, il n'est pas encore tard – Allons nous-en, nous n'avons plus rien à voir ici

Subjonctif

Présent: Il faut que j'envoie immédiatement ces papiers à mon notaire – Il est bon que tu ailles trouver ton avocat pour le consulter au sujet de cette affaire – Je ne veux pas que mes élèves aillent faire l'école buissonnière – Pensez-vous qu'elle vous envoie ce qu'elle vous a promis? – Je ne veux pas que tu envoies cette lettre si mal écrite – Il faut que nous allions voir notre voisin qui est si aimable

2.

a. Tous les fleuves vont à la mer – Sa maladie va empirant – Cet après-midi j'enverrai demander ses nouvelles – Il m'a fait d'étranges propositions et je l'ai envoyé au diable – Mon père n'ira plus à la chasse – Dieu nous envoie les biens et les maux – J'irai jusqu'au bout de la question – Néron envoya à mort le philosophe Seneca – Cette note nous renvoie à la page 200 – Es-tu sûr qu'il soit allé à l'école? – Vous lui enverrez un beau cadeau – Le pauvre homme fut envoyé de Érode à Pilate – La lune renvoie à la terre la lumière qu'elle reçoit du soleil – Cette clef ne va pas à la serrure – Nous lui enverrons quelqu'un avec le contrat – Vous irez, soyez-en certains

b. Je désire que tu ailles lui demander pardon – Allons chez Jules nous informer des prix – Où pensez-vous aller? – Tous les ans nous allions à la campagne ou à la mer – Je vous enverrai de belles reproductions des œuvres de Botticelli – Dans cette obscurité on allait à tâtons – Prochainement je m'en irai aux Indes – La barque allait à la dérive – Tous les ans il va à Londres – Ces couleurs vont bien ensemble – Allez immédiatement chez votre frère et dites-lui qu'il m'envoie, sans délai, ce qu' il a le devoir de me rendre – J'irai à Milan la semaine prochaine; je t'enverrai des cartes illustrées – Envoie-moi, je t'en prie, le paquet postal que j'attends depuis quinze jours

Infinito in -ir

3. *Indicatif*

Présent: Je viens de l'école – Nous souffrons qu'on dise mal de notre pays – Ne réveillez pas le chat qui dort, dit un proverbe – Pourquoi découvrez-vous vos projets? – Ces gens-là tiennent l'hôtel qui est à l'entrée de la ville – Je t'offre ce bouquet, veux-tu l'accepter? – Ces fleurs sentent très bon – L'eau bouillit déjà, verse-la dans la théière – Je fuis les méchants comme la peste – Le train parcourt cette distance en deux heures – L'habitude s'acquiert peu à peu, puis elle devient une seconde nature – Les fleurs meurent sous la gelée – Le jour meurt, la nuit vient

Imparfait: De chez moi, je découvrais le clocher de l'église – Pourquoi souffriez-vous ces reproches injustes sans vous justifier? – J'ai cru qu'il mourait, tant l'impression a été forte – Pourquoi haïssiez-vous cette personne et fuyiez son approche?

Passé défini: Après nous être reposés un moment nous repartîmes au galop – Il m'avait promis monts et merveilles, mais il ne tint pas sa parole – Vous rappelez-vous le jour où vous vîntes me voir? – Il parla longtemps et je m'abstins de lui répondre – Aussitôt que la sonnette retentit, j'ouvris la porte – Nous accourûmes à son appel – Ils acquirent en peu de temps une fortune considérable dans le commerce – Ce grand homme mourut jeune

Futur: Quand tu verras arriver ton parrain, tu courras à sa rencontre – Je te préviendrai quand on commencera à jouer – Vous vous repentirez de ne pas avoir écouté mes conseils – Vous vous abstiendrez de tout commentaire – Vous acquerrez des connaissances utiles par l'étude du droit romain – Après avoir marché toute la journée, ils dormiront d'un sommeil profond

Passé indéfini: Mon oncle a souffert longtemps d'un rhumatisme aigu – On a recouvert l'escalier d'un tapis épais – Tu as obtenu ce que tu désirais – Il y a deux ans qu'il est mort – Il est revenu la semaine dernière de son voyage de plaisir – Il est sorti à sept heures et n'est pas encore rentré – Christophe Colomb a découvert l'Amérique, qui ne le sait?

Plus-que-parfait: Les Espagnols avaient conquis d'immenses colonies en Amérique – D'abord il avait consenti, puis il s'est rétracté – Si tu avais acquis un peu d'expérience, tu ne parlerais pas ainsi – Si vous étiez venus plus tôt, vous auriez assisté à un spectacle intéressant – Si vous vous étiez vêtues plus chaudement vous ne trembleriez pas de froid maintenant

Conditionnel

Présent: Si j'allais à Paris, je tiendrais à visiter le musée du Louvre – Tu tressaillirais de joie, si je te disais la nouvelle que j'ai apprise – Nous vous offririons d'entrer si vous n'étiez pas si pressés – Je parcourrais le monde si j'étais riche – Si vous alliez le voir, il vous accueillerait très bien – Notre propriété acquerrait une grande valeur si elle était moins proche du chemin de fer

Impératif

Viens ici, mon cher petit – Ne mentez jamais, mes enfants, le mensonge est haïssable – Même devant l'ingratitude, ne vous repentez jamais du bien que vous avez fait – Cours vite sinon tu arriveras trop tard au rendez-vous – Applique-toi et retiens ce que tu apprends – Bonne nuit, dormez bien, mes amis

Subjonctif

Présent: Mon père veut que je devienne médecin – Il faut que la police maintienne l'ordre – Voulez-vous que nous sortions un peu avant le dîner? – Croyez-vous qu'ils reviennent bientôt? – Je désire que tu concoures pour cette place – Il faut que vous fuyiez les mauvaises fréquentations

4.

a. Pour rédiger ma relation, il faut que je recueille mes idées – L'Alsace appartient à la France – Si vous semez, vous recueillerez – Cet homme courait comme un forcené – Vous cueillerez plus d'orties que de roses – Retenez bien ce que je vais vous dire – Il employait toujours de l'eau bouillie – Viendrez-vous à la conférence sur le théâtre moderne? – Ne mens pas et dans le doute abstiens-toi – On ne recueille pas toujours le fruit de ses propres fatigues – Vous tîntes un discours peu raisonnable – Vous n'obtiendrez jamais rien de lui – Je pars volontiers pour les Antilles; de nouveaux paysages, de nouveaux climats, une nouvelle vie me séduisent

b. Les Francs se servaient de la hache et de l'épée – Alexandre conquit l'Asie et mourut jeune – Nous cueillerons toutes les roses qui sont fleuries cette nuit – Tu te repentiras de tes fautes – Les pylônes servaient à décorer les temples des Égyptiens – Je n'acceptai pas les conditions que l'on m'offrit – Vasco de Gama découvrit une nouvelle voie pour rejoindre les Indes – As-tu couvert du tien ce manque de capital? – En 1830 la Belgique reconquit son indépendance – Quand le ciel devint serein, il partit tout content – Ils fuyaient sans savoir où se réfugier – Ces mots viennent du grec – Viens chez moi ce soir, j'offre un dîner à mes amis les plus chers – Enfin mon ami a obtenu la nationalité française

Infinito in -oir

5. *Indicatif*

Présent: Puis-je sortir? – Je ne sais pas si le temps est assez doux – Je ne crois pas qu'il soit opportun de sortir, du moment que notre ami ne peut recevoir – La terre se meut autour du soleil – Combien vaut-elle cette villa? Nous ne le savons pas exactement – Je ne m'assois pas car je suis très pressé – Nous ne la voyons pas depuis longtemps – Cette traite ne peut être payée que dans un mois – Prévoyez-vous ce qui arrivera si vous parlez? – Nous pourvoyons de notre mieux à ses besoins

Imparfait: Le récit de cette histoire émouvait les auditeurs – Je voulais t'écrire hier mais le temps m'a manqué – Il pouvait faire attention en marchant et il ne serait pas tombé – Votre mère savait-elle que vous étiez arrivées? – Vous ne prévoyiez pas cette difficulté – Si vous vous asseyiez sur ce fauteuil, vous seriez mieux que sur cette chaise – Elle ne voulait pas sortir ce matin quand je l'ai invitée – Ton fils pouvait bien venir me faire une visite – Nous voulions venir hier mais cela a été impossible à cause du mauvais temps – Nous avions beau regarder, nous ne voyions arriver personne

Passé défini: Je ne sus que répondre à cette demande – Ils ne purent jamais connaître toute la vérité – Cette dame s'émut de ce triste récit – Les habitants pourvurent à tous les besoins de ces pauvres gens – Je voulus lui prouver qu'il avait tort – Nous nous assîmes à l'ombre d'un arbre au bord de la route – Ce succès lui valut bien des félicitations –Arrivés au sommet de la montagne, nous vîmes un spectacle magnifique – Nous leur accordâmes tout ce qu'ils voulurent – Ils firent tout ce qu'ils purent pour sortir d'embarras

Passé indéfini: J'ai prévu cette réponse – Dans le partage des biens la maison a valu plus qu'on ne pensait – Ce n'est pas son avis qui a prévalu mais le mien – Il a voulu

de l'argent pour terminer l'immeuble – J'ai vu de très belles choses pendant mon court voyage – J'ai fait ce que j'ai pu à notre provision de bois pour l'hiver – Vous vous êtes assise sur une chaise qui n'est pas solide, Madame
Plus-que-parfait: Avais-tu vu ma nouvelle bicyclette? – Nous nous étions assis sous la tonnelle, autour de la table – Il me semblait que vous aviez pu vous arrêter en route – Ces chants tristes et monotones nous avaient ému – Nos conseils avaient prévalu – Si vous aviez pourvu à ses besoins, il n'aurait pas été obligé de s'adresser ailleurs – S'il avait prévu ce qui est arrivé, il serait resté – On avait voulu enfoncer la porte puisque la clef était perdue
Futur: Tu voudras bien m'attendre un moment – Nous pourrons vous donner une réponse bientôt – Vous saurez tout à l'heure la décision que nous aurons prise – Il vaudra mieux que j'apprenne bien le français plutôt que le russe – Nous verrons aux examens si vous avez travaillé durant l'année – Tes parents prévoiront toujours tes besoins et y pourvoiront avec plaisir – Vous ne saurez jamais penser à l'avenir – Elle voudra se rendre à cette convocation – Nous nous assoirons si nous sommes fatigués – Il est si paresseux qu'il ne se mouvra pas si on ne l'y oblige – Vous ne saurez jamais combien de peine vous avez coûté à vos parents – Le mal ne prévaudra jamais sur le bien

Conditionnel
Présent: Si je n'avais pas mes lunettes, je n'y verrais pas – Penses-tu que nous pourrions réussir? – Ils ne sauraient prendre une décision immédiate – Ne sauriez-vous pas vous passer de ce luxe? – Je dois répondre, parce que mon silence équivaudrait à un blâme – Je mouvrais le bras s'il ne me faisait tant souffrir – Verrais-tu ton ami dans le malheur sans le secourir? – Reverriez-vous avec plaisir vos anciens camarades? – Ces dames s'assoiraient volontiers parce qu'elles sont fatiguées – Vous ne pourriez pas compter sur la bonté des autres

Impératif
Sachez modérer vos désirs – Veuillez me rappeler au bon souvenir de monsieur votre père – Assoyons-nous ici – Revoyez vos leçons avant la classe

Subjonctif
Présent: Pensez-vous qu'on puisse prendre un manteau? – Quoique cette marchandise ne vaille pas grand-chose, je vous l'achèterai si vous n'êtes pas trop exigeant – Pour que les orateurs émeuvent, il faut qu'ils soient émus eux-mêmes – Nos parents ne sont pas arrivés sans que nous le sachions – Je souhaite que nous nous revoyions souvent – Je désire que vous vous asseyiez sur ce fauteuil

6.

a. Du haut de la montagne nous pûmes assister à cet étrange spectacle – Cela m'a valu une année de travail – La prophétesse Cassandre prévit les malheurs des Troyens – Elle le vit et rougit – Je suis certaine que ses argumentations prévaudront sur les autres – Avez-vous pourvu au dîner de ce soir? – Je voulais seulement qu'il y allât – Qu'il le veuille fortement et tout réussira – Il fut promu à la haute dignité de maréchal de France – Un homme vaut surtout pour son caractère – Qui sait où il s'est caché – Si vous pouvez éventer leur projet imprudent, faites-le immédiatement – Il se réfugia en Russie, que je sache – Charles Quint savait réparer les maux de la guerre

b. Un temps la naissance prévalait sur le mérite et nous aurions vu peu de fils du peuple parvenir aux plus hautes charges – Si tu ne veux pas ma ruine, aide-moi à temps – Aucun ne peut dire: je peux ce que je veux – Vous ne pouvez (pas) lui cacher la vérité – Napoléon put passer les Alpes – Un ennemi sage vaut plus qu'un ami ignorant – Nous nous assîmes à l'ombre de la treille – Elle prévient toujours les désirs de son fils et sait comment les satisfaire – Nous ne voyons pas la cause de sa bouderie – Qui vivra verra – Sachez éviter certaines compagnies – Nous ne pourrions partir par ce train – Nous saurons surmonter tous les obstacles – À la fin il vint voir la petite villa

Infinito in *-re*

7. *Indicatif*
Présent: De tout cela je conclus que vous avez tort – Nous admettons que vous avez raison – Tu vis en solitaire – Ce cheval craint l'éperon – Mauvaise herbe croît toujours – Je ne crois pas que nous nous soyons trompés – Sa grande éloquence convainc les auditeurs – Je connais très bien la personne que vous voyez là-bas – Tu ne lis pas assez de livres sérieux – Tes camarades et toi, vous lisez trop de bandes dessinées – Vous êtes un bavard, vous ne vous taisez jamais – L'espérance renaît facilement dans le cœur de l'homme – Ce travail suffit pour aujourd'hui – Vous écrivez illisiblement – Si vous prenez ce chemin-là, vous risquez de vous égarer – On n'aime pas les personnes qui se plaignent toujours – Il s'astreint à un régime très sévère pour guérir de sa maladie – Ces enfants font trop de bruit – Pourquoi ne faites-vous pas un peu de silence? Votre père est fatigué et a besoin de se reposer
Imparfait: Je buvais un grand verre d'eau fraîche – Ils vivaient grandement quand ils étaient riches – Tu poursuivais un but trop difficile – Tout le monde, vos ennemis mêmes, reconnaissaient votre loyauté – La montagne apparaissait au loin, noyée de nuages – Vous conduisiez vous-mêmes la voiture quand elle a versé – La mère étreignait son enfant entre ses bras – Il avait tant menti qu'on ne le croyait plus, même quand il disait la vérité – Les herbes croissaient dans le vieux jardin abandonné – Ce mathématicien résolvait facilement les problèmes les plus difficiles – Que faisiez-vous au temps chaud? demanda la fourmi à la cigale – L'enfant apprenait la leçon d'un air maussade – Il naissait quand son père partit pour le front – La couturière cousait le jupon pour la dame – Les maçons construisaient les murs de l'édifice – Les meules du moulin moulaient le grain – Ce teinturier teignait l'étoffe – L'indulgence exagérée de ses parents nuisait à l'enfant – J'écrivais une longue lettre quand vous êtes entré – Que disiez-vous tout à l'heure? – Le pauvre homme sans ambition vivait content de son sort
Passé défini: N'ayant pas soif, je ne bus qu'un demi verre d'eau – Il compromit sa fortune dans des spéculations hasardées – Vous crûtes avoir raison mais vous aviez tort – Les eaux crûrent ou décrurent rapidement – Les patriarches vécurent plusieurs siècles – Ce général vainquit les ennemis – Nos amis, que nous n'avions pas vu depuis longtemps, nous reconnurent immédiatement – Après la visite nous les reconduisîmes volontiers – Ces messieurs comprirent tout de suite ce que je voulais dire – La lumière s'éteignit à l'improviste – Dans ce cas nous rejoignîmes la prudence à la ruse – Vous comprîtes ce que je dis – Les vainqueurs commirent de grands excès – Jeanne cousit les boutons à sa robe – César défit Pompée à Pharsale – Victor Hugo naquit à Besançon en 1802 – Ne sachant plus que répondre, ils se turent – Il tut cette circonstance

Futur: Je me mettrai dans l'embarras si j'agis de la sorte – Si tu ne cèdes pas, il s'ensuivra une scène pénible – Nous exclurons de la salle quiconque fera du bruit – Par leur travail et leur économie, ils accroîtront la fortune que leur a laissé leur mère – Tu feras cet après-midi ce que tu devais faire hier soir – Je lui écrirai de venir passer quelques jours avec moi à la campagne – Je lirai volontiers le livre que vous me prêterez – Le juge instruira ton procès avec impartialité – Ils souscriront certainement à notre proposition qui est avantageuse pour eux – Antoine peindra ce tableau à l'huile – En cherchant bien, je résoudrai ce problème difficile – Vous verrez, nous vaincrons son adversité – Il écrira de nouveaux romans – Les couturières découdront les coutures mal faites et les referont – Le héros mourra mais sa gloire survivra – Si nous le voulons fortement, nous atteindrons notre but – On les conduira, n'en doutez pas – La ville incendiée renaîtra de ses cendres – Son roman paraîtra le mois prochain – Qui vivra verra – Tu vaincras dans la dispute

Conditionnel
Présent: Ces braves gens croiraient à tout – Nous ne nous permettrions pas de parler ainsi, si nous n'étions pas sûrs de ce que nous disons – Les prophètes avaient annoncé qu'il naîtrait un Sauveur – Je t'induirais en erreur, si je ne te parlais pas franchement – Vous vous nuiriez à vous-mêmes si vous commettiez cette action – Si je prenais ce sentier, je rejoindrais plus vite mes amis – Si vous étiez intelligents, vous suivriez mes conseils – Ils écriraient s'ils avaient le temps – Une erreur involontaire n'exclurait pas la bonne foi – Il se tairait s'il était forcé – On reprendrait les marchandises expédiées, si elles étaient retournées immédiatement – Que feriez-vous si vous étiez attaqués? – Il me plairait de voyager à l'étranger – Vous n'apprendriez pas votre leçon si vous ne l'étudiez pas – Ils vaincraient leur paresse s'ils le voulaient bien – Vivrais-tu content si tu avais de la fortune? – Vous plairait-il de nous mettre au courant de cette affaire?

Impératif
Suis ce sentier, il te mènera droit au village – Bois avec modération quand tu as soif – Croyez bien que je suis votre ami – Remettez, s'il vous plaît, cette lettre à son adresse – Tais-toi ou dis des choses raisonnables – Traduis ce texte français en italien – Traduisons ce passage de l'"Énéide" – Ne vous plaignez pas continuellement – Rejoignez immédiatement votre poste – Reprenez votre argent – Conduisez cet enfant à l'école – Conduisez vous toujours prudemment – Faites votre devoir et n'hésitez pas – Ne dites jamais du mal de votre prochain – Ne maudissez pas votre sort – Refaites avec soin votre copie – Éteignez la lumière, vous n'en avez plus besoin – N'excluez pas les légumes de votre alimentation – Ne contraignons personne à faire ce qui lui déplaît

Subjonctif
Présent: Il est nécessaire que je réduise mes frais – Prenez garde que leur conduite ne nuise à votre réputation – Il faut que l'arrondissement élise un député – Il ne faut pas que vous maudissiez encore ce tyran-là – Comment voulez-vous que je fasse pour me tirer d'embarras? – Nous désirons que vous nous décriviez vos impressions de voyage – Je ne veux pas que vous écriviez des lettres de ce genre – Il faut qu'il reprenne les marchandises expédiées, car elles ne valent rien – Croyez-vous qu'il soit nécessaire que nous éteignions le feu de la cheminée? – Vive le roi – Il ne faut pas qu'ils boivent tant, cela leur fait du mal – Qu'ils se taisent ou qu'ils s'en aillent – Qu'il conduise bien ou mal ses affaires, cela ne vous regarde pas – Que voulez-vous que je vous dise? – Il faut que la couturière couse rapidement cette robe – Il n'y a personne qu'il ne connaisse dans cette ville – Faut-il qu'il s'astreigne à accomplir son devoir?

8.

a. Il ne faut pas le contraindre à faire ce qu'il ne veut pas – Il boit trop et assombrit ainsi son intelligence – Ce cadeau ne me plaît pas car il n'a absolument rien d'original – Il croit que personne ne s'en aperçoive – Qu'ils y croient ou non, peu importe – Ils faisaient un grand fracas et tout le monde craignait qu'il ne fût arrivé quelque chose de grave – Je conclus qu'il faut battre son propre ennemi et lui pardonner après – Tu riais aux éclats et nous, au contraire, ne riions point du tout – Il résolut de ne plus s'occuper de cette affaire – César vainquit les Gaulois – Monsieur Charles lit bien mais traduit mal – Cette maison de Paris produit les meilleurs parfums – Quand François premier fut vaincu dans la bataille de Pavie, il écrivit à sa mère: "Tout est perdu, hors l'honneur".

b. Je ne crains pas la médisance quand ma conscience me soutient et me loue – Tais-toi! Tu ne sais pas ce que tu dis – Tu détruis ainsi, dans un clin d'œil, sa réputation d'homme honnête – Sache te taire et ignore-les – Décris- moi le spectacle auquel tu as assisté – Avez-vous lu les journaux de hier? Non, je ne lis pas les quotidiens, je préfère les revues – Soyez sages et ne maudissez personne – Je n'ai jamais connu cet individu et ne tiens pas à le connaître – Il naquit en France mais vécut en Italie – Ne lui écris pas des choses dont, ensuite, tu t'en repentirais – Qu'avez-vous conclu? Jusqu'à maintenant rien, je conclurai demain peut-être – Ne ris pas de lui, ce n'est pas généreux de ton côté – Mon conseil? Vis et laisse vivre

Verbi difettivi

1. La traite est échue sans que le commerçant puisse la payer – Cet âne brait du matin au soir – La fermière a trait les vaches – Le petit écolier était trop distrait – Des livres précieux ont été soustraits à la bibliothèque communale – La viande frit dans la poêle – Le poisson fut pris et frit – Les petits poussins sont éclos – Quand Moïse frappa le rocher, il en saillit une source d'eau – Ce que vous dites, Monsieur, sied bien à mes idées

2. L'âne brayait si fort qu'il éveilla tout le voisinage – Le vent qui bruit, à travers les branches des arbres, produit une mélodie mélancolique – Rappelez-vous que les billets à ordre que vous m'avez souscrits échoiront à la fin du mois – Que fait le cuisinier? Il frit le poisson qu'on vient de lui apporter – Ci-gît mon pauvre ami – En plein été le jour point de bonne heure – L'eau sourd du rocher – Les vachers trairont les vaches quand elles retourneront du pâturage – Les carriers extrayaient le marbre des carrières de la montagne – Si je m'ennuie, je me distrais par la lecture – Le vent bruissait dans la forêt où nous étions depuis deux heures – Ce matin j'ai failli tomber – La modestie sied bien avec la jeunesse

3. J'ai failli glisser – Le soleil poindra sous peu et tu pourras admirer un spectacle superbe – Cet air de personne sage ne te sied guère – L'âne brait et le cheval hennit – Aujourd'hui le cuisinier n'a pas bien frit les pommes de terre – Il entra dans la ville sans coup férir; puis dans la mêlée qui en suivit il fut tué – Sur le tombeau on écrivit: "Ci-gît" le chevalier... – Presque toutes les fleurs qui éclosent au printemps sont odorantes – Le loyer échoit à la Saint Jean – Le loup et l'agneau paîtront ensemble – Extrais-moi cette épine de la main – Dans le pré, où l'herbe était déjà haute, des brebis paissaient tranquillement

Irregolarità di alcuni verbi

4. Je croyais te revoir au plus tôt – Croyant obtenir davantage il a empiré une situation déjà précaire – Ne fuyez pas, c'est inutile – Ils fuyaient à toutes jambes à travers les champs – Nous trayons les vaches le matin de bonne heure – Ils voyaient ce qu'ils voulaient voir – Cet artiste peint la joie – Cézanne peignait souvent en plein air comme ses amis impressionnistes – Ma fille se plaignait de son fréquent mal de tête – Vous verrez, à la fin tout se résoudra – Finalement ses parents se résolurent à émigrer – Pourquoi dit-on "avoir le cœur qui bat la chamade"? – Si tu sors, mets ton manteau, car il fait froid – Je me mets immédiatement en communication pour en savoir davantage – En se fréquentant ils se connaîtront mieux – Cet enfant croît régulièrement
(Pour les exercices sur les irrégularités des verbes de la 1ère conjugaison en *-cer, -ger, -eler, -eter, -yer*, etc. et des verbes *bénir, fleurir, haïr* voir le chapitre sur les verbes du 1er groupe et du 2nd groupe: orthographes des verbes...)

Uso dei verbi ausiliari

1. *Solutions possibles:* Ces élèves ont fait l'école buissonnière – Vous étiez arrivés en retard – Nous avons couru toute la matinée – Nous avons grimpé aux arbres – Il a neigé tout le temps – Ils se sont enfin repentis – Nous nous promenâmes le long de la mer – Mes amies ont été reçues par le Pape – Son discours fut apprécié de tout le monde – Il a fait toujours beau – Ils se sont amusés beaucoup à cette rencontre internationale de jeunes musiciens

2. Ils ont mangé – Ils sont partis, ils sont allés à Paris – Ils avaient fui – Cette maison était à mes grands-parents – Nous avons été accusés d'incompréhension – Mon mari était en voyage – Elle fut soignée avec un grand amour – Elle avait été plagiée – Nous nous sommes promenés toute la matinée – Je me suis repentie de tout – Nous avons eu peur pour elle – Ils ont vécu dans l'espoir de le revoir tôt ou tard – À ces examens presque tous les élèves n'avaient pas réussi à résoudre le problème – Hier il a plu toute la journée – L'été dernier il a fait très chaud: il y a eu souvent des journées insupportables avec presque quarante degrés à l'ombre – Nous n'avons jamais réussi à en savoir davantage

Verbi semiausiliari

1. *Solutions possibles:* J'allais prendre l'ascenseur quand le concierge m'arrêta pour me mettre au courant – On courut chercher le médecin mais heureusement la petite Chantal allait déjà mieux – Mon mari venait d'entrer quand il fut obligé de sortir de nouveau – Le professeur était en train d'expliquer ce théorème assez difficile quand le Proviseur l'appela et il dut suspendre sa leçon – Mon amie venait d'arriver quand sa mère l'appela au téléphone pour lui communiquer... – Heureusement un policier venait à passer et ce voleur fut arrêté – Savez-vous que nous sommes en passe d'hériter cette petite villa? – Jean Luc était en train de manger quand ses amis arrivèrent inattendus – Vous pouvez et devez faire cette intervention – Pouvons-nous lui dire ce qu'ils ont fait? – Je dois rencontrer ses parents au plus tôt
2. Nous allions partir quand on nous dit de ne pas bouger – Nous tous courûmes voir ce qu'il allait arriver – Sa situation va améliorant – Ce bruit allait croissant – Il venait de rentrer quand un coup de téléphone de sa mère l'obligea à sortir de nouveau – Je suis certaine qu'ils viendront nous contester tout – Je viens d'apprendre ce qu'ils ont fait – S'il vous arrive de passer par ici, venez nous trouver – Quand je l'ai rencontré il était en train de discuter avec son administrateur – Nous sommes près d'aller à la cérémonie, c'est pourquoi nous n'avons pas de temps – Mon ami Paul est en passe d'être nommé directeur

Forme del verbo

Negativa, interrogativa, interrogativo-negativa

1. Libre

2. Libre

3.

a. Parle-t-il, parla-t-il, parlera-t-il (est-ce qu'il parle...) à ses amis? – Est-ce qu'il aime le travail? – Est-ce qu'elle chantera une romance? – Travaillent-ils toujours? – Est-ce que tu finis tes devoirs? – Finirez-vous vos devoirs pour ce soir?

b. Se trompe-t-il? Est-ce qu'il se trompe? – Est-ce que nous marcherons? – Est-ce que vous avez écrit? – Avez-vous écrit? – Ont-ils parlé? – Auras-tu appris? Est-ce que tu auras appris? – A-t-il raison? – Aurons-nous tort? – Est-ce qu'elle est triste? – Suis-je heureux? – Avez-vous été bien reçus? – Sont-ils rentrés? – Irons-nous demain? – Est-ce que tu as bien compris? – Ta petite sœur aime-t-elle les bandes dessinées? Est-ce que ta petite sœur aime les bandes dessinées?

4. Est-ce que je chante?; je ne chante pas; est-ce que je ne chante pas? – Aimes-tu?; tu n'aimes pas; n'aimes-tu pas? – Est-ce qu'il affirme?; il n'affirme pas; est-ce qu'il n' affirme pas? – Est-ce que j'annonçais?; je n'annonçais pas; est-ce que je n'annonçais pas? – Est-ce qu'elle apprend?; elle n'apprend pas; est-ce qu'elle n'apprends pas? – Nous dérange-t-il?; il ne nous dérange pas; ne nous dérange-t-il pas? – Crois-tu?; tu ne crois pas; est-ce que tu ne crois pas? – Est-ce qu'elle hésita?; elle n'hésita pas; n'hésita-t-elle pas? – Est-ce que vous jugez?; vous ne jugez pas; ne jugez-vous pas? – Lancez-vous le nouveau roman?; vous ne lancez pas le nouveau roman; ne lancez-vous pas le nouveau roman? – Est-ce qu'ils mangent avec avidité?; ils ne mangent pas avec avidité; ne mangent-ils pas avec avidité? – Est-ce que tu interrogeas tes employés?; tu n'interrogeas pas tes employés; n'interrogeas-tu pas tes employés? – Ménagez-vous vos forces?; vous ne ménagez pas vos forces; est-ce que vous ne ménagez pas vos forces? – Est-ce qu'il interrompt notre discours?; il n'interrompt pas notre discours; est-ce qu'il n'interrompt pas notre discours? – Est-ce que ce soir il y a une fête?; ce soir il n'y a pas une fête; est-ce que ce soir il n'y a pas une fête? – Aime-t-elle aller à bicyclette?; elle n'aime pas aller à bicyclette; est-ce qu'elle n'aime pas aller à bicyclette? – Mes amis savent-ils bien jouer au football?; mes amis ne savent pas bien jouer au football; est-ce que mes amis ne savent pas bien jouer au football? – Est-il mince?; il n'est pas mince; n'est-il pas mince? – Ta chemise est-elle bleue?; ta chemise n'est pas bleue; ta chemise n'est-elle pas bleue? – Est-ce que ses yeux sont verts?; ses yeux ne sont pas verts; est-ce que ses yeux ne sont pas verts? – Y a-t-il des nouvelles pour nous?; il n'y a pas de nouvelles pour nous; est-ce qu'il n'y a pas de nouvelles pour nous? – Est-elle une enseignante italienne?; elle n'est pas une enseignante italienne; est-ce qu'elle n'est pas une en-

seignante italienne? – Son sport préféré est-il le ski?; son sport préféré n'est pas le ski; son sport préféré n'est-il pas le ski? – Aimez-vous la télé?; vous n'aimez pas la télé; est-ce que vous n'aimez pas la télé? – Vont-elles chez Yvonne?; elles ne vont pas chez Yvonne; est-ce qu'elles ne vont pas chez Yvonne? – Sais-je nager?; je ne sais pas nager; est-ce que je ne sais pas nager? – Peux-tu partir ce soir?; tu ne peux pas partir ce soir; est-ce que tu ne peux pas partir ce soir? – Est-ce que Michel a onze ans?; Michel n'a pas onze ans; Michel, n'a-t-il pas onze ans? – Peut-il le lui dire?; il ne peut pas le lui dire; est-ce qu'il ne peut pas le lui dire? – Est-ce qu'elle a été punie trop sévèrement?; elle n'a pas été punie trop sévèrement; est-ce qu'elle n'a pas été punie trop sévèrement? – L'as-tu vue?; tu ne l'as pas vue; est-ce que tu ne l'as pas vue? – Avez-vous besoin de nous?; vous n'avez pas besoin de nous; est-ce que vous n'avez pas besoin de nous? – Avez-vous bien fait vos affaires?; vous n'avez pas bien fait vos affaires; est-ce que vous n'avez pas bien fait vos affaires? – Ai-je contenté tout le monde?; je n'ai pas contenté tout le monde; est-ce que je n'ai pas contenté tout le monde?

5. Non, je n'ai pas acheté de pain – Non, ma mère n'est pas partie – Non, je ne sors plus – Non, je ne veux pas sortir ce soir – Non, elle n'est pas ici depuis longtemps – Non, mes amies n'aimeraient pas visiter la Cathédrale – Non, je ne veux plus t'accompagner chez le médecin – Non, cet été on ne va plus à la mer – Mon frère n'aime ni la mer ni la montagne – Non, elle n'a vu personne – Non, nous ne venons jamais – Non, je n'ai aucune envie de sortir – Non, tu ne peux m'en offrir aucune – Non, nous ne mangeons plus – Non, nous n'avons lu aucun article qui nous concerne – Nous n'aimons ni le gâteau ni la glace – Non, nous ne connaissons aucun garçon ici – Non, je n'ai rencontré personne à cette conférence

6. Est-ce que Christian a téléphoné ce matin? – Es-tu sortie avec Chantal et Christine? – Tes parents sont-ils en voyage? – Sais-tu que sa grand'mère habite toujours à la campagne? – Est-ce que tu l'aideras, malgré nous? – Vous êtes-vous amusés pendant le dernier week-end? – Est-ce qu'elle aime le ski ou le tennis? – Est-ce que tu vas souvent en France? – Est-ce que quelqu'un est venu? – Aimes-tu la télé ou la lecture? – Préfères-tu sortir et aller au cinéma ou au théâtre? – Est-ce que tu aimes la France? – Qu'est-ce que tu lis d'habitudes? – Aimes-tu les auteurs classiques ou les auteurs romantiques? – Quels écrivains préfères-tu? – À quelle heure êtes vous arrivés? – Est-ce que tu le feras volontiers? – Pourquoi ne voulez-vous pas sortir? – As-tu le temps de t'occuper de cela? – Depuis quand il est là? – Vous ne le voyez pas depuis quand?

7. *Solutions possibles:* Ils ne seront pas satisfaits d'apprendre cela – Tu n'es pas sûr de cette affaire, avoue-le – Chantal n'avait pas compris qu'on lui avait donné rendez-vous pour hier matin – Malgré tant de recherches on n'a plus rien su de lui et de sa famille – On a insisté, mais elle n'a voulu rien accepter – Ils ne voyaient rien à cause de la distance – Elle n'a point compris l'importance de cette rencontre – Ce garçon ne s'intéresse à rien – Tu n'iras plus chez ce charlatan, j'espère – Ce directeur de banque? Nous ne savons rien de lui

8. *Solutions possibles:* Était-il venu me chercher? – Vas-tu être interrogé demain? – Faut-il qu'il vous le répète? – Avez-vous pris une décision? – Sommes-nous certains de sa fiabilité? – Est-ce que je puis accepter ce cadeau? – Est-ce que sa famille est vraiment importante? – Est-ce que je parle volontiers à mes disciples? – Est-ce que tes amis ont été contents d'avoir vu les châteaux de la Loire? – Est-ce que Paris est une des villes les plus belles du monde?

9. *Solutions possibles:* N'avez-vous pas parlé à son Proviseur? – Est-ce que les députés ne se sont plus réunis pour décider? – Est-ce que cette résolution ne vous convainc pas? – Est-ce qu'il n'est pas vrai qu'ils se sont établis à Paris? – Est-ce qu'ils n'ont pas bien fait de se taire?

10. Peux-tu partir ce soir? – Est-ce qu'il peut le lui donner? – L'a-t-il puni sévèrement? – Souligne-t-il à l'encre rouge les phrases incorrectes? – A-t-il perdu toute sa fortune? – Est-ce que vous avez changé de route? – S'est-il étonné de l'entendre parler de cette manière? – L'as-tu supplié de ne plus insister? – Est-ce qu'ils firent bien de se taire? – Ton fils est-il arrivé hier soir de Vienne? – As-tu vu des choses plus extraordinaires que celles-là? – Peux-tu travailler également sans son aide? – Est-ce que Pierrette faisait des châteaux en Espagne? – Est-ce qu'il gagne beaucoup d'argent depuis qu'il s'est établi à Paris? – As-tu trouvé le moyen de bien faire tes affaires et de contenter tout le monde?

11. Libre

12.

a. Je ne parle pas – Je n'appelle pas – Est-ce que je parle? – Est-ce que tu parles? – Est-ce que tu as appelé? – Je ne l'admire pas – L'admires-tu? – Est-ce que tu ne l'admires pas? – Il n'est pas indulgent – Êtes-vous français? – Vous n'êtes pas français – Est-ce que vos oncles étaient arrivés à Paris? – Quand est-ce que nous arriverons? – N'avez-vous pas encore dîné? – Je n'ais pas d'amis dans cette ville – N'a-t-il peut-être dit qu'il viendrait ce soir? – Ne répète plus de pareilles bêtises et n'affirme jamais ce qui n'est pas – Ne parle pas ainsi – A-t-il les moyens pour réaliser ce projet? – A-t-il la possibilité de faire ce qu'il promet si facilement? – Est-ce que vous partez pour Rome? – Avez-vous quelque revue à me faire lire en voyage? – Que sais-je? – Est-ce que ton frère a écrit? – Combien coûte le voyage de Rome à Florence? – Quel est le titre du roman dont tu nous as tant parlé? – Quand arrive le paquet des tiens? N'a-t-il pas encore été expédié? – Est-ce que je sors? – Est-ce que je sens? – Est-ce que vous sortez? – Est-ce que vous partez? – Ne préfères-tu pas la solitude à la compagnie d'un sot? – N'avez-vous jamais rencontré des casse-pieds? – Avez-vous retrouvé la clef? – As-tu eu du succès? – Ce mot ne s'emploie pas – Le lui as-tu dit? – L'aura-t-il compris? – Vous ne nous l'avez pas dit

b. Me l'as-tu dit? – Ton père ne s'est-il pas étonné de te voir ici? – Est-ce que tu m'as attendu longtemps? – Tu ne m'en as jamais parlé – Est-ce qu'il existait chez les Égyptiens des lois qui punissaient le mensonge? – Est-ce que tu leur as écrit que tu vas arriver dans la nuit? – Tu n'as pas le droit de le calomnier, aussi abstiens-toi d'en parler mal – Pourquoi a-t-on abattu cet arbre? – Est-ce que ce livre est encore ici? Est-ce que vous ne le lui rendez plus? – Peut-être lui aurais-je dit tout s'il ne m'avait pas menacé – Je ne trahirai jamais personne, n'en doute pas – N'estime pas trop ceux qui te prodiguent gratuitement des mots doux et des sourires flatteurs – Ne demande pas trop si tu veux obtenir quelque chose – Je n'avais jamais vu des choses aussi surprenantes – Je n'ose pas lui en parler – Est-ce que tu ne l'as plus revu depuis qu'il a laissé Rome? – Je ne cesse pas de lui écrire et de lui recommander ce que tu sais – Est-ce qu'on ne l'a plus revu? – N'as-tu pas de connaissances à Paris? – Quand le nouvel ambassadeur est-il parti? – Comment s'appelle son secrétaire? – Est-ce que tu n'as pas étudié l'histoire ancienne? Pourquoi ne l'étudies-tu pas maintenant? – Comment respirent les poissons?

Forma negativa del verbo

13. *Solutions possibles:* Vous n'avez que deux solutions – Paul ne parle que l'italien – Nous ne voulions que visiter cette église – Tu n'as que moi pour réaliser cette entreprise – Elle ne s'occupe que de son fils – Nous n'avons pas que cette solution (nous en avons d'autres) – Je ne leur pardonnerai de ma vie – Il n'en a parlé à âme qui vive – Depuis qu'ils n'ont accepté ces conditions, ils ne nous ont plus contactés – Il y a dix ans qu'ils ne sont retournés dans leurs pays – À moins que vous ne changiez votre programme, on peut se rencontrer dimanche prochain – Avant que tu ne te décides, nous serons déjà loin – Nous ne l'avons vue de quinze jours – Qui ne pourrait le comprendre? – Que ne venez-vous au cinéma? – Je ne vois goutte dans cette obscurité – À Dieu ne plaise qu'ils changent d'avis – Pouvez-vous me le faire pour demain? Non, ce n'est pas possible – Le lui diras-tu ou non? – C'est un véritable non-sens – Je veux celui-ci et non celui-là – As-tu pensé à quelque solution? Non, pas une idée – Il vit dans la gêne, pas de travail, pas de parents, pas d'amis, pas de connaissances – Fumez vos cigarettes, pas les miennes – Il est très riche mais pas avare – As-tu bu du vin? Pas trop – Nous avons décidé de ne pas venir et eux non plus – Ils ne savent pas de quoi vous parlez, ni nous non plus – Mes parents n'ont pas même un voisin de palier – Nous ne le savons pas – Il ne peut (pas) te contenter – Ils n'oseraient (pas) le faire – Si elle ne s'arrête, tout sera plus difficile – Si on ne l'accepte, nous serions dans l'embarras – Nous craignons qu'ils ne soient intéressés – De peur qu'elle ne parle, nous l'avons momentanément éloignée – De peur qu'il ne le fasse, on a accepté toutes ses conditions – mais nous ne craignons pas qu'ils vendent leur maison – Craignez-vous qu'ils (ne) vendent leur maison? – Ne craignez-vous pas qu'ils (ne) la vendent? – Nous n'empêchons pas qu'ils ne réalisent leurs projets – Prenez garde qu'ils ne se marient à votre insu – Prenez garde de ne pas sortir par ce mauvais temps – Prenez garde de vous enrhumer – Je ne doute pas qu'il ne le fasse réintégrer dans sa vieille place – Il ne s'en faut pas de beaucoup qu'il n'y aille – Il s'en faut peu qu'il le fasse – Jean Luc est un garçon bien plus préparé que son professeur ne (le) croyait – La conclusion a été toute autre qu'on ne l'attendait – Jean Luc est-il plus préparé que son professeur croit?

14.

a. Je ne vois que des fauteuils vides – Il n'y a qu'une solution: accepter sa proposition – Tu n'avais que cette personne à même de t'aider – Au débat il n'y avait (pas) que des politiques et des écrivains – De ma vie je n'avais jamais entendu une chose pareille – Ta sœur m'a juré qu'elle ne le dira à âme qui vive – Que ne le faites-vous-même? – Il y a trois ans qu'il n'est allé en vacance; depuis que, pratiquement il ne travaille plus – Prends le pain chez le boulanger à moins que la boulangerie ne soit déjà fermée – Il est arrivé bien des choses depuis que je ne vous ai vus – Il faut l'informer avant qu'il ne commette une bêtise – Nous ne nous sommes vus depuis quatre ans – Y a-t-il quelqu'un qui ne le connaisse? – Je n'ose (pas) lui demander comment cela s'est passé – Je ne peux (pas) accepter ces conditions – Ne vous déplaise, mais nous avons l'ordre de vous perquisitionner – Si tu ne le fais, tant pis pour toi – L'ávez-vous appelé? Non – Avez-vous invité ces amis? Non – Les avez-vous appelés ou non? – Il est impulsif, pas méchant – A-t-il fait ce qu'on lui avait dit? Non, il ne l'a pas fait – C'est un vrai non-sens

b. Il s'agit de lui, non de toi – C'est cette maison-ci qui me plaît, non celle-là – Cette chambre est la mienne, non la sienne – Pas de devoirs, pas de cadeau – Comment allez-vous? Pas trop bien – Je ne le connais pas et les miens non plus – Il n'avait pas même un parent à le consoler – Si je ne me trompe, nous nous sommes rencontrés il y a trois mois – Ils ne se sont parlé depuis dix jours – Si ce n'était que je suis toujours occupée! – Il fait froid. N'importe, nous sommes bien couverts et à l'abri – Il n'avait que peu de temps à disposition – Dans cette famille il n'y a pas que des personnes paresseuses – Il s'en est fallu de peu qu'il rate son avion – Il a garde de ne pas l'importuner – Prends garde de me contrarier – À Dieu ne plaise que cela s'accomplit – Non, mille fois non – Sortir par cette pluie? Non, merci bien – Êtes-vous triste? Moi non – C'est mon opinion, non la vôtre – Il a besoin de toi et non de moi – Tu l'as fait par pitié et non par conviction – Non seulement il ne fait rien mais il proteste aussi – Ce sont des objets de luxe non indispensables – Point d'argent, point d'amis, point de fêtes

c. Il aimait ce quartier de Paris non parce qu'il était beau, mais parce qu'il était tranquille – Nous avons mangé des pommes pas trop mûres – Je le ferai mais pas maintenant – Elle n'ira pas et moi non plus –Tu ne le feras pas, ni elle non plus – Je crains, j'ai peur, j'appréhende qu'il n'apprenne cette nouvelle – Nous craignons qu'il ne le fasse bientôt – Nous n'avons pas peur qu'il le fasse – Avez-vous peur qu'il (ne) le fasse? – Il n'ose pas sortir avec ce chapeau de peur qu'on ne rit sur son dos – Évitez qu'ils ne se rencontrent – Prenez garde qu'on ne le rapporte aux autres – Prends garde de tomber – Nous ne nions pas que cela ne puisse être vrai – Je ne doute pas qu'on ne le revoie bientôt – Est-ce qu'il dépend de toi qu'ils ne viennent? – Elle est plus belle que je ne le croyais – Il est moins stupide que tu ne l'es – Il est moins stupide que tu ne le crois – Il n'est pas moins stupide que tu l'es – Il s'en faut de peu qu'il ait abandonné tout – Il est plus riche que ne le sont les autres membres de la famille – Évitez qu'ils ne parlent de vous dans le bien et dans le mal – Prenez garde à ne pas l'offenser – Prends garde que l'on ne te voie

Verbi intransitivi (o neutri)

1. *Indicatif*

Passé indéfini: Louis est tombé dans la rue – Le roi Louis XIV a régné longtemps – Je vais attendre mon cousin qui est arrivé par le ferry-boat de Messine – Nous étions si fatigués que nous avons dormi une partie de la journée – Les longues années que ce vieillard a vécu lui ont donné une grande expérience – Les soldats ont marché toute la nuit – Ce grand homme est né dans une humble bourgade – Mon grand-père est mort depuis longtemps – Les enfants sont fatigués parce qu'ils ont couru toute la matinée – Valérie est parvenue à écrire toute une dictée sans fautes – Le directeur, qui est sorti de bon matin, est revenu dans l'après-midi – Mon père a longtemps subvenu à mes besoins – Pauvre femme, elle a langui de tristesse

Plus-que-parfait: Le facteur était venu porter une lettre – Cet individu qui avait contrevenu à la loi a été arrêté – Sitôt que l'incendie avait éclaté, les pompiers étaient accourus – Cet employé qui vient de discuter était vieilli dans le service – J'ai vu votre ami Léon et j'ai trouvé qu'il avait bien vieilli – Cet élève, qui vient de passer ses examens avec succès, avait échoué l'année dernière – On a renfloué le navire qui était échoué – L'île qui était apparue ne fut plus visible deux jours plus tard – Le chien avait échappé à son maître et était allé jouer avec les enfants – Nous étions convenus d'un rendez-vous – Ils avaient succédé à leur père dans la gestion de l'exploitation agricole – Nous étions convenus de partir de bon matin

2.

a. Cette robe m'a coûté très cher mais elle ne m'a jamais plu – Ils ont fui dès qu'ils nous ont vus – Tout cela, en vérité, m'est apparu bien étrange – Il aurait vécu cent ans – Il se vante d'avoir vécu honnêtement – Il n'a jamais rougi pour ce qu'il a fait – Il avait couru immédiatement comme il avait su que la bombe avait éclaté dans son quartier – Elle a glissé mais elle a réussi à ne pas se faire mal – Il a suffi d'une de ses lettres pour qu'il abandonnât à jamais cette compagnie – L'équipage a péri dans le naufrage – Ce savant a vécu dix ans dans les solitudes arctiques – La race des castors n'est pas complètement disparue – Le coupable a rougi à cette demande – Les fruits sur l'arbre ont mûri

b. Les moissons ont jauni au soleil – L'entreprise a coûté cher – Cela n'a dépendu de personne – L'orage a duré deux heures – La bombe a éclaté en avance – Ce nom n'a jamais existé dans nos registres – La comédie m'a plu, les acteurs non – Heureusement son plan est réussi – Il est dur, pour celui qui a vécu dans les aisances, de mendier une place – Il avait pâli à l'idée de revoir cette personne – Nous avons couru à la poste – La négociation lui a coûté cher – Son avenir a dépendu des décisions de son tuteur – Rien n'a valu à lui faire changer idée – Notre petit chien a sauté de la fenêtre et est disparu – Pourquoi avez-vous pâli? – Dans quelle année a éclaté la Révolution française?

c. Le discours de ce candidat a duré plus de deux heures mais, aura-t-il réussi à convaincre les électeurs? – Midi est sonné mais le papa n'est pas encore rentré – Le temps a changé bien des fois dans cette semaine – Oh la belle journée! Le temps est changé – Notre fils a grossi depuis qu'il est parti – Que tu es maigrie! Tu es vraiment bien – Ses cheveux ont blanchi – Hélas! La veine de ce poète s'est tarie – La révolte avait éclaté à l'improviste et les troupes n'avaient pas réussi à la réprimer – Le dernier tremblement de terre a duré vingt secondes – La bonne réussite de l'entreprise a dépendu de la perfection des appareils – Les mots de son père n'ont pas réussi à le détourner de son propos – Celui qui a vécu en ces temps-là peut en décrire les désordres et les dangers.

Verbi impersonali

1. Libre

2.

a. Il tonne bien fort – Pendant l'hiver il gèle – L'hiver a été doux l'an dernier, il n'a pas gelé – Pleuvra-t-il demain? – Je ne sais, mais s'il pleut, je ne sortirai pas – Il ventait si fort qu'on ne pouvait pas marcher dans la rue – L'orage était déchaîné: il pleuvait, il grêlait, il tonnait à faire peur – Il n'a pas plu depuis longtemps, aussi la terre est-elle desséchée – Faut-il que je vienne vous réveiller demain matin? Oui, il le faudra absolument, sinon je serai certainement en retard au rendez-vous – Il lui fallut obéir, bon gré, mal gré – Quels soins a-t-il fallu pour le guérir? – Il me semblait que vous n'aviez pas écouté mes explications – Il conviendrait que vous fussiez plus respectueux envers vos parents

b. Je ne crois pas qu'on puisse sortir aujourd'hui, il pleuvra bientôt – Tous les jours il arrive des accidents – Il faudrait que vous travailliez mieux à l'école – Il a fallu lui démontrer son erreur – Sitôt qu'il fallut se cacher, il se cacha – Il faudra venir me voir bientôt, je vous donnerai un beau livre – Il faudrait que vous vous corrigiez de ce vilain défaut – Je ne suppose pas qu'il faille s'inquiéter de sa santé – Auriez-vous pensé qu'il fallût employer la force pour se faire obéir? – Auriez-vous cru qu'il eût fallu en venir à cette extrémité? – Combien y a-t-il de kilomètres de Rome à Naples? – Il y avait trois semaines qu'on ne vous voyait pas – N'y a-t-il pas eu ce "meeting" dont tu m'as tant parlé?

3. Il pleut – Il neige – Il fait chaud – Il tonne – Il pleuvait – Il faisait des éclairs – Il tonnait – Il ventera encore pour quelque jour – A-t-il neigé dans votre ville? – Il fait un temps de loup – Il grêle – A-t-il grêlé – Il gèle – Il a plu pendant deux semaines – Pleuvra-t-il encore? – Il vente – Il fait très froid – Quand il tonne j'ai peur – Il bruine – Il ne pleut plus – Il pleut à verse – Il n'a pas plu – Il dégèle – Il aurait neigé toute la nuit – Il ne neigera plus – Il fait beau – Il tombe du grésil – Il a gelé toute la nuit – Il fait jour – Il fait nuit

4. Il y a – Il y a eu – Il y aura – il y avait – Il y avait eu – Il y aura eu – Il y aura – Il y aura eu – Il y avait eu – Il y eut – Qu'il y ait – Qu'il y ait eu – Qu'il y ait – Y aura-t-il eu? – Y aura-t-il? – Y avait-il eu? – Y avait-il eu? – Y avait-il eu? – Y aura-t-il eu beaucoup – N'y a-t-il eu aucun? – Il n'y aura jamais personne – Il y aurait eu – N'y aurait-il pas eu? – Y aurait-il eu? – Qu'il n'y ait pas eu – Qu'il n'eût pas eu – Il faut – Il ne faut pas – Il faudra – Ne faudra-t-il pas? – Ne fallut-il pas? – Il fallait – Ne fallait-il pas? – N'était-il pas nécessaire? – Il est nécessaire, il faut, il faut que tu... – Il a fallu faire recours à... – Il faudra... – Il fallait... – Il aura fallu... – Faudra-t-il le faire? – Ne faudra-t-il pas...? – Il fallait... – Il avait fallu...

5.

a. Il manque dix pages à ce livre; il reste justement celles dont je n'ai pas besoin – Il bruine souvent dans cette ville et quand il ne pleut pas, il vente – Il a dépendu de lui toutes les affaires traités inutilement – Il reste seulement les affaires qui concernent ses arrière-petits-enfants – Hier il grêlait, aujourd'hui, au contraire, il vente et demain, peut-être, il pleuvra – Il est arrivé beaucoup de changements importants – Il était arrivé cent mille hommes, cinquante canons et quatre-vingts mitrailleuses – Il est arrivé des choses très graves dans ces derniers temps – Il est arrivé une excellente compagnie théâtrale avec un répertoire intéressant – Il y a une autre voie – Il y avait plusieurs centaines de personnes – Il y eut un moment où je ne sus plus que dire – Il y a eu des éclairs et des tonnerres – Il y avait eu un pari entre mon père et mon oncle – Il y aura eu quelque panne à la voiture – Y a-t-il encore des fruits sur les arbres? – Il y avait plus d'une heure que j'attendais – Saviez-vous qu'il y eût tant de distance de ce hameau-ci à celui-là?

b. Je l'ai vu il y a trois jours – Si vous vouliez, il y aurait une façon pour en finir avec eux – Il faut que tu restes à la maison – Il y a des années que tu étudies le même problème, mais il ne t'a pas encore été possible de le résoudre – Il y a trente ans qu'il ne joue plus du piano – Voulez-vous me raconter ce qu'il est arrivé l'autre soir? Je préfère ne pas vous le dire: il arriva des choses très graves – Il ne dépend pas de vous, mon cher, le succès de notre affaire – Il vint nous trouver il y a dix jours et puis il n'est plus retourné – Mes amis sont à Boston, ils y ont des parents – Il peut y avoir eu quelque chose de grave, mais je l'ignore – Qu'il pleuve ou qu'il ne pleuve pas, je ne désiste pas de mon projet – Il aurait suffi de me le dire et je l'aurais aidé: il fallait toutefois m'en informer en temps utile – Il s'agit de répondre oui ou, si vous n'avez pas l'intention d'accepter, de répondre non – Il devrait y être encore les manuscrits de mon père – Est-ce que ta sœur est à la maison? Oui, elle y est

Uso di *ce* o di *il*

1. Ce n'est que par les sens que l'âme peut s'instruire – Ce (il) n'est pas un sot – Platon disait de l'homme qu'il était un animal à deux jambes et sans plumes – La mort est-elle un mal? – La vie est-elle un bien? – Nous sommes rentrés tard, il est vrai – Je suis jeune, il est vrai, mais aux âmes bien nées, la valeur n'attend pas le nombre des années – Quel homme est-ce?

2. Ce que j'aime le mieux, c'est voyager – Vendre la maison à présent? Ce serait de la folie – L'appartement est petit, il est vrai, mais pour deux personnes il est suffisant – Je connais ce marchand, c'est un honnête homme – Est-il sûr que vous avez fermé la porte? Il est bien sûr – Cette chambre me conviendra mieux que l'autre, elle sera moins froide – Si l'on mettait un tapis, il vaudrait mieux, ce me semble – L'homme que vous avez salué est-il votre cousin? – Quelle heure est-il? Il est dix heures

3.

a. Il est possible que j'aie tort – Il est facile que tu réussisses – Il faut travailler – Il est étrange qu'il soit parti – Il n'est pas convenable que je lui parle maintenant – Cela n'aurait pas été possible – Ce sera facile – Qu'il soit faux? – Qu'il ait été facile? – Ce ne serait pas honnête – Il est arrivé un fait étrange – Il m'est arrivé un incident que je vous raconterai – Ce n'est pas juste, ce n'est pas honnête, ce que vous soutenez – Je vous demande pardon mais ce que vous affirmez n'est pas vrai – Votre cousin? Ah, oui je le connais, il est juge à Vérone: il est aussi juste qu'honnête – C'est un homme probe, il n'est pas comme son frère dont tout le monde parle mal – C'est Charlotte qui frappe à la porte – C'est la sœur de la propriétaire – Il était capitaine du 14° Régiment d'infanterie; aujourd'hui c'est un directeur de banque – C'est le beau seulement qui m'émeut – Qui est ce musicien? C'est celui que tu as connu l'autre soir chez Mrs. Benedetti – Est-ce bien lui? Oui, c'est bien lui

b. C'est trop, c'est trop, oui, vraiment, c'est beaucoup! – En voilà assez. C'est ça – C'est moi qui commande. – Oui, c'est toi qui dois obéir – Crois-tu qu'il est juste de se sacrifier pour les ingrats? – C'est nous qui l'avons dit – Ce sont eux toutefois qui le répètent – Rentrons, il est tard – Quelle heure est-il? Il est deux heures et demie. Mais non, il est trois heures – Il est juste que tu aies une récompense parce que tu as bien travaillé – Est-il nécessaire que je répète la règle? – N'a-t-il pas été nécessaire que je sois retourné? – N'aurait-il pas été nécessaire que je fusse parti avant? – C'est mon fils chéri – Ce sont des amis inséparables – N'est-ce pas toi qui as cassé ces plaques? – Ce fut sa femme qui ne voulut pas venir en ville – C'est votre père qui m'a écrit – Ce sont eux qui m'ont porté les clefs – C'est parfois une grave imprudence que de dormir, les fenêtres ouvertes – Est-il beau le quartier que vous habitez?

c. Il est tard! Frédéric, dis-moi quelle heure est-il. Est-il minuit? – Il est huit heures et demie – Avez-vous vu quelle heure était-il quand vous êtes venu? Il était trois heures et demie – Est-ce vos frères qui vous ont dit la vérité? – Il est beau d'être l'avocat des pauvres – Il était huit heures quand vous êtes sortis et dix heures quand vous êtes rentrés – Est-ce Paul qui t'appelle? Non, c'est Louis. Mais non, ce sont tes cousins – Qui est-ce? C'est ta mère – Ce sont ses sœurs – Il est juste que tu donnes à ton frère ce dont il a besoin, mais ce n'est pas juste que tu lui donnes toute la propriété – N'est-ce pas vous, peut-être, un des meilleurs avocats de cette ville? C'est possible, mais j'espère que ce ne soit pas vrai – Cela est écrit dans tous les journaux d'aujourd'hui. C'est donc vrai – C'est un fait effroyable – C'est un événement extraordinaire – Mais non, c'est le même que nous avons lu dans les journaux d'hier – N'est-ce pas toi Albert qui as obtenu le prix? Oui, c'est moi

d. Il est juste que celui qui a le pouvoir fasse quelque chose pour les classes plus faibles – C'est toujours le même homme que j'ai connu il y a vingt ans; il n'a point du tout changé – Il est difficile de préciser l'époque dans laquelle il est arrivé ce fait historique – Il est possible qu'il ait réagi – Il est dangereux de se pencher en dehors – Ce sont les Américains qui ont lancé les danses d'aujourd'hui – C' est à vous que je dois cette victoire – Ce doit être une beau spectacle que celui dont vous me parlez – C'est celui de l'autre fois – C'est le mien et non pas le tien – C'est trop, c'est peu, c'est beaucoup – Ce sont eux qui l'ont voulu – Ce dont il s'agit, c'est mon emploi – Ce qu'il dit est juste – Ce qu'il dit n'est pas juste – Cette fois c'est à eux de déposer – Ce à quoi je pense c'est une belle vacance au Mexique – Il serait souhaitable que tout se résolve au plus tôt – Vouloir c'est pouvoir – C'est moi qui t'ai vu – Que ce soient elles, peu importe

Coniugazione passiva

1. Libre

2. Libre

3. Les Sarrasins furent écrasés à Poitiers par Charles Martel – Les colonies dans l'Italie méridionale ont été fondées par les Grecs – L'ormeau a été brisé par la tempête – Les cerisiers de l'Asie Mineure ont été apportés à Rome par Lucullus – Le canal de Suez fut percé par Lesseps – Les artistes italiens furent protégés par François premier – Le paratonnerre fut inventé par Franklin – Les Tarquin furent chassés de Rome par Brutus – Au Saint Bernard les Alpes furent franchies par l'armée de Napoléon – La ville de Syracuse fut défendue par Archimède – De beaux esprits étaient réunis, dans son hôtel, par la marquise de Rambouillet – Dante fut exilé par les Gibelins – L'innocent agneau fut dévoré par le loup – Pompée fut battu par César à Pharsale – Trois quarts de la surface du globe sont occupés par les mers; le reste est occupé par la terre ferme – La soie a été découverte par les Chinois bien avant nous

4. Le jardinier entretenait le jardin avec un soin minutieux – Jean retrouva sa balle dans le jardin – La servante hier n'avait pas nettoyé la maison – On dit que Roger Bacon, un moine anglais, a inventé la poudre à canon – On abandonna, dans la forêt, le pauvre Petit Poucet et ses frères – Un excellent médecin m'a guéri – Ma tante accueillera bien ma sœur – Tout le monde a lu ces livres – Une voiture a renversé cette femme – Des brigands l'ont attaqué – On déteste les hypocrites – Ses amis aiment beaucoup ce garçon – Les gendarmes le saisirent – La joie saisit mon cœur – Nos parents nous aiment bien – Il est rare

que ses amis et ses ennemis estiment tant un homme – Des arbres environnent le domaine

5.

a. Je n'aime pas les romans écrits par les femmes – Tu n'as rien reçu d'elle, c'est pourquoi tu ne lui dois rien – Mon professeur est estimé de tout le monde – Les Français furent vaincus à St. Quentin par Emmanuel Filibert – Cette maison éditrice fut fondée par un humble typographe – L'armée persienne avait été battue par Thémistocle – Les Autrichiens furent battus à Montebello – La Gaule fut divisée par Auguste en quatre provinces – Sagunto fut siégé par Hannibal – La ville avait été abandonnée à son sort – Les arbres les plus hauts ont été brisés par la tempête – La presse fut découverte par Gutenberg – La réponse avait été conçue différemment – La petite villa était environnée de pins – Ce château fut voulu par le comte de Provence – Nous fûmes découragés par l'insuccès de la première tentative – Je regrette mais ton ami fut ignoré de tout le monde

b. Nous étions dévorés par une soif ardente – Les pyramides ont été fabriqués par des rois égyptiens – Cette belle romance a été mise en musique par un compositeur de dix-huit ans – De pareilles choses ont été dites par d'autres personnes – La gloire n'est pas rejointe par ceux qui aiment trop les aisances de la vie – Je connais bien toutes les plaines arrosées par les eaux du Po – La bataille de Turin fut vaincue par Victor Emmanuel II et par le Prince Eugène de Savoie – À l'improviste il fut assailli par d'insoutenables remords – La Sibérie est parsemée de plaines immenses – L'alphabet phénicien fut importé par Cadmos – Les plus beaux monuments anciens ont été détruits par le temps – Hercule et Bacchus furent reconnus comme des semi dieux par la Grèce, par l'Égypte et par l'Asie – La fortune de cette famille a été dissipée par le fils aîné – Ce capital n'a pas été augmenté

Verbi pronominali

1. Libre

2. Libre

3.

a. Je me règle selon les circonstances – Nous nous réunissions dans ce beau jardin – Il était très en colère mais à la fin il s'est radouci – Je me suis portée très bien cet été, malgré la chaleur – Je m'étais perdu dans les grands bois – Vous vous pervertirez si vous fréquentez les mauvaises compagnies – Ces petites filles se travestiront pour aller au bal d'enfants – Tu te seras imaginé cela – Tu te lèverais plus tôt si tu te couchais moins tard – Si tu réfléchissais sérieusement, tu t'apercevrais que tu as tort – Si le temps eût été beau, nous nous serions habillés pour sortir – Tranquillisez-vous, mes chers parents, je suis en excellente santé – Il ne faut pas que tu t'exagères la difficulté de cet exercice

b. Il était bien temps que tu te divertisses un peu, après avoir tant travaillé – Croyez-vous que cet enfant se soit déshabitué de mentir? – Il semble que tout le monde se soit entendu pour nous contrarier – Quoique je m'eusse attendu à cette réponse, elle ne m'en fit pas moins de peine – Il se flattait de réussir – Appliquons-nous à bien faire – Le guide se trompa de route – Il faut reconnaître que vous vous êtes découragés malgré tous les appuis que vous avez eus – Les excursionnistes s'étaient extasiés devant ce magnifique paysage – Madame, défiez-vous de ces gens-là – L'écolier se rappela immédiatement cette date historique très importante – En tombant Jean s'est foulé le poignet

c. Vous êtes trop orgueilleux, mon cher, et vous vous rengorgez comme un paon – Ne vous adonnez pas à la paresse –L'essieu s'est rompu et la voiture a versé – Pourquoi ne vous rangeriez-vous pas à cette idée? – Tu t'es coupée au doigt – Je me suis blessée au pied – L'aigle s'empara de sa proie et la dévora – L'enfant s'était réveillé et s'était mis à pleurer – Où vous rendez-vous mon ami? – Je me rends chez le maire qui m'a fait appeler – Prenez votre mouchoir et mouchez-vous – La jeune fille s'est agenouillée sur le prie-Dieu – Il faut que vous vous couchiez sinon vous ne vous réveillerez pas demain matin pour partir – Vous êtes-vous essuyé les mains?

4.

a. J'ai daigné l'écouter mais il ne dit pas la vérité – J'ai pris congé de lui après lui avoir chaudement recommandé votre affaire – Sauve-toi, sauve-toi mon brave homme, ici on te surprendrait – Elle fond en larmes; elle ferait bien, au contraire, à en avoir honte – Ne vous fâchez pas si facilement, comptez auparavant jusqu'à mille – Vous vous plaignez toujours, vous êtes décidément des ingrats – Comment se procure-t-il cet argent? – Je me promenais le long du fleuve quand je la vis – Plusieurs mois se sont écoulés depuis son départ – À l'improviste le plafond du supermarché s'écroula – Méfie-toi des flatteurs – Repens-toi des fautes commises et répare au mal que tu as fait – À cette vue la pauvre femme s'évanouit et personne ne sut quoi lui dire – Ce mot s'est modifié avec le temps – J'ai pris la liberté de lui répondre

b. Assieds-toi et tais-toi – Il ne se repentit jamais de ce qu'il avait fait – Un jour il devra s'en repentir amèrement – Je m'en lave les mains – Ne te flatte pas de pouvoir y réussir – Toute espérance s'est évanouie – Ce matin j'ai mangé un beau croissant et j'ai bu un demi litre de café au lait – Ne grimpez pas sur cette grille, ce n'est pas tout à fait prudent – Daigne l'écouter et rappelle-toi que la situation est difficile pour tous – Les Chinois se sont servis avant nous de la poudre pyrique – Aie la complaisance de me répondre – Si tu tombes malade, tant pis pour toi – Il bouge lentement – Le soleil se couchait pendant que nous descendions la colline – Si tu penses ainsi, tu te trompes – Vous vous trompez, Messieurs, il n'est pas possible de faire à moins de son intervention – "Et pourtant elle bouge" s'écria Galilée – Pourquoi t'es-tu tu? – Il se tait souvent parce qu'il est prudent

c. Ne bougez pas, ne faites pas de bruit, le petit dort – Notre chef chantier est tombé malade il y a quelques jours et il est encore en convalescence – Voilà une femme vraiment pieuse: elle fait sa communion tous les jours – Veux-tu bouger, flemmard? Lève-toi, il est tard – Elle s'assit à coté de la table et éclata en larmes – La neige de cette nuit s'est dissoute dès que le soleil est apparu – Pourquoi s'étaient-ils tus? – Malheureusement il a eu la bêtise de se fier de ses concurrents – Non, je ne me trompe pas et je vous dis que je ne peux me passer de sa collaboration – Il s'écria: "Je n'ai aucune intention de t'écouter, tu es un menteur" – Savoir se taire est souvent une preuve de sagesse – Je peins quand le soleil se couche – Je vois que tu ne te désistes pas de ton projet – Ma mère s'extasie quand elle entend ce valser – Ton ami ne se trompe presque jamais parce qu'il réfléchit beaucoup

Verbi con costruzioni particolari

1. *Solutions possibles:* Maurice aide toujours son ami à faire

connaître son livre – J'ai cru cette histoire mais je ne crois pas à son innocence – Vous avez changé vos bijoux pour des tableaux qui ne valent rien – La jeune fille courait le cachet parce qu'elle manquait d'argent – M.me. ne parlait que de sa famille – Je t'ai vu parler avec elle – Elle ne manque certes pas de bonne volonté – Justine excelle en littérature – Roland sonna du cor quand désormais tout était perdu

2. *Solutions possibles:* Nous avons présidé aux travaux de restaurations – Pourquoi s'est-il refusé à le soutenir comme candidat à cette place? – Marc a touché à toute la fortune de sa famille – Nous ne plaignons que les pauvres d'esprit – Nous avons couru les rues pour la soutenir dans son entreprise – Christine a sorti son agenda de son sac pour écrire cette interview

Accordo del verbo con il suo soggetto

1.

a. Le théâtre et l'église sont sur la même place – Ce spectacle, cette comédie étaient fort amusants – Loges, place de fauteuil d'orchestre, tout avait été retenu depuis la veille – La toile, ainsi que le décor, est très belle – La scène, y compris les coulisses, a quatre cents mètres carrés – Ce n'est pas la salle mais le foyer qui a été décoré par ce peintre – Les premières ou les secondes loges sont les places préférées de la haute société – Ni le chef d'orchestre, ni le souffleur ne sont encore à leur place – Peu de personnes ont assisté à la répétition générale – Beaucoup de musiciens et de chanteurs avaient été engagés pour l'orchestre et les chœurs – Une troupe de comédiens est arrivée dans notre ville – Une foule de gens se précipitèrent vers le lieu du sinistre – Mon frère, ma sœur et moi (nous) sommes allés hier chez nos parents – Vous et lui, par suite d'une éducation différente, n'avez pas les mêmes goûts

b. La colère et la précipitation sont nuisibles et ne servent à rien – Est-ce toi, mon fils, qui es coupable d'une telle action? – Toi qui as cassé cette vitre, tu dois la payer – La plupart des hommes ne savent pas faire un bon usage du temps – Une quantité de soleils, que nos yeux ne peuvent apercevoir, éclairent une quantité de mondes inconnus – Ni la richesse, ni la puissance ne font le bonheur – L'un ou l'autre doit payer l'amende – Je crois bien que ni Jean, ni Paul ne sont contents du résultat – Le bien ou le mal se moissonne, selon qu'on sème le bien ou le mal – L'intérêt, le plaisir, le caprice même, tiennent souvent la place de la justice – L'un ou l'autre vient ce soir – La multitude des combattants couvraient la plaine – Une multitude de malades encombraient l'hôpital – Toi et moi ne faisons qu'un

2.

a. La mère et les filles parlent trois langues étrangères – Plaisirs, honneurs, richesses, tout le laisse indifférent – Lui et moi nous partirons ce soir pour Paris – Sa bonté, son extrême douceur la font aimer de tout le monde – La littérature, comme l'histoire de l'art, m'intéresse fortement – Un grand nombre d'ennemis l'avaient attaqué de tout côté – Une infinité de contretemps nous empêchèrent de réaliser ce projet – Ni toi, ni lui (vous) n'avez raison – Beaucoup le disent et peu le font – L'affabilité, la bonté du roi Henri IV ont été célébrées de mille façons – L'un et l'autre ont tenté la fortune, mais ni l'un ni l'autre n'y ont réussi – Le regard et l'allure souvent révèlent le caractère – La plupart des pères limitent leurs devoirs à l'entretient de leurs enfants

b. Ni vous, ni votre frère ne pourrez être exclus – Une quantité de fourmis envahit mon pot de miel – La plupart des critiques ne sont pas de votre avis – Beaucoup ignorent la vérité dont vous êtes en possession – Ni l'un, ni l'autre ne doit le savoir – Ta force morale, ton autorité vaudront à en expliquer les raisons – Hommes, femmes, vieillards, enfants, tous furent obligés à descendre – L'un et l'autre sont partis, mais ni l'un ni l'autre ne sont retournés – Parmi les peuples de l'Antiquité beaucoup ont disparu sans laisser aucune trace d'eux-mêmes – Ni toi, ni lui n'avez compris ce qu'il exige de vous – Penser bien et parler bien ce sont rien sans faire bien – Je connais l'homme dont vous parlez et je peux vous garantir que son talent et sa probité le placent au dessus de tout suspect

Uso dei modi e dei tempi

Modi personali. Indicativo – Congiuntivo – Condizionale

1.

a. Pensez-vous que vous pourrez venir nous voir dimanche? – Vous faites bien, tandis que vous êtes jeune, de travailler pour l'avenir – Vous n'avez pas travaillé comme vous auriez dû et je doute que vous pourrez réussir aux examens – Il est possible que je parte demain matin – Pourvu qu'il vienne demain – Je doute fort que vous puissiez réussir dans cette entreprise – Est-il vrai que la santé est le plus précieux des biens? – Saviez-vous que l'Océan a un flux et un reflux et que les mers intérieures n'en ont pas? – Pensez-vous que les flots peuvent être agités par le faible vent qu'il fait? – Cette plage est garantie par la montagne de sorte que la mer y est toujours calme – Quiconque a étudié la géographie sait que l'Italie est partagée par les Apennins en deux versants – Espérez-vous que ce ruisseau fournira assez d'eau pour faire tourner la roue de ce moulin? Je suis sûr qu'il en fournira assez

b. Je viendrai quand il vous plaira – Je vous punirai à moins que vous ne finissiez ce tapage – L'ombre avance à mesure que le soleil baisse – Croyez-vous qu'il partira? – Supposé que vous ayez sa richesse, que feriez-vous? – Il est possible que le temps s'éclaircisse – Je suppose qu'il lise le livre que je lui ai prêté – Cet élève est laborieux, j'affirme qu'il réussira – Croyez-vous que cet élève est laborieux? Pour moi je ne pense pas qu'il réussira – Que le ciel soit loué – Que cela te serve de leçon – Je ne suis pas sûr que mes prétentions soient fondées – Montrez-moi un chemin qui conduit au village – Je vous dis cela afin que vous sachiez à quoi vous en tenir – Je suis certain qu'il viendra après votre départ – Il est certain que le temps s'éclaircira

2.

a. "Apprenez que tout flatteur vit au dépens de celui qui l'écoute" (La Fontaine) – J'ai peine à croire qu'il a menti – Pensez-vous qu'il y consentira? – Je souhaite de tout mon cœur que vous ayez raison – Que voulez-vous que j'y fasse? – Je vous tromperais si je vous disais que j'ai bien travaillé – Nous sommes heureux que vous prendrez part à nos jeux – Ne seriez-vous pas satisfaits si vous receviez de bonnes nouvelles de vos parents? – Qui voudrait blanchir la tête d'un nègre, perdrait son temps et sa lessive – Si vous aviez su quels ennuis il vous causerait, l'auriez-vous invité à passer les vacances chez vous? – Que voulez-vous qu'on dise si vous agissez ainsi? – Que voudriez-vous qu'il eût fait pour éviter cet accident? – Je ne nie pas qu'il en soit ainsi – On ne peut être plus effrayé que je le suis

b. Tout est préparé au cas où il viendrait – Je lui pardonne quoique il ait tort – Tout s'est passé de façon qu'on ne puisse se plaindre – J'apprends que vous partirez demain – J'ai appris que vous partirez demain si vous le pouvez – Je ne pense pas que vous partez aujourd'hui – Je ne pensais pas que vous seriez parti la veille, même si vous l'aviez pu – Il ne pouvait comprendre qu'on oserait l'attaquer – Il semble que c'est un seigneur et ce n'est qu'un parvenu – Il a demandé qu'on lui envoie des livres – Je ne sais pas si je viens, je viendrai si je peux – Les grands seraient inutiles sur la terre s'ils n'y trouvaient pas des pauvres et des malheureux

3.

a. Je croyais que nous étions arrivés à la fin de notre voyage – Je ne sais pas si tu es dans le vrai mais je suppose que tu aies exagéré – Est-ce que tu sais de quoi il s'est occupé jusqu'à maintenant? – Non, je ne crois pas, je ne veux pas croire qu'il soit capable, qu'il puisse être capable de te trahir – Et moi, au contraire, je crois qu'à cette heure, il m'a déjà trahi – Quand Cicéron retourna de la Sicile, il croyait que tout le monde s'occupait et parlait de lui – D'abord il me regarda, puis il me demanda quelle était mon intention – Quiconque désire concourir peut présenter les papiers – Quand-même ils viendraient, ils n'auraient pas le courage de parler – Quand-même il consentirait, nous ne pourrions (pas) commencer les travaux – Caligula voulut que les Romains lui rendraient des honneurs divins – Je ne croyais pas qu'il rentrerait si tôt – Si tu as l'occasion d'aller à Paris, tu n'oublieras pas, j'espère, de m'envoyer ces poster

b. Je voudrais que vous pouviez me dire la vérité – Si ton oncle voulait se porter candidat, il pourrait être élu facilement – Quiconque suivra ses conseils ne s'en repentira jamais. Je croyais que vous partiriez pour Rome samedi et au contraire vous partez ce soir – Il est nécessaire qu'il rende ce qu'il ne lui appartient pas – Excuse-moi pour lui, mais je n'imaginais pas qu'il serait capable de cela – On dit que notre ami compose de beaux vers mais je n'ai jamais lu ses poésies – Allez où vous voudrez – Quand-même je l'inviterais, il ne viendrait pas – Nous ne savions pas quelles intentions il avait; nous lui demandâmes pour cela de s'expliquer clairement – Il faut que tu partes immédiatement: il est nécessaire que tu agisses énergiquement et en personne

c. Puis-je sortir? Fais comme tu crois – Je souhaite que tout aille bien – Je supposais qu'il ne viendrait pas mais je croyais qu'il écrirait non qu'il n'écrirait pas – Croyez-vous que cette fois votre employé sera capable de faire bien ce dont vous lui avez parlé? – Il ne savait pas que tu serais arrivé ce matin à dix heures; s'il l'avait su il serait resté ici – Les anciens géographes ne croyaient pas que la zone torride était habitée – Pourquoi m'as-tu écrit que tu ne viendrais pas avant jeudi tandis que tu savais que tu n'aurais pu venir avant samedi? – Il faudrait que vous écoutiez quelque page de sa musique – Ne voudriez-vous pas qu'elle refasse l'examen? – Fais comme tu veux – Faites comme il vous plaira – Je voudrais que tu t'en ailles – Je pensais qu'il viendrait – J'avais pensé qu'il serait venu – Il vient d'être nommé Président de Cassation – J'étais en train de lui dire que tu ne viendrais plus

Modi impersonali. Infinito

4.

a. *Solutions possibles:* Le sien est un rire nerveux – Les enfants ont leur goûter vers cinq heures de l'après-midi – Le lever du soleil est toujours un spectacle magnifique

b. *Solutions possibles:* Se rebeller peut être inutile – Manger trop peut nuire à la santé – "Jamais beau parler n'écorche la langue" (d'après Larousse)

c. *Solutions possibles:* Ce garçon n'aime pas trop l'étude et la lecture – Nous aimons beaucoup la nage et le bronzage au soleil – Dans ce cas vos plaintes sont inutiles

d. *Solutions possibles*
Infinitif de narration: Le professeur demandait le silence, mais les élèves d'ignorer toute sorte d'exhortation – Ces gens n'en pouvait plus de l'écouter, mais lui d'insister à parler à n'en plus finir – Ses amies l'invitèrent au cinéma et elle de courir tout de suite
Infinitif qui suit une proposition impersonnelle: Il est injuste de l'accuser sans une preuve – Il est facile d'aimer cette enfant; elle est si jolie et sage – Il est beau de fréquenter des personnes si aimables et intelligentes

e. *Solutions possibles:* C'est ton devoir que d'assister tes parents – C'est une grande satisfaction que d'apprendre la réussite de cette grande entreprise – C'est le plus grand désir de mon père que de réunir toute la famille

f. *Solutions possibles:* En sortant je vis le concierge qui parlait avec M.me Vallier – En nous revoyant nous comprîmes que notre amitié était encore solide – Par l'étude ou le travail on peut obtenir de grandes satisfactions

g. *Solutions possibles:* Ne parle pas – Ne bouge pas – Ne sois pas – Ne va pas – Ne dis pas – Ne fais pas...

5.

a. *Solutions possibles:* Les pompiers accoururent éteindre l'incendie – Ma cousine est allée s'acheter une robe de soir – Venez vous complimenter avec elle

b. *Solutions possibles:* Il s'attendait à obtenir cette charge – Ces garçons se complaisent à faire tout le contraire de ce que les enseignants leur conseillent – Ces savants s'étudient à bien faire leurs recherches sur la médecine nucléaire

c. *Solutions possibles:* Ils se défient de revoir ces gens-là – Personne ne lui a dit de faire ce qu'il a fait – Il suffit de lui parler – À l'improviste, il se souvint de les avoir rencontrés

d. *Solutions possibles:* On l'a forcé de s'en occuper, malgré lui – On m'a forcé à le voir – Julie a commencé à fréquenter l'école de danse – Nous avons commencé d'en reconstruire la façade – Nous serions bien ennuyés de ne pas arriver à temps – Je m'ennuie à l'entendre raconter toujours la même histoire

e. *Solutions possibles:* Nous espérons les rejoindre au plus tôt – J'imaginais pouvoir l'aider et faire quelque chose pour lui – Ma sœur a déclaré ne rien savoir de toute cette histoire

6.

a. On hasarde de tout perdre en voulant trop gagner – En disant ces mots les larmes lui vinrent aux yeux – On dit que l'appétit vient en mangeant – Ce n'est pas en fatiguant les gens qu'on obtient d'eux ce qu'on désire – En fabriquant avec des procédés plus perfectionnés, vous pourriez vendre meilleur marché – C'est en forgeant qu'on devient forgeron – Le chien s'approcha en remuant la queue – Ce n'est pas en bavardant que vous apprendrez votre leçon – En attendant l'heure du dîner, j'ai été me promener dans le jardin public – La grenouille, s'enflant, voulait ressembler au bœuf – L'avare, en voulant tout avoir, perdit tout – J'ai passé une excellente soirée, en lisant

b. Partant de bon matin, vous pourrez arriver à destination avant la nuit – Tout en cheminant la petite fille cueillait des fleurs – Prenez garde d'être trop sévère en jugeant les autres et trop indulgent envers vous-même – Mon frère est tombé en courant et il s'est blessé à la jambe – Le lion, blessé, s'éloigna en rugissant – En venant à votre secours je n'ai fait que mon devoir – Élle se promenait lentement, s'arrêtant à chaque instant pour regarder les étalages aux devantures – Je l'ai rencontré allant à l'école – Je l'ai rencontrée en allant à l'école – Ma mère, prenant la lettre de dessus la table, me la donna

7.

a. Se désespérer comme tu fais, ne sert à rien – Descendre du train en mouvement est dangereux – Je crains la précipitation des événements – Si l'étude te pèse, adonne-toi à quelque travail manuel – Boire, comme tu fais, signifie se tuer lentement – Il est impossible de connaître très bien ses propres semblables – Il est inutile de feindre qu'on ne les voit pas – C'est une véritable consolation que d'apprendre la reprise de ses activités – Il est juste de se montrer reconnaissants – Il est sage de penser à épargner quand cela est possible – Ne t'en va pas, je te prie – J'allai trouver mon amie et elle pour tout le temps de parler, de raconter, de répéter toujours les mêmes choses

b. En entendant se dire: "travailler beaucoup n'est pas pour toi", il entra dans une colère folle – Après une longue discussion on décida que voyager par mer aurait été plus agréable – En copiant ton manuscrit j'ai négligé ce à quoi, peut-être, tu tenais davantage – En répétant toujours les mêmes choses, tu finiras par ennuyer quiconque t'écoutera – J'affirme l'avoir vu hier à deux heures – J'avoue l'avoir pensé – Je sens ne pouvoir lui donner tort – À l'occurrence je ferai tout ce qui est en mon pouvoir pour l'aider – Étant cette œuvre de caractère scientifique, toi, qui es poète, tu ne pourras pas la comprendre

c. Je m'engagerai, puisqu'il s'agit d'elle, à qui je ne peux rien nier – Travaillant dix heures par jour, tu réussiras assurément à absoudre cette tâche lourde qu'on a voulu te confier – S'il pleut, aujourd'hui nous ne viendrons pas – S'il neige beaucoup, vous devrez passer la nuit ici – En entrant, Renzo jeta les chapons sur la table – L'accusé, se taisant, a nui à sa cause – Il était en train d'étudier quand j'arrivai – Quand je pensai à ce que j'avais écouté, je changeai d'avis sur son compte – En entendant retentir dans sa tête ce "ehm!", Don Abonde se repentait même d'avoir ragoté avec Perpétue – En voyageant on apprend beaucoup – Ne sois pas impatient, tu verras que, si elle peut, cette personne te donnera des preuves tangibles de son estime

Participio presente e aggettivo verbale

1. Ce que l'art... des eaux errant (ou errantes) dans... des fleuves immenses, coulant (part. pr.) ... des arbres s'élevant (part. pr.) sur les rives verdoyantes (adj. verbal) de... des chênes-saules tombant (part. pr.) de vieillesse, baignant (part. pr.) leur tête... dans les flots blanchissants (adj. verbal)... des platanes... se mirant (part. pr.) dans l'onde écumante (adj. verbal)... grimpant (part. pr.) où... se jouant (part. pr.) dans... se réunissant (part. pr.) en groupes, des... de la Virginie croissant (part. pr.) solitaires ou s'allongeant (part. pr.) en...; tantôt des rivières bruyantes (adj. verbal), accourant (part. pr.) du fond... et venant (part. pr.) former... aux ondes grondantes (adj. verbal)... des caractères mugissants (adj. verbal) tapissant (part. pr.) le flanc...; les riants rivages, fuyants (adj. verbal), serpentant, s'élargissant, se resserrant (part. pr.); ici des rochers surplombant (part. pr.) les eaux... régnant (part. pr.) de toutes parts... des grenouilles mugissantes (adj. verbal)...; d'autres vivant (part. pr.) dans le tronc... et ressemblant (part. pr.)... enfin de vastes harmonies remplissant (part. pr.) les profondeurs... puis ces concerts s'affaiblissant et mourant (part. pr.) graduellement... (*D'après* Chateaubriand)

2.

a. Les rameurs fendaient les eaux écumantes – On entendait au loin la mer mugissante – Il s'avançait en fumant sa pipe – L'aigle a les yeux étincelants – Ce monsieur porte des cravates changeant de couleur et voyantes – Cette matinée musicale sera intéressante – La semaine prochaine il y aura une soirée dansante chez le Préfet – Voyez-vous là bas ces moutons paissant dans la plaine? – J'ai vu des troupeaux errants dans les prairies – Ce sont des populations errantes – Le chasseur a des chiens courants – Les chiens, courant après le lièvre, le prirent – Les eaux dormantes sont malsaines – Les eaux courant vers la mer – On clarifie les liquides en les filtrant – On a des preuves convaincantes de la culpabilité de l'accusé

b. J'ai vu la marée montante et la marée descendante – Il a acheté des fruits appétissants – On voit la rosée dégouttantes des feuilles – Voyez-vous ces feuilles dégouttant la rosée?- Sa figure est ruisselante de sueur – J'ai visité Paris et les villes avoisinantes – Les enfants obéissant à leurs instituteurs sont à louer – Les garçons obéissants auront des friandises au goûter – Louis est une personne agissante – Paul est une personne agissant sans trêve – C'est une rue passante – Les soldats passant dans la rue furent acclamés – Regardez les feuilles jaunissantes emportées par le vent – L'incendie, comme une marée montante, gagnait peu à peu les toits – La foule tremblante regardait cette scène angoissante – En contemplant la voute scintillante du firmament, on se rend compte de l'immensité de l'univers

3.

a. Voilà une histoire vraiment émouvante – C'est une tragédie émouvant les personnes sensibles – Ces peuples errants me font peine – Les eaux dormantes nuisent à la santé – Ce tableau représente les Muses présidant la naissance d'Homère – Les nègres ont les dents d'une candeur éblouissante – Nous les trouvâmes dans une cabane effrayés et tremblants – Les rayons naissants dissipent la brume – Il prit un bâton d'une main tremblante – Vos idées sont extravagantes – Aujourd'hui le soleil est aveuglant – Les personnes bavardes sont encombrantes – Oh, quelle chaleur suffocante – Ton roman est intéressant – Ces aliments ne sont pas trop nourrissants – On entendait sa voix dominant ce fracas – Je vous raconterai l'histoire amusante d'un nègre, pêcheur de perles – Autour de mon jardin il y a des plantes grimpantes – Les rayons naissants du soleil dispersèrent cette brume flottante dans la plaine – J'aime rêver sous le feuillage ondoyant des arbres

b. Les extra affluant en grand nombre de tant de pays ont causé cette crise dans les logements et dans le travail – Les eaux courantes sont saines et les eaux dormantes sont nuisibles à la santé – De la chambre contiguë arrivaient des éclats de rire bruyants et prolongés – Un supérieur qui encourage ses subalternes et les aime et les estime, ne peut qu'être lui-même aimé et estimé – Ces calices odorants, contenant des gouttes d'une brillante rosée, sont des jonquilles – Les circonstances de fait, résultant du procès, vous donnent tort – Vos discours reflétant l'état actuel de la crise mondiale suscitent des préoccupations sérieuses – Les habitants de Lyon, qui fabriquent les soies sont innombrables – Les fontaines coulantes, avec un doux murmure, formaient çà et là de petits lacs purs et clairs comme le cristal – Le pré est couvert de fleurs naissantes – Le lys, s'élevant sur sa tige auguste, peut vraiment s'appeler le roi des vallées

Participio passato

1. ... a réuni... qu'il a livrés... qu'il a provoqué... qu'il a ramenés... qu'il a reçues... qu'il a dites... a éprouvée... il a même effrayé... qui a mis... il l'a si fort insulté qu'elle a pris... Il a tant parlé... l'ont enroué... a mûrie, a fendu... elle a fait taire... et a pris la parole... qu'il a... accomplis...

2. "Qu'elle est belle cette nature cultivée! Que par les soins de l'homme elle est brillante et pompeusement parée! Les fleurs, les fruits, les grains perfectionnés, multipliés à l'infini; les espèces utiles d'animaux transportés, propagés, augmentés sans nombre; les espèces nuisibles réduites, confinées, reléguées; l'or, et le fer plus nécessaire que l'or, tirés des entrailles de la terre, les torrents contenus, les fleuves dirigés, resserrés; la mer même soumise, reconnue, traversée d'un hémisphère à l'autre; la terre accessible partout, partout rendue aussi vivante que féconde, les collines chargées de vignes et de fruits, leurs sommets couronnés d'arbres utiles et de jeunes forêts; les déserts devenus des cités habitées par un peuple immense; des routes ouvertes ou fréquentées, des communications établies partout; mille autres monuments de puissance démontrent assez que l'homme partage l'empire de la terre avec la nature". (*D'après* Buffon)

3.

a. Ces bouteilles sont cassées – Les hirondelles sont parties – Après avoir été malade, cette enfant est enfin guérie – En dansant cette dame est tombée – Les chevaux récalcitrants sont maintenus, quand on les ferre, à l'aide de travails – Les yeux de certains insectes sont composés d'un grand nombre de facettes – Certaines îles de l'Océanie sont formées de récifs de corail – La bonne nouvelle qu'ils ont reçue leur a fait le plus grand plaisir – Ils ont reçu une bonne nouvelle – Les nids des aigles sont bâtis sur les sommets des rochers escarpés – Nous avons cueilli de belles roses dans notre jardin – Les roses, que nous avons cueillies dans notre jardin, étaient très odorantes – Ces garçons ont bien dormi toute la nuit – Ces dames ont parlé continuellement – Les neiges qu'il a tombé ont recouvert la plaine – Mes amis n'ont pas répondu à la lettre que je leur ai écrite – Est-ce vous qui avez écrit cette lettre? – À ce spectacle assistaient un grand nombre de spectateurs que la curiosité avaient attirés

b. Les cinq heures que j'ai dormi ont dissipé ma fatigue – Les escaliers que j'ai descendu rapidement étaient glissants – Les bouteilles que j'ai descendues à la cave étaient pleines d'excellent vin – Nous avons lu les livres que vous nous avez prêtés et nous les avons trouvés très intéressants – Les cadeaux qu'ils se sont faits étaient bien choisis – Ils se sont fait des cadeaux utiles – Les lettres qu'ils se sont écrites, pendant cette période, ont été égarées – Christian et Paul se sont écrit de longues lettres – Les paroles, qu'ils se sont adressées, n'étaient pas très aimables – Ils se sont adressé des injures – Je n'aime pas répéter ici toute les paroles qu'ils se sont dites – À la fin ces bavards se sont tus – Ils se sont plaint vivement de votre manière d'agir – Ils se sont nui en voulant nuire aux autres – Ces jeunes gens nous ont plu beaucoup par leurs manières aimables – Ils se sont arrogé des droits qu'ils n'avaient pas – Elles se sont blessées dans un accident d'automobile – Elles se sont figuré que j'étais fâché contre elles

c. Les dangers qu'ils se sont imaginés n'existent pas – Les prisonniers, profitant de l'absence du gardien, se sont échappés – Deux de nos amis se sont grièvement blessés à la chasse – Ces jeunes gens se sont suffi à eux-mêmes – Les murailles de Jéricho, dit la Bible, se sont écroulées au son des trompettes – Ces oiseaux sont tombés dans le piège dont ils ne s'étaient pas défié – Ces vases, je les ai vu fabriquer – La romance que j'ai entendu chanter m'a beaucoup plu – Les ouvriers, que j'ai vus fabriquer ces outils, étaient très habiles – Elle s'est laissée tomber de fatigue – Les chiens que j'ai vus passer étaient des pointers – Ces arbres que j'ai vu grandir, je les vu couper – Les candidats, que j'ai entendus parler, n'ont rien changé à mes opinions – Je lui ai tendu la main qu'elle a refusée de prendre – Lorsque la chenille est éclose, elle vit sur la plante qui l'a vue naître – Si le glaive a tué bien des hommes, la langue en a tué bien plus – Je me rappelle avec plaisir le peu de jours que j'ai passés chez vous

d. Vous affligez vos parents par le peu de satisfaction que vous leur avez donné – On a donné à ces malheureux tous les remèdes qu'ils ont voulus – Quand vous avez fait tous les efforts que vous avez pu, vous n'avez rien à vous reprocher, quoiqu'il arrive – Vous n'avez pas eu tous les succès que j'avais pensé que vous obtiendriez – Le peu de bonne volonté que vous avez montrée vous a permis de réussir – Le peu de leçons que vous avez prises vous ont permis de passer l'examen avec succès – Quant à ces messieurs, je les ai laissés se promener seuls – Voilà des choses qu'elle n'aurait pas dû faire – Il lui a raconté toutes les histoires qu'il a voulu – Ces commerçants n'ont pas payé toutes les sommes qu'ils auraient dû – Autant de fruits j'ai cueillis, autant j'en ai mangé – Le peu de succès que nous avons eu, nous ont découragés – Et ces habits, les avez-vous fait brosser et repasser? – On ne peut que blâmer le peu d'attention que les élèves ont mis à faire leur devoir

4.

a. J'ai vu des vallées peuplées de petites jolies maisons blanches, des coteaux couverts de vignobles, des rochers suspendus sur le cours des eaux – Des nuées argentées sont parsemées dans le ciel – Les fables que La Fontaine a écrites ont immortalisé son nom – Les mines d'or découvertes en Californie ont été activement exploitées – L'Italie a été maintes fois saccagée par les barbares – La bonne nouvelle fut accueillie joyeusement – Les Romains ont régné en maîtres sur le monde ancien – Les lois des Douze Tables étaient les plus parfaites que les Romains eussent eues – J'ai été puni de mes fautes au moment même où je les ai commises – Richelieu a fait de grandes choses, mais les nécessités de la politique l'ont souvent rendu impitoyable – Eschyle a trouvé grossière la tragédie grecque et l'a portée à une grande hauteur – Les richesses que Carthage avait accumulées par le commerce passèrent aux Romains – Exportés dans le monde entier, les vins de France sont renommés – La bataille de Salamine fut vaincue par les Grecs

b. Nous avons commencé nos travaux de révision – Ces oiseaux ont été pris à la glu – La tempête a duré deux heures – Deux poules avaient disparu du poulailler – La bombe a éclaté avant le temps – Il a plu toute la nuit – Ils se sont déjà repentis de leurs étourderies – Les deux amis se sont parlé par téléphone – Ils se sont cru bernés et ont protesté – Sept villes se sont attribué l'honneur d'avoir donné la naissance à Homère – Tout le monde m'a offert des services mais aucun ne m'en a rendu – Les jours se sont succédé mais ils ne se sont pas ressemblés

– Les Croisés attaquèrent Jérusalem où s'étaient réfugiés tous les musulmans des alentours – Pour être sûrs d'une vérité, il faut l'avoir entendu annoncer d'une manière claire et positive – Les chevaux que nous avons vu courir sur la piste appartiennent à son oncle

c. Les refrains que nous avons entendu chanter étaient mélodieux – Les travaux que vous avez voulu entreprendre sont au dessus de vos forces – Honneur aux soldats que nous avons vus combattre pour la liberté – Voilà la fable que m'a donnée à apprendre mon enseignant – Cet homme âgé aimait beaucoup les petits-fils qu'il avait vus naître – La fortune qu'il a héritée s'élève à plusieurs centaines de millions – Veuille agréer ces champignons, je les ai cueillis ce matin – Charles Magne avait répudié Hermengarde – Ils ont ri de vos menaces – La paysanne, que j'avais envoyée cueillir les cerises, n'est plus retournée – J'ai envoyé mes dispositions par exprès; dès qu'ils les ont reçues, ils se sont pressés à obéir – Les aviateurs, que tout le monde avait cru dispersés, s'étaient au contraire arrêtés sur une île de l'Atlantique, à cause d'un orage – Les voleurs se sont laissés cueillir en flagrant – Les contes que j'ai fait publier se sont vendus comme des petits pains

Parti invariabili del discorso

Preposizioni

1. Cela m'est venu à l'esprit – Un monsieur à la barbe noire – La paysanne aux laitages – Au XIXème siècle – Parmi la foule – Potage au riz – Accompagné de son père – Par cette belle journée, je ne peux rester à la maison – Près des rivières, on voit souvent des demoiselles ou libellules – La terre n'est plus qu'un point en comparaison au reste de l'univers – Voici le secret du bonheur: se contenter de ce qu'on a – Voici trois médecins qui ne nous trompent pas: gaîté, doux exercice et modeste repas – La richesse n'est rien auprès de la vertu – Au sein des amis, auprès de ses parents, les plaisirs sont plus doux et les malheurs moins grands –Quand les hirondelles reviennent, les beaux jours sont près de revenir – Mon cousin est prêt à partir pour aller au Mexique – Regardez l'éclipse à travers ces verres fumées – Apprenez, mon ami, que c'est une sottise que de venir se jeter au travers d'un discours – Notre barque passa au travers des écueils

2.

a. Nous partirons après vous – Sans toi il ne sait se dégager – Vous vous promeniez sans vous apercevoir que nous étions derrière vous – Son père était assis à côté de lui – Il lisait et se promenait tranquillement le long du fleuve – Tous ont accepté, excepté lui – La ville de Marseille fut fondée par une colonie de Phocéens – Quant à cela, laissez-moi faire, je m'en occupe moi-même – L'or est contenu au sein de la terre – Approchez-vous de moi et écoutez-moi bien: allez chez votre amie et dites-lui qu'elle peut compter sur moi – Avez-vous du papier à lettres? – Il a été un poète dès son premier âge – D'où viens-tu? Je viens de Milan et je suis passé par Bologne – Il se complaît de parler mal de ses voisins tandis qu'il est convaincu d'en parler en ami – Il était habillé en chasseur mais il n'avait pas le fusil – De Venise jusqu'à Trieste il n'a fait que parler des ouvrages écrits par son maître et par lui-même

b. Vous êtes aimé de vos amis mais vous ne l'êtes point du tout par vos parents qui vous connaissent mieux – Je viens de chez mon ami Claude et toi? Je viens de chez mon barbier – Où puis-je acheter dans cette ville des habits pour hommes et des souliers pour femmes? – Écoute-moi, dans ton intérêt je te parlerai en frère – Il n'étudie plus beaucoup depuis qu'il fréquente son ami Paul – Votre pays n'est ni riche en blé ni abondant en fruits – Je n'ai pas fumé pendant trois ans – Ils montèrent en voiture et s'en allèrent sans pas même saluer – Soyez indulgents envers ces pauvres garçons – Tu dois étudier beaucoup pour être à même de réussir aux examens – Par le sacrifice on peut surmonter n'importe quel obstacle – Viens chez moi ce soir, je t'en prie – Les soldats de Charles VIII entrèrent dans la ville de Florence, les armes aux poings – Il me parla d'une voix tremblante et les larmes aux yeux – Un gourdin à la main, il traversa la chambre et menaça de nous battre

c. Je la trouvai dans l'église qui priait, les mains jointes – Quand tu le verras, dans trois jours, tu lui diras que, entre gentilshommes, on n'agit pas ainsi – Tu es un bon à rien: voilà ce que je pense de toi – Qu'est-ce que je pense de toi? Voici ce que je pense de toi: tu es un bon à rien – Voici le livre que tu as cherché vainement toute la matinée – Que tu sois respectueux envers tout le monde: voilà ce que je te demande – J'allai de Livourne à Gênes par le paquebot – Par ce froid je ne pense pas que je sortirai – Ils jouèrent sans répit depuis le matin jusqu'au soir – Lazzaro demandait les miettes tombées de la table du riche méchant – J'ai dormi dans le train de Modane à Paris – Depuis plusieurs mois je n'ai pas eu de ses nouvelles – Depuis aujourd'hui change l'heure légale – Ces marchandises sont en vente – Il est allé le chercher mais il est retourné sans lui – Me voici – M'y voilà

d. Malgré moi – Deux à deux – Être au lit – À condition que – Par la poste – Par cette chaleur on ne peut sortir – Il est entré, le chapeau sur la tête – Au moyen de... – À la faveur de la nuit – D'une voix soumise – Fermer à clef – Fait à la plume, au crayon – Café au lait – D'un air souriant – Avec un poing, avec un coup de pied – Faire signe de la main – Suivre de ses propres yeux – Que voulez-vous dire avec cela? – Sous prétexte de... – Cette bague me vient de ma mère – Apportez-nous à boire – S'habiller en militaire – En ami, je dois vous dire la vérité – La disette dura pendant deux ans – Depuis longtemps – Depuis demain – Dès lors – Instrument à vent, aux cordes – L'homme aux cheveux noirs et à la barbe longue – Des chaussettes pour hommes – J'ai parfois pensé en moi-même... – En 1940 – À l'avenir – Au nom de la loi – De cette façon – En papier timbré – J'ai lu pendant deux heures – Nous avons voyagé pendant dix heures de suite

e. Cette leçon tu dois la comprendre et non l'apprendre par cœur – Si tu n'es pas à même de répondre, tais-toi – Il a osé lui rire à la figure – Dans le but de lui arracher le consentement, il s'était rendu chez lui pour lui conter, les larmes aux yeux, une histoire pitoyable – Il dessine de la main gauche – Par amour ou par force tu dois le faire – Vers midi il tomba une pluie abondante – Quant à moi, soyez bien certains que je ne dirai rien – Dans cette ville le climat n'est point du tout agréable: en hiver il fait très froid et en été il fait très chaud; on y peut vivre seulement au printemps; en automne il pleut souvent – En qualité de professeur il avait droit à l'escompte de dix pour cent sur l'achat de chaque livre – Donne-le lui de ma part – Il est occupé depuis trois heures de l'après midi jusqu'à minuit – Veux-tu faire une partie aux échecs? Non, aux cartes si tu veux – On n'entre pas dans la maison d'autrui, le chapeau sur la tête – Je connais ce monsieur à la barbe blanche et aux lunettes d'or – Dans ce grand magasin on accorde l'escompte de dix pour cent – Mon père est docteur ès lettres et mon frère est docteur en médecine; moi, au contraire, je suis docteur en herbe –

Vite, vite, le train va partir – S'il vous plaît, du café au lait avec du pain et du beurre

Avverbi

1. aveuglément, poliment, constamment, communément, facilement, bassement, malignement, rondement, conformément, joliment, ardemment, confusément, ordinairement, grossement, bravement, mesquinement, commodément, lestement, savamment, diffusément, amèrement, sottement, énormément, imprudemment, expressément, plaintivement, nullement, inexorablement, immensément, premièrement, complètement, obscurément, naïvement, bellement, bruyamment, finement, activement, secrètement, précisément, follement, présentement, annuellement, uniformément, heureusement, discrètement, profondément, gracieusement, longuement, maladroitement, assidûment, pareillement, rageusement, lentement, doucement, vigoureusement, complètement, cruellement, innocemment, chrétiennement, gentiment, publiquement, promptement, galamment, brièvement, nouvellement, indéfiniment, impunément, apparemment, absolument, extérieurement, plaisamment, ingénument, faiblement, fraîchement, gravement

2. Avec préférence – Sans pitié – Avec gloutonnerie – Avec réciprocité – Avec discrétion – En secret – Avec ingénuité – Avec confusion – Avec promptitude – Chaque année – Avec cruauté – Avec dédain – Avec validité – Avec méchanceté – D'une manière lourde – Avec élégance – Avec constance – D'une manière indépendante – Avec nonchalance – Avec du bruit – D'une manière brillante – Avec sagesse – D'une manière plaisante – Avec de l'obligeance

3. paisiblement, péniblement, instinctivement, silencieusement, facilement, soigneusement, précipitamment, proprement, modérément, emphatiquement, attentivement, accidentellement, vigoureusement, triomphalement, pédestrement, chevaleresquement, exceptionnellement, patiemment, étourdiment, décemment, amicalement, artistiquement, lentement, mollement, activement, doucement, froidement, chaleureusement, forcément, gaîment, subtilement, vaillamment, douloureusement, aigrement, indépendamment

4. On ne devient jamais bon ou mauvais tout à coup – L'esprit des enfants est plutôt mobile qu'appliqué – Ils saisissent rarement plusieurs idées de suite – Il faut vous lever plus tôt si vous voulez arriver à temps – La véritable docilité consiste à obéir tout de suite et de bonne grâce – On appelle giboulées ces averses de grêle et de pluie qui tombent tout d'un coup au printemps – Il est toujours facile de travailler quelques heures de suite en variant ses occupations – Servez-moi mon déjeuner tout de suite – Oui monsieur, je vous apporterai les plats tout de suite – Il faut regarder plutôt au dessous de soi qu'au dessus, pour être heureux

5.

a. Ne croyez pas aveuglément à ceux qui vous disent de vous aimer; connaissez-les d'abord profondément et puis attendez qu'à la première occasion ils vous prouvent leur affection – Son avocat parla véhémentement et fut si convaincant que sa péroraison obtint l'approbation de tout le monde – D'autant plus tu liras, mon garçon, d'autant plus tu ouvriras ton esprit à de larges horizons – Plutôt l'insuccès que l'humiliation de demander son aide – Tout d'un coup le bâtiment s'écroula bruyamment – Les secours furent prodigués mais lentement – Que vous êtes gentille, madame – Comment! N'avez-vous pas compris que d'autant plus vous insistez dans votre demande, d'autant moins ils chercheront de vous contenter? – Raconte-moi tout ce que tu veux mais, je t'en prie, brièvement – À chaque demande il répond: peut-être, à peu près, probablement – Je n'ai pas moindrement offensé la personne dont tu parles – T'es-tu amusé ce soir? Pas beaucoup – Lui non plus n'était pas disposé à le favoriser. Moi non plus – Pas de compliments, pas de paroles superflues, ce soir vous viendrez chez moi – Tu n'y vas pas? Et moi non plus, et Paul non plus

b. Depuis qu'elle ne m'a répondu, je ne sais plus que penser d'elle – Ce pauvre diable ne possède pas même un manteau – Prends garde de ne pas glisser – Empêchez qu'il ne vienne – L'as-tu vu? Point du tout – Dis-lui que oui – Il y a des mois que nous ne nous voyons pas – Allez là-haut et dites à ces messieurs d'arrêter ces hurlements – Où que vous alliez, vous trouverez une grande hospitalité – Il n'est ni dehors, ni dedans, ni dessous, ni dessus: il est introuvable – Le vieux professeur était sur la chaise et les étudiants tout autour – Je veux que tu rentres plus tôt – Avant-hier j'écoutai une belle conférence sur le désarmement universel – Voilà les certificats: l'un était dessus et l'autre était dessous – Tôt ou tard cette histoire devra se résoudre en votre faveur – Monsieur Charles est dehors, il rentrera ce soir – J'entendais une voix d'en haut et je ne réussissais pas à la reconnaître – Les locataires d'en bas ont délogé cette nuit sans saluer personne – Mon frère est dehors et je ne sais pas si pour midi il sera rentré – Il est resté dehors toute la nuit

c. De temps en temps il en fait une des siennes – Bas les mains! – Après-demain nous écouterons les paroles du grand leader – Tôt ou tard tout s'expie – Finalement j'ai terminé ce travail ennuyant – Ne m'adresse pas la parole: d'abord tu dirais des bêtises, en second lieu parce que tu n'as pas le droit de me parler – Comment! Vous n'êtes pas encore partis? Et comment avez-vous fait à décider de ne plus aller? – Restez debout – Allez ailleurs – Pardonnez-moi monsieur, je ne l'ai pas fait exprès – Quand cesseras-tu d'être un étourdi? – Combien de livres je voudrais avoir! – Combien tu m'écris! – Il m'étonne énormément – Trop de questions ennuient et parfois elles offensent – Donnez-moi tout ce qui me revient et n'en parlons plus – Il y en a beaucoup qui ne sauraient répondre à cette question – Combien de gênes, combien d'ennuis tu me donnes! – En combien de manières peut-on traduire cette phrase? – Que tu es ennuyeux, mon garçon! – Je ferai tout ce que tu voudras, pourvu que tu me donnes du temps – Autant de personnes, autant d'avis – Il parle tant durant la journée que le soir il n'a plus de souffle

d. Autant tu l'aimes, autant il te hais – Tu dois t'engager, d'autant plus que tu le lui as promis – Autant d'électeurs, autant de vœux – Tant les uns que les autres sont des habitués assidus – J'ai lu tant hier que, aujourd'hui, mes yeux sont fatigués et rougis – À présent on ne fait plus ainsi – Tout à coup il me demanda de ses nouvelles – Apprenez par cœur ce chant et rappelez-vous que, pour bien retenir, il faut d'abord comprendre ce qu'on veut apprendre – Présentez-lui vite et d'avance mes salutations les plus affectueuses et mes plus vifs remerciements – À mesure que vous avancez dans l'étude du français, vous trouverez toujours moins de difficultés – Il écrira sous peu et comme d'habitude il nous racontera, à sa manière, tout ce qu'il lui est arrivé – D'ailleurs il ne t'a point du tout donné tort – J'espère que cette année tu étudieras beaucoup, d'autant plus que tu as besoin d'obtenir, au plus tôt, un diplôme de comptable

Congiunzioni

1. *Conjonctions:* et – donc – que (qu'une grosse boule de... qu'une) – ou
Adverbes: encore (tout ému... personne ne sortait encore) – où (j'étais seul..., où se donnait...) – cependant – peu de – quand – aussi – surtout n'arrivait plus – presque (les tempes, puis remonte...) – puis – bien (content... bien des tours...) – comme (par la robe...) Enfin (aux trois...) – après (bien des tours...) – jusque (dans les tortures...) – chez (eux... chez moi...) – Quand (il a le désespoir...) – pas – beaucoup (d'autres...)
Locutions adverbiales: à peine (ai-je monté...) – sans doute (approché des...) – peut-être (la sagesse...)
Prépositions: dans – de – du – sur – à – voilà – pour des sous – par – avec – de la – dans les – dans l' – pour
Locution prépositive: tout à fait (mort!)»

2. Quand vous trouvez des chênes, cueillez-en les glands – Entrons dans le bois où nous trouverons, peut-être, un peu d'ombre – Jusqu'à ce que vous êtes enrhumé, prenez, tous les soirs, une décoction de tilleul – Vous marcherez jusqu'à ce que vous arriviez au grand peuplier que vous bien connaissez – Je lirai tandis que vous écrirez – Maintenant que vous devriez étudier, vous vous amusez – Pourquoi ne voulez-vous pas venir avec moi? Parce que je n'ai pas le temps – Je ne comprends pas pourquoi tu études la nuit alors que tu pourrais étudier le jour – Pendant que nous nous acheminons, pourquoi ne me racontes-tu pas ce qu'il est arrivé? – Parce qu'il en est ainsi, je ne parle plus – Pour que le bien l'emporte sur le mal, on doit faire tous les efforts – Quand j'étais un étudiant, j'aimais peu l'étude quoique j'eusse un penchant naturel pour les livres – Je ne le reprocherai à moins qu'il n'ose encore me défier – Je sens le devoir de vous dire, madame, pourquoi je ne suis pas venu chez vous hier soir – Un écrivain qui se respecte, relit tous ses écrits, jusqu'à ce qu' il ne soit pas sûr qu'il n'y a pas de fautes – Reste à Turin jusqu'à ce que ta mère ne soit arrivée – Je vous concède une brève vacance afin que vous puissiez arranger vos affaires –Tandis que je me sacrifiais pour lui, il ne se souciait pas de faire la noce avec l'argent que je lui envoyais – Quand-même nous en parlerions, nous ne résoudrions rien

Interiezioni

1. Tout beau (monsieur le tireur d'armes) – de grâce! Je vous prie – Mon dieu – Holà!

2. L'abbé de Molière... Un matin il entend frapper à la porte.
"Hé! Qui va là?... "Comment de l'argent?"... "Ah!" j'entends, vous êtes un voleur?"... "Ah?"! j'entends, vous êtes un voleur?"... "Bien, cherchez là-dedans..." le voleur fouille: "Ouf! il n'ya pas d'argent". "Hé! non, mais il y a ma clef". "Quoi! et cette clef?"...
"Bon! je la tiens"... "Bien! Ouvrez"... Quand finirez-vous?...
"Allons! Prenez, fermez donc... "Attention, monsieur le voleur; "Bonté divine! fermez donc la porte doucement! Il laisse la porte ouverte "tu vois! Mon Dieu! quel coquin de voleur! Il faut que je me lève par le froid qu'il fait. Hélas! le maudit voleur..." (*D'après* Chamfort)

3. Oh, que tu es insupportable! – Ouf! Je suis fatigué de vous et de vos caprices – Hélas! Que diront-ils de moi? – De grâce! Calmez-vous et écoutez sereinement – Parbleu! – Au large! Laissez-moi passer – Quel dommage! Il aurait réussi s'il avait fait de sa façon – Eh bien! Qu'est-ce que tu voudrais faire? – Diable! Veux-tu que je ne contente pas mon plus cher ami? – Chut! Vous n'avez pas le droit de parler – Miséricorde! Que vois-je! – Halte-là! On ne passe pas par ici – Ciel, qu'elle est laide! – Chut! – Très bien! Je suis content de vous – Courage, mes garçons! – Ça suffit! Je n'entends plus écouter de pareilles banalités – Est-il possible? Quelle honte! – Mon Dieu! Que pourrais-je faire maintenant? – Au large! Au large! Les pompiers! – Au secours! Au secours! Hélas! Hélas Il n'y a rien à faire – Ah, pauvres gens! Que la misère est triste – Va! Va! – C'est un voleur, un coquin – Ouf, quel ennui! – Quel dommage! – Bon! Ne fais plus de telles plaisanteries! – Tiens! C'est le même homme que hier frappait son enfant. Quelle honte! – Taïaut! Il est fâché –Adieu montagnes surgissant des eaux! – Au revoir, à demain – Au revoir, à plus tard – Au secours! La maison brûle – Malheur à celui qui ment – Olé! Combien tu es pomponné! – Vivat l'armée – Il est retourné cette nuit à l'improviste. Est-il possible? – Il lui a payé toutes ses dettes – Fables! Voilà, je ne veux plus entendre parler de lui! – Allons, loin de vous cet air mélancolique! – Courage! Cherche de refaire le problème – Eh bien! Déjà fatigué de travailler?

Indice analitico